AF550452

Juri Awerbach
Alexander Kotow
Michail Judowitsch

Schachbuch für Meister von Morgen

Ein Lehr- und Trainingswerk
– nicht nur für den Nachwuchs

Joachim Beyer Verlag

ISBN 978-3-95920-124-7

7. Auflage 2020

Ein Imprint des Schachverlag Ullrich, Zur Wallfahrtskirche 5, 97483 Eltmann

Inhaltsverzeichnis

Vorwort

Das vorliegende Werk ist eine Übersetzung eines der erfolgreichsten sowjetischen Schachbücher, das als Begleitbuch zum Schachkolleg des sowjetischen Fernsehens herausgegeben wurde. Von den bisher üblichen Schachlehrwerken unterscheidet es sich in mehrfacher Hinsicht.

Alle drei Phasen des Schachspiels werden in einem Buch zusammengefasst dargeboten. Verfasst wurden sie von drei Schachgrößen, deren meisterliche Fähigkeiten auch als Schachpädagogen weltweiten Ruf haben. Der erste Teil ,Geschichte und Theorie der Eröffnungen' wurde von dem Internationalen Meister M. M. Judowitsch geschrieben, dessen Hauptabsicht es ist, dem Leser die Grundideen und Prinzipien der Eröffnungsstrategie begreiflich zu machen. Der zweite Teil ,Kombinatorisches und positionelles Spiel' stammt aus der Feder des Großmeisters A. A. Kotow. Die Aufgabe dieses Teils besteht darin, die kombinatorischen Fähigkeiten und das Stellungsgefühl des Lesers zu entwickeln und die Technik der Variantenberechnung zu verbessern. Der Autor des abschließenden Teils ,Theorie und Praxis der Endspiele' ist der Großmeister J. L. Awerbach, allen Endspielfreunden sicherlich bekannt. Das Studium dieses Teils soll ebenfalls das Positionsgefühl schulen und die technischen Methoden in der Endphase des Spiels zu beherrschen lehren.

Aufgebaut ist es nach den modernsten Lehrmethoden der sowjetischen Schachschule, die überall auf der Welt anerkannt ist. Gleichzeitig erschien das Buch auch in Jugoslawien, wo es im Rahmen der Aktion „Schach an die Schulen" erfolgreich eingesetzt wird. Der praktische Erfolg dieser Arbeit in beiden Ländern spricht für die Methode.

Obgleich nicht für Anfänger gedacht, ist das Lehrwerk in erster Linie der systematischen Einführung junger Schachspieler in alle Geheimnisse des Schachspiels gewidmet. Jedes Kapitel ist mit zahlreichen Übungen verknüpft, die auch für ,alte Hasen' hervorragend als Training geeignet sind. Man wird erstaunt sein, welches Niveau ein der Jugend gewidmetes Schachbuch bereits erreichen kann. Die über 200 Übungsaufgaben werden in einem Lösungsteil bearbeitet und besprochen.

Das Buch ist zum Selbststudium gedacht. Die selbstständige Arbeit wird sehr betont. Nicht das Schachwissen um Theorie steht im Vordergrund, sondern die durch Training und geeignete Didaktik fortschreitende Entwicklung der schachlichen Fähigkeiten wie Kombinationsgefühl, Entschlussbereitschaft, selbstständiges Denken und Entscheiden. Schach als Denkspiel, nicht als Lernspiel.

Dank des methodischen Aufbaus ist es hervorragend als Lehrbuch an Schulen, in Vereinen und in allen Schachkursen verwendbar. Um den pädagogischen Wert dieses Buches noch besser zur Geltung kommen zu lassen und um seinen Einsatz als Schachlehrbuch zu erleichtern, werden in einem Sonderband, der demnächst im gleichen Verlag erscheinen wird, methodische und didaktische Hinweise mit Unterrichtseinheiten und -beispielen herausgegeben. Hiermit entsprechen wir sicherlich einem jahrelangen Wunsch vieler Schachlehrer und -trainer.

Als Einleitung wird ein schachhistorischer Überblick gegeben, der die wichtigsten Linien der Entwicklung des Spiels und der Schachtheorie nachzeichnet. Leser mit geringem Interesse an dieser eher geschichtlichen Thematik können diesen Teil (Kap. 1-5) bedenkenlos überspringen, da er für das Verständnis der folgenden Kapitel nicht unbedingt erforderlich ist.

T. Glowatzky

(Anmerkung zur Neuauflage: Dieses Buch entstand im Jahr 1983. Entsprechend sind alle Anmerkungen mit Zeitbezug zu interpretieren. Wie etwa im Vorwort: ‚bisher üblich', ‚gleichzeitig', ‚demnächst' – oder im Text: ‚in letzter Zeit', ‚in Zukunft' o.ä.)

Einleitung

Zu diesem heute klassisch zu nennenden Lehrwerk des Schachspiels haben drei ausgewiesene Experten der russischen Schachschule beigetragen mit den drei Hauptteilen des Buchs, die den drei bekannten Phasen der Schachpartie (Eröffnung Mittelspiel Endspiel) zugeordnet sind. Das Werk selbst war als Begleitbuch zu einem Schachkolleg im sowjetischen Fernsehen erschienen und gehörte zu den erfolgreichsten seiner Art, bevor es 1983 erstmals in deutscher Übersetzung publiziert wurde. Die nun vorliegende 6. Auflage wurde neu durchgesehen und korrigiert, womit die Redaktion hofft, die ärgsten Unstimmigkeiten der vorherigen Auflagen beseitigt zu haben.

Der erste Teil des Buchs behandelt die Eröffnungstheorie und deren Entwicklung, vorangestellt ist ein historischer Ausflug zu den Urformen des Spiels Tschaturanga und Schatrandsch. Zweifellos hatte Michail Judowitsch hier einen schwierigen Part übernommen, denn die umfängliche Eröffnungstheorie des Schachs lässt sich auf knapp 80 Seiten lediglich anreißen. Wohlweislich beschränkt sich der Autor daher auf kompakte Einführungen zu den Eröffnungen, gibt einen Überblick über die Hauptvarianten und diskutiert allgemeine Prinzipien der Spielführung in der ersten Partiephase. Hierbei hat er die Offenen Spiele deutlich stärker gewichtet als die Halboffenen und die Geschlossenen Spiele. Nichtsdestotrotz ist diese Übersicht für den Anfänger wertvoll als Orientierungshilfe und Auswahlinstrument für weitere, tiefer führende Forschungen mit Hilfe der Spezialliteratur.

Im zweiten Teil von Alexander Kotow werden die Grundlagen des Kombinations- und Positionsspiels vermittelt, damit erhält der Leser das wesentliche Rüstzeug zur Bewältigung des Mittelspiels. Nach der taktischen Schulung leitet der Autor über zu den Fragen der Strategie, behandelt Urteilsbildung und Planfassung, Variantenberechnung und Auswahl von Kandidatenzügen.

Juri Awerbach, russische Schachlegende und der aktuell älteste lebende Schachgroßmeister, widmet sich im letzten Teil den Endspielen, ein Gebiet, auf dem er seit langer Zeit eine weltweit anerkannte Autorität ist. Die von ihm präsentierte Erläuterung sämtlicher Endspieltypen inklusive der essenziellen Lehrstellungen wird besonders den Lernenden zusagen, die ein kurz gefasstes Vademekum dieser Partiephase (hier auf ca. 75 Seiten) favorisieren.

Alle drei Teile werden durch zahlreiche Partien, Partiefragmente, Studien und Übungen ergänzt, die die jeweilige Thematik illustrieren und trainieren. Die an den Leser gerichteten Denksportaufgaben sind keineswegs trivial, sollen ihn vielmehr zu ernsthafter, selbstständiger Analysearbeit fordern. Daher ist dieses Buch weniger für Anfänger gedacht als für fortgeschrittene Spieler, und es empfiehlt sich sowohl für Trainingskurse wie zum autodidaktischen Studium. Da jeder Teil unabhängig von den beiden anderen konzipiert wurde, kann der Leser zudem selbst bestimmen, welcher Partiephase er zuerst seine Aufmerksamkeit zuwendet. Die zu bewältigende Stofffülle ist sicherlich immens, aber es existiert kein Königsweg, um im Schach auf ein höheres Niveau zu gelangen. Und ein kontinuierliches Training belohnt auch den Spieler, der nicht mit einem alles überragenden Talent gesegnet ist!

Ralf Binnewirtz, im August 2015

Teil I
Geschichte und Theorie der Eröffnungen

1. Tschaturanga und Schatrandsch

Wann ist das Schachspiel entstanden?

Lange war man der Ansicht, dass dies gegen Ende des 5. oder zu Beginn des 6. Jahrhunderts n. Chr. der Fall war, als Schach als eine Art Kriegsspiel Verbreitung fand. Inzwischen ist eine Expedition unter Leitung von Prof. G. Pugatschenko auf neue Erkenntnisse gestoßen. Im Verlauf ihrer Arbeiten in der Siedlung Dalversin Tepe in Usbekistan wurden zwei Elfenbeinfigürchen gefunden, die in die Periode des kuschanischen Kaisers Huwischke (2. Jahrhundert) datiert werden. Viele Fachleute sind der Ansicht, dass es sich dabei um Schachfiguren handelt. Wenn das stimmt, wäre das Schachspiel noch etwa 300 Jahre älter als angenommen.

Im alten Indien hieß die erste Form des Schachspiels ‚Tschaturanga', d. h. das Vierteilige (tschatur = vier, anga = Teil). Dieser alte Vorfahre des modernen Schachs war ein Spiel, das den Aufbau und die Zusammensetzung der damaligen indischen Armee, mit den Fußsoldaten, den Elefanten und den Streitwagen wiedergab. Die Züge wurden durch Würfeln bestimmt.

In der Chronik ‚Harsha Tscharitra' aus der Epoche des Radscha Harsha (606-648) wird erzählt, dass „Schachtafeln lehren, wie das Heer aufgestellt ist".

Anfänglich bewegte sich der schreckliche Elefant geradeaus, alles umwerfend, was sich ihm in den Weg stellte. Das war der Vorfahre des heutigen Turms. Danach übernahmen diese Aufgabe die Streitwagen, während der Elefant begann, die Kämpfer mit einem diagonalen Sprung über die Felder zu befördern. Dies verdeutlichte, um wie viel er stärker war als der Fußsoldat, der nur langsam zum Angriff überging, jeweils um ein Feld weiterziehend.

Langsam wurde das Spiel auch außerhalb Indiens beliebt. Die Entwicklung der Handelsbeziehungen zwischen den Ländern begünstigte auch den Kulturaustausch. Nach all dem zu urteilen, wurde das Schachspiel von Osten nach Westen getragen, etwa dieser Linie folgend: Indien, Iran, Mittelasien, arabische Länder, Europa.

Leider sind die genauen Regeln von Tschaturanga nicht erhalten, auch nicht die Züge irgendeiner gespielten Partie. Nur in den Werken des berühmten Wissenschaftlers Al-Biruni (Beginn 11. Jahrhundert) findet sich eine Beschreibung des Spiels, die allerdings lediglich einige oberflächliche Angaben enthält. Es ist wenig wahrscheinlich, dass es bei diesem Spiel, wo das Element des Zufalls eine große Rolle spielte, bedeutende theoretische Erwägungen gegeben hat.

Die Geschichte und die Theorie der Schacheröffnungen beginnt später, etwa zu dem Zeitpunkt, als Tschaturanga, nach dem Vordringen in den Iran und Mittelasien – Baktrien, Sogdien, Choresmien – wesentlich vervollkommnet und modernisiert wurde. Die zweite historische Stufe in der Entwicklung des Schachspiels hieß ‚Schatrandsch' und war eine neue, höher stehende Form von Tschaturanga. Beim Schatrandsch wurde der Ausgang des Spiels nicht mehr vom Zufall des Würfelns bestimmt, sondern von der Logik und Erfindungsgabe des Spielers. Dieses Spiel erlangte bald große Beliebtheit.

Die Eroberung Irans durch die Araber und die Schaffung eines starken arabischen Kalifats haben die Weiterentwicklung dieses Spiels auch in anderen Ländern ermöglicht, ebenso dessen qualitative Veränderungen. Bereits im 9. Jahrhundert gab es zu Schatrandsch eine umfangreiche Fachliteratur und eine gut ausgearbeitete Theorie.

Wie waren die Regeln dieses Spiels und worin unterschieden sie sich von den Regeln des heutigen Schachspiels?

Ziemlich ähnlich waren die Züge des Turms, des Springers und des Königs. Es gab keine Rochade im heutigen Sinn. Der Bauer bewegte sich grundsätzlich nur um ein Feld nach vorne. An der Grundreihe angekommen, konnte er nur in eine Dame umgewandelt werden. Allerdings war die Dame damals eine recht schwache Figur, denn sie konnte jeweils nur um ein Feld auf der Diagonale ziehen.

Anders bewegte sich der Elefant, der heutige Läufer, nämlich auf der Diagonale, und das jeweils nur auf das dritte Feld. Falls ihm eine andere Figur im Weg stand, übersprang er sie, ohne sie zu schlagen.

Den Sieg erreichte man nicht nur durch die Matt-, sondern auch durch die Pattsetzung. Und sogar die Eroberung aller feindlichen Figuren brachte den Gewinn.

Diese Regel wird durch ein Problem aus der Handschrift des arabischen Meisters Al-Adli (9. Jahrhundert) verdeutlicht.

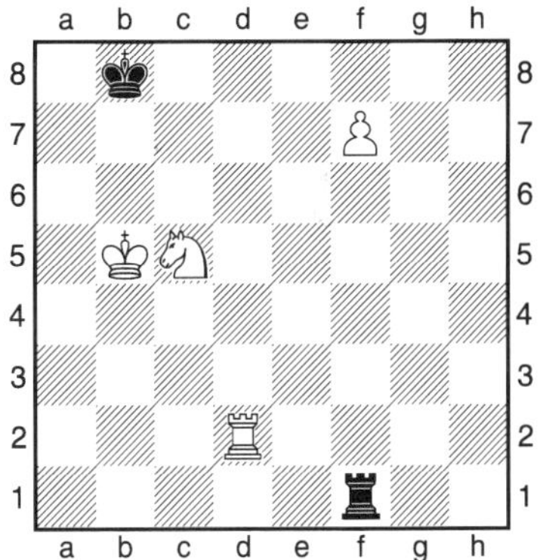

Schwarz am Zug, Weiß gewinnt

Die Lösung des Problems wird dabei so beschrieben (in Klammern eine ‚Übersetzung' in die heutige Kurznotation):

„Schwarz hat keinen besseren Zug, als den Bauern zu schlagen (1...Txf7), worauf Rot (Weiß) Schach gibt (2.Td8+), Schwarz zieht nach unten auf das zweite Feld des Alfils (des Läufers = 2...Kc7). Daraufhin kommt Schach durch den Springer vom dritten Feld des Kaisers aus (3.Se6+), und Schwarz zieht auf das zweite Feld seines Springers (3...Kb7). Nun stellt Rot seinen Roch ...

(So hieß der Turm im Schatrandsch, vgl. die heutige engl. Benennung ‚rook' bzw. die Bezeichnung ‚Rochade'.)

... auf das Feld des Alfils vor dem Roch (4.Tf8), und egal wo Schwarz nun seinen Roch hinzieht, stellt Rot seinen Roch auf das zweite Feld des Alfils, wo vorher der schwarze Roch stand (5.Tf7). Dem Schwarzen bleibt keine andere Wahl, als diesen zu schlagen (5...Txf7), und nun kommt der Doppelangriff durch den Springer (6.Sd8+), und Rot gewinnt."

Zweifellos war die Zeit der Entwicklung der arabischen Kultur auch die Blütezeit des Schatrandsch-Spiels. Aus dieser Zeit sind viele Betrachtungen aus der Feder berühmter Meister und Theoretiker erhalten.

Unlängst wurde am Institut für Orientalistik an der Akademie der Wissenschaften in Usbekistan eine ganze Schatrandsch-*Enzyklopädie* entdeckt, eine Handschrift mit etwa 300 verschiedenen Stellungen. Geschrieben wurde sie vermutlich im 12. Jahrhundert vom tadschikischen Meister Abu'l Fath Sidschisi.

Die Mehrzahl der vorgestellten Positionen bezieht sich auf das Mittel- und Endspiel. Die Handschrift enthält viele Probleme (Mansuben) und zehn Eröffnungspositionen (Tabijen), von denen später die Rede sein wird.

Schatrandsch war ein interessantes Spiel, aber auch ein noch ziemlich unvollkommenes, bei dem sich das Geschehen sehr träge entwickelte.

„Die Eröffnung im Schatrandsch war nicht besonders interessant", bemerkt der bekannte englische Schachhistoriker Murray, „denn jede Seite hatte die Möglichkeit, viele Züge zu machen, ohne mit den Figuren des Gegners in Kontakt zu kommen."

Im Laufe der Zeit fand man eine interessante Lösung: Die Schatrandsch-Meister entwickelten feste Eröffnungspositionen (Tabijen) mit annähernd gleichen Chancen für beide Seiten.

Alle mittelalterlichen und bis heute erhaltenen Schatrandsch-Tabijen sind in der großen Studie ‚Geschichte des Schachs' von H. Murray gesammelt. Er führt insgesamt 31 an. Eine Reihe von Tabijen, die darin nicht erwähnt werden, findet man bei Abu'l Fath.

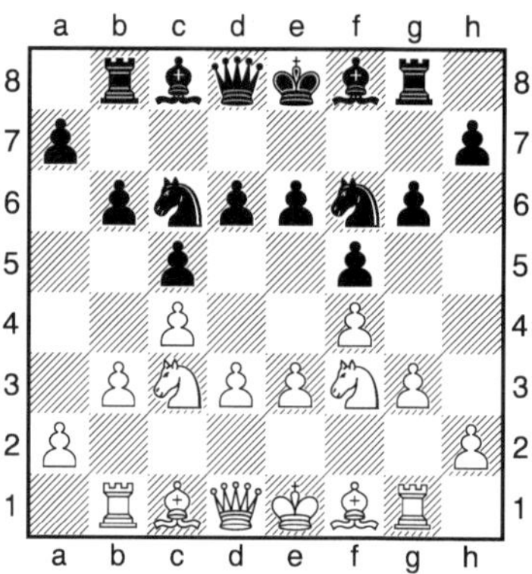

Diese Tabija, genannt ‚Zweifacher Almuschanach', entstand nach dem 12. Zug. Die Eröffnung wird vom Schatrandsch-Theoretiker Abdu'l Fahradi Ladschladsch (gestorben um ca. 970) empfohlen. Seiner Meinung nach ist gemäß damaliger Theoriekenntnisse der beste strategische Plan für Weiß das Vorziehen der g- und h-Bauern.

Interessant ist, dass diese Position um 1911 von GM Mieses untersucht wurde, der einige Partien nach den Schatrandsch-Regeln spielte. Seiner Ansicht nach ist der von Ladschladsch empfohlene Plan ausgezeichnet.

„Die Tabijen stellten einen großen Fortschritt dar, denn dadurch wurde das Spiel schneller, wonach es ja bei der begrenzten Bewegungsfreiheit von Läufer und Dame geradezu geschrien hatte," schrieb der russische Historiker M. Gonjajew 1880.

Viele Tabijen hatten eigene Bezeichnungen – Prototypen der künftigen Eröffnungsnamen. In einem der arabischen Theoriewerke des 10. Jahrhunderts werden für einige von ihnen dichterische Charakteristiken im Stil der orientalischen Symbolik angeführt: ‚Almuschanach' (die Beflügelte, die Schnelle), ‚Saif' (das Schwert), ‚Maschanchi' (die Kluge), ‚Sajal' (der Bach).

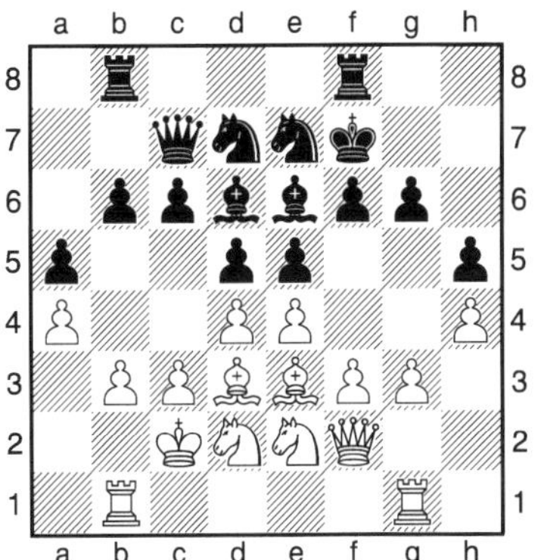

Hier eine von diesen Positionen. Eine spannende Stellung, in der dem Anziehenden Erfolg winkt, wie die Schatrandsch-Theoretiker behaupteten. Diese Behauptung, wohl auf praktischen Untersuchungen beruhend, zeugt von der Tiefe der analytischen Untersuchungen. Wahrscheinlich gehen die Angriffspläne von den Bauernvorstößen g3-g4 bzw. b6-b5 aus.

Noch eine Tabija:

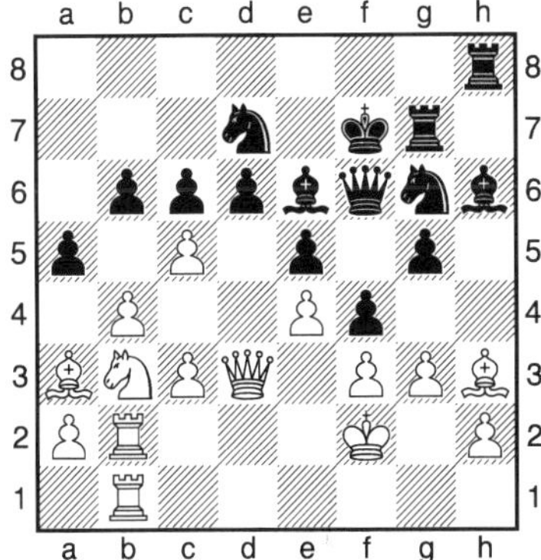

Für das Auge des modernen Schachspielers ist diese Stellung nicht ungewöhnlich und erinnert in etwa an eine Variante aus der Altindischen Verteidigung.

Auch der Stellungsaufbau der nächsten Tabija ähnelt modernen Eröffnungssystemen:

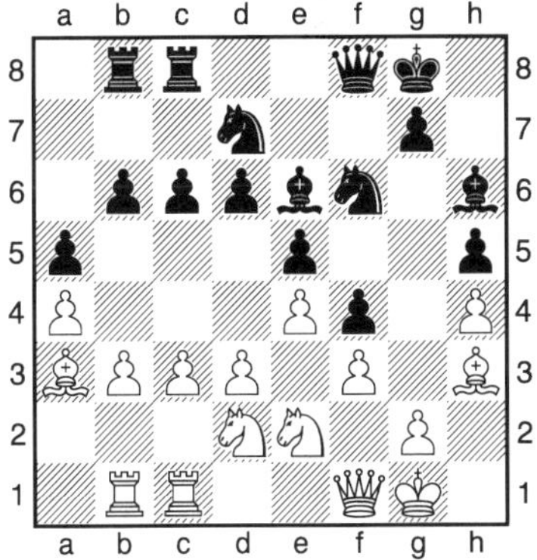

Und nun wollen wir uns mit einer Partie befassen, die nach dem Eröffnungsmuster ‚Sajal' begonnen wurde. Dies ist mit über 1000 Jahren eine der ältesten Partien in der Geschichte des Schachspiels. Die Namen der Gegner sind unbekannt.

1.g3 g6 2.g4 f6 3.e3 e6 4.Se2 d6 5.Tg1 c6 6.f3 b6 7.f4 a6 8.f5 gxf5 9.gxf5 exf5

Unter Bauernopfer verschafft Weiß seiner stärksten Figur, dem Turm, eine offene Linie.

10.Lh3 Se7 11.Tf1 Tg8 12.Sg3 Tg5 13.Lxf5 h6

Der Zug 13...Sxf5 wäre im Schatrandsch ein grober Fehler, denn der Springer war in diesem Spiel viel stärker als der Läufer.

14.Lh3 Sd7 15.d3 d5 16.c3 Dc7 17.b3 Ta7 18.c4 Lfd6 19.Sc3 Lce6

Das sind die charakteristischen *Sprünge* des Läufers!

20.cxd5 cxd5 21.d4 Lf8 22.Tf2 Dd6 23.b4 Tc7 24.Kd2 b5 25.La3 Sb6 26.Lc5 Sc6 27.a3 Kf7 28.Dc2 Lc4 29.Taf1 Tg6 30.Sh5 Ke8 31.Sxf6+

Weiß hat gut manövriert und setzt nun zum entscheidenden Angriff an.

31...Kd8 32.Sfxd5 Tb7

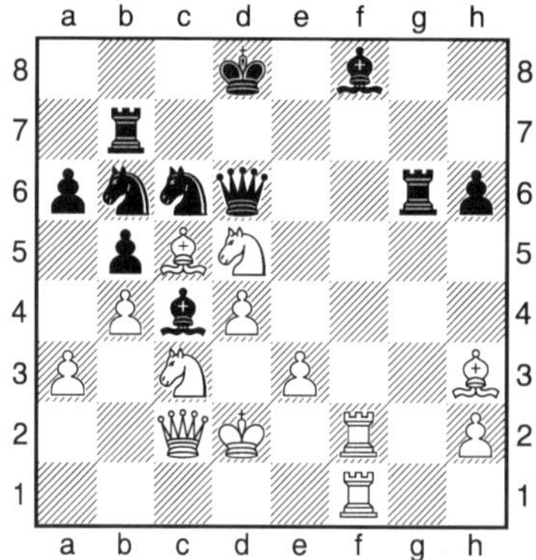

33.Txf8+ Kd7 34.Lf5+ Ke6 35.Sf4 Matt!

ÜBUNGEN:

Nr. 1: Wie bereits erwähnt, entsprachen im Schatrandsch die Züge von Turm, König und Springer den heutigen. Finden Sie die Lösung eines Schatrandsch-Problems, bei der gerade diese Figuren beteiligt sind. Weiß zieht.

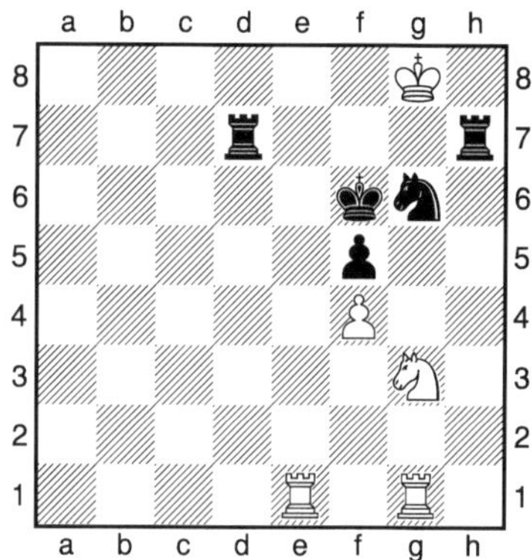

2. Schach in Europa

Nach Europa kam das Schachspiel wahrscheinlich im 9. Jahrhundert, nachdem die Araber in Südspanien das Kalifat von Cordoba errichtet hatten. Nach Russland kam das Spiel unmittelbar vom Osten her im 8. bis 9. Jahrhundert.

Ab dem 13. Jahrhundert wurden verschiedene Versuche unternommen, das Spiel zu vervollkommnen, damit es schneller und dynamischer wurde. Im 13. Jahrhundert wurde die Regel eingeführt, dass der Bauer beim ersten Zug auch um zwei Felder vorziehen darf. Die nächste Veränderung bezog sich auf den König: Ihm wurde erlaubt, einmal im Verlauf der Partie auf ein beliebiges *über*nächstes Feld zu springen, z.B. von e1 nach c1, c2, c3, d3, e3, f3, g3, g2 oder g1.

Solche Veränderungen erfolgten im Laufe von Jahrhunderten. In der zweiten Hälfte des 15. Jahrhunderts wurde ein radikales Mittel zur Temposteigerung gefunden: Der Läufer wurde zu einer weitreichenden Figur über die Diagonalen hinweg, und die Dame bekam eine bedeutend größere Kraft, indem sie von nun an auf allen Diagonalen, Vertikalen und Horizontalen wirken durfte, und zwar in deren voller Länge. Die fast endgültige heutige Form erhielt das Schachspiel im 16. Jahrhundert, als man begann, die Rochade anzuwenden.

Natürlich haben all diese Reformen, vor allem die größere Durchschlagskraft der Figuren, zu einer Neubewertung einzelner Züge geführt, wonach auch die theoretischen Vorüberlegungen des Schatrandsch-Spiels verworfen werden mussten.

M. Gonajew schreibt darüber: „Die östlichen Eröffnungspositionen, Tabijen, hielten sich nicht lange in Europa, weswegen sie auch in den Handschriften nicht erwähnt werden. Das ist verständlich: Es war leicht festzustellen, dass die ersten Züge eines Spiels nicht *beliebig* erfolgen dürfen, weil ein schlechter Eröffnungszug dem Gegner Vorteile verschafft und die eigene Partie verdirbt."

Die ersten historischen Dokumente, die für die Erforschung der Entwicklung moderner Eröffnungen wichtig waren, sind zwei Handschriften aus dem 15. Jahrhundert sowie das Buch von Lucena, das gegen Ende des 15. Jahrhunderts im spanischen Salamanca entstand.

Die Katalanische Handschrift aus den neunziger Jahren des 15. Jahrhunderts ist ein von drei Autoren geschriebenes Gedicht, in dem eine Partie zwischen Mars und Venus gezeigt wird. Hier der Beginn dieser Partie:

1.e4 d5 2.exd5 Dxd5 3.Sc3 Dd8 4.Lc4 Sf6 5.Sf3 Lg4 6.h3 Lxf3 7.Dxf3 e6 8.Dxb7 Sbd7 9.Sb5 Tc8 10.Sxa7 Sb6 11.Sxc8 Sxc8 12.d4 und Weiß gewinnt.

Im Zusammenhang mit dieser Partie äußerte GM Löwenfisch, dass „die Behandlung der Eröffnung Bewunderung verdient, wenn man bedenkt, dass das Schachspiel gerade erst seine endgültige Form erhalten hatte".

Die Göttinger Handschrift enthält in lateinischer Sprache 12 nummerierte Eröffnungen. Dabei stößt man auf einige Varianten der heutigen Italienischen, Russischen und Spanischen Eröffnung sowie der Sizilianischen Verteidigung.

Hier einige Eröffnungssysteme aus dieser Handschrift.

Nr. 1) 1.e4 e5 2.Sf3 f6 3.Sxe5 fxe5 4.Dh5+ Ke7 5.Dxe5+ Kf7 6.Lc4+ d5 7.Lxd5+ Kg6 8.Dg3+ Dg5 9.Db3 Dxg2 10.e5

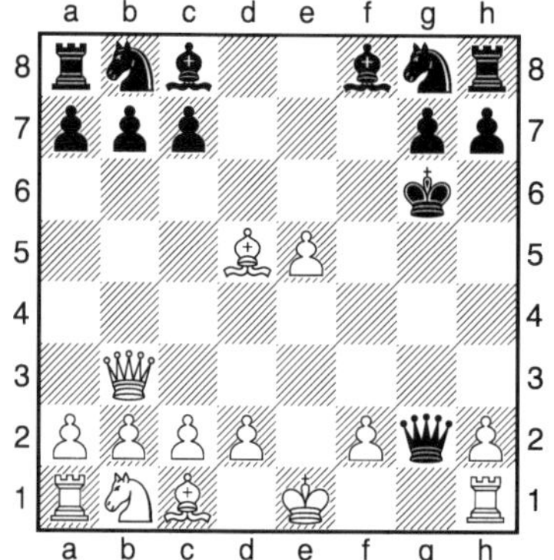

Eine Bewertung der entstandenen Stellung wird in der Handschrift nicht gegeben.

Nr. 2) 1.e4 e5 2.Sf3 Sf6 3.Sxe5 Sxe4 4.De2 De7 5.Dxe4 d6 6.d4 f6 7.f4 Sc6 8.Lb5 Ld7 9.Sc3 Sxe5 10.Sd5 Sf3+ 11.gxf3 Dxe4+ 12.fxe4 Lxb5 13.Sxc7+.

In der Göttinger Handschrift werden einige Varianten der Spanischen Partie mit dem Zug 3...Lc5 erörtert – sowie die Englische Partie (1.c4) und die Bird-Eröffnung (1.f4).

Im Buch von Lucena werden elf Eröffnungen aufgeführt, darunter die Italienische Partie, die Philidor-Verteidigung, die Russische Partie, die Läuferpartie, die Französische Verteidigung, die Spanische Partie (Variante mit 3...Sge7) sowie die Züge 1.b3 und 1.e3.

Zu 1.e3 merkt Lucena an, dass „der Königsbauer immer um zwei Felder bewegt werden sollte".

Er führt aus, er habe diese Eröffnungen bei seinen Reisen durch Spanien, Frankreich und Italien gesammelt. Bezeichnenderweise tragen die Eröffnungselemente in der Göttinger Handschrift und in Lucenas Buch viele gemeinsame Merkmale. So muss angenommen werden, dass beide aus früheren und uns unbekannten Quellen schöpfen konnten.

3. Aufgepasst – Eröffnung!

Das erste Werk, in dem den Eröffnungen große Beachtung geschenkt wird, ist ‚Das Buch von der Erfindungsgabe und der Spielkunst im Schach' des spanischen Paters Ruy Lopez. Es wurde 1561 veröffentlicht, 1584 ins Italienische und 1609 ins Französische übersetzt.

Es zeigt, dass das Eröffnungs-Repertoire zu dieser Zeit schon sehr reichhaltig war und das Positionsverständnis vertieft wurde. Lopez betont als erster die Bedeutung des Bauernzentrums.

Er analysiert unter anderem das System 1.e4 e5 2.c3, das Königsgambit (angenommen und abgelehnt) und die Skandinavische Partie.

Nach 1.e4 e5 2.Sf3 Sc6, so glaubt er, ergibt 3.Lb5 weißen Vorteil. Seiner Meinung nach besteht nach 1.e4 e5 2.Sf3 die beste Verteidigung in 2...d6.

Nach 1.e4 e5 2.Sf3 f6 empfiehlt er 3.Lc4 und nicht 3.Sxe5. Für unergiebig hält er die Eröffnungszüge 1.Sf3, 1.Sc3, 1.c4, 1.f4, 1.g3 und 1.b3.

Lopez hat mit seinen Untersuchungen seine Vorgänger weit übertroffen, so dass der deutsche Schachforscher, T. von Heydebrand und der Lasa, ihn den ‚Begründer der Eröffnungstheorie' nannte. M. Gonajew war der Ansicht, Lopez sei „in erster Linie als Schöpfer der Eröffnungstheorie des Königsgambits anzusehen".

Große Bedeutung für die Eröffnungstheorie haben die Untersuchungen des Italieners Polerio. Seine Handschrift aus dem 16. Jahrhundert wurde erstmals 1873 von A. van der Linde analysiert.

T. von der Lasa würdigte dieses Werk folgendermaßen: „Viele bekannte Eröffnungen sind das Werk von Polerio. Das gilt auch für den Eingangsteil der Eröffnung: 1.e4 e5 2.Sf3 Sc6 3.Lc4 Sf6 4.Sg5 d5 4.exd5 Sxd5 5.Sxf7".

In dieser Handschrift wird bereits das Vier- und das Zweispringerspiel analysiert, die Caro-Kann und die Sizilianische Verteidigung sowie die Systeme mit fianchettierten Läufern.

Ein bedeutender Fortschritt wurde in der Erforschung des Damengambits erzielt. Die Handschrift enthält auch die Variante 1.d4 d5 2.c4 c6. Aber, ganz im Geiste der schöpferischen Ideen seiner Epoche, widmete Polerio die größte Beachtung den Varianten des Königsgambits. Hier eine Reihe von Eröffnungen aus der besagten Handschrift.

Nr. 1. 1.d4 d5 2.c4 c6 3.Lf4 e6 4.cxd5 cxd5 5.Lxb8 Txb8 6.Da4+ Ld7 7.Dxa7 Lc6 und mit Ta8 gewinnt Schwarz.

Nr. 2. (D. Domenico) 1.e4 e6 2.d4 Sc6 3.Sf3 Le7 4.c3 Sf6 5.Ld3 0-0 6.h4 d5 7.e5 Se8 8.Lxh7+ Kxh7 9.Sg5+ Lxg5 10.hxg5+ und Weiß gewinnt.

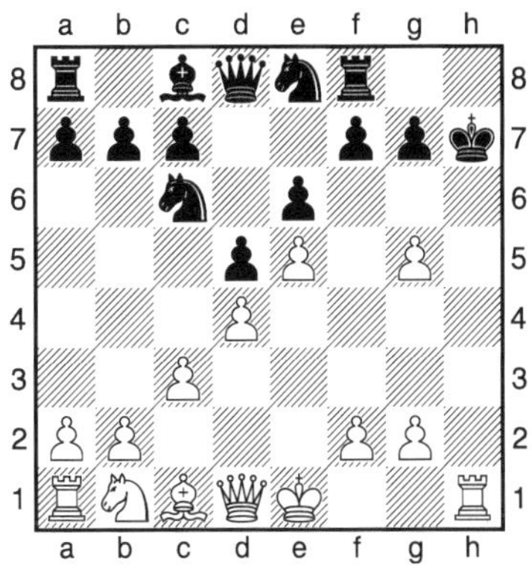

Nr. 3. 1.e4 e6 2.d4 d5 3.e5 c5 4.c3 Sc6 5.Sf3 Ld7 6.Le3 c4 7.b3 b5 8.a4 a6

Nr. 4. (Weiß: Scovara, Schwarz: Paolo Boi) 1.e4 e5 2.Lc4 Lc5 3.Sf3 Sc6 4.c3 De7 5.d4 exd4 6.cxd4 Dxe4+ 7.Le3 Lb4+ 8.Sc3 d5 9.Ld3 De7 10.h3 Sf6

Nr. 5. (Seron) 1.e4 e5 2.Lc4 Lc5 3.Sf3 Sc6 4.c3 De7 5.d4 exd4 6.cxd4 Dxe4+ 7.Kd2 Lb4+ 8.Sc3 Dg6 9.Te1+ Kd8

Nr. 6. (D. Domenico) 1.e4 e5 2.Lc4 Lc5 3.Sf3 d6 4.Sc3 Sf6 5.d3 0-0 6.Lg5 h6 7.h4 Lg4

Nr. 7. (Santa-Maria) 1.e4 e5 2.Lc4 Lc5 3.De2 De7 4.f4 Lxg1 5.Txg1 exf4 6.d4

Nr. 12. (Avalos) 1.e4 e5 2.Sf3 Sc6 3.Lb5 Lc5 4.Lxc6 dxc6 5.Sxe5 Lxf2+ 6.Kxf2 Dd4+

Nr. 13. (D. Domenico) 1.e4 e5 2.Sf3 Sc6 3.Lc4 Lc5 4.Sc3 Sf6 5.d3 0-0 6.Lg5

Nr. 14. 1.e4 e5 2.Sf3 Sc6 3.Lc4 Lc5 4. 0-0 d6 5.c3 Lg4 6.Db3 Lxf3 7.Lxf7+ Kf8 8.Lxg8 Txg8 9.gxf3 g5

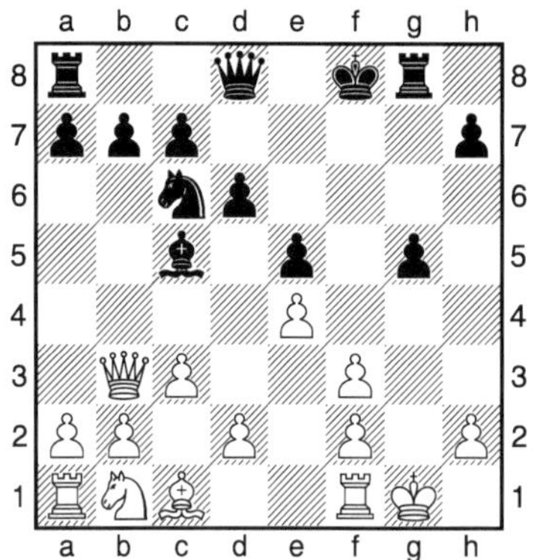

Nach einer detaillierten Analyse dieser Stellung kam Polerio zu dem Schluss, der schwarze Angriff sei nicht abzuwehren.

Nr. 16. (Buscardo) 1.e4 e5 2.Sf3 Sc6 3.Lc4 Lc5 4.c3 De7 5.0-0 d6 6.d4 Lb6 7.Lg5 f6

Nr. 18. 1.e4 e5 2.Sf3 Sc6 3.Lc4 Lc5 4.c3 Sf6 5.0-0 0-0 6.d4 exd4 7.e5

Nr. 20. (Weiß: Polerio, Schwarz: Domenico) 1.e4 e5 2.Sf3 Sc6 3.Lc4 Sf6 4.Sg5 d5 5.exd5 Sxd5 6.Sxf7 Kxf7 7.Df3+ Ke6 8.Sc3 Sce7 9.d4 c6 10.Lg5 h6 11.Lxe7 Lxe7 12.0-0-0 Tf8 13.De4 Txf2 14.dxe5 Lg5+ 15.Kb1 Td2

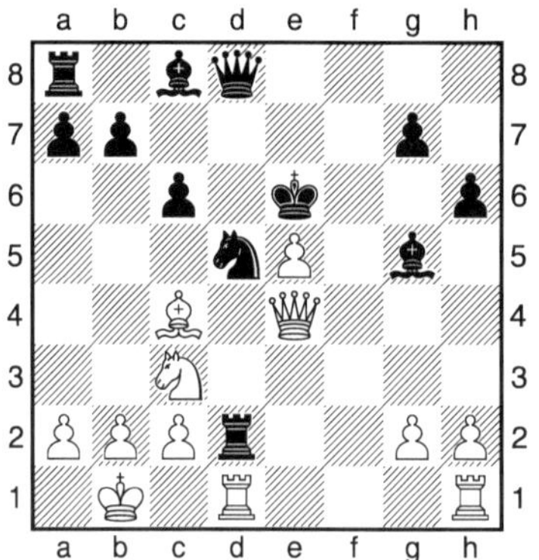

Nr. 22. (Santa-Maria) 1.e4 e5 2.f4 d5 3.exd5 Dxd5 4.Sc3 De6 5.Sf3

Nr. 28. 1.e4 e5 2.f4 exf4 3.Sf3 g5 4.h4 g4 5.Se5 h5 6.Lc4 Sh6

Nr. 30. 1.e4 e5 2.f4 exf4 3.Sf3 g5 4.Lc4 g4 5.Se5 Sh6 6.Sxg4 Sxg4 7.Dxg4 d5 8.Dxf4 dxc4 9.De5+ Le6 10.Dxh8 Dh4+ 11.Kf1 Df4+ 12.Kg1 Dxe4 13.h3 Ld5 mit Vorteilen für Schwarz!

Zu dieser Fortsetzung bemerkt Polerio: „Eine herrliche Gambitverteidigung, die oft in Spanien gespielt wird.“ Überhaupt stützt er sich auf praktische und theoretische Erfahrungen berühmter Schachmeister seiner Zeit: Leonardo, Boi, Lopez, Santa-Maria, Domenico und viele andere.

Nr. 33. 1.e4 e5 2.f4 exf4 3.Sf3 g5 4.Lc4 g4 5.Se5 Dh4+ 6.Kf1 Sf6 7.d4 d6 8.Sd3 f3 9.Sf4 fxg2+ 10.Kxg2

Nr. 34. 1.e4 e5 2.f4 exf4 3.Sf3 g5 4.Lc4 Lg7 5.h4 h6 6.d4 d6 7.Sc3 c6

Nr. 35. (Leonardo) 1.e4 e5 2.Sf3 f5 3.Sxe5 De7 4.Dh5+ g6 5.Sxg6 Dxe4+ 6.Kd1 Sf6 7.Dh4 Sg4

Nr. 36. (Leonardo) 1.e4 e5 2.Sf3 f5 3.Lc4 fxe4 4.Sxe5 d5 5.Dh5+ g6 6.Sxg6 Sf6 7.De5+ Le7 8.Sxe7 Dxe7

Dieser Abschnitt soll mit der Erwähnung einer Handschrift des italienischen Meisters Gioacchino Greco (geb. um 1600 in Celico bei Neapel, gest. 1634) abgeschlossen werden. Man weiß um mehrere Handschriften (ca. 15), die Greco 1619-25 verfasst hat. Gedruckt wurden diese erst nach seinem Tod, um 1656 in England.

Als besonders starker Schachspieler fand er auch in längst bekannten und gut erforschten Eröffnungen neue und geistvolle Kombinationen. T. von der Lasa veröffentlichte 1859 eine Sammlung von Eröffnungsvarianten (insgesamt 143), die in den Werken Grecos zu finden sind.

Die bemerkenswerteste davon ist die Variante Grecos in der Italienischen Partie, die seit 400 Jahren das Interesse der Schachtheoretiker auf sich zieht.

1.e4 e5 2.Sf3 Sc6 3.Lc4 Lc5 4.c3 Sf6 5.d4 exd4 6.cxd4 Lb4+ 7.Sc3 Sxe4 8. 0-0 Sxc3 9.bxc3 Lxc3 10.Db3!

Zu Lebzeiten Grecos war dieser Zug eine wahre Offenbarung, heute kennen ihn auch Spieler geringerer Spielstärke.

Hier noch einige Eröffnungsvarianten von Greco:

Nr. 14. 1.e4 b6 2.d4 Lb7 3.Ld3 f5 4.exf5 Lxg2 5.Dh5+ g6 6.fxg6 Sf6 7.gxh7 Sxh5 8.Lg6#

Nr. 16. 1.e4 e5 2.d4 exd4 3.Lc4 Sc6 4.Sf3 Lc5 5.Sg5 Sh6 6.Sxf7 Sxf7 7.Lxf7+ Kxf7 8.Dh5+

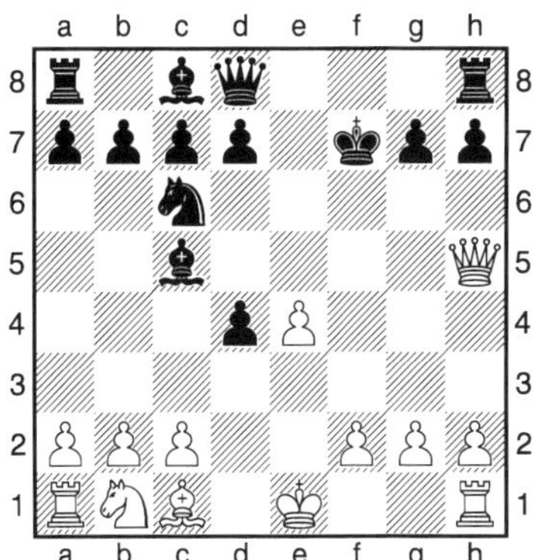

Eine Variante des modernen Schottischen Gambits!

Nr. 20. 1.e4 e5 2.Sf3 Sc6 3.Lc4 Lc5 4. 0-0 Sf6 5.Te1 0-0 6.c3 De7 7.d4 exd4 8.e5 Sg4 9.cxd4 Sxd4 10.Sxd4 Dh4 11.Sf3 Dxf2+ 12.Kh1 Dg1+ und Matt im nächsten Zug!

Nr. 30. 1.e4 e5 2.f4 exf4 3.Lc4 Le7 4.d4 Lh4+ 5.Kf1 g5 6.g3 fxg3 7.hxg3 Lxg3 8.Dh5 Df6+ 9.Sf3 d6 10.Lxg5 Dg6 11.Dxg6 fxg6 12.Lxg8 Txg8 13.Kg2 und Weiß gewinnt.

Das Hauptziel jeder Eröffnung zur Zeit Grecos war (laut M. Gonjajew) „der forsche Angriff auf den gegnerischen König, ohne Rücksicht auf Bauern- und Figurenopfer. Wenn der Angriff nicht gelang, stand der Angreifer mit zerrissener Bauernstellung oder sogar mit weniger Figuren da und musste verlieren. Das Spiel war eingleisig".

ÜBUNGEN

Nr. 2: Überlegen Sie, warum in der Mehrzahl der besprochenen Varianten die Angriffe auf die Punkte f2 und f7 gerichtet werden!

Nr. 3: Versuchen Sie selbst, die Partie Polerio – Domenico (Nr. 20 – siehe Seite 20) einer kritischen Untersuchung zu unterziehen und bewerten Sie die Stellung nach dem 15. Zug von Schwarz!

Nr. 4: Wie soll Weiß in der Greco-Variante der Italienischen Partie (siehe Seite 21) nach 10.Db3! seinen Angriff fortsetzen, wenn Schwarz 10...Lxa1 antwortet?

Nr. 5: Welche Fehler machte Weiß in der Eröffnungsphase der 20. Partie aus Grecos Sammlung?

Lassen Sie sich nicht vorschnell verleiten, die Lösungen am Ende des Buches nachzuschlagen. Entscheiden Sie selbst und vergleichen Sie erst dann Ihre Meinung mit der im Buch angegebenen Lösung!

4. Eröffnung und allgemeiner Spielplan

Die Erforschung der strategischen und taktischen Probleme – die Theorie der Eröffnung – wurde immer tiefgehender. In verschiedenen Sprachen erschienen immer mehr Bücher, die diesen Komponenten des Spiels gewidmet waren.

Dabei muss man in erster Linie das Buch des Syrers Phillip Stamma (1745) hervorheben, in dem 74 verschiedene Eröffnungsvarianten aufgezeigt werden. Theoretische Bedeutung hat die Analyse des Gambits 1.e4 e5 2.f4 exf4 3.Sf3 Le7 4.Lc4 Lh4+ 5.g3 fxg3 6.0-0 gxh2+ 7.Kh1.

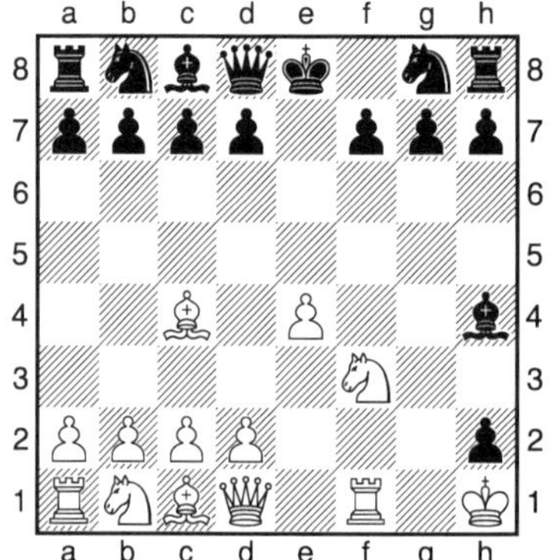

Stamma empfiehlt hier den Zug 7...d5, der bis heute als sehr stark gilt.

Aus diesem Werk geht hervor, wie sehr sich das Wissen um die Wichtigkeit des Zentrums entwickelt hat. Charakteristisch ist, dass Stamma nach 1.e4 e5 2.d4 exd4 3.Dxd4 Sc6 als beste Fortsetzung 4.De3 ansieht, um den Gegenangriff d5 zu erschweren.

Für die Theorie ist bedeutsam, dass Stamma als erster dem Damengambit eine gute Note ausstellt und es sogar als die beste Eröffnung betrachtet. Später nannte Philidor dieses Gambit das ‚Alepper Gambit', da Stamma aus der Stadt Aleppo stammte.

Zu erwähnen bleibt noch, dass Stamma eine numerische Schachnotation verwendete, die endlich das gigantisch ausufernde ‚beschreibende System' ablöste. Diese Notation verwendete er in der ersten Ausgabe seines Buches (Paris 1737), die der deutsche Verleger von G. Greco, Moses Hirschel, im Jahr 1784 verbesserte und somit zur schnelleren Ausbreitung des Schachwissens beitrug.

Von großer Bedeutung für die Entwicklung der Schachkultur war das Werk des berühmten französischen Spielers François-André Danican Philidor (1726–1795) ‚Die Analyse des Schachspiels'.

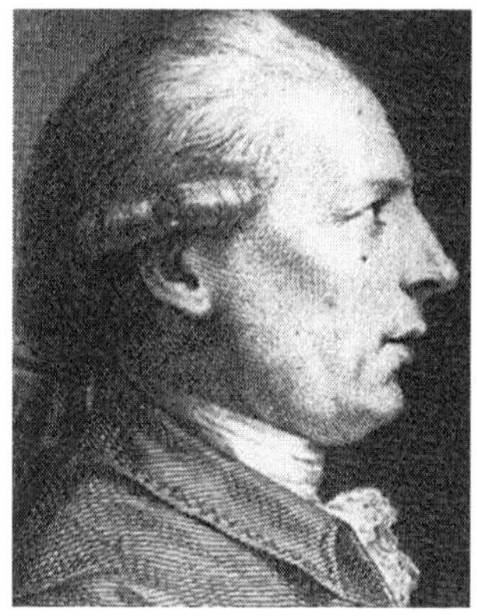

André Philidor

Die ‚Analyse' besteht aus vier kommentierten Partien und einer Reihe von Eröffnungsvarianten. Das Buch hat an die zehn Auflagen in verschiedenen Sprachen erlebt und im Laufe eines ganzen Jahrhunderts den Liebhabern des

Schachspiels als wichtigstes Nachschlagewerk gedient.

Nicht nur, dass Philidor der größte Meister seiner Zeit war, vielmehr ging er die Schachtheorie auf neuen Wegen an, vor allem was die Eröffnungen betraf. Im Vorwort seines Buches schreibt er:

„Meine Grundabsicht ist es, dem Publikum eine Neuerung anzubieten, auf die bisher niemand gekommen ist – bzw. die bislang niemand verstanden hat. Es handelt sich um das Spiel der Bauern. Sie sind die Seele des Spiels. Nur sie lassen Angriff und Verteidigung entstehen, ihre Position entscheidet das Schicksal des Spiels."

Im Einklang mit seiner Schachauffassung versuchte er in der Eröffnung nicht so sehr, seine Figuren zu entwickeln, sondern vielmehr die Bauernketten zu bilden. Deshalb erachtete er nach 1.e4 e5 die Züge 2.Sf3 und 2...Sc6 als schlecht, da dabei die Springer den Bauern den Weg versperren. Mit Weiß spielte Philidor die Läuferpartie oder das Königsgambit, mit Schwarz 2...d6 und 3...f5.

„Man soll keine Figuren vor den Bauern postieren," schrieb Philidor, fügte allerdings hinzu: „Manchmal ist dies aber unumgänglich."

Ein anderes seiner großen Verdienste besteht in dem Versuch, die Eröffnung mit dem allgemeinen Spielplan zu verbinden, obgleich dieser Plan stark von seiner Theorie der Bedeutung der Bauern beeinflusst war.

In seinem zweiten Buch aus dieser Zeit ‚Bemerkungen über die Theorie und Praxis des Schachspiels' (1763) unterzieht der italienische Meister Giambattista Lolli eine Reihe von Philidors Theorien einer scharfen Kritik. Wahrscheinlich ist der Spruch „Eine schlechte Eröffnung ist wie das schlechte Fundament eines Hauses" ihm zuzuschreiben.

1769 wurde in Modena das Buch von Domenico Lorenzo Ponziani gedruckt, in dem er vor allem Eröffnungen und Endspiele analysiert. Nach Meinung von G. Löwenfisch hat „Ponziani in der Eröffnungsanalyse eine solche Vollkommenheit erreicht, dass er all seine Zeitgenossen übertrifft".

Ponziani hat für die Eröffnung einige strategische Grundsätze aufgestellt, die bis heute Gültigkeit besitzen. Seiner Meinung nach soll die freie Entfaltung der Figuren und ihre Aufstellung auf solchen Feldern angestrebt werden, von denen aus sie schwache Punkte im gegnerischen Lager angreifen können.

In seinen Augen war das Bauernzentrum nicht Selbstzweck, sondern hatte die Aufgabe, den Figuren den Weg freizumachen. Die grundlegende Aufgabe der Bauern aber war es, gegnerische Figuren von günstigen Feldern zu vertreiben bzw. fernzuhalten.

Gegen Ende des 18. Jahrhunderts wurde in Österreich das Buch des Wiener Meisters Johann Allgaier veröffentlicht, in dem der Analyse von Eröffnungen große Aufmerksamkeit gewidmet wird. Er gibt darin eine Reihe von präzise berechneten Varianten zum Königsgambit:

1.e4 e5 2.f4 exf4 3.Sf3 g5 4.h4 g4 5.Se5 oder 5.Sg5.

Nach 5.Sg5 h6 untersuchte Allgaier vor allem das Springeropfer 6.Sxf7 (heute das Allgaier-Gambit).

Nach 1.e4 e5 2.Sf3 d6 3.Lc4 f5 4.d4 fxe4 (von Philidor gut geheißen) empfiehlt

Allgaier 5.Sxe5!, was dem Anziehenden starken Angriff bietet.

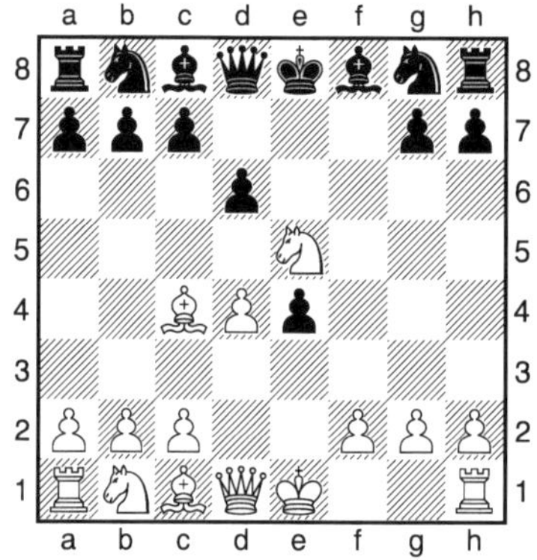

Innerhalb des Königsgambits untersuchte er auch die Varianten mit dem vorgeschalteten Zugpaar 2.Sc3 Sc6. Mitte des 19. Jahrhunderts arbeitete der Wiener Meister Carl Hamppe an dieser Variante weiter, so dass die Eröffnung 1.e4 e5 2.Sc3 als Wiener Partie bezeichnet wird.

5. Systematisierung und Analyse

In der ersten Hälfte des 19. Jahrhunderts machte man große Fortschritte in der Erforschung, Systematisierung und Analyse des Schachspiels. Im Werk des englischen Meisters William Lewis ‚Vorträge zum Schachspiel' (London, 1831-32), war der zweite Teil ausschließlich der Eröffnungstheorie gewidmet.

Es werden darin die Hauptfortsetzungen des Gambits untersucht, das der englische Meister William Davies Evans 1824 in die Praxis einführte (1.e4 e5 2.Sf3 Sc6 3.Lc4 Lc5 4.b4!?).

Des Weiteren wird eine ausführliche Analyse der Schottischen Eröffnung gegeben, die ihre Feuertaufe im Fernschachkampf London – Edinburgh (1824-28) bestand, als Edinburgher Spieler nach 1.e4 e5 2.Sf3 Sc6 zweimal mit Erfolg 3.d4 erprobten.

Mit einer begründeten Kritik an einer Vielzahl von Philidors Ausführungen in seinem Werk ‚Das Schachspiel, systematisch geordnet' (Petersburg, 1824) trat der erste russische Meister A. D. Petrow (1794–1867) auf den Plan.

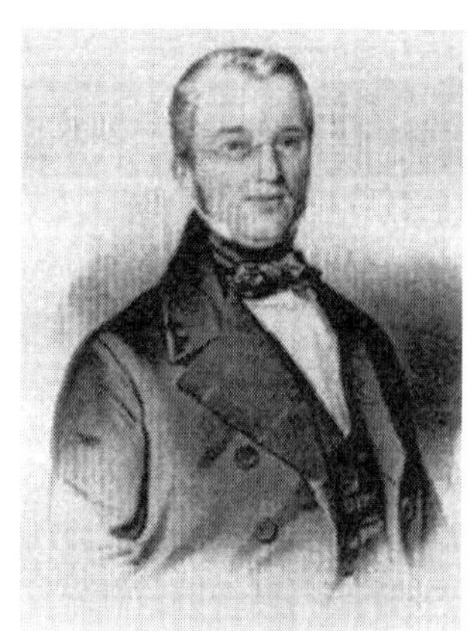

A. D. Petrow

Die Lehre Philidors über die Rolle der Bauern lobt er zwar, doch weist er auch darauf hin, dass Philidor seiner ‚Bauernstrategie' in vielen Fällen eine zu große Bedeutung beimisst. Weiterhin nimmt er ihm übel, dass er den Zug 2.Sf3 (nach 1.e4 e5) als schwach abtut.

‚Die neuesten Formen des Schachspiels' hieß das Buch des hervorragenden französischen Meisters Louis-Charles Mahé de la Bourdonnais (1797–1840), einer der stärksten Spieler zu Beginn des 19. Jahrhunderts. Darin wird umfangreich die Eröffnung 1.e4 e6 analysiert, die den Namen ‚Französische Verteidigung' bekam. In weiteren Analysen beschäftigt er sich vor allem mit dem angenommenen Damengambit.

Großen Einfluss auf die Entwicklung der Eröffnungstheorie nahmen die 1834-35 ausgetragenen Kämpfe zwischen dem Meister Frankreichs, La Bourdonnais, und dem Meister Englands, McDonnell (1798–1835). Diese waren das größte Schachereignis ihrer Zeit, sowohl in sportlicher als auch in schöpferischer Hinsicht.

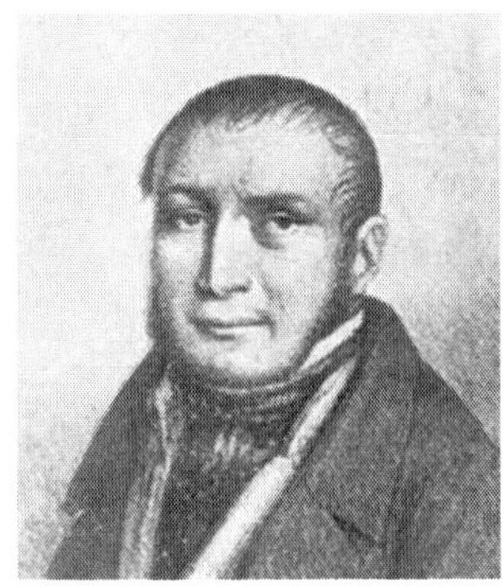

Louis-Charles de la Bourdonnais

Auf die Ergebnisse des Wettkampfs hinweisend, den der Franzose insgesamt für sich entscheiden konnte, schrieb Lasa: „Das Spiel von La Bourdonnais zeichnet sich durch Stabilität und zielgerichtete Ausführung des angestrebten Planes aus."

Derweil nannte M.I. Tschigorin einige dieser Partien sogar „eine glänzende Inspiration der Vergangenheit." Seiner Ansicht nach hat es La Bourdonnais tatsächlich verstanden, „dass die Besetzung des Zentrums zusammen mit Entwicklungsvorteilen die Grundlage für erfolgreiche Kombinationen bieten". – Eine Eröffnungsstrategie, die bald darauf von dem Amerikaner Morphy demonstriert wurde.

Von den übrigen Theoretikern und Praktikern, die ihren Beitrag zur Eröffnungstheorie geleistet haben, sei noch der schottische Meister John Cochrane erwähnt. Noch heute ist das nach ihm benannte ‚Cochrane-Gambit' bekannt:

1.e4 e5 2.f4 exf4 3.Sf3 g5 4.Lc4 g4 5.Se5 Dh4+ 6.Kf1 f3.

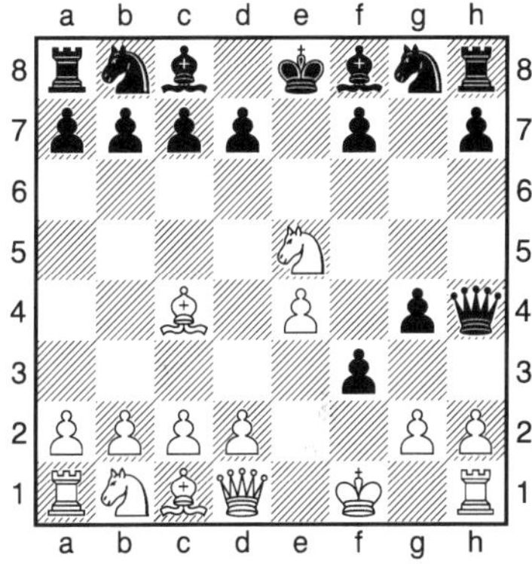

Mit diesem Gegenschlag kommt Schwarz zu gefährlichem Gegenspiel.

Wenn die Eröffnungsstrategie von La Bourdonnais die von Morphy beeinflusste, so war das Schaffen des englischen Meisters Howard Staunton (1810–1874) in vieler Hinsicht Vorbild des großen Schachdenkers Steinitz. Das von Staunton erdachte Gambit 1.d4 f5 2.e4 trägt seinen Namen.

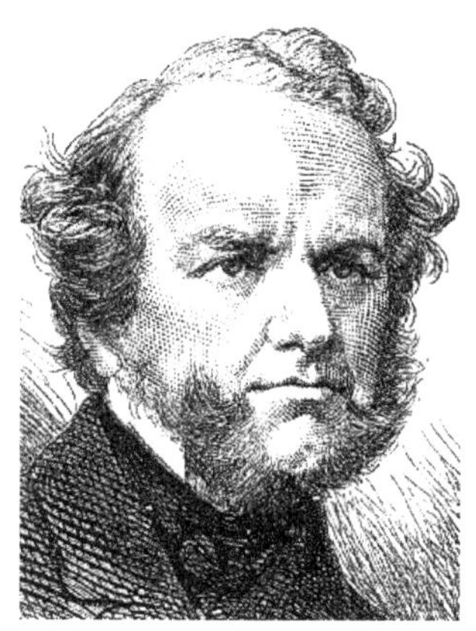

Howard Staunton

Gleichzeitig muss darauf hingewiesen werden, dass zu der damaligen Zeit erste zaghafte Schritte hin zu einer systematischen Betrachtung der Eröffnungstheorie gemacht wurden.

Wie Emanuel Lasker schrieb, „wurden die Partien über Jahrhunderte hinweg auf gut Glück begonnen. Nach einigen Zügen entstanden Komplikationen wie von selbst, und erst da zeigte sich das wahre Können des Spielers“.

Weder gab es für die Mehrzahl der Eröffnungen eine Bezeichnung, noch waren die Eröffnungssysteme in irgendwelche Gruppen aufgeteilt, was insgesamt die wissenschaftliche Erforschung und auch den Informationsfluss hemmte.

Die Grundlage der heutigen Eröffnungs-Systematisierung, die von großer Bedeutung für die Entwicklung der Schachkultur und die Popularisierung des Schachwissens war, wurde von dem russischen Schachtheoretiker Carl Friedrich von Jänisch geschaffen. Sein zweibändiges Werk ‚Neue Analyse der Eröffnungen im Schach' erschien 1842 gleichzeitig in französischer und englischer Sprache.

Auf seine Bedeutung wurde auch in der ersten Ausgabe des ‚Handbuchs' aus der Feder des deutschen Theoretikers Bilguer hingewiesen, das von Lasa ergänzt und überarbeitet wurde. In diesem 1843 erschienenen Handbuch heißt es über Jänischs Buch: „Alle Eröffnungen sind sehr sorgfältig bearbeitet, so dass eine Menge neuer und äußerst interessanter Varianten geboten wird, von denen wir einige in verkürzter Form in unserem Buch erwähnen.“

Um welche Varianten handelte es sich? Jänisch analysierte wichtige Varianten des Damengambits, die nach den Zügen 1.d4 d5 2.c4 e6 bzw. 2... c6 entstehen.

Der nach ihm benannte Gegenangriff 3...f5 (nach 1.e4 e5 2.Sf3 Sc6 3.Lb5) ist seine Erfindung. Allerdings erforschte er auch gründlich die Möglichkeit 3...Sf6. Des Weiteren wird in seinem Buch das Sizilianische Gambit 1.e4 c5 2.b4 analysiert sowie die Eröffnung 1.e4 Sc6 2.d4 d5, die später die Bezeichnung Nimzowitsch-Variante bekam.

Nach 1.e4 e5 2.f4 exf4 3.Lc4 Sf6 4.Sc3 untersuchte Jänisch die Verteidigung mittels 4...c6. Auch die Variante 1.e4 e6 2.d4 d5 3.Sc3 Lb4 und andere Systeme der Französischen Verteidigung werden von ihm analysiert.

Die richtungweisenden Werke von Jänisch, Bilguer und Lasa sind die ersten, die planmäßig systematisiert auf wissenschaftlicher Grundlage fußen. Hierin wurde erstmalig eine Gruppeneinteilung der Eröffnungen eingeführt sowie die Benennung fast aller damals bekannten Muster.

ÜBUNGEN

Nr. 6: Können Sie versuchsweise den Sinn eines ‚Gambits' erklären? Worin besteht Ihrer Meinung nach die Idee des Staunton-Gambits?

6. Von Morphy bis Botwinnik

Die einige Jahrzehnte währende erste Entwicklungsetappe der Eröffnungstheorie kann man als romantische Suche nach dem Neuen und Unbekannten bezeichnen. Während dieser Suche wurde eine gute Basis für Neuentdeckungen geschaffen, angereichert mit der Erfahrung früherer Meister.

Wie erwähnt leisteten hier Jänisch, Bilguer und Lasa Pionierarbeit, doch während sie nur Sammler und Methodiker waren, unternahmen zwei berühmte Meister die entscheidenden Schritte in eine neue Richtung: Paul Morphy (1837–1884) und Wilhelm Steinitz (1836–1900).

Seine glänzenden Siege verdankte Morphy dem Umstand, dass er ein tieferes Verständnis für Strategie und Taktik besaß als alle seine Zeitgenossen. Morphys ‚Erfolgsgeheimnis' bestand im schnellen und harmonischen Entwickeln der Figuren in der Eröffnungsphase, im richtigen Verständnis für die Rolle des Bauernzentrums und im energischen und rechtzeitigen Öffnen von Linien.

Allerdings nur in der Praxis! Morphy, wie ein strahlender Komet am Schachhimmel erschienen, hat seine Spielprinzipien nie schriftlich formuliert, so dass den Zeitgenossen scheinen musste, sein Erfolg sei einzig und allein in seinem Kombinationstalent begründet gewesen.

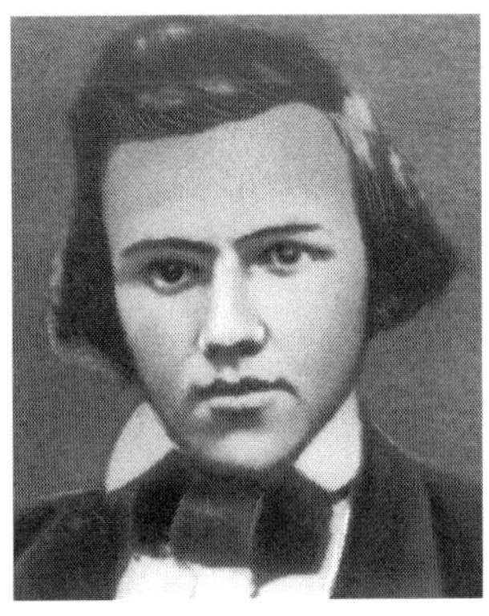

Paul Morphy

Erst Steinitz erkannte, dass Morphy seine herrlichen Kombinationen nur aufgrund des verfeinerten Positionsspiels ausführen konnte. Der Philosoph und Denker Steinitz schuf ein ähnlich neues Prinzip der Spielführung, wobei die Kombinationen nicht als geniale Geistesblitze aufflammen, sondern als logische Folge der Positionsarbeit erscheinen.

Die Verarbeitung seiner Lehren führte zur Überprüfung der bisher gültigen Ansichten, vor allem auf dem Feld der Gambit-Eröffnungen. Gerade hier konnte er viele unzulänglich vorbereitete Angriffsopfer entkräften. Er war der Ansicht, man müsse sorgsam mit seinem Material umgehen, und konnte in der Praxis nachweisen, dass nach einem mangelhaften Angriff schon ein einziger Minusbauer zur Niederlage führen kann.

Für damalige Zeitgenossen vollkommen verblüffend war seine Behauptung, der König sei eine starke Figur, die auch bei vollem Brett wirksam bei Angriff und Verteidigung mitwirken könne.

Auch wies er als erster darauf hin, dass der Bauernschild, hinter dem sich der König mittels Rochade versteckt, nur wirksam sein kann, wenn keiner der Bauern die Ausgangsreihe verlassen hat. Entsprechend scharf verurteilte er Züge wie h2-h3 oder h7-h6, die in den Partien der damaligen Zeit oft ohne Grund geschahen.

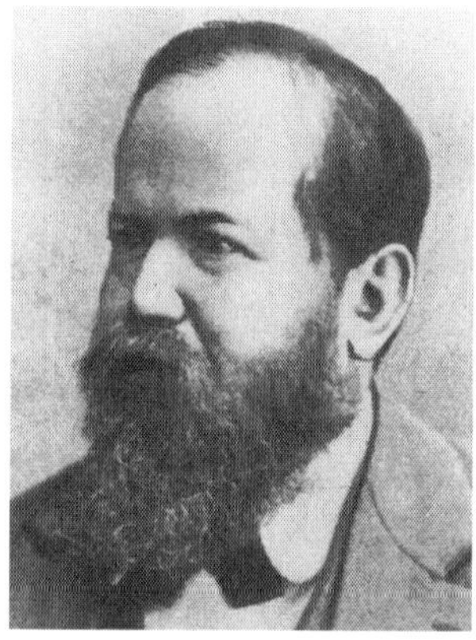

Wilhelm Steinitz

Doch Steinitz, der erste Schachweltmeister, schöpfte seine Lehren nicht aus luftleerem Raum, sondern befasste sich wohl mit den theoretischen Studien seiner bereits erwähnten Vorgänger. So wie Newton durch einen vom Baum fallenden Apfel auf die Idee der Erdanziehung kam, so brachte das Studium von Morphys Partien Steinitz dazu, eine eigene Theorie zu verfassen. Dabei kam ihm nämlich der Gedanke, dass fehlerhafte und undurchdachte Eröffnungszüge schnell zur Katastrophe führen können.

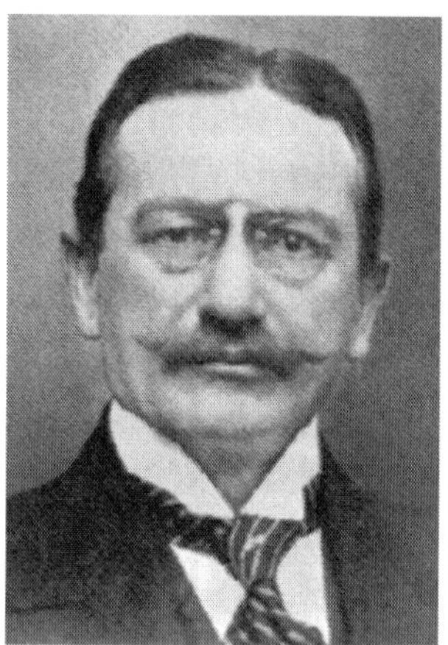

Siegbert Tarrasch

Diesen Lehren verhalf der deutsche Großmeister Siegbert Tarrasch (1862–1934) zu weiterem Aufschwung. Er vertiefte viele Steinitz-Prinzipien in der Eröffnungsstrategie, doch hatte er dabei vielleicht zu sehr die komplizierten Mechanismen des Schachkampfes im Auge.

Tarrasch erachtete das Ergreifen der Initiative als Grundlage der Eröffnungsstrategie. Dabei kam er zu der (heutzutage nicht mehr vertretbaren) Meinung, dass „jede gedrückte Stellung den Keim der Niederlage in sich birgt“.

Für die Eröffnungstheorie sehr fruchtbar war der Meinungsstreit zwischen Tarrasch und dem berühmten russischen Meister und Theoretiker Michail Tschigorin (1850–1908).

Charakteristisch für Tschigorin ist dessen Grundbekenntnis:

„In Schachbüchern wie auch in Gesprächen versucht man immer wieder das Argument ‚theoretisch gesehen' ins Feld zu führen – ‚vom Standpunkt der Theorie aus wäre es besser ...' o. ä.

Unter *theoretisch* versteht man dabei meist allgemein bekannte Züge, die den Vorteil haben, schon besser analysiert zu sein andere.

Im Grunde kann man aber in fast allen Eröffnungen Züge aufspüren, die den von der Theorie empfohlenen in nichts nachstehen, wenn ein erfahrener und guter Spieler sie in einen sinnvoll Kontext setzt.

Im Übrigen ist das Schachspiel viel reichhaltiger, als es den Anschein hat, wenn man es nur auf Grundlage der bestehenden Schachtheorie beurteilt, die danach trachtet, das Spiel in vorgefertigte, enge Bahnen zu pressen".

Als Theoretiker wies Tschigorin den Weg, wie man durch Figurendruck auf die Zentralfelder das Bauernzentrum erfolgreich bekämpfen kann. Diese Idee wurde später aufgegriffen und in bis heute gültigen Systemen weiter vertieft.

Emanuel Lasker (1868–1941) und José R. Capablanca (1888–1942), der zweite und dritte Schachweltmeister, haben relativ wenig zur Eröffnungstheorie beigetragen. Beide waren Meister des Mittel- und Endspiels, den Eröffnungsproblemen widmeten sie weniger Beachtung. ‚Der gesunde Menschenverstand im Schach' lautet ein Buchtitel von E. Lasker, den man auch als Leitlinie für die Eröffnungsideen beider Schachgenies verstehen kann.

Steinitz war zum Beispiel der Meinung, das weiße Bauernopfer im Evans-Gambit sei unkorrekt, und war ständig bemüht, den Mehrbauern zu behalten und zu nutzen. Die Praxis allerdings zeigte, dass Schwarz dabei oft in Schwierigkeiten geraten kann. Darum ist es wohl vorteilhafter, den Mehrbauern im geeigneten Moment zurückzugeben und sich mit geringem Positionsvorteil zu begnügen.

Am Übergang vom 19. zum 20. Jahrhundert steuerte der Amerikaner Harry Pillsbury (1872–1906) viel zur Eröffnungstheorie bei. Wie Löwenfisch hervorhebt, „ist Pillsbury der Begründer einer neuen zukunftsträchtigen Richtung. Er hat als Erster begonnen, nicht nur einzelne Varianten zu erforschen, sondern ganze Systeme sowie deren Einfluss auf die Entwicklung des Mittelspiels."

Von Pillsburys Studien sei hier nur der weiße Angriff im orthodoxen Damengambit erwähnt – oder auch das schwarze Gegenspiel in der Russischen Partie. Außerdem erarbeitete er das Eröffnungsschema, das später als ‚Cambridge-Springs-Variante' bekannt wurde.

Als Beispiel für Pillsburys Eröffnungsstrategie diene seine bekannte Partie gegen Tarrasch (Hastings 1895):

1.d4 d5 2.c4 e6 3.Sc3 Sf6 4.Lg5 Le7 5.Sf3 Sbd7 6.Tc1 0-0 7.e3 b6 8.cxd5 exd5 9.Ld3 Lb7 10.0-0 c5 11.Te1 c4 12.Lb1 a6 13.Se5 b5 14.f4 Te8 15.Df3 Sf8 16.Se2 Se4 17.Lxe7 Txe7 18.Lxe4 dxe4 19.Dg3

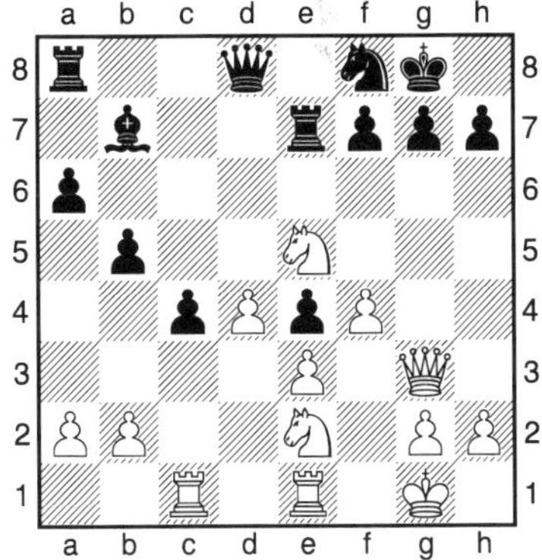

Weiß besitzt die Initiative. Die schwarze Königsstellung ist nicht ausreichend gesichert. Indem er sich so oder ähnlich schematisch aufbaute, konnte Pillsbury viele eindrucksvolle Siege erringen.

Was Eröffnungstheorie anbetrifft, ist der Beitrag des berühmten Großmeisters Akiva Rubinstein (1882–1961) schwer zu bestimmen. Dafür hat er mit Erfolg die planmäßige Verbindung von Eröffnung und Mittelspiel weiterverfolgt. Nimzowitsch schreibt über sein Spiel:

„Als charakteristisch sehen wir bei Rubinstein die kolossale Länge eines Plans, die ihm als logische Brücke von der Eröffnung zum Mittelspiel diente ..."

In den 20er Jahren unseres Jahrhunderts tauchten neue Ideen in der Eröffnungstheorie auf; deren Hauptvertreter waren A. Nimzowitsch (1886–1935), R. Réti (1889–1929), S. Tartakower (1887–1954), P. Romanowski (1892–1963).

Nimzowitsch ist der Schöpfer der originellen Lehre von der ‚Bauernblockade' und der ‚Bauernkette', womit er das Verständnis um die Rolle der Bauern in der Eröffnung vertiefte.

Réti hat Tschigorins Vorstellung vom Druck der Figuren auf das Zentrum fortgeführt – und zwar über den Flügelangriff. Dabei spielt die Flankierung des Läufers eine wichtige Rolle.

Außerdem nahm man das allzu bescheidene Spiel von Schwarz in die Kritik, das lediglich auf Ausgleich bedacht war, ohne auf aktives Gegenspiel abzuzielen. All das führte zu neuen originellen Eröffnungsformationen und sogar zu vollkommen neuen Eröffnungen.

M. Gonajew behauptet nicht ohne Grund: „Das Nordische Gambit und das Evans-Gambit waren die einzigen vollkommen neuen Eröffnungen des gesamten 19. Jahrhunderts." Allen anderen Eröffnungen, egal wie weit die Theoretiker sich vorwagten, merkte man die Vorarbeit der alten französischen und italienischen Meister an.

Das 20. Jahrhundert brachte der Schachtheorie eine Reihe grundsätzlich neuer Eröffnungen, die sogar in den stärksten Turnieren und Wettkämpfen angewendet wurden.

Gleichzeitig wurde die Analyse sämtlicher Systeme erheblich tiefer, was im Einklang mit der allgemeinen Entwicklung der Schachtechnik und der umfassenden Verbesserung von Strategie und Taktik stand. Viele bislang als ausgeglichen beurteilte Stellungen wurden nun mit Vorteilen für die eine oder andere Seite gesehen, da man neue Gesichtspunkte berücksichtigte. Dazu zählten z. B. der Übergang in ein besseres Endspiel, die Bildung zentraler Figurenposten oder die Schaffung minimaler Positionsschwächen im gegnerischen Lager.

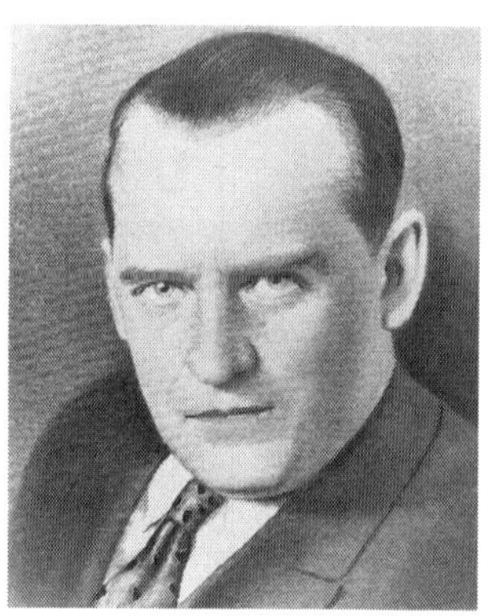

Alexander Aljechin

Ein ausgesprochen großer Kenner von Eröffnungen war der vierte Schachweltmeister A. Aljechin (1892–1946). Er führte in der Praxis vor, wie die Methode der Ansammlung geringer Positionsvorteile mit Angriffsplänen im Mittelspiel verbunden werden kann. Er bereicherte die Eröffnungslehre um zwei neue Grundsätze – nämlich ‚die unnatürliche Zerstörung des Gleichgewichts' und ‚die konkret-taktische Eröffnung'.

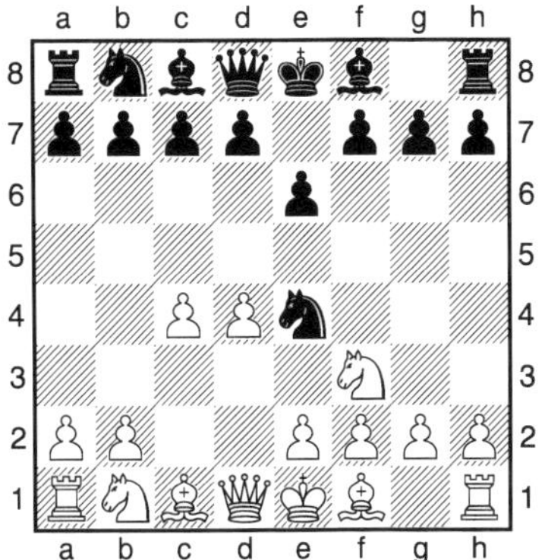

Diese Position entstand in der Partie Aljechin – Marshall (New York 1927) nach 1.d4 Sf6 2.c4 e6 3.Sf3 Se4. Aljechin kommentiert:

„Dieser Zug widerspricht nicht nur allen Eröffnungs-Prinzipien der alten Schule (Ziehe in der Eröffnung eine Figur immer nur einmal!), sondern auch der neuen (Figurendruck auf das Zentrum erreicht oft mehr als dessen direkte Besetzung!). Außerdem ist der Zug fehlerhaft, weil man unnötige Verpflichtungen eingeht und dem Weißen sofort die Gelegenheit bietet, einen konkreten Angriffsplan zu schaffen.

Kurz gesagt ist dieser Zug ein charakteristischer Eröffnungsfehler von der Art, die ich als ‚unnatürliche Zerstörung des Gleichgewichts' bezeichne".

In der gezeigten Position spielte Aljechin sehr stark 4.Sfd2! und errang bald eine übermächtige Stellung.

Um zu veranschaulichen, was bei Aljechins Spielführung unter einer ‚konkret-taktischen Eröffnung' gemeint ist, hier eine Stellung aus einer Partie gegen Euwe (1937):

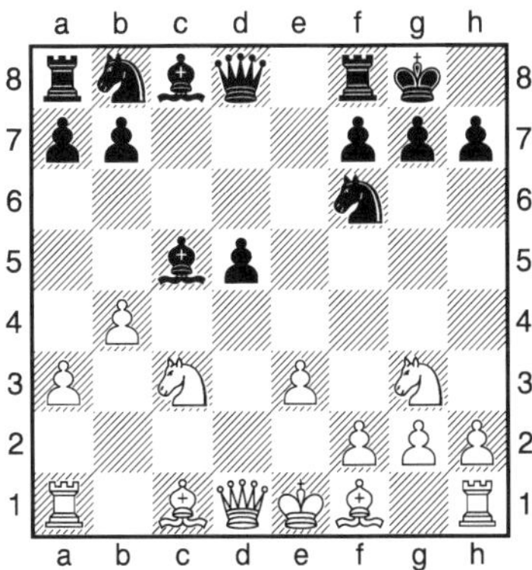

Auf den ersten Blick steht Weiß hervorragend. Nach Rückzug des Läufers c5 wird Weiß seine Läufer über b2 und e2 entwickeln und Druck auf den d5-Bauern ausüben.

Aljechin allerdings ließ sich im Sinne seiner Eröffnungsauffassung sofort auf taktische Komplikationen ein (10...d4!), wobei er den Entwicklungsrückstand von Weiß gebührend einbezog.

Für die Eröffnungstheorie waren die Werke des sechsten Schachweltmeisters, M. Botwinnik, von erstklassiger Bedeutung. Seine Analysen ging er wie wissenschaftliche Arbeit an, die entsprechend sorgsame Überprüfung erfordert. Sein bedeutendster Verdienst war es, für viele Stellungen, die aus verschiedenen Eröffnungen entstehen konnten, eine Art gemeinsamen Hauptnenner zu suchen. Seine Analysen gingen weit ins Mittelspiel hinein, wobei er stets versuchte, jeder Eröffnungsvariante noch einen Zug zum Übergang ins Mittelspiel hinzuzufügen. Ihm ist der Beweis gelungen, dass die Eröffnung keineswegs ein festgelegtes Schema ist:

„Natürlich ist das Wesen der Schachpartie nicht in deren Beginn erschöpft. Ihr Hauptinhalt besteht vielmehr darin, in verschiedensten Situationen, in denen man keinerlei Hilfe von außen erhält, selbst den richtigen Weg zu finden.

Ist die Eröffnung also nicht wichtig? Dieser Schluss wäre zu voreilig. Die Eröffnung hat eine wichtige Funktion als Vorstufe zum Mittelspiel. Sie trägt zum Erfolg allerdings wenig bei, wenn bei einem Plan die Verbindung von Eröffnung und Mittelspiel nicht berücksichtigt wird."

Ziel dieser kurzen Übersicht war es zu zeigen, wie sich die Eröffnungstheorie stufenweise entwickelte, wie das Eröffnungswissen bereichert wurde und schließlich, wie das riesige Gebiet der Schachwissenschaft entstand, die wir heute als ‚Schachtheorie' bezeichnen.

Man kann wohl sagen, dass kein heutiger Schachspieler, der nach Vervollkommnung strebt, dies ohne ein vorbereitetes Eröffnungs-Repertoire erreichen kann. Bei der hervorragenden Kenntnis der Spieltechnik, die heute oft anzutreffen ist, kann ein Fehler in der Eröffnung bereits für den Ausgang der Partie von Bedeutung sein. Und deswegen befasst man sich so systematisch mit dem Studium der Schacheröffnungen.

ÜBUNGEN:

Nr. 7: Analysieren sie die Stellung nach dem Zug 10...d4! in der Partie Euwe – Aljechin.

Nr. 8: Wie setzt Schwarz nach 11.Sa4 fort? In der Partie folgte 11.bxc5. Wie könnte man darauf antworten?

7. Moderne Eröffnungsprinzipien

Wie bereits erwähnt, veränderten sich im Laufe der Epochen Inhalt und Charakter des Schachspiels im Einklang mit einem immer tieferen Schachverständnis. In den letzten 150 Jahren beschleunigte sich diese Entwicklung mit der stürmischen Ausbreitung des Spiels. Betrachten wir zunächst die Bedeutung, die man dem *Zentrum* zu verschiedenen Zeiten beimaß.

Den Meistern der frühen italienischen Schule (16. und 17. Jahrhundert) war dieser Begriff vollkommen unbekannt. Zwar zog man auch damals meistens 1.e4 nebst möglichst d4, allerdings nur um den Läufern freie Wege zu schaffen, damit sie sich auf den gegnerischen König stürzen konnten. Auf Verluste von Bauern, und selbst von *Zentral*bauern, nahm man bei den stürmischen Angriffen keine Rücksicht.

Dieser offensichtlichen Materialverschwendung machte Philidor ein Ende. Die Bauern, bislang missachtet, wurden in seinen Händen zur tödlichen Waffe. Philidor stellte die Lehre vom Bauernzentrum auf, von der Bauernkette, die sich nach Plan und unaufhaltsam vorwärts bewegt, dabei von den Figuren unterstützt, die aber nur eine Nebenrolle spielten.

Die nächste Epoche brachte den Figuren ihre Bedeutung zurück, allerdings ohne dabei auf die Wichtigkeit des Zentrums zu achten. Hier brachte P. Morphy die große Wende. Seine gesamte Eröffnungsstrategie beruhte auf dem zentralen Aufmarsch von Bauern und Figuren, den er in kürzester Zeit und auf jedes Tempo achtend zu verwirklichen suchte.

Die schnelle Entwicklung der Figuren war auch schon vorher bekannt, wurde jedoch erst seit Morphy zum Grundprinzip des Spiels. Das Ziel, dem alle vereinten Kräfte zustrebten, war nicht der gegnerische König, sondern zunächst einmal die Beherrschung des Zentrums. Hatte er auf diese Weise einen Eröffnungsvorteil erreicht, öffnete Morphy Linien, um die Wirkung seiner Figuren zu verstärken und schnell zu gewinnen.

Seine Partien zeigen klar die Bedeutung des harmonischen Zusammenspiels der Figuren, die erstaunliche Kraft der organisierten gemeinsamen Wirkung.

Weitere für die schachliche Entwicklung bedeutende Ideen steuerte Steinitz bei – wie etwa die Vorstellung von starken und schwachen Punkten, von positionellen Vor- und Nachteilen. Als Beispiele für positionelle Schwächen dienen ungünstige Bauernformationen, vorgezogene Rochadebauern oder das Feld (Blockadefeld) vor einem isolierten Bauern.

Steinitz befasst sich auch als Erster mit folgenden Problemen: Besetzung der offenen Linien, größere Beweglichkeit der Figuren, Vorteil des Läuferpaars. Er stellte auch die Grundsätze für einen ‚motivierten Angriff' auf, der geführt werden kann und muss, sobald man irgendeinen Vorteil erreicht hat, z.B. bei gegnerischem Entwicklungsrückstand oder Felderschwächen in dessen Reihen.

Nach diesem Grundsatz organisierte er sein Spiel und bereitete den Angriff langsam vor, indem er die Stellung des Gegners nach und nach ‚lockerte'. So ein Spiel erforderte oft umfangreiche Figurenmanöver, so dass sich seine Vorliebe für geschlossene Systeme versteht. Denn die Kriterien Morphys (z.B. Tempoverlust) wirken sich hier nicht so aus wie bei offenen Systemen.

Tschigorin hat viele Eröffnungsstellungen untersucht, in welchen der Tempoverlust durch andere Vorteile ausgeglichen wird. Hier muss man anfügen, dass er den Begriff ‚Tempo' grundsätzlich anders deutete als der Hauptjünger von Steinitz – Siegbert Tarrasch.

Charakteristisch ist folgender Kommentar Tschigorins aus dem Jahr 1901 zur Partie Pillsbury – Blackburne.

Nach 1.e4 c5 2.Sf3 Sc6 3.Sc3 e6 4.d4 cxd4 5.Sxd4 Sf6 6.Sdb5 Lb4 spielte Weiß 7.a3.

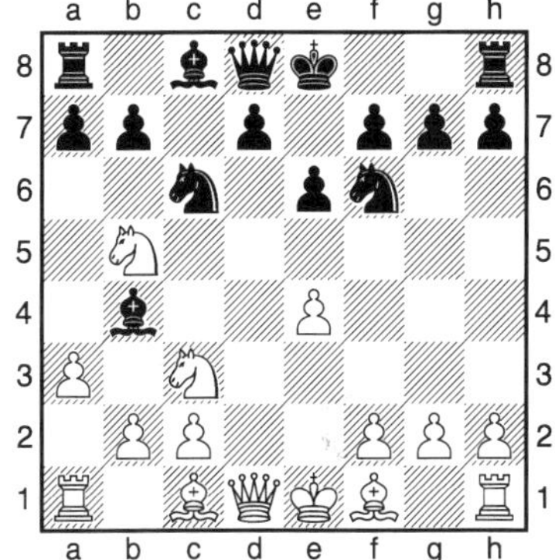

Tschigorins Kommentar:

„Diesen Zug beurteilt Dr. Tarrasch in seiner 300-Partien-Sammlung so:

‚Wenn Weiß schon den Springer nach b5 zieht, dann muss auch Schach auf d6 folgen. Mit dem Zug a3 verliert er mindestens drei Tempi. 1. Tempo durch den an sich wertlosen Zug, 2.+ 3. Tempo durch den Tausch des bereits dreimal geführten Springers gegen den nur einmal gezogenen Läufer.'

Aller Wahrscheinlichkeit nach wird man auch weiterhin bei dieser Variante bleiben, unter anderem auch deshalb, weil man den weisen Meditationen des verehrten Doktors über Tempoverluste ebenso wenig folgen kann wie seiner Arithmetik. Schwarz macht nämlich mit dem Läufer zwei Züge und nicht einen: nach b4 und dann mit dem Schlagen des Springers auf c3.

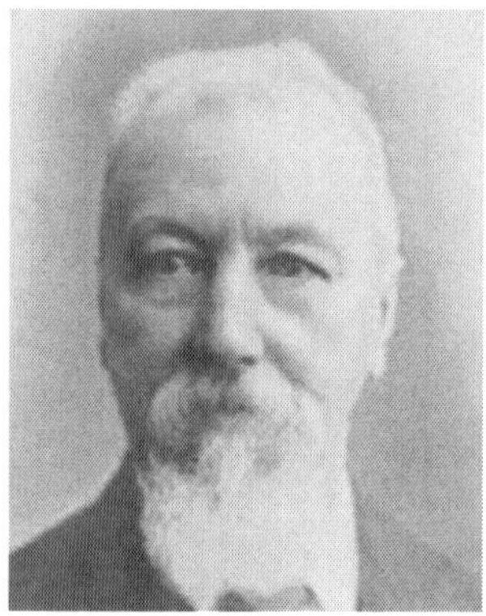

Joseph Henry Blackburne

Der tatsächliche und ernste Grund für den häufig gespielten Zug a2-a3 zeugt von der persönlichen Auffassung eines Spielers, der den Mut hat anzunehmen, selbst mit einem ‚idiotischen' Zug, wie Tarrasch ihn bezeichnet, besseres Spiel zu bekommen als mit 7.Sd6+. Denn darauf folgt ziemlich zwangsläufig: 7...Ke7 8.Lf4 e5 9.Sf5+ Kf8 10.Lg5 d5 11.exd5 Lxf5 usw."

Die Diskussion Steinitz – Tschigorin war für die Erforschung der Schachtheorie äußerst wichtig. Lasker empfahl, daraus alles Wertvolle zu übernehmen, um den ‚Stil der Zukunft' zu schaffen. Und genau das haben Aljechin und Botwinnik getan.

So also sahen die einzelnen Etappen der Forschungsarbeit zu den Eröffnungen in ihrer Entwicklung und Veränderung aus. Man muss hinzufügen, dass diese Arbeit auch heute noch ununterbrochen weitergeführt wird, indem gültige Vorstellungen und Ansichten vertieft und verbessert werden.

Hier noch einmal die Grundelemente, die diese Ansichten bestimmen:

1) Die Stärke der Figuren, ihre Zahl und Qualität;

2) Die Beweglichkeit der Figuren; der Raum, den sie beherrschen;

3) Die benötigte Zeit, um eine Figur aktiv in den Kampf um bestimmte Brettbereiche einzuschalten.

Wichtig dabei ist der Aspekt des Zusammenspiels der Figuren sowie die Königsstellung.

In seinem „Lehrbuch des Schachspiels" erklärt Emanuel Lasker diese wichtigen Grundfragen der Eröffnungsstrategie folgendermaßen:

„Der Wert einer Figurenkonstellation errechnet sich nicht durch das Addieren von Einzelwerten dieser Figuren, da auch deren Zusammenspiel zu beachten ist. Man kann nicht sagen, eine Figur entspreche derselben Figur des Gegners, wenn man dabei die Konturen des gegnerischen Spiels nicht bedenkt ... Es ist nicht nur wichtig, Material zu erobern, sondern auch Raum, den der Gegner nicht mehr ohne Materialverlust betreten kann. Je mehr Raum man besetzt hat, umso geringer wird die Beweglichkeit des Gegners, womit gleichzeitig die Auswahl der Angriffs- oder Verteidigungszüge geringer wird."

Beschränken wir uns auf diese wenigen Ausführungen. Es ging uns um die Erklärung, wie die Prinzipien der Eröffnungsstrategie entstanden sind.

Hier in Form der ‚Zehn Gebote' die wichtigsten Prinzipien, deren Richtigkeit durch langjährige Praxis und Analyse bewiesen wurde:

Will man das Spiel korrekt eröffnen, hat man folgendes dringend zu beachten:

1) Die Figuren müssen schnell entwickelt und auf wichtigen und günstigen Feldern postiert werden. Der Gegner muss nach Möglichkeit daran gehindert werden, dies seinerseits zu tun!

2) In der Eröffnung möglichst wenig Bauernzüge machen, also vor allem Figuren ziehen!

3) Wiederholtes Ziehen einer Figur ist in der Eröffnungsphase zu vermeiden, außer wenn dies zum konkrettaktischen Plan gehört!

4) Bei der Verwirklichung des Entwicklungsplanes keine unnötigen Züge machen!

5) Offene Linien besetzen!

6) Die Beherrschung des Zentrums anstreben! Das Zentrum mit Bauern besetzen und/oder Figurendruck auf die Zentralfelder ausüben!

Hierzu schreibt Großmeister Nimzowitsch: „Die Bauern eignen sich zur Zentrumsbesetzung am besten, da sie die meiste Stabilität besitzen; aber auch im Zentrum postierte Figuren können die Bauern gleichwertig ersetzen. Statt das Zentrum zu besetzen, kann man das gleiche Ziel durch Figurendruck auf die Zentralfelder erreichen".

7) Bleibende Bauernschwächen im eigenen Lager sind zu vermeiden, im gegnerischen Lager sind solche nach Möglichkeit zu verursachen!

8) Keine voreiligen Angriffe, bevor die Entwicklung abgeschlossen ist, auch nicht bei Aussicht auf Materialvorteil!

9) Nicht vergessen, dass auch bei der Entwicklung über die Flügel (z. B. Läufer-Flankierung bzw. -fianchetto) die Hauptangriffswirkung auf die Zentralfelder gerichtet ist!

10) Die Absichten des Gegners aufmerksam beobachten! Rechtzeitig die richtigen Maßnahmen zur Bekämpfung seiner Drohungen treffen, bzw. zur Ausnutzung seiner Fehler!

Das sind natürlich keine verbindlichen Gesetze, sondern Orientierungshilfen. Im weiteren Verlauf des Buches wird an konkreten Beispielen erklärt werden, wie diese allgemeinen Prinzipien anzuwenden sind.

ÜBUNGEN

In den folgenden fünf Partien hat einer der Gegner die Eröffnungsprinzipien in grober Weise verletzt. Stellen Sie fest, welche Fehler das sind, und verbessern Sie diese mit korrekten Fortsetzungen.

Nr 9: 1.e4 d6 2.Lc4 Sd7 3.Sf3 g6 4.Lxf7+ Kxf7 5.Sg5+ Kf6 6.Df3+ Kxg5 7.d4+ Kh4 8.Dh3#

Nr. 10: 1.e4 e5 2.Lc4 Sf6 3.d4 Sxe4 4.dxe5 c6 5.Se2 Sxf2 6.0-0 Sxd1 7.Lxf7+ Ke7 8.Lg5#

Nr. 11: 1.e3 e5 2.Df3 d5 3.Sc3 e4 4.Df4 Ld6. Weiß gibt auf!

Nr. 12: 1.e4 e5 2.Sf3 f6 3.Sxe5+ fxe5 4.Dh5+ Ke7 5.Dxe5+ Kf7 6.Lc4+ d5 7.Lxd5+ Kg6 8.h4 h6 9.Lxb7 Lxb7 10.Df5#

Nr. 13: 1.e4 e5 2.Sf3 Df6 3.Lc4 Dg6 4.d4 Dxg2 5.Tg1 Dh3 6.Lxf7+ Ke7 7.Tg3. Schwarz gibt auf!

8. Der wunde Punkt f7

Es ist bereits bekannt, dass zu Beginn einer Partie die Felder f7 und f2 besonders empfindlich sind, da sie jeweils nur vom König gedeckt werden. Und so ist es leicht verständlich, dass in vielen Eröffnungssystemen der Kampf gerade um diese gefährdeten Zonen geführt wird.

Der Angriff auf f7 bzw. f2 ist vor allem für offene Spiele charakteristisch, mit deren Betrachtung wir den kleinen Lehrgang zur Eröffnungsstrategie auch beginnen wollen.

Doch zunächst zwei Anmerkungen:

Die erste zum Begriff ‚Offene Spiele' und dem Prinzip der heutigen Eröffnungs-Klassifizierung. Die Theorie teilt alle Eröffnungen in drei Gruppen ein: offene, halboffene und geschlossene Spiele. Zur ersten Gruppe gehören alle Eröffnungen, in denen Schwarz auf 1.e4 mit 1...e5 antwortet. Zur zweiten gehören all diejenigen, in denen Schwarz auf 1.e4 mit einem anderen Zug als 1...e5 antwortet. Zur dritten Gruppe zählen alle Eröffnungen, in denen Weiß nicht mit 1.e4 eröffnet.

Eine derart starre Einteilung kann heutzutage nur bedingt gelten. Die Übergänge sind fließend, und auch geschlossene Eröffnungen können durch Zugumstellung ohne Weiteres in ein offenes System übergehen. Betrachten Sie die Einteilung bitte nur als Systematisierungshilfe. Neben allen charakteristischen Eigenheiten der einzelnen Eröffnungen werden wir auch ihre Gruppenzugehörigkeit erläutern.

Die zweite Anmerkung betrifft die Methode des Studiums all der Varianten, die bei jeder Eröffnung zahlreich anzutreffen sind. Soll man Varianten wie das Einmaleins auswendig lernen?

Das Schachspiel birgt eine Unzahl verschiedener Möglichkeiten, wobei die einzelnen Varianten nur Beispiele für Fortsetzungen geben, die bereits in der Praxis erprobt wurden. Das bedeutet aber nicht, dass man in einer bestimmten Situation nicht auch einen anderen und genauso annehmbaren Zug machen kann.

Das Auswendiglernen von Eröffnungsvarianten ist nicht nur unnötig, sondern kann einem Spieler auch schaden, indem es seine schöpferischen Qualitäten hemmt. E. Lasker sagt dazu:

„Die Kunst des Schachspiels darf man nicht nur auf das Gedächtnis zurückführen, da das Auswendiglernen von Varianten nicht von entscheidender Bedeutung ist. Das Gedächtnis ist eine viel zu wertvolle Waffe, als dass man es auf solche Nichtigkeiten verschwenden sollte ..."

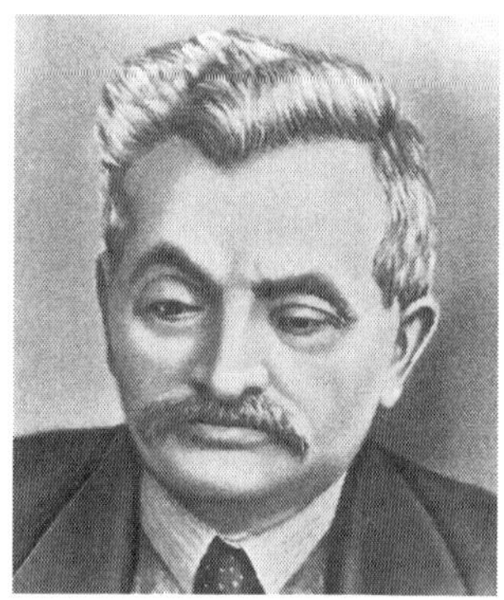

Emanuel Lasker

9. Die Italienische Partie

1.e4 e5 2.Sf3 Sc6 3.Lc4 Lc5

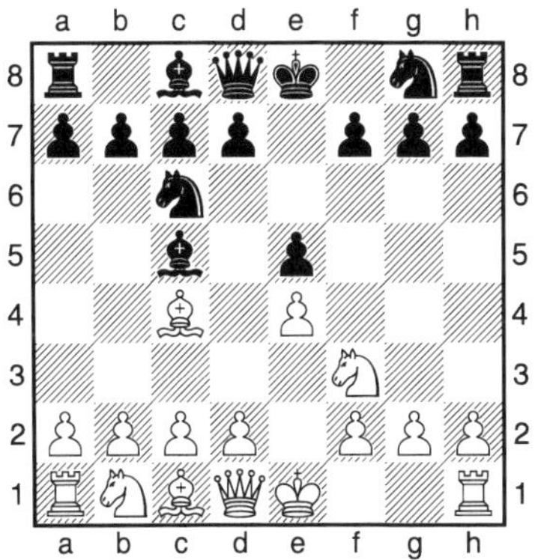

Der weiße Läufer hat das Feld f7 im Visier, der schwarze Läufer das Feld f2. Die Varianten dieser Eröffnung werden schon in den Schriften der italienischen Meister des 15. und 16. Jahrhunderts erwähnt, daher auch die Bezeichnung.

Eröffnungen werden häufig nach Städten oder Ländern benannt, in denen sie erstmals gespielt bzw. gründlich untersucht wurden – oft auch nach Spielern, die sich ihrer Erforschung gewidmet haben – manchmal aber auch nach derjenigen Figur, die ihrem Verlauf ihr Gepräge gibt.

A) – 4.c3 (zu 4.d3 siehe B)

Weiß versucht, schnell ein Bauernzentrum zu bilden, um sich unter Zurückdrängung der schwarzen Figuren auf das Feld f7 zu stürzen. Über Jahrhunderte hinweg war dieser Angriffsplan eine schreckliche Waffe, und erst im 19. Jahrhundert fand man eine solide Methode, ihn abzuwehren.

4...Sf6

Diese Vorbereitung eines Gegenschlags im Zentrum ist die beste Antwort.

5.d4 exd4

Dass unsere Behauptungen bezüglich f7 nicht übertrieben sind, beweist die Variante **5...Lb6** 6.dxe5 Sxe4 7.Dd5 mit Gewinn.

6.cxd4

Zu beachten ist auch die Fortsetzung **6.e5**. Jeder Springerrückzug wäre darauf ungünstig, doch kann Schwarz mit der energischen Aktion 6...d5! im Zentrum kontern.

Und nun z. B. 7.exf6 dxc4 8.fxg7 Tg8 9.Lg5 f6 10.De2+ De7 11.Lxf6 Dxe2+ 12.Kxe2 d3+ 13.Kd1 Lg4 mit aktiver Stellung für Schwarz.

Oder 7.Lb5 Se4 8.cxd4 Lb6 9.Sc3 0-0 10.Le3 f6 11.exf6 Sxc3 12.bxc3 Dxf6 13.Db3 Se7 und Schwarz steht nicht schlechter.

6...Lb4+

Schwarz muss energisch reagieren. Große Schwierigkeiten bringen Rückzüge des Läufers mit sich – z.B. **6...Lb6** 7.d5

(Überlegen Sie, warum Weiß gerade diesen Bauern zieht und nicht etwa 7.e5.)

7...Se7

(Auf 7....Sa5 folgt 8.Ld3 c5 9.d6!, und der schwarze Damenflügel ist zugenagelt. 8...c5 war nötig wegen der Drohung b2-b4.)

8.e5 Sg4 9.d6! cxd6

(Wie soll Weiß nach 9...Lxf2+ oder 9...Sxf2 spielen?)

10.exd6 Sc6 11.Lg5 mit klarem Vorteil.

1) – 7.Sc3 (zu 7.Ld2 siehe 2)

Dieser wagemutige Zug, mit dem Weiß den Zentralbauern e4 opfert, wurde auch schon von Greco analysiert.

7...Sxe4

Die Herausforderung wird angenommen. Die folgende Variante verdient auch Beachtung: **7...0-0** 8.e5 Se4 9.0-0 Sxc3 10.bxc3 d5! Andere Fortsetzungen bergen viele versteckte Gefahren.

8.0-0

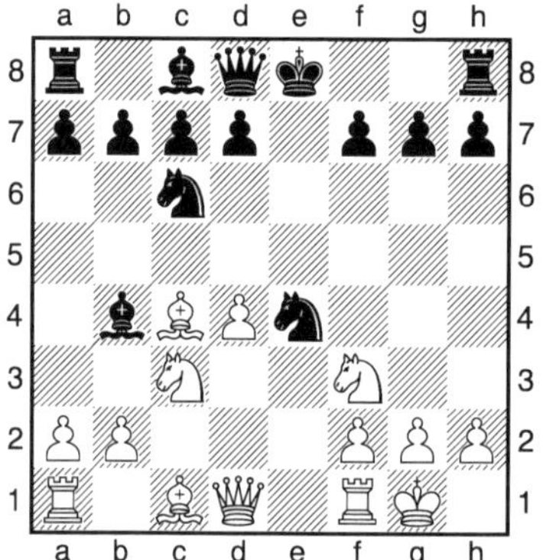

Die aufmerksame Analyse dieser kritischen Stellung kann von großem Nutzen sein. Solche Analysen werden Ihnen helfen, die Bedeutung der schnellen Entwicklung schon zu Spielbeginn zu begreifen.

8...Lxc3

Zu Grecos Zeiten war hier als Hauptfortsetzung das Schlagen **8...Sxc3** üblich, und nach 9.bxc3 steht Schwarz vor einer der ewigen ‚philosophischen' Fragen im Schach: Nehmen oder nicht nehmen?

Schon Greco fand heraus, dass nach 9...Lxc3 10.Db3! Lxa1? der Einschlag 11.Lxf7+ die Partie entscheidet – und zwar 11...Kf8 12.Lg5 Se7 13.Se5! Lxd4 14.Lg6! d5 15.Df3+ Lf5 16.Lxf5 Lxe5 17.Le6+ usw.

Allerdings muss Schwarz nicht den Turm auf a1 schlagen. Man fand die vorsichtigere Fortsetzung 10...d5 11.Lxd5 0-0. Aber in diesem Fall erreicht Weiß Vorteile durch 12.Lxf7+ Txf7 13.Sg5 Le6! und jetzt 14.Dxc3! – und nicht 14.Sxe6? Sxd4 bzw. 14.Dxe6? Dd7.

9.d5

Der auf den ersten Blick natürlich erscheinende Zug **9.bxc3** ist wegen 9...d5! nicht gut. Wenn Weiß jetzt den Läufer zurückzieht, kann Schwarz rochieren und den Mehrbauern behalten. Deswegen hat Steinitz auch den Fortgang mit dem Figurenopfer 10.La3 untersucht. In seiner Partie aus dem WM-Kampf mit Lasker (1894) zog Schwarz 10...dxc4 11.Te1 Le6!

(Das war der berühmte ‚gesunde Menschenverstand' im Schach; gefährlicher wäre 11...f5 12.Sd2 Kf7 13.Sxe4.)

12.Txe4 Dd5 13.De2 0-0-0 14.Se5 The8, und Schwarz besaß bei glänzender Stellung einen Mehrbauern.

9...Lf6!

Die sicherste Verteidigung. Schwarz rochiert schnell, befestigt f7 und sichert sich vor der Drohung auf der e-Linie.

Zu großen Verwicklungen führt **9...Se5** 10.bxc3 Sxc4 11.Dd4 f5!

(Eine Idee von Lasker – der Rückzug 11...Scd6 wäre für Schwarz gefährlich.)

12.Dxc4 d6 13.Sd4 0-0 14.f3 Sc5

(Auf 14...Sf6 kommt 15. Lg5!.)

15.Te1 Kh8

(Auf 15...Te8 folgt 16.La3.)

16.La3 b6 17.Sc6 La6 18.Dd4 Dg5

In der Partie Romanow – Kotikow (Fernschach 1963-64) folgte 19.Lxc5 dxc5 (besser 19...bxc5) 20.De5 mit weißem Vorteil.

Aufmerksamkeit verdient auch das von Panow und Estrin empfohlene 18...Dxf6 – z.B. 19.Dxf6 Txf6 20.Te7 Lc4 mit Chancen für beide Seiten.

10.Te1 Se7

Nicht zu verachten ist auch der direkte Weg 10...0-0 11.Txe4 (11.dxc6? Sd6) 11...Se7 12.d6 cxd6 13.Dxd6 Sf5 14.Dd5 Se7 mit gleichen Aussichten.

11.Txe4 d6 12.Lg5 Lxg5 13.Sxg5 0-0

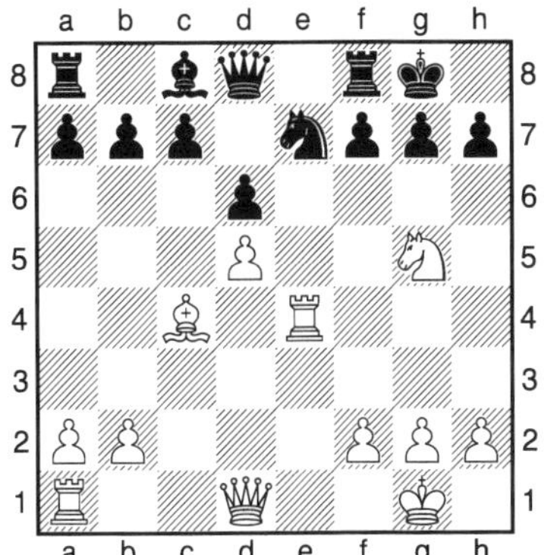

Schwarz besitzt einen Mehrbauern, liegt aber in der Entwicklung etwas zurück, was einen gewissen Ausgleich (Kompensation) für Weiß bedeutet. An dieser Stelle reizt es wohl jeden erfahrenen Spieler, den Angriff mit Schwung fortzusetzen, doch sind bislang alle Versuche eines erfolgreichen Abschlusses gescheitert. Vielleicht schafft es ja einer unserer Leser!?

Weiß kann nun 14.Sxh7 spielen, aber das bringt nur Remis ein nach z.B. 14...Lf5 15.Txe7 Dxe7 16.Sxf8 Txf8 oder auch riskanter 14...Kxh7 15.Dh5+ Kg8 16.Th4 f5 17.Dh7+ Kf7 18.Th6.

Wir empfehlen den Lesern, nicht nur die im Buch angeführten Varianten zu prüfen, sondern selbst auf die Suche nach möglichen Verbesserungen von Angriff und Verteidigung zu gehen.

Es gibt da noch Unklarheiten in der Variante **13...h6** (statt 13...0-0) **14.Lb5+**

(oder 14.De2 hxg5 15.Te1 Le6 16.dxe6 f6) **14...Ld7**

(Auf 14...c6 folgt nicht 15.dxc6? wegen 15...0-0, sondern 15.Sxf7! Kxf7 16.Db3+ mit gefährlichem Angriff.)

15.De2 Lxb5 16.Dxb5+ Dd7 (16...Kf8 17.Tae1) **17.De2 Kf8**.

Weiß ist nun gezwungen, auf alles oder nichts zu spielen, denn nach 18.Sf3 folgt 18...Sxd5. Deswegen wählte Weiß in der Partie Barczay Portisch (1969) **18.Sxf7 Kxf7 19.Te1**. Jedoch hatte der Angriff nach **19...Sg8! 20.Te6 Kf8** wenig Aussicht. Es folgte **21.f4 Sf6 22.Te7** und nun glänzend **22...Te8!**.

Der direkte weiße Angriff gelingt also nicht. Das gilt übrigens für alle Eröffnungssysteme, wenn Schwarz sich durchdacht und genau verteidigt und auch Gegenspiel organisiert.

2) – In der Hauptvariante braucht Weiß nach 6...Lb4+ nicht im Gambit-Stil mit 7.Sc3 fortzufahren. Schauen wir uns die vorsichtigere Fortsetzung **7.Ld2** an.

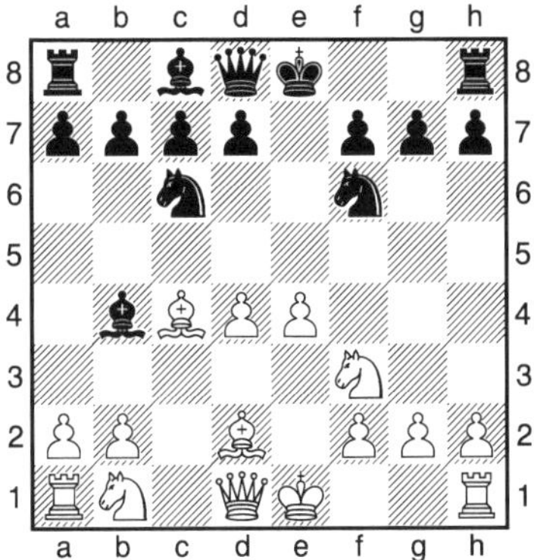

7...Lxd2+

Man sollte auch folgende Variante untersuchen:

7...Sxe4 8.Lxb4 Sxb4 9.Lxf7+

(Sturm auf f7; schwächer ist 9.Db3 d5! 10.Dxb4 dxc4 11.0-0 Dd6.)

9...Kxf7 10.Db3+ d5 11.Se5+ Ke6

(Der König muss diesen gefährlichen Weg einschlagen, denn auf e8 wäre er Angriffen ohne Aussicht auf Gegenspiel ausgeliefert.)

12.Dxb4 c5

(Auch 12...Df8 mit erzwungenem Damentausch ist zu beachten.)

13.Da3 cxd4 14.Sf3 mit kleinem weißem Vorteil.

8.Sbxd2

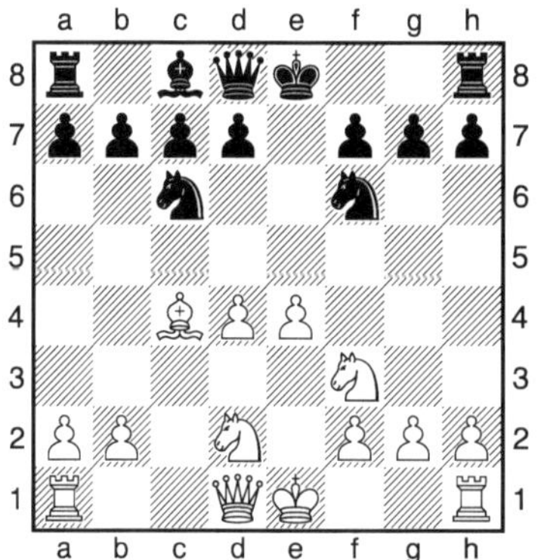

Nun muss sich Schwarz vor den gegnerischen Bauern im Zentrum in Acht nehmen. Hier gibt es zwei typische Fortsetzungen: Den Gegenschlag in der Mitte 8...d5 **(a)** oder die Beseitigung eines der Zentralbauern 8...Sxe4 **(b)**. Schauen wir uns beide Möglichkeiten an.

a) – 8...d5 9.exd5 Sxd5 10.Db3 (10.0-0 0-0) **10...Sce7 11.0-0 0-0 12.Te1 c6**. Die beste Lösung. Schwarz befestigt seine Stellung im Zentrum, sein Springer hat das wichtige Feld d5 vor dem isolierten Bauern d4 eingenommen. Solche Felder sind willkommen, da die dort befindliche Figur von keinem Bauern angegriffen werden kann. Im weiteren Spielverlauf wird Weiß seinen Springer nach e5 oder e4 bringen, und Schwarz kann den Damentausch über Db6 anbieten. Die Chancen sind etwa gleich.

b) – 8...Sxe4 9.Sxe4

Warum darf man den f7-Bauern hier nicht schlagen, um Schwarz nach **9.Lxf7+** Kxf7 10.Sxe4 um die Rochade zu bringen? Die Antwort ist einfach: Mit 10...Te8 erlangt Schwarz entscheidenden Vorteil.

9...d5 10.De2! 0-0 11.0-0-0 Lg4

Überlegen Sie! Empfiehlt sich nun der Zug **11...Te8**?

12.h3 Lxf3 13.gxf3 dxc4 14.Dxc4 Dh4 15.Kb1

Weiß besitzt eine günstige Ausgangsstellung. Er kann die g-Linie besetzen, sein isolierter Bauer kann im geeigneten Moment nach vorne marschieren, sein Springer hat eine aktive Position im Zentrum.

B) – 4.d3

Auch dieser ruhige Plan stellt Schwarz vor keine größeren Probleme. Das Spiel könnte so weiterlaufen:

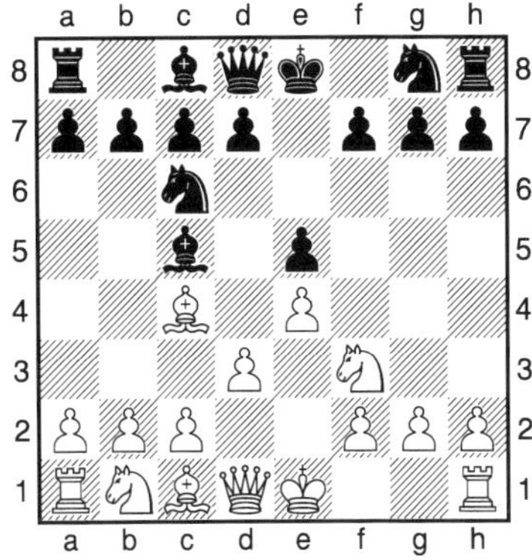

4...Sf6 5.Sc3 d6 6.Lg5

Auf **6.Le3** hat Schwarz mehrere zufriedenstellende Antworten, neben 6...Lb6 oder 6...Lb4 ist auch 6...0-0 interessant. Zwar beeinträchtigt 7.Lxc5 dxc die Bauernstellung, aber das gehört zu den typischen Spielmethoden, denn Schwarz erhält volle Kontrolle über das Feld d4.

6...Le6

Die einfachste Lösung, denn nach 7.Lxe6 fxe wäre der Doppelbauer von Vorteil für Schwarz.

7.Sd5 Lxd5 8.Lxd5 h6

Die Aussichten sind etwa gleich.

Es versteht sich, dass wir hier nur einen kleinen Teil der Varianten aus der Italienischen Partie angeführt haben. Aber was wir gezeigt haben, sollte genügen, um den Charakter des Kampfes in dieser Eröffnung erahnen zu lassen. Sie sollten sich bemühen zu begreifen, welche allgemeinen Prinzipien der Eröffnungsstrategie in den gezeigten Varianten zum Ausdruck kommen.

ÜBUNGEN

Finden Sie die Fehler in den folgenden ‚Schulbeispielen' heraus! Schreiben Sie selbst Kommentare zu diesen Kurzpartien!

Nr.14: 1.e4 e5 2.Sf3 Sc6 3.Lc4 Lc5 4.c3 d6 5.d4 exd4 6.cxd4 Lb4 7.Kf1 Ld7 8.Db3 La5 9.Lxf7+ Kf8 10.Lxg8 Txg8 11.Sg5 De8 12.Sxh7+ Ke7 13.Lg5#

Nr. 15: 1.e4 e5 2.Sf3 Sc6 3.Lc4 Lc5 4.c3 Sf6 5.d4 exd4 6.cxd4 Lb4+ 7.Sc3 Sxe4 8.0-0 Sxc3 9.bxc3 Le7 10.d5 Sa5 11.d6 Lxd6 12.Te1+ Le7 13.Lg5 f6 14.Lxf6 gxf6 15.Se5 h5 16.Dd3 Th6 17.Dd5. Schwarz gibt auf!

Nr. 16: 1.e4 e5 2.Sf3 Sc6 3.Lc4 Lc5 4.d3 d6 5.0-0 Sf6 6.Lg5 h6 7.Lh4 g5 8.Lg3 h5 9.Sxg5 h4 10.Sxf7 hxg3 11.Sxd8 Lg4 12.Dd2 Sd4 13.Sc3 Sf3+ 14.gxf3 Lxf3. Weiß gibt auf!

10. Der Kampf ums Zentrum

Den Begriff ‚Zentrum' hört man immer und immer wieder, in vielen Analysen und Kommentaren. Warum ist der Kampf ums Zentrum schon im Anfangsstadium der Partie so wichtig?

Holen wir etwas aus. Stellen Sie den Springer auf das Feld h1. Wie viele Felder beherrscht er von hier aus? Nur zwei! Und nun stellen Sie ihn auf das Feld e4. Jetzt beherrscht er rundum acht Felder. Diese Fähigkeit einer Figur, mehr oder weniger Felder zu beherrschen, ist ein Gradmesser ihrer Wirksamkeit.

Das Beispiel mit dem Springer lässt sich auch mit den anderen Figuren (außer dem Turm) wiederholen. Das kann man natürlich als rein theoretische Überlegungen abtun, da ein leeres Schachbrett mit der Schachwirklichkeit nichts zu tun hat. Es gibt auch Fälle, in denen ein Springer auf h1 wichtiger ist als auf e4. Doch das sind Sonderfälle.

Eine im Zentrum postierte Figur wirkt aktiv nach allen Seiten hin und kann, je nach Bedarf, auf die eine oder andere Seite des Geschehens gebracht werden.

Die Praxis zeigt, dass die Seite, die das Zentrum beherrscht, einen gewissen positionellen Vorteil besitzt. Eine der offenen Spielweisen, bei denen das gesamte Geschehen mit dem Kampf ums Zentrum verbunden ist, ist die Spanische Partie. Diesen Namen bekam sie, weil schon im 15. Jahrhundert einige ihrer Varianten von den spanischen Meistern Lucena und Lopez analysiert wurden.

1.e4 e5 2.Sf3 Sc6 3.Lb5

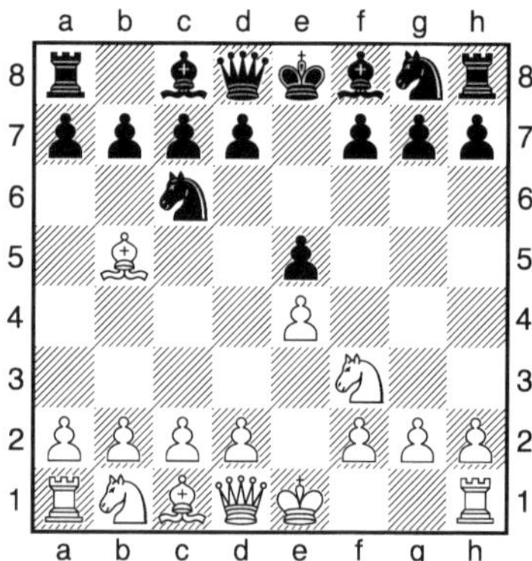

Der drohende Bauernverlust auf e5 ist nur scheinbar, so dass Schwarz sogar zu 3...a6 4.Lxc6 dxc6 (siehe ‚Abtauschvariante' in Kapitel 12) mit der Idee 5.Sxe5 Dd4! greifen darf.

Allerdings wird der weiße Druck aufs Zentrum ständig spürbar bleiben, und genau darin liegt der Sinn des ganzen Entwicklungsplanes.

11. Die Spanisch Zwangsjacke

Die Spanische Partie wird schon seit Jahrhunderten gespielt. Die Varianten dieser für Schwarz unangenehmen Eröffnung (Großmeister Tartakower nannte sie scherzhaft ‚Spanische Zwangsjacke') sind gründlichst untersucht worden. Aus der großen Anzahl der unterschiedlichen Angriffssysteme wollen wir nur einige charakteristische betrachten.

1) – 3...Lc5 (Zu 3...Sf6 siehe 2 – zu 3...d6 siehe 3 – zu 3...a6 siehe Kapitel 12.)

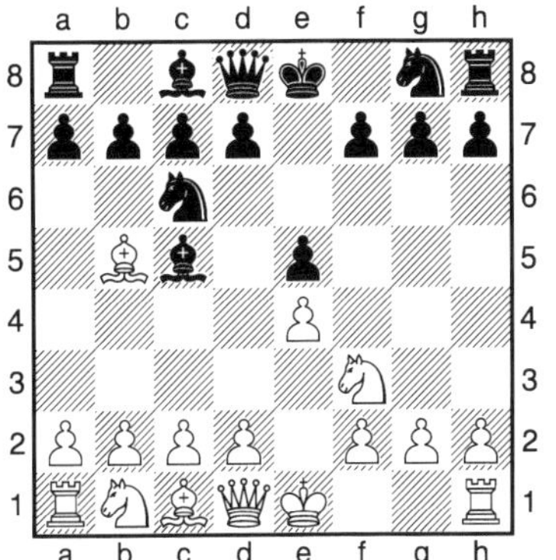

Diesen Zug kannten schon die Meister des 16. Jahrhunderts ganz im Sinne ihrer Zeit: Angriff auf f2.

4.c3

Auch hier bringt **4.Lxc6** dxc6 5.Sxe5 wegen 5...Lxf2+ 6.Kxf2 Dd4+ nichts ein.

Gefährlich wäre **4.Sxe5**, denn bei dem vermeintlichen Bauerngewinn gerät Weiß in Entwicklungsrückstand. Die Schwächen dieses Herangehens deckt nämlich der mutige Ausfall 4...Dg5 auf (und nicht 4...Sxe5 5.d4+/= oder 4...Lxf2+ 5.Kxf2 Sxe5 6.d4+/=). Untersuchen Sie selbst, welche Varianten in diesem Fall möglich wären!

4...Sf6

Man könnte auf die Idee kommen, dem weißen Zentrumsdruck den Zug Df6 entgegenzusetzen. Allerdings ist eine zu frühe Damenentwicklung ungünstig, da sie leicht zur Zielscheibe werden kann.

Nach **4...Df6** zieht Weiß in diesem Fall erst einmal 5.d4! gefolgt von 5...exd4 6.e5 Dg6 7.cxd4 Lb4+

(Auf 7...Sxd4 8.Sxd4 Db6 führt 9.Dg4 Kf8 10.Le3 zu weißem Vorteil – bzw. 9.e6 Lxd4 10.exd7+ Lxd7 11.Lxd7+ Kxd7 12.Le3 c5 13.Sd2 Sf6 zu Angriff für den geopferten Bauern.)

8.Sc3 d5

(Auf keinen Fall 8...Dxg2 wegen 9.Tg1.)

9.0-0 Sge7 10.Db3 Lxc3 11.bxc3 mit weißem Vorteil wegen der Zentrumsbeherrschung und des aktiven Läuferpaares.

5.d4 exd4

Auf 5...Lb6 ist 6.De2 gut, und auf 6...exd4 folgt 7.e5.

6.e5 Se4

Oder 6...Sd5 7.0-0 0-0 8.cxd4 Lb6 9.Lc4.

7.cxd4 Lb4+ 8.Kf1

Auf diese Art will Weiß die Kraft seines Bauernzentrums und die instabile Position der schwarzen Figuren ausnützen. Zu Abtausch und Ausgleich führt **8.Ld2** Sxd2 9.Sbxd2 0-0 10.0-0 a6 11.La4 d6. Der Wegzug des Königs 8.Kf1 ist für Schwarz viel unangenehmer.

8...a6 9.Ld3 d5 10.exd6 Sf6

Das ist am besten, denn auf 10...Sxd6 folgt 11.d5!.

11.dxc7 Dxc7 12.Sc3

Weiß hat einen Mehrbauern, und die schwarzen Drohungen stellen keine ausreichende Kompensation für den Materialverlust dar.

2) – 3...Sf6

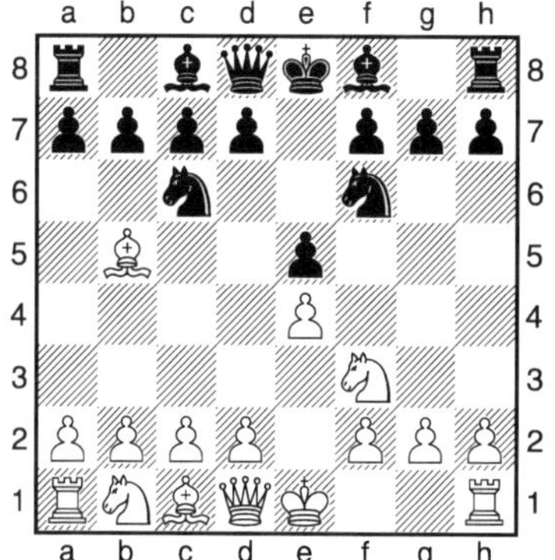

Ein ebenfalls altbekannter Zug mit Gegenangriff auf den Bauern e4 (die so genannte Rio de Janeiro-Variante – bzw. heutzutage ‚Berliner Verteidigung').

4.0-0 Sxe4

Jetzt wäre auf **4...Lc5** 5.Sxe5 eine gute Antwort mit der Folge 5...Sxe5 6.d4 c6 7.dxe5 Sxe4 8.Ld3.

Und auf **4...d6** spielt Weiß 5.d4 mit der Absicht 6.d5.

5.d4 Le7

Die Öffnung der e-Linie, solange der König sich noch in der Mitte befindet, kann Unannehmlichkeiten bringen. Denn auf **5...exd4** folgt 6.Te1 d5

(6...f5 7.Sxd4 und falls 7...Lc5?, so folgt 8.Txe4+.)

7.Dxd4 mit der Absicht 7...Le6 8.Se5 und Entwicklungsschwierigkeiten für Schwarz.

6.De2 (um Td1 zu ermöglichen) **6...Sd6**

Nach **6...d5** 7.Sxe5 Ld7 8.Lxc6 bekäme Weiß Initiative.

Sehr interessant für die eigene Analyse sind die Varianten nach 8.Sxd7 Sxd4. Theoretiker sind der Ansicht, dass Schwarz Ausgleichschancen besitzt.

7.Lxc6 bxc6

Eine gedrückte Stellung für Schwarz ergibt 7...dxc6 8.dxe5 Sf5 9.Td1 – das war auch der Grund für 6.De2 statt Te1.

8.dxe5 Sb7 9.Sc3 (oder auch 9.c4) **9... 0-0**

Weiß übt Druck aufs Zentrum aus. Jetzt wäre 10.Sd4 Lc5 11.Le3 oder Te1 möglich, was den befreienden Vorstoß des d-Bauern erschwert.

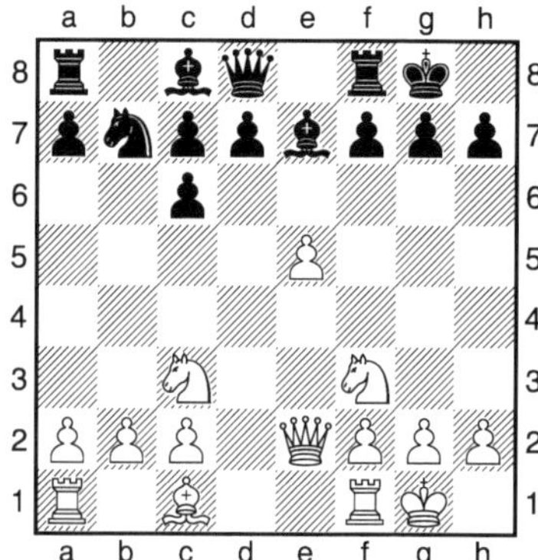

3) – 3...d6

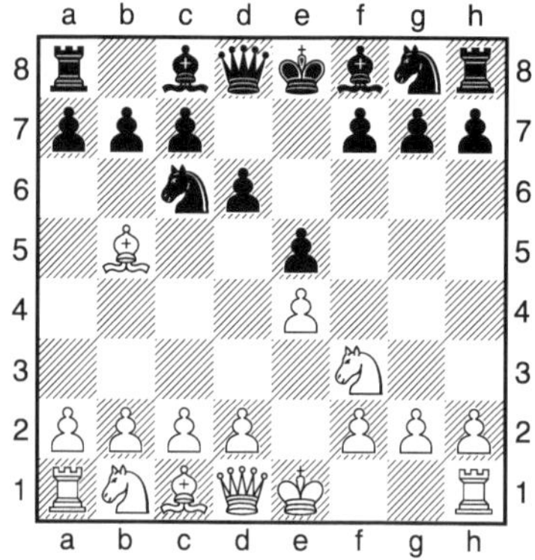

Man möchte fast sagen: die Ideallösung. Eine Festung im Zentrum mit dem soliden Bauern e5. Aber auch dieser Zug ist nicht ohne Nachteile. Die schwarzen Figuren stehen beengt, und vor allem der Königsläufer besitzt zu wenig aktiven Spielraum. Diese Verteidigung wählte oft der erste Schachweltmeister Steinitz, weshalb die Variante auch nach ihm benannt wurde.

4.d4 Ld7

Die Überlassung des Zentrums **4... exd4** 5.Sxd4 Ld7 6.Sc3 gibt Weiß das freiere Spiel.

Möglich ist auch 5.Dxd4 nebst beispielsweise 5...Ld7 6.Lxc6 Lxc6. Da die Dame nicht weiter anzugreifen ist, kann sie große Aktivität im Zentrum entwickeln. Hier eine charakteristische Fortsetzung: 7.Sc3 Sf6 8.Lg5 Le7 9. 0-0-0 0-0 10.The1 Te8 11.Kb1. Im schwarzen Lager wird es eng.

5.Sc3 Sge7

Oder 5...Sxd4 6.Sxd4 exd4 7.Dxd4 Lxb5 8.Sxb5 Se7 9.Le3.

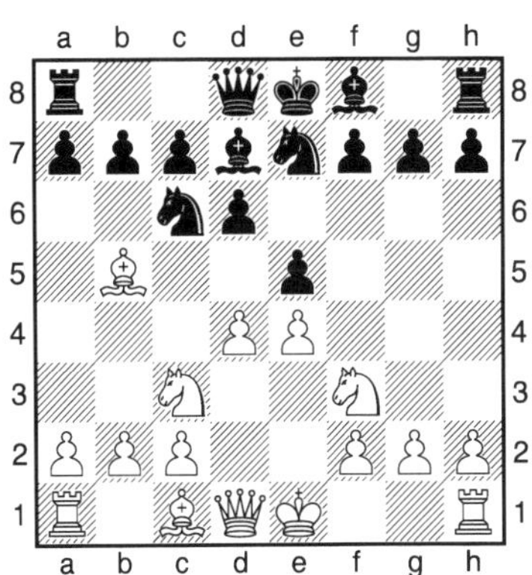

Weiß steht vor der Wahl: Es bieten sich mehrere Möglichkeiten an, alle mit guten Aussichten.

a) – 6.Lc4 Sxd4 (es drohte 7.Sg5) **7.Sxd4 exd4 8.Dxd4 Sc6 9.De3 Le6 10.Sd5 Le7 11.Ld2 0-0 12.0-0 Se5 13.Lb3**; Lasker – Steinitz (1894) mit hervorragender weißer Stellung.

b) – 6.dxe5 dxe5 7.Lg5 h6 8.Lxc6 bxc6 9.Le3 Sg6 10.Dd3 mit solider Stellung für Schwarz bei weißer Initiative.

c) – 6.Le3 Sg6 7.Dd2 Le7 8.0-0 0-0 9.Tad1 mit gefährlichem weißem Druck im Zentrum.

ÜBUNGEN

Suchen Sie nach begangenen Fehlern! Schreiben Sie Kommentare zu diesen Kurzpartien, in denen jeweils Weiß gewinnt.

Nr. 17: 1.e4 e5 2.Sf3 Sc6 3.Lb5 Lc5 4.c3 f5 5.d4 fxe4 6.Sg5 Le7 7.dxe5 Sxe5 8.Se6.

Nr. 18: 1.e4 e5 2.Sf3 Sc6 3.Lb5 Sf6 4.0-0 Sxe4 5.Te1 f5 6.d3 Sd6 7.Lxc6 dxc6 8.Txe5+ Kf7 9.Lg5 Dd7 10.Txe7+ Lxe7 11.Se5+.

Nr. 19: 1.e4 e5 2.Sf3 Sc6 3.Lb5 d6 4.d4 Ld7 5.Sc3 Sf6 6.0-0 Le7 7.Te1 0-0 8.Lxc6 Lxc6 9.dxe5 dxe5 10.Dxd8 Tfxd8 11.Sxe5 Lxe4 12.Sxe4 Sxe4 13.Sd3 f5 14.f3 Lc5+ 15.Kf1 Tf8 16.Ke2 Lb6 17.fxe4 fxe4 18.Sf4 g5 19.Sh3.

12. Der Kampf ums Zentrum in der Spanischen Partie

Wir setzen die Betrachtung der wichtigsten Systeme in der Spanischen Partie fort. Da wir ja wissen, dass der Angriff auf den Bauern e5 nur ein *Schein*angriff ist, können wir auch die Idee nachvollziehen, den weißen Läufer von b5 zu vertreiben und selbst am Damenflügel aktiv zu werden.

1.e4 e5 2.Sf3 Sc6 3.Lb5 a6

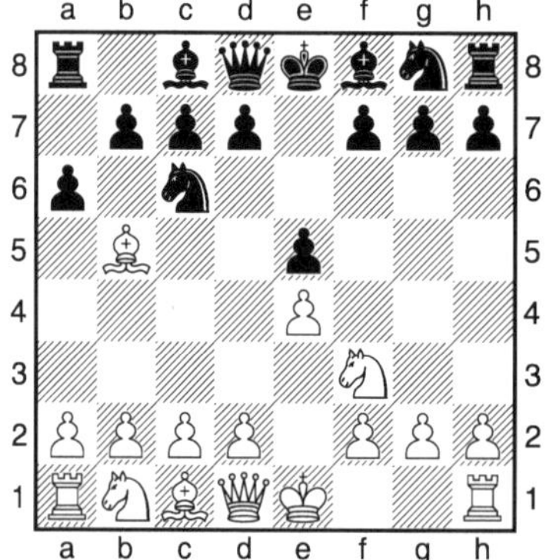

Mit dieser Verteidigung beschäftigte sich vor allem Tschigorin. Berechtigterweise räumt man ihr eine besondere Stellung innerhalb der Spanischen Systeme ein.

I) – Zu ausgeglichenem Spiel führt die Abtauschvariante **4.Lxc6** (zu 4.La4 siehe II) **4...dxc6**

A) – **5.0-0** (zu 5.d4 siehe B – zu 5.Sc3 siehe C) **5...Se7**

Hier kann man auch **5...f6** oder **5...Ld6** spielen.

Weniger überzeugend ist **5...Lg4**, denn nach 6.h3 muss Schwarz auf f3 tauschen, da der Bauer e5 bedroht ist (6...Lh5? 7.g4 usw.).

6.Sxe5 (oder 6.c3 Sg6 bzw. 6...Dd3) **6...Dd4 7.Dh5 g6 8.Dg5 Lg7 9.Sf3 Dxe4 10.Te1 Db4 11.c3 Dd6 12.d4 h6 13.De3 Le6**

Die schwarze Stellung ist nicht schlechter.

Und nun überlegen Sie, wie Schwarz fortsetzen könnte, wenn Weiß nicht 11.c3, sondern 11.b3 spielt.

B) – **5.d4 exd4 6.Dxd4 Dxd4** (6...Lg4) **7.Sxd4 Ld6 8.Sc3 Se7**

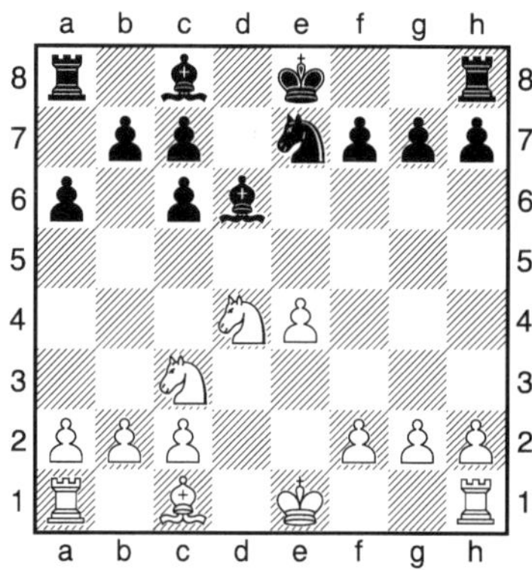

Hier sollte man versuchen, unter Berücksichtigung der beiderseitigen Pläne ein Stellungsurteil abzugeben.

Was will Weiß erreichen? Durch den schwarzen Doppelbauern hat Weiß einen gewissen Vorteil im Zentrum und am Königsflügel erlangt. Nach günstiger Postierung seiner Figuren kann Weiß die Bauernoffensive f4, e5 starten.

Schwarz muss dieser Gefahr rechtzeitig begegnen. Von Vorteil ist dabei seine bislang gute Entwicklung bei ungeschwächter Stellung. Auch das aktive Läuferpaar kann sich positiv auswirken.

9.Le3

Sofortiges 9.0-0 0-0 10.f4 wäre verfrüht wegen 10...Lc5 11.Le3 Te8 mit der Drohung 12...Sd5!.

9...c5

Schwarz kann auch mit dem vorsorglichen 9...f6 eine solide Stellung erreichen.

10.Sde2 Sg6 11.0-0 0-0 12.f3 (12.f4 f6) **12...Te8**

C) – Auch nach **5.Sc3** hat Schwarz keinen Grund zur Beunruhigung. Hier eine mögliche Variante:

5...f6 (zur Stabilisierung von e5) **6.d4 exd4 7.Dxd4**

Nichts bringt 7.Sxd4 wegen 7...c5.

7...Dxd4 8.Sxd4 Ld7 9.Le3 Lb4

Auch 9...0-0-0 10.0-0-0 Se7 ist möglich.

10.Sde2 Se7 11.a3 Ld6 12.f3 0-0-0 13.0-0-0 Sg6 Und Weiß kommt zu keiner aktiven Operation im Zentrum (z.B. 14.f4 Lg4).

II) – 4.La4

A) – Nach **4...Lc5** (zu 4...Sf6 siehe B) spitzt sich das Spiel schnell zu.

Häufig wird auch **4...d6** gespielt – die so genannte ‚verbesserte Steinitz-Verteidigung'. In komplizierten Varianten nach 5.c3, 5.Lxc6+, 5.d4 oder 5.0-0 kommt es zu interessanten Positionskämpfen.

Hier eine mögliche Variante: **5.0-0 Sf6 6.c3**

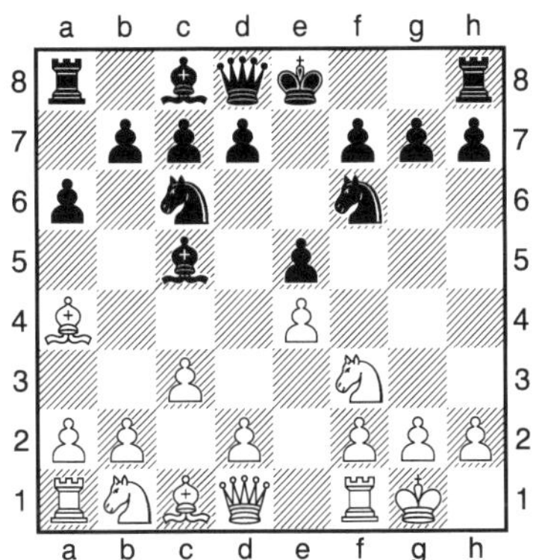

Typisch für solche Stellungen: Weiß bereitet aktives Spiel im Zentrum vor und schafft eine Rückzugsmöglichkeit für den La4.

6...La7

In dieser oft von Aljechin gespielten Variante kann dieser Läufer (im Unterschied zur Italienischen Partie) das Rückzugsfeld a7 nutzen. Dennoch kann Weiß in Vorteil kommen.

7.d4 b5

Sehr gefährlich ist 7...Sxe4 8.Te1 f5 9.Sbd2, z.B. 9...Sxd2 10.Sxe5.

8.Lb3 De7 9.Ld5

Dieser Zug wäre bei bereits geschehenem d7-d6 natürlich noch stärker.

9...exd4 10.Lg5 dxc3 11.Sxc3

Schwarz besitzt einen Mehrbauern, doch ist die Lage wegen der Drohung 12.e5 wenig angenehm.

B) – 4...Sf6

Anzutreffen ist auch 4...b5, obwohl man mit diesem Zug, der sich u. U. auch als Schwächung herausstellen kann, in der Regel wartet, bis der Bauer e5 tatsächlich gefährdet ist – sprich: bis der Be4 eine Deckung erhält.

5.0-0

1) – 5...Le7

Das ist die so genannte Hauptvariante der Spanischen Partie (zu 5...Sxe4 siehe 2).

6.Te1 b5

Nachdem der Bauer e4 gedeckt wurde, drohte nun Tausch auf c6 nebst Eroberung von e5.

7.Lb3

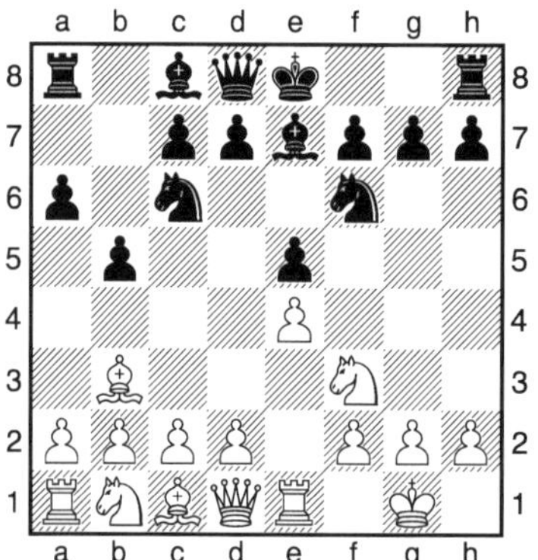

An dieser Stelle hat Schwarz zwei prinzipiell unterschiedliche Spielmethoden zur Auswahl: 7...d6 **(a)** oder 7...0-0 **(b)**. Der erste Zug führt in ein großes Theoriekapitel mit dem berechtigten Namen ‚Tschigorin-System', der zweite leitet das interessante Gambitsystem des amerikanischen Großmeisters F. Marshall ein.

Zunächst zum Tschigorin-System:

a) – 7...d6 8.c3

Es wurde Zeit, dem aktiven Läufer b3 eine Rückzugsmöglichkeit zu schaffen, denn es drohte Sa5. Nun deutet sich ein langwieriger Kampf ums Zentrum an.

8...0-0 9.h3

Ist diese Vorsorge unumgänglich? Schachanfänger machen solche Züge oft genug ohne ersichtlichen Grund, quasi nur so, für alle Fälle. Hier ist dieser Zug allerdings berechtigt, denn indirekt wird der Druck aufs Zentrum verstärkt (siehe nächste Anmerkung).

Nach sofortigem **9.d4** folgt nämlich 9...Lg4, was Weiß zur schnellen Entscheidung über den weiteren Plan zwingt. Nach 10.d5 Sa5 11.Lc2 kann Schwarz mit 11...c6 12.dxc6 Dc7 13.Sbd2 Sxc6 14.Sf1 Tad8 auf die befreiende Aktion d6-d5 abzielen.

Interessant ist auch die Fortsetzung 10.Le3 exd4 11.cxd4 Sa5 12.Lc2 Sc4, und der Vorstoß c5 bietet Schwarz ausgezeichnete Chancen auf Gegenangriff.

9...Sa5 10.Lc2 c5 11.d4 Dc7

Durch das Damenmanöver behält Schwarz die Oberhoheit im Zentrum. In der Tschigorin-Variante sehen die Fortsetzungspläne von Weiß so aus: Überführung des Springers b1 über d2 und f1 nach e3 oder g3 – gefolgt vom Versuch eines Druckspiels am Königsflügel. Schwarz seinerseits organisiert Gegenspiel am Damenflügel und nutzt dabei im richtigen Moment die von ihm zu öffnende c-Linie.

Das ist natürlich erneut nur eine von mehreren Möglichkeiten, doch anhand solcher Beispiele sollen Sie eine Vorstellung von den Ideen einer bestimmten Eröffnung erhalten. Allerdings möchten wir nochmals auf die unbedingt nötige selbstständige Arbeit auf diesem Gebiet hinweisen.

b) – 7...0-0 8.c3 d5

Schwarz versucht, die Initiative an sich zu reißen und opfert e5, um Entwicklungsvorteil zu erlangen.

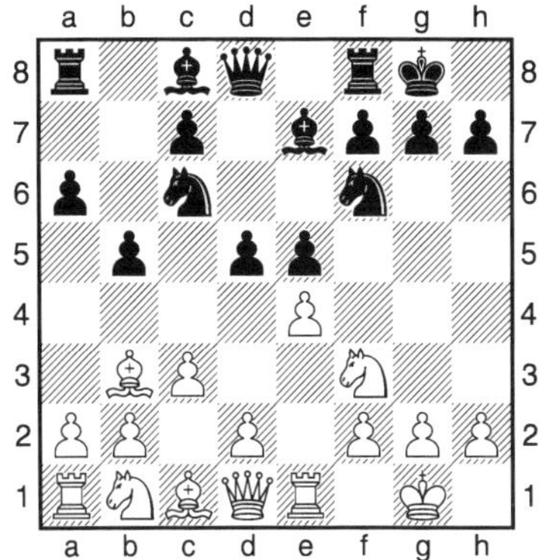

9.exd5 Sxd5 10.Sxe5 Sxe5 11.Txe5 b*) – 11...Sf6

So spielte Marshall 1918 gegen Capablanca (zu 11...c6 siehe b**).

12.d4 Ld6 13.Te1 Sg4 14.h3

Auf **14.g3?** ist 14...Sxh2! möglich – z.B. 15.Ld5 Lxg3 16.fxg3 Dxd5 17.Kxh2 Lb7 18.Tg1 Tae8 19.Ld2 Te6 20.Sa3 Tfe8 und der Angriff ist nicht mehr abzuwehren.

Überlegen Sie, wie sich die Ereignisse nach 15.Kxh2 entwickeln könnten – und warum 19.Ld2 statt 19.Lf4 geschieht.

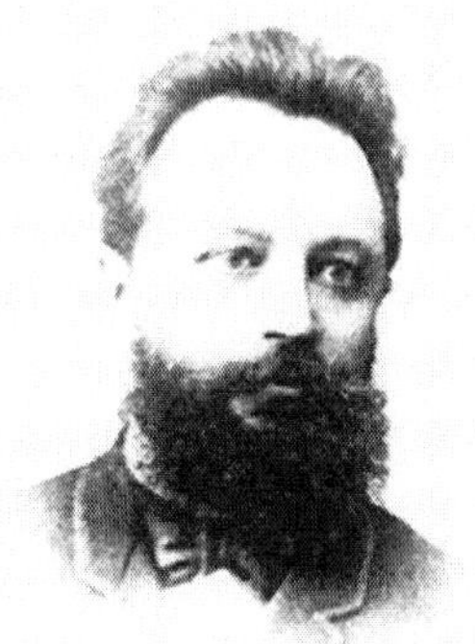

Michail I. Tschigorin

14...Dh4 15.Df3!

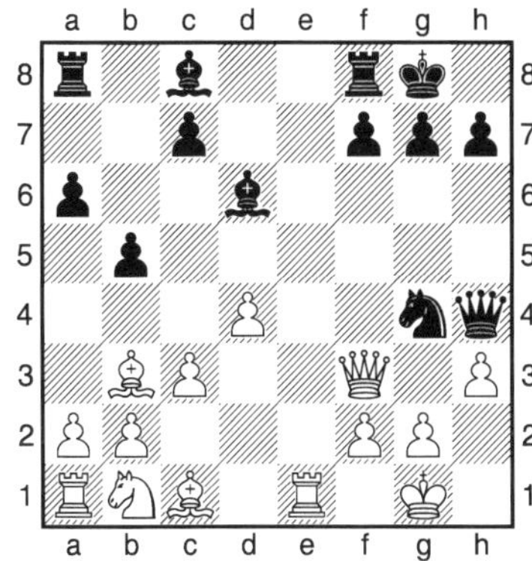

Das Figurenopfer darf nicht angenommen werden – z.B. 15.hxg4? Dh2+ 16.Kf1 Dh1+ 17.Ke2 Lxg4+ 18.Kd3 Dxg2 19.Tg1 Lf5+ 20.Ke2 Tae8+ 21.Le3 Txe3+ mit völliger Zertrümmerung.

Nach dem Damenzug hingegen scheint alles in bester Ordnung: f2 ist gedeckt, während nun auch noch Ta8 hängt. Doch Marshall hatte auch das vorhergesehen.

15...Sxf2!

Der Sturm ist noch nicht vorbei! Nun wäre 16.Dxa8 schlecht wegen 16...Sxh3+ – und 16.Te8 scheitert an 16...Sxh3+ 17.gxh3 Lb7! 18.Txf8+ Txf8 19.De3 Lf4 20.Dxf4 De1+ usw.

16.Ld2!

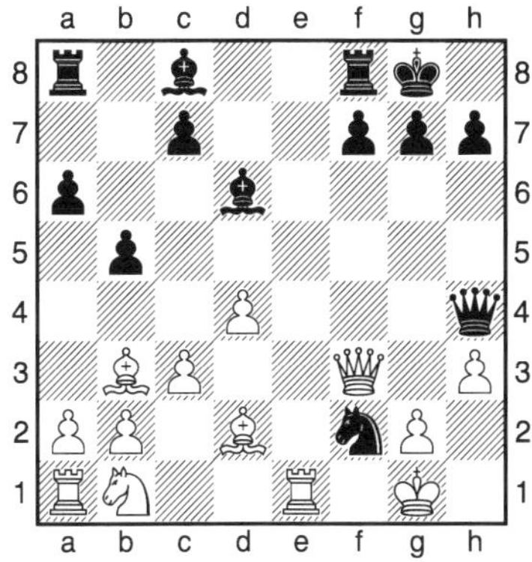

Ausführliche Untersuchungen haben diesen Zug als den besten ausgewiesen.

Gefährlich ist nämlich **16.Dxf2** Lh2+! 17.Kf1 Lg3 18.De2 Lxh3. Vielleicht haben Sie sich gewundert: Wieso erst Schach auf h2?

Weil hier eine Falle versteckt ist – nämlich 16...Lg3? 17.Dxf7+! mit Gewinn. Überlegen sie, warum dies nicht funktioniert, wenn sich der König auf f1 befindet.

16...Lxh3 (nicht 16...Sg4? wegen 17.Te8!) **17.gxh3 Sxh3+ 18.Kf1**, und der Angriff misslingt.

b)** – Und deswegen ruht die schwarze Hoffnung seither auf dem Zug **11...c6!**.

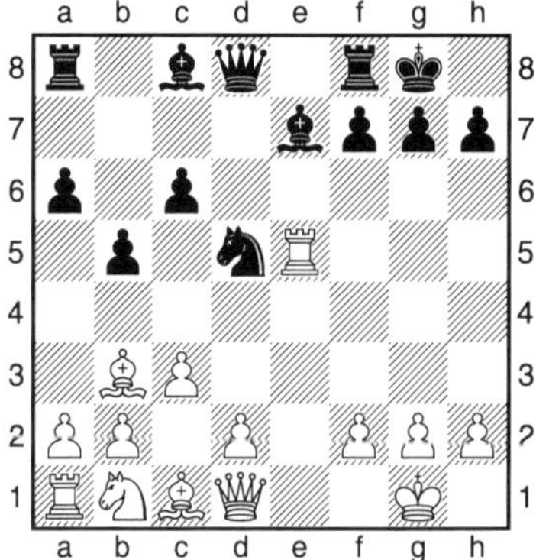

Es könnte der Eindruck entstehen, nach diesem bescheidenen Zug habe Schwarz kaum Kompensation für den geopferten Bauern. Doch dieser Eindruck täuscht! Weiß hat nämlich gewissen Entwicklungsnachteil, was Schwarz gute Perspektiven eröffnet. Hier einige Varianten quasi zum Beweis:

12.d4

Nach dem vorsichtigeren 12.d3 folgt 12...Ld6 13.Te1 Lf5 mit aktiver Stellung.

12...Ld6 13.Te1 Dh4 14.g3 Dh3 15.Le3 Lg4 16.Dd3 Tae8 17.Sd2 Te6 Nach folgendem f5 stellt Schwarz gefährliche Drohungen auf.

Es scheint, als ob **12.Lxd5 cxd5 13.d4** am einfachsten wäre, da die Beseitigung des sehr aktiven Springers logisch zu begründen ist. Jedoch besitzt Schwarz das in alle Richtungen wirkende Läuferpaar, und dieses garantiert nach z.B. **13...Ld6 14.Te1 Dh4 15.g3 Dh3 16.Le3 Lf5** ausreichende Kompensation für den Bauern.

Wenn dieser flüchtige Blick auf scharfe und komplizierte Varianten Sie nicht überzeugt, so ist dies ganz natürlich. Allerdings ist in unserem begrenzten Rahmen keine tiefere Analyse möglich, so dass Sie – wie auch bei allen anderen Eröffnungen – aufgerufen sind, sich mit den Feinheiten bei Interesse selbst zu befassen.

2) – Nun zu dem System **5...Sxe4**, bei dem Schwarz ebenfalls im Zentrum aktiv wird.

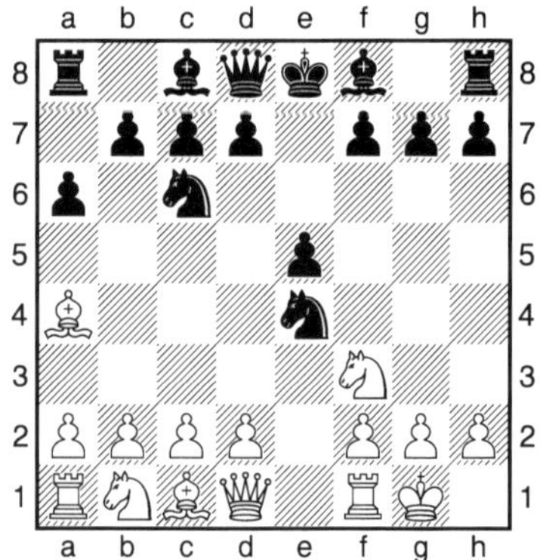

Das ist der so genannte ‚Offene Spanier'. Zwar nimmt Schwarz den Bauern, jedoch nicht in der Absicht, sein Mehrmaterial zu verteidigen. Weiß kann das

Gleichgewicht leicht wiederherstellen, wobei Schwarz jedoch die hierfür erforderliche Zeit zur raschen Entwicklung nutzen will.

6.d4

Nach 6.Te1 Sc5 7.Sxe5 Le7 geht der schwarze Plan auf, denn er gelangt in den Besitz des Läuferpaars.

6...b5 7.Lb3 d5

Die Anwesenheit von König und Springer in der e-Linie zwingt Schwarz zur Vorsicht. Nach **7...exd4** 8.Te1 d5 (8...f5 9.Sxd4) könnte Weiß nämlich eben wegen dieser Figurenanordnung mit dem schönen Zug 9.Sc3! aufwarten. Die Folge 9...Le6 10.Sxe4 dxe4 11.Txe4 Le7 12.Lxe6 fxe6 13.Sxd4 0-0 (13...e5? 14.Dh5+ g6 15.Sxc6) 14.Dg4 bringt ihm die bessere Stellung.

8.dxe5 Le6

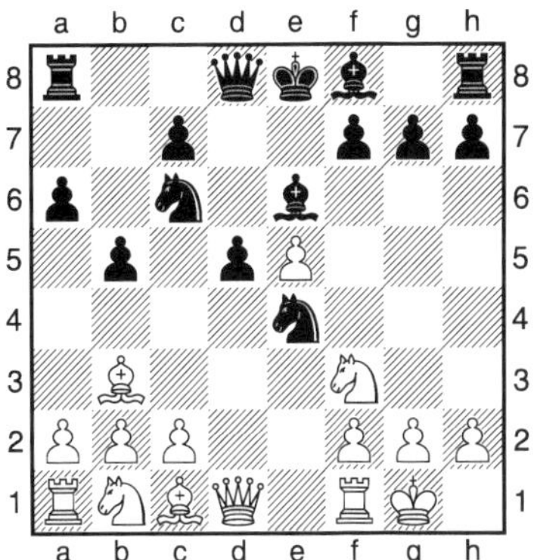

Diese Stellung ist in der Turnierpraxis seit über 100 Jahren bekannt. Die Erfahrung lehrt, dass Weiß wegen der instabilen gegnerischen Zentrumsposition geringen Vorteil besitzt.

a) – 9.De2 (zu 9.c3 siehe b)

Diesen Aufbau empfahl der berühmte russische Großmeister Keres.

9...Le7

Auch nicht schlecht ist 9...Sc5 10.Td1 Sxb3.

10.Td1 Sc5 11.Sc3 Sxb3 12.cxb3

Ein seltenes Beispiel für das Schlagen ‚weg vom Zentrum' – hier jedoch konkret begründet, weil die c-Linie in vielen Varianten besser zu nutzen ist als die a-Linie.

12...0-0 13.Le3 Dd7

Weiß hat die etwas bessere Stellung, aber der heftige Kampf mit beidseitigen Chancen steht erst noch bevor. Möglich ist z.B. die Drucksteigerung mittels 14.Td2 usw.

b) – 9.c3

So schützt Weiß den Erhalt des weißfeldrigen Läufers und befestigt den Zentrumsstützpunkt d4.

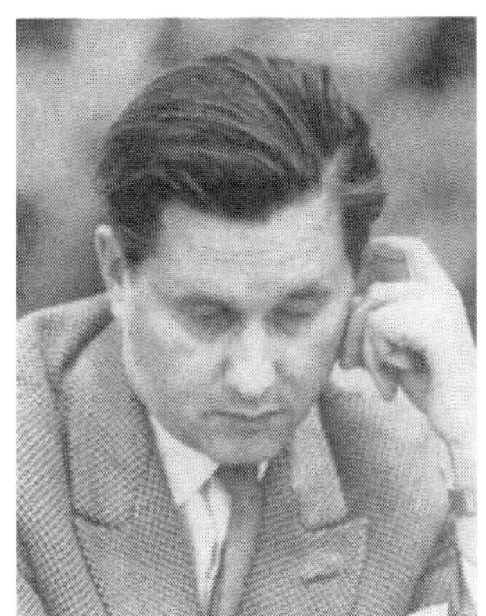

Paul Keres

9...Le7

Auch 9...Lc5 sichert gleiche Chancen. Mit 10.Sbd2 0-0 11.Lc2 Lf5 12.Sb3 strebt der Springer nach d4.

10.Sbd2 0-0 11.Lc2 f5

Nach 11...Sxd2 12.Dxd2! f6 13.exf6 Lxf6 14.Sg5 Lxg5 15.Dxg5 Dxg5 16.Lxg5 erhält Weiß das Läuferpaar und somit Positionsvorteil.

12.exf6 Sxf6 13.Sb3

Nichts bringt 13.Sg5 Lg4 14.f3 Lc8! 15.Te1 Dd6 16.De2 Ld7 17.Sb3 Tae8, Kotow – Awerbach, 1952.

13...Lg4 14.Dd3 Lh5 15.Sfd4 Sxd4 16.Sxd4 Lg6 Schwarz steht nicht schlechter.

ÜBUNGEN

Kommentieren Sie die nachfolgenden Partiebeispiele! Wo wurden Fehler gemacht? Finden Sie die korrekten Fortsetzungen!

Nr. 20: 1.e4 e5 2.Sf3 Sc6 3.Lb5 a6 4.Lxc6 dxc6 5.0-0 f6 6.d4 exd4 7.Sxd4 c5 8.Sb3 Dxd1 9.Txd1 Ld6 10.Sa5 Lg4 11.f3 0-0-0 12.e5 Schwarz gab auf in Hort – Scheljandinow, Havanna, 1967.

Nr. 21: 1.e4 e5 2.Sf3 Sc6 3.Lb5 a6 4.La4 Sf6 5.0-0 d6 6.De2 b5 7.Lb3 Sa5 8.d4 Lg4 9.dxe5 Sxb3 10.axb3 dxe5 11.Txa6 Weiß gewinnt einen Bauern.

Nr. 22: 1.e4 e5 2.Sf3 Sc6 3.Lb5 a6 4.La4 Sf6 5.0-0 Le7 6.De2 0-0 7.Lxc6 dxc6 8.Sxe5 Dd4 9.Sf3 Dxe4 10.Dxe4 Sxe4 11.Te1 mit weißem Materialvorteil.

Nr. 23: 1.e4 e5 2.Sf3 Sc6 3.Lb5 a6 4.Lxc6 dxc6 5.d4 exd4 6.Dxd4 Df6 7.e5 Dg6 8.0-0

8...Lb7 9.e6 fxe6 10.Se5 Dxg2+ 11.Kxg2 c5+ und Schwarz gewinnt.

Nr. 24: 1.e4 e5 2.Sf3 Sc6 3.Lb5 a6 4.La4 d6 5.d4 b5 6.Lb3 Sxd4 7.Sxd4 exd4 8.Dxd4 c5 9.Dd5 Le6 10.Dc6+ Ld7 11.Dd5 c4 Weiß verliert den Läufer.

Nr. 25: 1.e4 e5 2.Sf3 Sc6 3.Lb5 a6 4.La4 Sf6 5.0-0 Sxe4 6.d4 b5 7.Lb3 d5 8.dxe5 Le6 9.c3 Le7 10.Te1 0-0 11.Sd4 Dd7 12.Sxe6 Dxe6 13.Txe4 mit Figurengewinn.

Nr. 26: 1.e4 e5 2.Sf3 Sc6 3.Lb5 a6 4.La4 d6 5.Lxc6+ bxc6 6.d4 f6 7.Sc3 Tb8 8.Dd3 Se7 9.Le3 Txb2 10.dxe5 fxe5 11.Sxe5 dxe5 12.Dxd8+ Kxd8 13.0-0-0+ mit Turmgewinn.

Nr. 27: 1.e4 e5 2.Sf3 Sc6 3.Lb5 a6 4.La4 Sf6 5.0-0 b5 6.Lb3 Lc5 7.Sxe5 Sxe5 8.d4 Ld6 9.dxe5 Lxe5 10.f4 Ld6 11.e5 Lc5+ 12.Kh1 Se4 13.Dd5 Schwarz hat keine befriedigende Verteidigung.

13. Einige Bemerkungen zum Gambit

Das Gambitspiel wurde bereits erwähnt. In der romantischen Phase der Schachgeschichte versuchte man, dem Gegner ohne Rücksicht auf Verluste ein Bein (italienisch: gamba) zu stellen und ihm auf f7 bzw. f2 einen entscheidenden Schlag zu versetzen.

Damals war man der Ansicht, die Annahme eines Gambits nebst Verteidigung des Materialvorteils sei unabdingbar – ja dies sei geradezu eine Frage der Ehre! Deshalb dachte eigentlich niemand über die Ablehnung eines Gambits ernstlich nach.

Das Königsgambit

1.e4 e5 2.f4

Beginnen wir unsere Betrachtung mit dem ältesten Repräsentanten solcher Spielweise, dessen Geschichte schon 400 Jahre zurückreicht.

I) – 2...exf4 (zu 2...d5 siehe II)

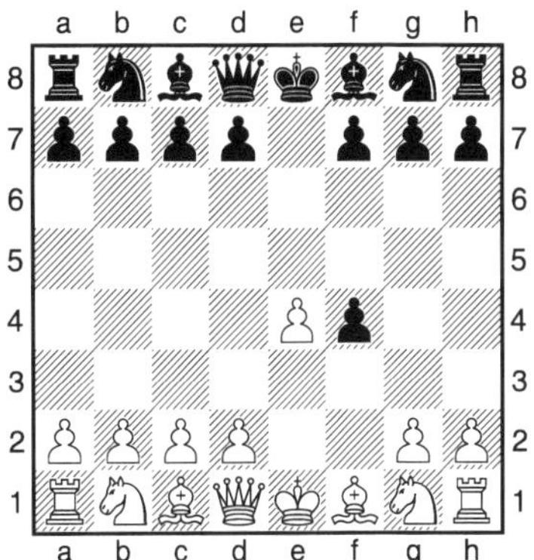

Das Bauernopfer soll die f-Linie zum Angriff auf f7 öffnen, und es ergeben sich scharfe und komplizierte Varianten. Die waghalsige Spielweise wurde in der Turnierpraxis umfangreich geprüft, und ihr sind unzählige Spezialuntersuchungen gewidmet. Viele unsterbliche Partien der Schachgeschichte gingen aus ihr hervor. Seit Beginn unseres Jahrhunderts verblasste ihr Ruhm allerdings ein wenig, wofür die Vervollkommnung des Positionsspiels verantwortlich war.

Emanuel Lasker stellte eine neue Methode zur Bekämpfung des Gambitspiels vor: Der Materialvorteil muss nicht um jeden Preis behauptet werden. Im geeigneten Moment gibt man ihn zurück, um die Initiative zu übernehmen oder die Stellung zu vereinfachen.

Dies bedeutet selbstredend nicht, das Königsgambit sei nicht mehr spielbar, nur kann Schwarz bei korrekter Spielweise nicht viel passieren. Was allerdings – dank der modernen Theorie – eigentlich für alle Eröffnungssysteme Gültigkeit hat.

A) – 3.Sf3 (zu 3.Lc4 siehe B)

Das so genannte ‚Springergambit'.

1) – Früher war an dieser Stelle **3...g5** üblich, was zu sofortiger Spielverschärfung führt (zu 3...d5 siehe 2).

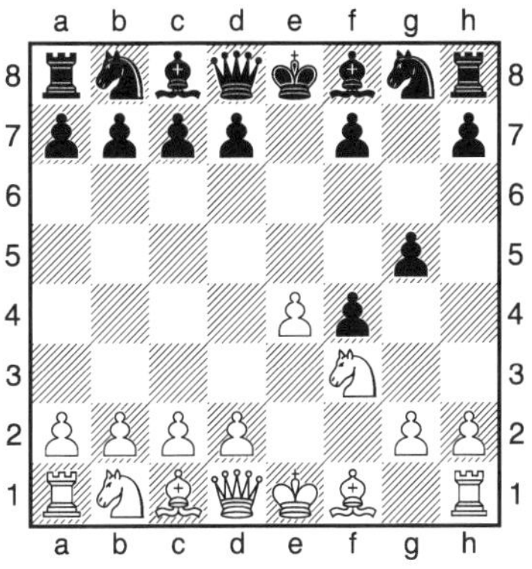

Weiß hat mehrere Möglichkeiten, die jeweils nach einem Meister der Vergangenheit benannt sind – z.B.

a) – 4.Lc4 (zu 4.h4 siehe 2; zu 4. siehe) **4...g4 5.0-0 gxf3 6.Dxf3**

Das Muzio-Gambit. Für das geopferte Material hat Weiß enormen Entwicklungsvorsprung, und die Anfälligkeit von f7 sticht ins Auge.

6...Df6 7.e5!

Fürs Gambitspiel charakteristisch opfert Weiß weiteres Material zwecks weiterer Linienöffnung.

7...Dxe5 8.d3

Anzutreffen war auch die Folge **8.Lxf7+** Kxf7 9.d4 Dxd4+ 10.Le3 Df6 11.Lxf4, wonach Schwarz trotz des Materialvorteils kein angenehmes Leben hat. Eine typisch verhängnisvolle Folge könnte lauten 11...Lg7 12.Sc3 Se7 13.Sd5 Sxd5 14.Dxd5+ De6 15.Ld2+ Kg8 16.Tae1! Dxd5 17.Te8+ Lf8 18.Lh6!.

8...Lh6 9.Sc3 Se7 10.Ld2 Sbc6 11.Tae1 Df5 12.Sd5 Kd8

Hier gilt die von Tschigorin empfohlene Fortsetzung **13.De2** ebenso als beste wie die Antwort **13...De6**.

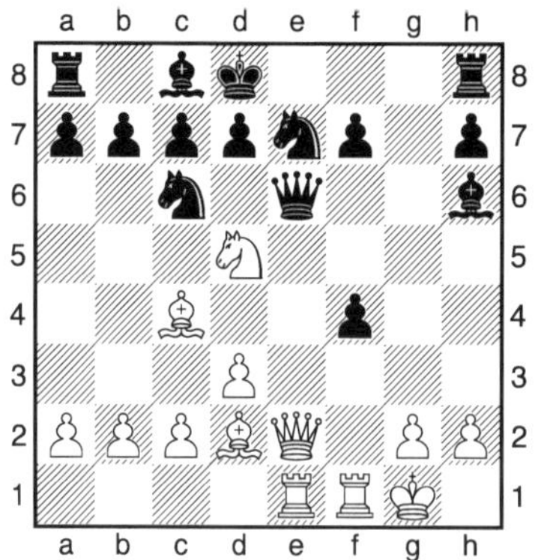

Erstaunlicherweise haben gründliche Analysen ergeben, dass die Zugwiederholung **14.Df3 Df5 16.De2 De6** wohl am ratsamsten für beide Seiten ist.

b) – 4.h4 g4 5.Sg5 Das Allgaier-Gambit **5...h6**

Die Herausforderung wird angenommen, denn nach 5...Sf6 6.e5 De7 7.De2 Sh5 8.Sc3 Sg3 9.Dc4 Sxh1 10.Sd5 erhält Weiß starken Angriff.

6.Sxf7 Kxf7 7.Lc4+ d5 8.Lxd5+ Kg7 9.d4 f3 10.gxf3 Sf6 11.Sc3 Lb4 12.Lb3 Sc6 Der Angriff ist abgewehrt.

2) – 3...d5 stellt die moderne Behandlung des Springergambits dar.

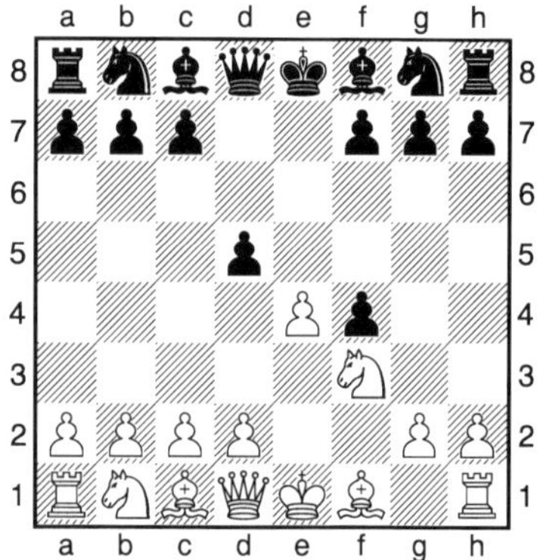

4.exd5

Nach 4.e5? wäre 4...g5 möglich, da der Läufer nicht nach c4 kann.

4...Sf6

Schwächer wäre 4...Dxd5 5.Sc3 De6+ 6.Kf2!.

5.c4

5.Lb5+ c6 6.dxc6 Sxc6 7.d4 Ld5

5...c6 6.c4 cxd5

Schwarz hat gutes Spiel, denn auf 7.Lxf4 folgt 7...Lb4+ nebst 0-0. Und auch nach 7.c5 Sc6 8.Lxf4 Le7 9.Sc3 0-0 kommt Schwarz zur Königssicherung.

B) – 3.Lc4

Das so genannte Läufergambit.

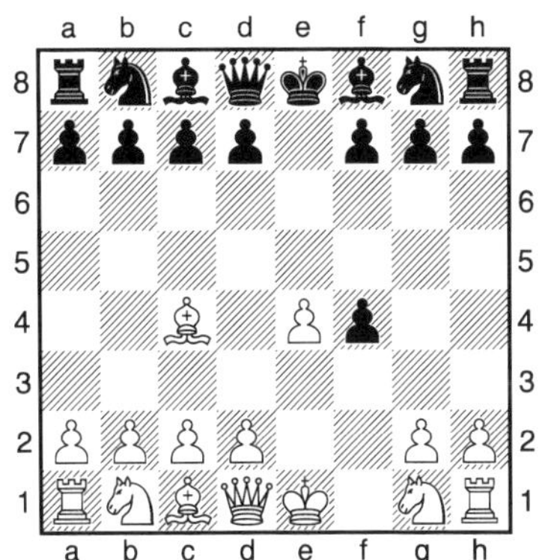

3...Sf6

3...Dh4+ ist ungefährlich, denn anschließend steht die Dame labil, und Weiß gewinnt mit Sf3 ein Entwicklungstempo – z.B. 4.Kf1 Sf6? 5.Sf3 Dh5 6.De1 d6 7.e5! dxe5 8.Sxe5 mit der Absicht 8...Le6 9.Sxf7.

4.Sc3 (4.e5 d5) **4...c6!** (von Jänisch empfohlen) **5.Lb3**

Auch **5.De2** ist wirkungslos, denn Schwarz spielt trotzdem 5...d5! 6.exd5+ Le7 mit guter Stellung.

Lehrreich wäre **5.Df3** d5! 6.exd5 Ld6 mit problemloser Stellung und schwarzer Initiative nach z.B. 7.d4 0-0 8.Lxf4 Lg4 9.Dg3 Te8+.

5...d5 6.exd5 cxd5 7.d4 Ld6 Schwarz steht nicht schlechter.

II) – 2...d5

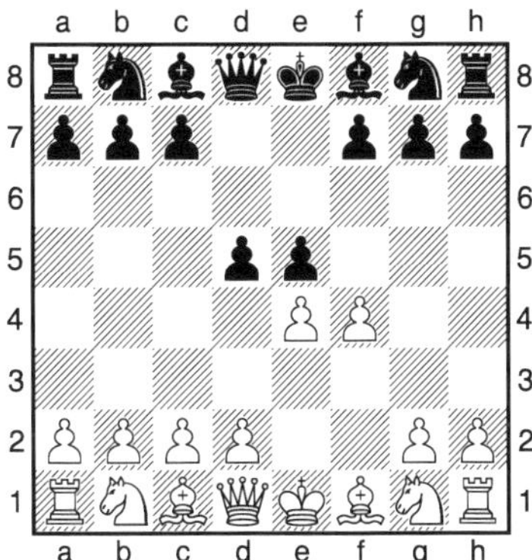

Falkbeers Gegengambit! Auch diese geistreiche Fortsetzung, bei der Schwarz statt Annahme des Opfers mit einem Gegenopfer antwortet, ist bereits mehr als 100 Jahre alt und wurde von dem österreichischen Meister Falkbeer in die Praxis eingeführt.

3.exd5 e4

Die Grundidee von Schwarz: Bauer e4 stört die weiße Entwicklung, und die Öffnung der f-Linie wurde verhindert. Wieder steht Weiß vor der Frage: Den Mehrbauern behalten oder zwecks Aktivierung zurückgeben?

A) – 4.Sc3 (zu 4.d3 siehe B)

Auch nach 4.Lb5+ c6 5.dxc6 Sxc6 6.Sc3 Sf6 7.Sge2 Db6 8.d4 Lb4 9.0-0 0-0 steht Schwarz ungeachtet des Minusbauern ausgezeichnet.

4...Sf6 5.Lc4 Lc5 6.d4 exd3 7.Dxd3 0-0 8.Sge2 Sg4 (8...c6!?) **9.Df3 Te8** Schwarz verfügt über gefährliche Drohungen.

B) – 4.d3

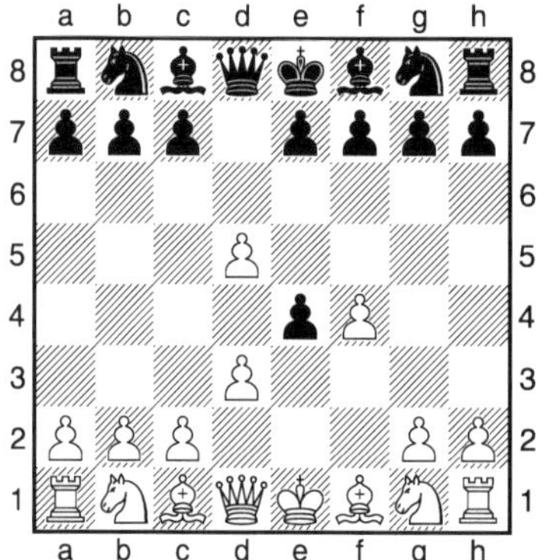

Nun kann Schwarz materiell ausgleichen, jedoch besitzt Weiß die besseren Chancen. Charakteristische Varianten lauten:

1) – 4...exd3 5.Dxd3 Sf6 6.Sc3 Lc5 7.Ld2 0-0 8.0-0-0

2) – 4...Dxd5 5.De2 f5 6.Sc3 Lb4 7.Ld2 Lxc3 8.Lxc3 Sf6 9.dxe4 Dxe4 10.Dxe4 fxe4 11.Lc4 Auf diese Variante, in der Schwarz viele Probleme zu bewältigen hat, wies Paul Keres hin.

3) – 4...Sf6 5.Sd2 exd3! 6.Lxd3 Sxd5

Nach 6...Dxd5 7.Sgf3 Lg4 8.h3 Lxf3 9.Dxf3 Sc6 10.Se4 steht Weiß deutlich aktiver.

Nun folgt auf **7.De2+** einfach **7...De7**, um **8.Se4** mit **8...Sb4** beantworten zu können.

ÜBUNGEN

Kommentieren Sie folgende Kurzpartien. Wo sind die Fehler? Finden Sie die korrekte Fortsetzung.

Nr. 28: 1.e4 e5 2.f4 exf4 3.Sf3 g5 4.Sc3 g4 5.Se5 Dh4+ 6.g3 fxg3 7.Dxg4 g2+ 8.Dxh4 gxh1D 9.Dh5 Le7 10.Sxf7 Sf6 11.Sd6+ Kd8 12.De8+ nebst Matt

Nr. 29: 1.e4 e5 2.f4 exf4 3.Sf3 d5 4.Sc3 dxe4 5.Sxe4 Lg4 6.De2 Lxf3 7.Sf6#

Nr. 30: 1.e4 e5 2.f4 exf4 3.Lc4 Dh4+ 4.Kf1 g5 5.Sf3 Dh5 6.h4 h6 7.Lxf7+ Dxf7 8.Se5 Dg7 9.Dh5+ Kd8 10.Sf7+ Ke7 11.Sxh8 Sf6 12.Dg6 Dxh8 13.hxg5 Weiß gewinnt!

Nr. 31: 1.e4 e5 2.f4 d5 3.Sf3 dxe4 4.Sxe5 Lc5 5.Sc3 Sf6 6.De2 Sc6 7.Sxf7 De7 8.Sxh8 Sd4 9.Dd1 Sf3+ 10.gxf3 exf3+ 11.Le2 f2+ Weiß gibt auf!

14. Weitere offene Spiele

Das Zweispringerspiel

1.e4 e5 2.Sf3 Sc6 3.Lc4 Sf6

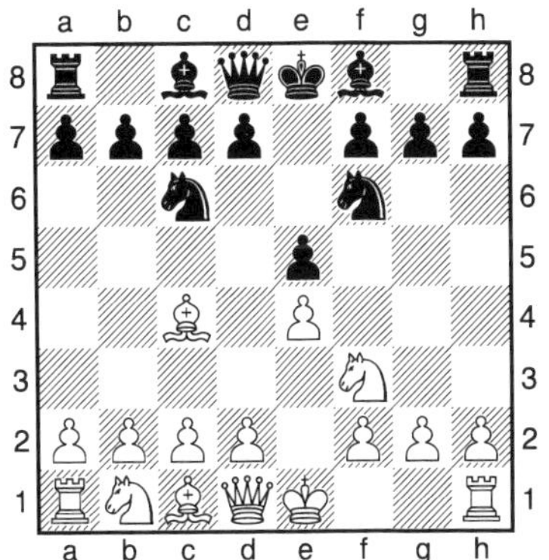

Weiß kann sofort mit 4.Sg5 zum Angriff übergehen (1) oder mit 4.d4 für schnelle Entwicklung sorgen (2). Eher farblos ist 4.Sc3 (3).

1) – 4.Sg5 d5 5.exd5 Sa5

Sehr gefährlich ist 5...Sxd5 6.Sxf7 Kxf7 7.Df3+ Ke6 8.Sc3 mit starkem Angriff nach etwa 8...Sb4 (8...Se7? 9.d4 c6 10.dxe5) 9.De4 c6 10.a3 Sa6 11.d4 Sc7 12.Lf4 usw.

6.Lb5+ c6

Ohne dieses Bauernopfer kommt Schwarz nicht recht ins Spiel.

7.dxc6 bxc6 8.Le2 h6 9.Sf3 e4

Die exponierten Figurenpositionen bringen Schwarz manchen Tempogewinn ein.

10.Se5 Ld6 11.d4 exd3 12.Sxd3

Die Eroberung eines einzigen Bauern hat diesen Springer schon 5 Züge gekostet, so dass schwarzer Entwicklungsvorsprung nur natürlich ist.

12...Dc7 13.b3 0-0 14.Lb2 Sd5 15.h3 Lf5 16.0-0 Tad8

Der schwarze Stellungsdruck bietet volle Kompensation.

2) – 4.d4 exd4 5.0-0 (5.e5 d5!) **5...Sxe4 6.Te1 d5 7.Lxd5 Dxd5 8.Sx3 Da5 9.Sxe4 Le6**

Die e-Linie muss unbedingt geschlossen werden, und geschieht zu diesem Zweck 9...Le7, so wäre 10.Lg5 unangenehm.

10.Seg5

Alternativ kommt 10.Ld2 oder 10.Lg5 infrage.

10...0-0-0

Somit findet das Prinzip zur Entkräftung von Gambitspielen Anwendung: Das gewonnene Material wird zum Wohle einer soliden Stellung zurückgegeben.

11.Sxe6 fxe6 12.Txe6 Und nach **12...Le7 13.Ld2 Db5** oder **12...Df5** steht Schwarz nicht schlechter.

3) – Nach **4.Sc3** hat Schwarz den typischen Gegenschlag im Zentrum **4...Sxe4**, denn nach **5.Lxf7+?** (besser 5.Sxe4 d5 6.Ld3) **5...Kxf7 6.Sxe4 d5 7.Seg5+ Kg8** bzw. **7.Sfg5+ Kg6** gerät Weiß bereits in mehr oder weniger große Verlustgefahr.

Das Evans-Gambit

1.e4 e5 2.Sf3 Sc6 3.Lc4 Lc5 4.b4

Durch dieses Bauernopfer strebt Weiß Zentrumsdominanz und Druck auf f7 an.

4...Lxb4

Nach der Ablehnung 4...Lb6 kommt Weiß mit 5.a4 a6 6.Sc3 in Vorteil.

5.c3

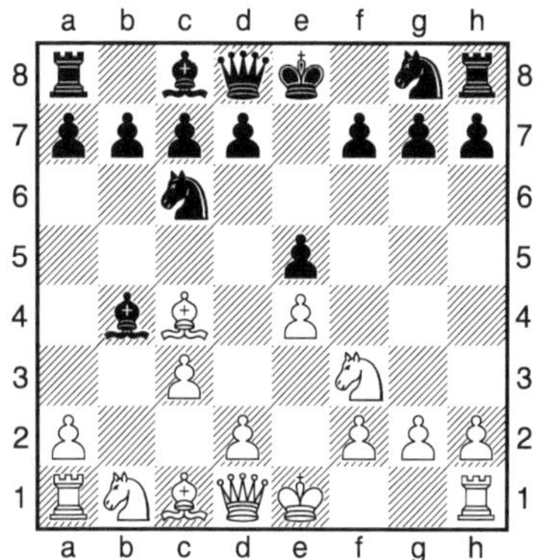

1) – 5...Lc5 (zu 5...La5 siehe 2) **6.d4 exd4 7.0-0 d6** (7...dxc3 8.Lxf7+ Kxf7 9.Dd5+) **8.cxd4 Lb6 9.Sc3**

Nun muss rasch auch der Damenflügel entwickelt werden.

9...Lg4

Zu schwindelerregenden Verwicklungen führt 9...Sf6 10.e5 dxe5 11.La3 usw.

10.Lb5 Kf8

Dies ist erzwungen, denn nach 10...Lxf3 11.gxf3 behält Weiß ein starkes Zentrum und droht sogleich 12.d5.

11.Le3 Sge7 12.a4 a5 13.Lc4 (droht 14.Lxf7+) **13...Lh5 14.Tc1** Für den Mehrbauern muss Schwarz einiges ertragen.

2) – 5...La5

a) – 6.0-0 d6 7.d4 Lb6! (Laskers Idee) **8.dxe5 dxe5** Und nun erreicht Weiß weder mit **9.Dxd8+ Sxd8 10.Sxe5 Le6** etwas – noch mit **9.Db3 Df6 10.Lg5 Dg6 11.Ld5 Sge7 12.Lxe7 Kxe7 13.Lxc6 Dxc6 14.Sxe5 De6**, denn so oder so gibt Schwarz nach bewährter Methode den Bauern zurück.

b) – 6.d4 ist aktiver, worauf Schwarz **6...d6** antworten sollte.

Nach hingegen 6...exd4 7.0-0 dxc3 8.Db3 erhält Weiß gefährliche Initiative.

7.Db3 Dd7 8.dxe5 dxe5

Auch hier könnte man dem Gambit mit 8...Lb6 9.0-0 Sa5 10.Db4 Sxc4 11.Dxc4 dxe5 12.Sxe5 De6 seinen Zahn ziehen.

9.0-0 Lb6 10.Td1 De7 11.La3 Df6 12.Sbd2 Sge7 Es steht ein scharfer Kampf mit verteilten Chancen bevor.

Die Ungarische Partie

1.e4 e5 2.Sf3 Sc6 3.Lc4 Le7

Mit dem Läuferzug nach e7 versucht Schwarz, scharfe Varianten zu vermeiden. Die Stellung bleibt stabil aber gedrückt, und Schwarz muss lange und sorgfältig manövrieren.

4.d4 d6

Die Abtretung des Zentrums mit 4...exd4 macht nur Sinn, wenn Schwarz anschließend in der e-Linie aktiv werden kann. So jedoch erhält Weiß nach 5.Sxd4 d6 6.0-0 Sf6 7.Sc3 0-0 8.Lf4 Ld7 9.Te1 das vorteilhafte Spiel.

5.d5

Gut ist wohl auch 5.dxe5 dxe5 6.Dxd8+ Lxd8 7.Sc3 Lg4 8.Le3 nebst langer Rochade.

5...Sb8 6.Ld3 Sf6 7.c4 0-0 8.h3 Sbd7 9.Sc3 Die schwarze Stellung ist passiv.

Die Philidor-Verteidigung

1.e4 e5 2.Sf3 d6

Auch in dieser Eröffnung erhält Schwarz eine ebenso stabile wie passive Stellung.

3.d4 Sd7 4.Lc4 c6

Vorsicht ist geboten! 4...Sf6? 5.Sg5 bzw. 4...Le7 5.dxe5 dxe5? 6.Dd5; 5...Sxe5 6.Sxe5 dxe5 7.Dh5 usw.

5.0-0

Auf 5.Sg5 Sh6 6.0-0 darf Schwarz auf keinen Fall 6...Le7? spielen (besser 6...Sb6) wegen 7.Se6! fxe6 8.Lxh6 mit unwiderstehlichem Angriff.

5...Le7

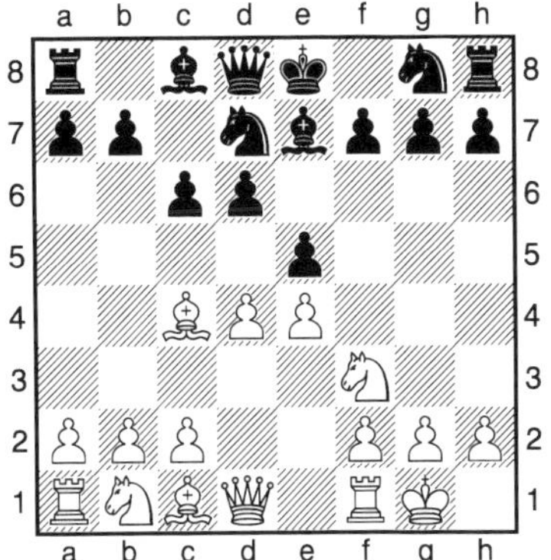

Ab hier gibt es verschiedene Wege – z.B. den leicht taktisch angehauchten 6.dxe5 dxe5 7.Sg5 Lxg5 8.Dh5 g6 9.Dxg5 mit weißem Vorteil wegen des Läuferpaars.

Das Läuferspiel

1.e4 e5 2.Lc4

In der modernen Turnierpraxis hat diese altertümliche Eröffnung ihre Bedeutung fast gänzlich verloren. Schwarz kann 2...Sf6 oder 2...Sc6 antworten, wonach das Spiel in aller Regel in andere Systeme übergeht.

Das Vierspringerspiel

1.e4 e5 2.Sf3 Sc6 3.Sc3 Sf6

Eine ruhige und solide Konstruktion. Beide Seiten befolgen das Eröffnungsprinzip der raschen Figurenentwicklung, was zu ausgeglichenem Spiel führt.

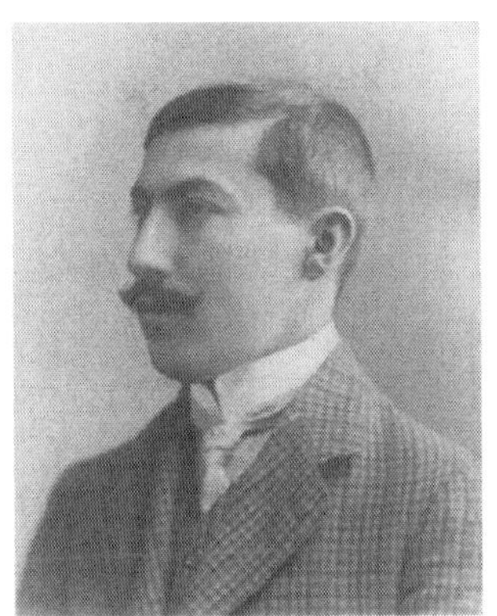

Akiba Rubinstein

4.Lb5

Nach 4.Lc4 Sxe4 5.Sxe4 d5 6.Ld3 dxe4 7.Lxe4 Ld6 oder 5.Lxf7+ Kxf7 6.Sxe4 d5 darf Schwarz äußerst zufrieden sein.

4...Lb4

Auch Rubinsteins Springerausfall 4... Sd4 mit der Idee 5.Sxe5 De7 6.Sf3 Sxb5 7.Sxb5 Dxe4+ ist interessant und wird gern angewandt.

5.0-0 0-0 6.d3 d6 7.Lg5

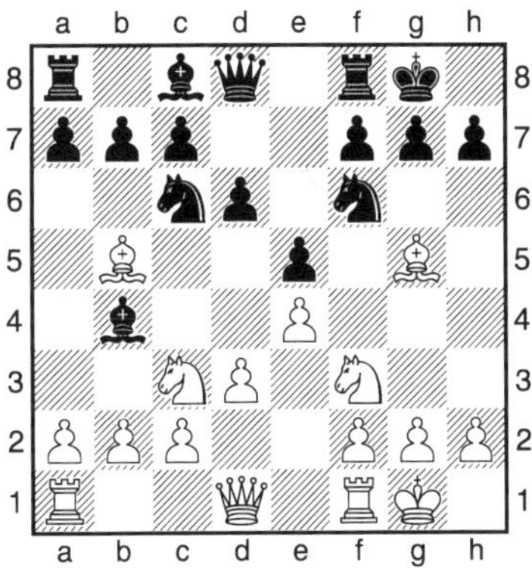

Diese Stellung verdient eine gesonderte Betrachtung. Die bisherige Symmetrie kann Schwarz jetzt nicht mehr aufrechterhalten. Auf 7...Lg4? würde nämlich folgen 8.Sd5 Sd4 9.Sxb4 Sxb5

10.Sd5 Sd4 11.Dd2 Lxf3 12.Lxf6 gxf6 13.Dh6 bzw. 12...Dd7 13.Se7+ Kh8 14.Lxg7+ usw.

7...Lxc3 8.bxc3 De7

Das Spiel gilt als ausgeglichen. Der Sc6 wird über d8 nach e6 verlegt, um später je nach Bedarf c5 oder c6 folgen lassen zu können. Und Weiß wird nach Befestigung von e4 den Vorstoß d4 anstreben.

Das Dreispringerspiel

1.e4 e5 2.Sf3 Sc6 3.Sc3 Lb4

Eine selten anzutreffende Eröffnung, bei der Weiß nach 4.Sd5 wohl aktiver steht. Und auf 3...Lc5 kann Weiß gemäß bekannter Motive zu 4.Sxe5 greifen.

Die Ponziani-Eröffnung

1.e4 e5 2.Sf3 Sc6 3.c3

Selbstredend wäre eine aktive Zentrumsentfaltung wünschenswert, jedoch ist der Zeitpunkt verfrüht, da es noch an ausreichender Figurenentwicklung mangelt.

1) – 3...Sf6

Der sofortige Angriff auf e4 ist nach Sperrung des Springerfeldes c3 logisch.

4.d4 Sxe4

Schwächer ist 4...exd4 5.e5, denn auf 5...Se4 wäre 6.De2 möglich.

5.d5 Sb8 6.Ld3 Sf6

Gut genug ist auch 6...Sc5.

7.Sxe5 Lc5 (nicht 7...Sxd5 8.Lc4) **8.0-0 0-0 9.c4 d6 10.Sf3 Lg4**

Schwarz hat keine Schwierigkeiten.

2) – 3...d5

Auch dieser charakteristische Gegenschlag fußt darauf, dass kein Sc3 möglich ist, so dass 4.exd5 Dxd5 für Schwarz günstig wäre.

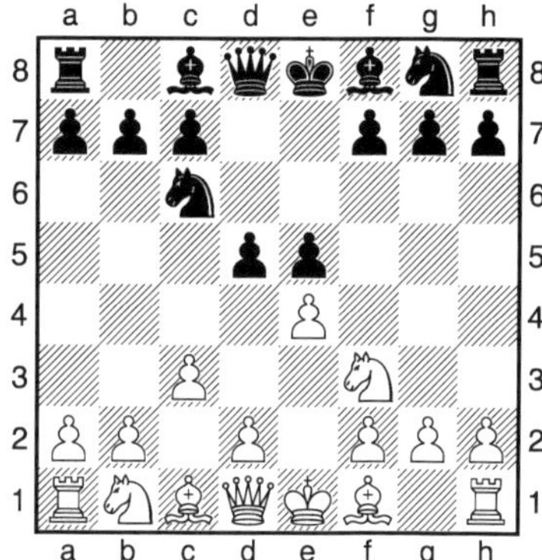

4.Da4

Hier kann man auch 4.Lb5 spielen. Nach dem Textzug kann Schwarz mit einem originellen Gambit auf Entwicklungsvorteil abzielen.

4...Sf6 5.Sxe5 Ld6 6.Sxc6 bxc6 7.d3

Sehr gefährlich wäre 7.Dxc6+ Ld7 8.Da6 dxe4 9.Lb5 0-0 10.Lxd7 Dxd7 usw.

7...0-0 8.Le2 Te8 9.Lg5 h6 10.Lxf6 Dxf6

Auch nach 11.Dxc6 Lc6 schwebt Weiß am Rande des Abgrunds, denn der Entwicklungsnachteil ist eklatant.

ÜBUNGEN

Kommentieren Sie folgende Kurzpartien. Wo sind die Fehler? Finden Sie die korrekte Fortsetzung!

Nr. 32: 1.e4 e5 2.Sf3 Sc6 3.Lc4 Sf6 4.d4 exd4 5.0-0 Lc5 6.e5 d5 7.exf6 dxc4 8.Te1+ Le6 9.Sg5 Dxf6 10.Sxe6 fxe6 11.Dh5+ Schwarz gibt auf.

Nr. 33: 1.e4 e5 2.Sf3 Sc6 3.Lc4 Sf6 4.Sg5 d5 5.exd5 Sxd5 6.d4 exd4 7.0-0

Le6 8.Te1 Dd7 9.Sxf7 Kxf7 10.Df3+ Kg6 11.Txe6+ Dxe6 12.Ld3+ Schwarz gibt auf.

Nr. 34: 1.e4 e5 2.Sf3 Sc6 3.Lc4 Lc5 4.b4 Lb6 5.a4 a6 6.a5 La7 7.b5 axb5 8.Lxb5 Sf6 9.La3 Sxe4 10.De2 Sxf2 11.Sxe5 Sd4 12.Sxd7+ Sxe2 13.Sf6#

Nr. 35: 1.e4 e5 2.Sf3 d6 3.Lc4 Le7 4.d4 exd4 5.Sxd4 Sd7 6.Lxf7+ Kxf7 7.Se6 De8 8.Sxc7 Dd8 9.Dh5+ g6 10.Dd5+ Kf6 11.Lg5+ Kg7 12.Se6+ Schwarz gibt auf.

Nr. 36: 1.e4 e5 2.Sf3 Sc6 3.Sc3 Sf6 4.Lb5 Sd4 5.La4 Lc5 6.Sxe5 0-0 7.Sf3 d5 8.Sxd4 Lxd4 9.exd5 Lg4 10.f3 Sh5 11.fxg4 Dh4+ 12.Ke2 Sf4+ 13.Kf3 Df2+ 14.Ke4 f5+ 15.gxf5 Tfe8+ Weiß gibt auf.

Nr. 37: 1.e4 e5 2.Sf3 Sc6 3.Sc3 Lc5 4.Sxe5 Sxe5 5.d4 De7 6.Sd5 Dd6 7.dxc5 Dxc5 8.Lf4 d6 9.b4 Dc6 10.Lb5 Schwarz gibt auf.

Nr. 38: 1.e4 e5 2.Sf3 Sc6 3.c3 Sf6 4.d4 Sxe4 5.d5 Se7 6.Sxe5 Sg6 7.Ld3 Sxf2 8.Lxg6 Sxd1 9.Lxf7+ Ke7 10.Lg5+ Kd6 11.Sc4+ Kc5 12.Sba3 Schwarz gibt auf.

Bekannte Motive

Unsere Reise durch die Gefilde der offenen Spiele geht ihrem Ende entgegen. Auch in den restlichen Beispielen geht es um charakteristische Prinzipien der Eröffnungsstrategie: Besetzung des Zentrums, Angriffsvorbereitung auf gegnerische Schwachstellen, schnelle Kräftemobilisierung. Allerdings werden diese Ziele auf recht unterschiedlichen Wegen verwirklicht.

Die Schottische Partie

1.e4 e5 2.Sf3 Sc6 3.d4 exd4 4.Sxd4

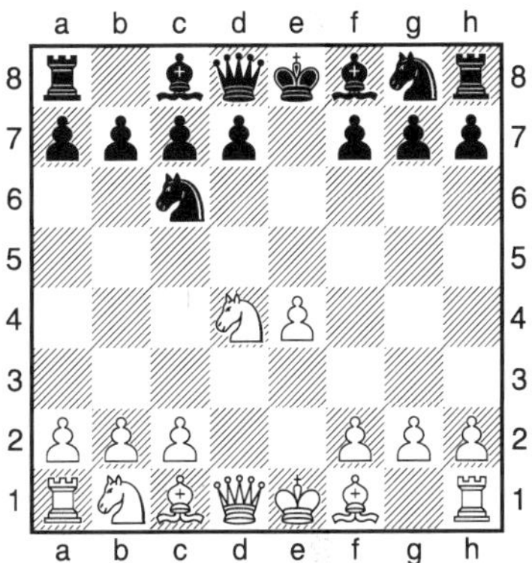

In dieser Eröffnung wird der Zentrumskampf ohne weitere Vorbereitung begonnen. Bei genauem Spiel kann Schwarz Ausgleich erzielen. Hier die drei verschiedenen Verteidigungssysteme 4...Sf6 (1), 4...Lb4 (2) und 4...Dh4 (3).

1) – 4...Sf6 5.Sc3

Wenig verspricht **5.Sxc6** bxc6 6.e5 De7 7.De2 Sd5 mit der möglichen Folge 8.c4 Sb6

(Interessant erscheint 8...La6!? mit der Idee 9.De4 Sf6.)

9.Sd2 De6 10.b3 Le7 11.Lb2 0-0 12.De4 d5 13.exd6 cxd6 14.Ld3 a5 15.0-0 Dxe4 16.Lxe4 d5. Mittels a5-a4 kann Schwarz seine Stellung zufriedenstellend ausbauen.

5...Lb4 6.Sxc6 bxc6 7.Ld3 d5 8.exd5

Das verlockende 8.e5 hat 8...Sg4 9.0-0 0-0 10.Lf4 f6! zur Folge.

8...cxd5 9.0-0 0-0 10.Lg5

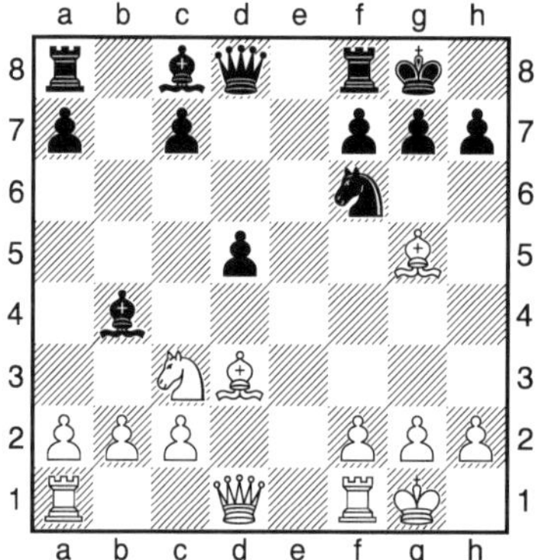

In einer der wichtigsten Stellungen aus diesem Eröffnungskomplex hat Schwarz einige aussichtsreiche Fortsetzungen zur Auswahl.

a) – Gut ist z.B.**10...Le6 11.Df3**

Und nicht 11.Lxf6 Dxf6 12.Sxd5 Lxd5 13.Dh5 Tfd8!.

11...Le7 12.Tae1 h6

Hier folgte in Aljechin – Lasker (St. Petersburg 1914) **13.Lxh6 gxh6 14.Txe6 fxe6 15.Dg3+ Kh8 16.Dg6** nebst unausweichlichem Dauerschach.

b) – Oft wird auch **10...c6 11.Df3 Ld6 12.Lxf6 Dxf6 13.Dxf6 gxf6** gespielt, wobei der Doppelbauer nicht sonderlich ins Gewicht fällt. Denn ohne Damen sind die weißen Angriffschancen erheblich gesunken.

Spannender bleibt es nach **11...Le7**, wonach in der Praxis meist **12.Tae1 Tb8 13.Sd1 Te8** mit verteilten Chancen folgt.

2) – 4...Lc5

a) – 5.Le3

Auf 5.Sxc6 folgt günstig 5...Df6!.

5...Lb6 (5...Df6 6.c3 Sge7) **6.Sc3 d6 7.Le2 Sf6 8.Dd2 Sg4 9.Lxg4 Lxg4 10.f3 Ld7 11.Sd5**

Weiß besitzt mehr Raum, doch weist die schwarze Stellung keine Schwächen auf.

b) – In letzter Zeit wird oft auch **5.Sb3** gespielt mit der Folge **5...Lb6 6.a4 Df6** (6...a6) **7.De2 Sge7 8.a5 Sd4 9.Sxd4 Lxd4 10.c3 Lc5** (10...Le5 11.g3) **11.g3 0-0 12.Lg2 a6 13.0-0 d6 14.b4 La7 15.Lb2 Sc6**. In dieser komplizierten Stellung steht Schwarz nicht schlechter.

3) – 4...Dh4

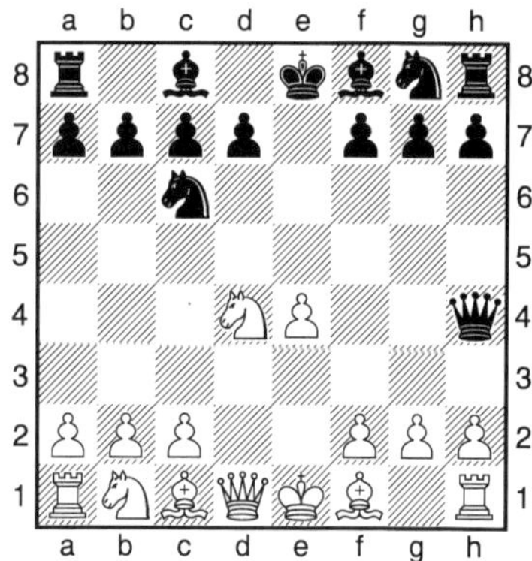

Ein alter Zug von Steinitz, der verwunderlich wirken mag, verstößt doch die frühzeitige Entwicklung der stärksten Figur gegen ein wichtiges Eröffnungsprinzip. Allerdings dürfen solche Prinzipien nicht als Dogma angesehen werden, hängt doch auch vieles von der konkreten Situation auf dem Brett ab. Zwar ist der Einsatz schwerer Artillerie gegen e4 riskant, aber Steinitz pflegte zu sagen: „Schach ist nichts für Leute mit schwachen Nerven."

Es könnte folgen **5.Sc3 Lb4 6.Sdb5 Dxe4+** (6...Kd8 7.Dd5!) **7.Le2 Lxc3+ 8.Sxc3 Dd4**

Schlecht ist 8...Dxg2 9.Lf3 Dh3 10.Sd5 Kd8 11.Lf4 d6 12.Sxc7 usw.

Was hat hier mehr Gewicht – der Entwicklungsvorsprung oder der Mehrbauer? Früher war man der Ansicht, dass Weiß nach **9.Ld3 Sge7 10.0-0 0-0 11.Sb5 Db6 12.Le3 Da5** Vorteil erzielt, und zog zum Beweis die Variante **13.c3 Sd5 14.b4 Sxe3 15.Lxh7+ Kh8 16.Dh5** heran.

In jüngster Zeit fanden sowjetische Theoretiker jedoch die bessere Verteidigung **9...Sb4**, um auf **10.Sb5** jetzt **10...De5+ 11.Le3 c6** folgen zu lassen. Dieser Vorschlag muss sich erst noch in der Praxis bewähren.

Das Schottische Gambit

1.e4 e5 2.Sf3 Sc6 3.d4 exd4 4.Lc4

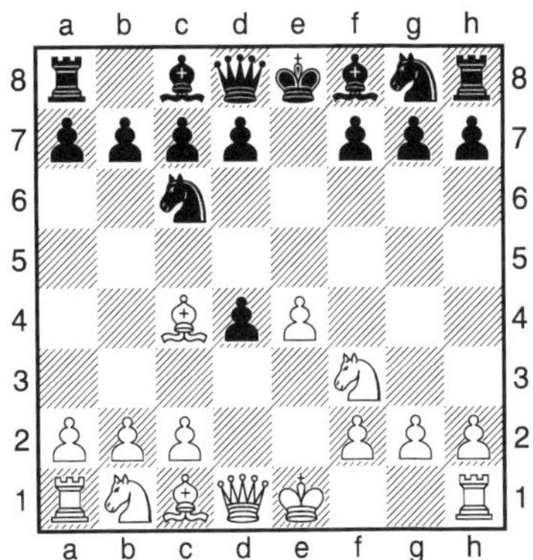

Die einfachste Fortsetzung ist nun **4...Sf6** mit Überleitung ins Zweispringerspiel. In diesem Fall ist **5.Sg5 d5 6.exd5** ungefährlich wegen **6...De7+ 7.De2 Sb4** oder **7.Kf1 Se5 8.Dxd4 Sxc4 9.Dxc4 Dc5** mit günstiger Stellung.

Gefährlich ist **4...Lb4+ 5.c3 dxc3 6.0-0 cxb2** mit mächtigen Drohungen.

Auf das früher oft gespielte **4...Lc5 5.c3 dxc3** kann man **6.Lxf7+ Kxf7 7.Dd5+** folgen lassen.

Sollte Weiß auf einem Gambit bestehen, so ist (statt 4.Lc4) **4.c3** besser.

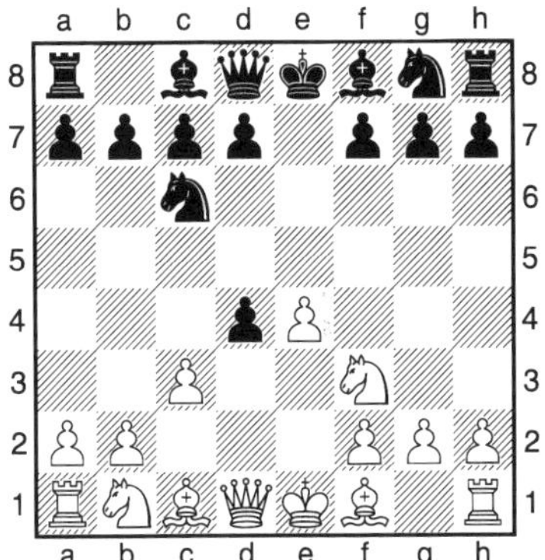

Das Spiel wird scharf und könnte etwa so verlaufen:

4...dxc3 5.Lc4

Oder 5.Sxc3 Lb4 6.Lc4 d6 7.Db3 Lxc3+ 8.bxc3 Dd7 9.0-0 Sa5 10.Db4 Sxc4 mit sorgenfreiem schwarzem Spiel.

5...Sf6

Riskant wäre 5...cxb2 6.Lxb2 Lb4+ 7.Sc3 Sf6 8.Dc2 d6 9.0-0-0, denn ungeachtet zweier Mehrbauern hat Schwarz Probleme.

6.Sxc3 Lb4 7.0-0 (7.e5 d5) **7...Lxc3 8.bxc3 d6**

Schwarz hat eine solide Stellung. Auf **9.La3** ist **9...Lg4!** möglich, was Smyslow einmal gegen Penrose spielte.

Manchmal wird auch **9.e5 Sxe5** gespielt.

Schwächer ist 9...dxe5 10.Sg5 0-0 11.La3 usw.

Nach **10.Sxe5 dxe5 11.Db3 De7 12.La3 c5 13.Lb5+ Ld7** erhält Schwarz durch Rückgabe des Materials gute Möglichkeiten – etwa **14.Lxd7+ Dxd7 15.Lxc5 Dc6 16.La3 Sd5 17.Tae1 0-0-0 18.Txe5 The8** usw.

Die Russische Partie

1.e4 e5 2.Sf3 Sf6

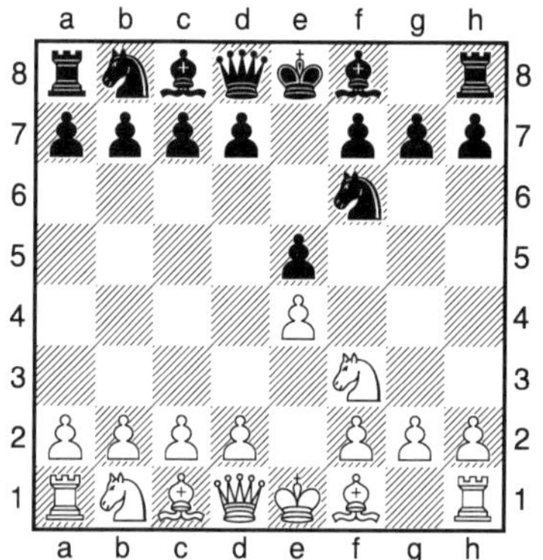

Diese Spielmethode – mit dem Gegenangriff auf e4 statt der Verteidigung von e5 – unterscheidet sich grundsätzlich von allen bisher gezeigten Systemen. Hier die zwei Hauptfortsetzungen 3.Sxe5 (1) und 3.d4 (2).

1) – 3.Sxe5 d6

Zu unsolide ist 3...Sxe4 4.De2 De7 (4...d5 5.d3) 5.Dxe4 d6 6.d4 usw.

4.Sf3 Sxe4

a) – 5.De2 De7 6.d3 Sf6

Auf 6...Sc5 ist 7.Sc3 mit der Drohung Sd5 viel versprechend.

7.Lg5 Dxe2+

Bronstein empfiehlt 7...Sbd7, und auch 7...Le6 ist möglich.

8.Lxe2 Le7 9.Sc3 c6 10.0-0-0 Sa6 11.The1

Auch 11.Se4 Sxe4 12.dxe4 Sc5 ergab in einer Partie Spasski- Petrosjan eine ziemlich ausgeglichene Stellung.

11...Sc7 12.Lf1 Se6 13.Ld2 Ld7

Schwarz hat keine Sorgen. Das Spiel verflacht sehr schnell, und Weiß behält allenfalls etwas Initiative.

b) – Wesentlich spannender wird das Spiel nach **5.d4**

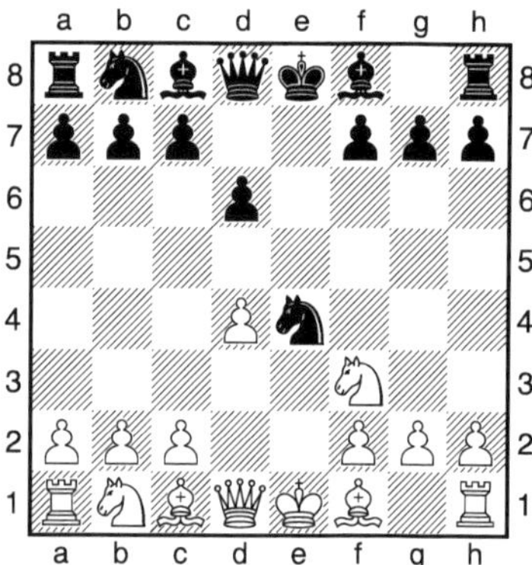

5...d5 6.Ld3 Le7

Auch 6...Ld6 7.0-0 0-0 8.c4 c6 ist anzutreffen.

7.0-0 Sc6

Dieser starke Zug wurde von Jänisch empfohlen. Auf 8.c4 soll nun 8...Lg4 folgen mit verteilten Chancen nach z.B. 9.cxd5 Dxd5 10.Sc3 Sxc3 11.bxc3 0-0 12.Lf4 Ld6 usw.

8.Te1 Lg4 9.Lxe4 dxe4 10.Txe4 Lxf3 11.Dxf3 (11.gxf3 f5) **11...Sxd4 12.Dd3 Se6** mit etwa gleicher Stellung.

Das Lettische Gambit

1.e4 e5 2.Sf3 f5

Die Praxis zeigt, dass Weiß nach diesem verfrühten Angriff (quasi Königsgambit im Nachzug) mühelos in Vorteil kommt. Hier eine typische Variante:

3.Sxe5 Df6 (3...fxe4? 4.Dh5+) **4.d4 d6** (4...fxe4? 5.Lc4) **5.Sc4 fxe4 6.Se3 Sc6**

Nach 6...c6 7.Lc4 d5 8.Lb3 Le6 9.c4 erhält Weiß die aktivere Stellung.

7.d5 Se5 8.Le2

Im weiteren Verlauf führt die korrekte Ausführung des Aufmarschplanes 0-0, Sd2 nebst f3 zu weißem Vorteil.

Die Wiener Partie

1.e4 e5 2.Sc3

Ein durchaus angemessener Entwicklungszug, der jedoch nichts droht, so dass Schwarz freie Hand bei der Wahl eines Entwicklungsplanes erhält – sei es 2...Sc6 (1) oder 2...Sf6 (2).

1) – 2...Sc6 3.Lc4 Sf6

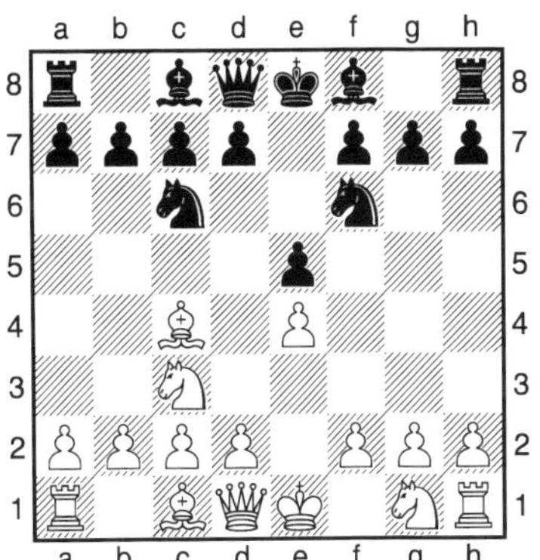

Wahrscheinlich riskanter ist 3...Lc5 wegen des interessanten Ausfalls 4.Dg4, denn auf 4...Df6? (besser 4...g6) folgt 5.Sd5! Dxf2+ 6.Kd1 Kf8 7.Sh3 Dd4 8.d3 d6 9.Df3 Lxh3 10.Tf1!, und Schwarz kann Materialverlust nicht mehr vermeiden.

4.d3 Lb4 5.Lg5 h6 6.Lxf6

Nach 6.Lh4 kann Schwarz mit 6...d6 zunächst auf die Rochade verzichten und dabei auf die Variante 7.Sge2 Le6 8.0-0 g5 hoffen.

6...Lxc3+

Warum wird der Springer ausgerechnet in diesem Moment geschlagen? Weil nach 6...Dxf6 7.Sge2 die Schwächung der Bauernstellung vermieden würde.

7.bxc3 Dxf6 8.Se2 d6 9.0-0 g5

Auch hier ist dieser Zug, der f2-f4 verhindert, äußerst wichtig.

10.d4 Se7

Mit der Postierung des Springers auf g6 hält Schwarz das Zentrum unter Kontrolle. Auch ist dann bei Gelegenheit der Sprung nach f4 möglich.

2) – 2...Sf6

a) – Hier wird oft **3.Lc4** gespielt, worauf am einfachsten 3...Sc6 geschieht. Zu großen Komplikationen kann hingegen **3...Sxe4 4.Dh5! Sd6** führen. Zwar beruhigt sich das Spiel nach 5.Dxe5+ De7 wieder, nicht so jedoch nach **5.Lb3 Sc6 6.Sb5 g6 7.Df3 f5 8.Dd5**.

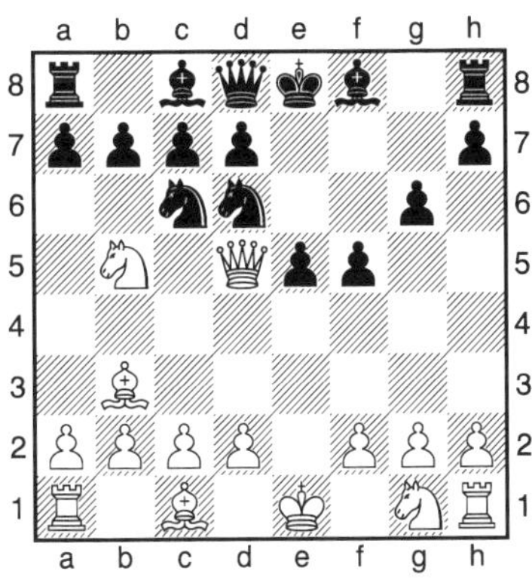

Mit dem Qualitätsopfer **8...De7!** erhält Schwarz starken Angriff. Nach **9.Sxc7+ Kd8 10.Sxa8 b6 11.Sf3 Lb7** bestätigen zahlreiche Analysen, dass Schwarz über beste Kompensation verfügt.

b) – Die Alternative **3.f4** wird nicht etwa mit 3...exf4? 4.e5 De7 5.De2 beantwortet, sondern energisch mit **3...d5** und der Folge **4.fxe5 Sxe4 5.Sf3**.

Auf 5.Df3 ist 5...Sc6 6.Lb5 Sxc3 7.bxc3 Dh4+ 8.g3 De4+ möglich – und auf 6.Sxe4 Sd4! mit der denkbaren Folge 7.Df4 dxe4 8.Lc4 Lf5 usw.

5...Le7 6.d4 0-0 7.Ld3 f5 8.exf6 Lxf6 9.0-0 Sc6 10.Sxe4 dxe4 11.Lxe4 Sxd4

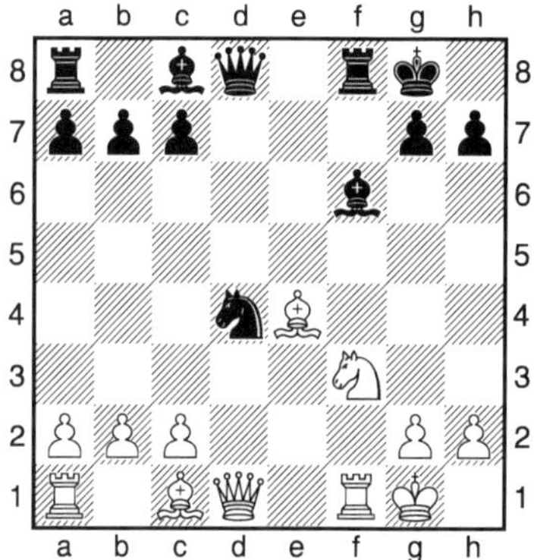

In dieser scharfen Stellung hat Schwarz keinerlei Nachteil.

Das Mittelgambit

1.e4 e5 2.d4 exd4 3.Dxd4

Bei solch früher Exponierung der Dame kann Schwarz mühelos ausgleichen.

3...Sc6 4.De3

So zögert die Dame zumindest den Gegenstoß d5 hinaus.

4...Sf6 5.Sc3 Le7

Aktiver ist 5...Lb4, und nach der denkbaren Folge 6.Ld2 0-0 7.0-0-0 Te8 8.Dg3 Sxe4 9.Sxe4 Txe4 10.Lf4 Df6 scheitert 11.Lxc7 an 11...d6 12.Lxd6 Dh6+.

6.Ld2 d5 7.exd5 Sxd5 8.Sxd5 (8.Dg3 Sxc3 9.Lxc3 Lf6) **8...Dxd5 9.Se2 0-0 10.Sc3 Dc5**. Schwarz hat keine Schwierigkeiten.

Das Nordische Gambit

1.e4 e5 2.d4 exd4 3.c3 dxc3 4.Lc4 cxb2 5.Lxb2

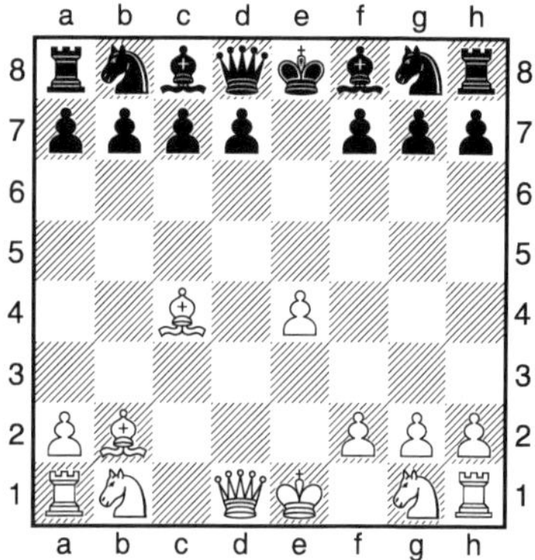

Durch das Opfer zweier Bauern droht Weiß, den Gegner in der Entwicklung hoffnungslos zu überflügeln, wobei seine Läufer bedrohlich zum Königsflügel zielen. Am besten entschärft Schwarz die Angriffsabsichten wiederum durch Materialrückgabe.

5...d5 (5...d6 6.f4 Le6) **6.Lxd5**

Nach 6.exd5 Sf6 7.Sc3 Ld6 8.Sf3 0-0 9.0-0 Lg4 rettet Schwarz einen Mehrbauern in eine wieder beruhigte Stellung.

6...Sf6

Auch 6...Lb4+ 7.Sc3 Lxc3+ 8.Lxc3 Sf6 sollte in Ordnung sein.

7.Lxf7+ (7.Sc3 Le7 8.Db3 0-0) **7... Kxf7 8.Dxd8 Lb4+ 9.Dd2 Lxd2+ 10.Kxd2 c5**
Bei ausgeglichenem Material hat Schwarz eine gute Stellung.

ÜBUNGEN

Kommentieren Sie folgende Kurzpartien. Wo sind die Fehler? Finden Sie die korrekte Fortsetzung!

Nr. 39: 1.e4 e5 2.Sf3 Sc6 3.d4 exd4 4.Sxd4 Dh4 5.Dd3 Sf6 6.Sd2 Sg4 7.g3 Df6 8.S4f3 Sce5 9.Dc3 Lb4 10.Dxb4 Sxf3+ 11.Sxf3 Dxf3 Weiß gibt auf.

Nr. 40: 1.e4 e5 2.Sf3 Sc6 3.d4 exd4 4.Lc4 Lc5 5.Sg5 Sh6 6.Dh5 Se5 7.Se6 dxe6 8.Dxe5 Weiß gewinnt.

Nr. 41: 1.e4 e5 2.Sf3 Sf6 3.Sxe5 d6 4.Sf3 Sxe4 5.d4 d5 6.Ld3 Ld6 7.0-0 Lg4 8.c4 0-0 9.cxd5 f5 10.Te1 Lxh2+ 11.Kxh2 Sxf2 12.De2 Sxd3 13.Dxd3 Lxf3 14.Dxf3 Dh4+ Schwarz gewinnt.

Nr. 42: 1.e4 e5 2.Sf3 Sf6 3.Lc4 Sxe4 4.Dh5 Sd6 5.Lb3 Le7 6.d3 0-0 7.Sf3 Sc6 8.Sg5 h6 9.h4 Se8 10.Sd5 Sf6 11.Dg6 fxg6 12.Sxe7+ Matt im nächsten Zug.

Nr. 43: 1.e4 e5 2.d4 exd4 3.Dxd4 Sc6 4.De3 Sf6 5.Lc4 Se5 6.Lb3 Lb4+ 7.c3 Lc5 8.Dg3 Lxf2+ Weiß gibt auf.

15. Halboffene Spiele

Diese Bezeichnung hat sich für alle e4-Eröffnungen eingebürgert, in denen Schwarz nicht mit 1...e5 antwortet. Dies bedeutet keinesfalls, dass dem Gegner das Zentrum kampflos überlassen wird, denn auch hier bleiben die Zentralfelder im Mittelpunkt des Geschehens. Nur wird dieser Kampf mit anderen Methoden und anderem Tempo geführt – die Entwicklung geht langsamer als bei offenen Spielen vonstatten.

In diesem Kapitel sollen zunächst die Hauptvarianten einer der klassischen und beliebtesten halboffenen Eröffnungen vorgestellt werden.

Die Französische Verteidigung

1.e4 e6 2.d4 d5

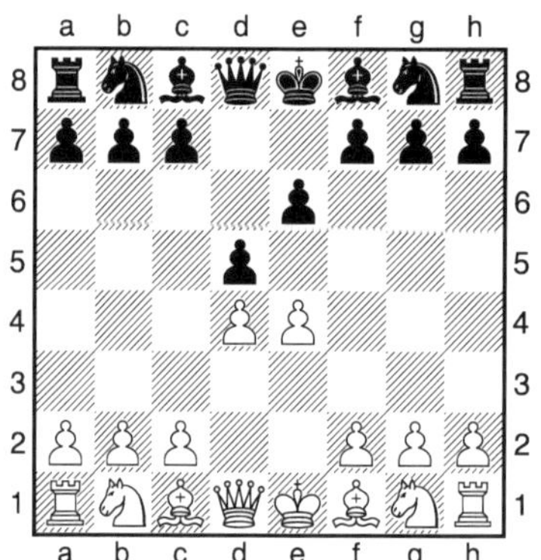

Durch Schaffung des befestigten Zentrumsstützpunkts d5 sichert Schwarz sich einen soliden Aufbau. Der Hauptnachteil, der sich als ständige Sorge durch die Varianten zieht, ist der eingesperrte Läufer c8.

Der Charakter des entstehenden Kampfes lässt sich an folgenden Entwicklungssystemen veranschaulichen:

I) – 3.e5 (zu 3.Sc3 siehe II-IV ; zu 3.Sd2 siehe V)

Die weitere Entwicklung wird durch die entstandene Bauernformation bestimmt: Weiß nutzt den Brückenkopf e5 zum Angriff am Königsflügel, während Schwarz unter Anhebelung der weißen Bauernkette auf Gegenangriff am Damenflügel abzielen wird.

3...c5 4.c3

Zu interessanten Verwicklungen führt das Bauernopfer 4.Sf3 Sc6 5.Ld3 cxd4 6.0-0. Weiß hat Entwicklungsvorsprung, und Schwarz muss vorsichtig agieren – etwa 6...Lc5 7.Sbd2 Sge7 8.Sb3 Lb6 9.Lf4 Sg6 usw.

4...Sc6 5.Sf3 Db6

In der Französischen Verteidigung ist dieser frühe Damenausfall häufig anzutreffen. Der damit verbundene konkrete Plan – Druck auf d4 nebst Beobachtung von b2 – rechtfertigt jedoch den ‚Verstoß' gegen die Eröffnungsprinzipien.

6.Le2

Nach dem scheinbar aktiveren 6.Ld3 geht Schwarz nicht in die Falle 6...cxd4 7.cxd4 Sxd4? 8.Sxd4 Dxd4? 9.Lb5+, sondern wählt 6...Ld7, worauf die Erneuerung der Drohung gegen d4 einen weiteren Zug des Ld3 oder ein Bauernopfer erforderlich macht.

6...Sge7 7.Sa3 (7.dxc5 Dc7) **7...cxd4 8.cxd4 Sf5 9.Sc2 Le7 10.Tb1 a5** Die Aussichten sind gleich.

II) – 3.Sc3

Wenig verspricht die Tauschvariante 3.exd5 exd5 4.Ld3 Sc6 5.Se2 Ld6 6.c3. So ließ Aljechin hier in einer Partie mit 6...Dh4 einen seiner *konkret-taktischen* Pläne folgen. Weiß kann nicht rochieren, und 7.g3 Dh5 hat eine langfristige Schwächung des Königsflügels zur Folge.

3...Sf6 (zu 3...Lb4 siehe III – zu 3...dxe4 siehe IV)

A) – Früher spielte man an dieser Stelle meistens **4.e5**, was für Weiß günstig erscheint, wird doch der Schutzspringer unter Tempogewinn vertrieben. Allerdings wird sich nach baldigem c5 herausstellen, dass auch der Sc3 nicht gut steht, weil Weiß keine Bauernkette bilden kann.

Hier eine Mustervariante: **4...Sfd7 5.f4**

Das Spiel auf Bildung einer Bauernkette mit 5.Sce2 c5 6.c3 kostet viel Zeit, so dass Schwarz sich mit 6...Sc6 7.f4 f6 8.Sf3 Db6 gute Chancen verschafft.

5...c5 6.dxc5

Ohne Bauernkette ist die Formation im Zentrum schwer zu halten.

6...Sc6

Nach anschließendem Schlagen auf c5 mit Läufer oder Springer erhält Schwarz Gegenspiel.

B) – Die natürliche Fortsetzung **4.Lg5** mit Drucksteigerung auf d5 ist auch die am meisten gespielte.

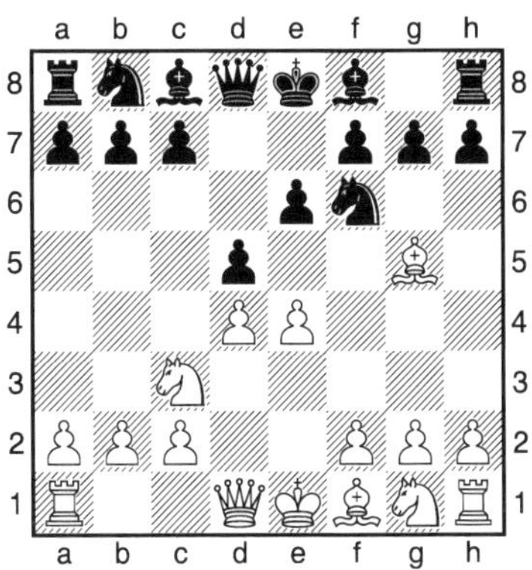

1) – 4...Le7 (zu 4...Lb4 siehe 2)

5.e5 Sfd7

a) – In dieser Stellung gibt es die interessante Angriffsidee **6.h4**, nach der die Annahme des Bauernopfers mit **6...Lxg5 7.hxg5 Dxg5 8.Sh3** gefährlich wäre. So gerät nach beispielsweise **8...Dh6 9.g3** nebst Lg2 und Sf4 die Dame in die Enge.

Am besten wählt man also **6...h6** oder **6...a6** oder auch sogleich **6...c5 7.Lxe7**, nur jetzt nicht 7...Dxe7? 8.Sb5, sondern **7...Kxe7 8.f4 Sc6** nebst künstlicher Rochade.

b) – Die Normalfolge lautet jedoch **6.Lxe7 Dxe7 7.f4** (7.Sb5 Sb6) **7... 0-0 8.Sf3 c5 9.dxc5 Sc6 10.Ld3 f5**

Eine unumgängliche Vorsichtsmaßnahme! In Ermangelung von Verteidigern beim König könnte nämlich auf eine naive Fortsetzung wie z.B. 10...Sxc5? das klassische Läuferopfer 11.Lxh7+ Kxh7 12.Sg5+ mit Mattangriff folgen.

11.exf6 Dxf6 12.g3 Sxc5

In dieser kampfbetonten Stellung sind die Chancen gleich verteilt.

2) – Aggressiver ist **4...Lb4** mit Gegenangriff auf e4.

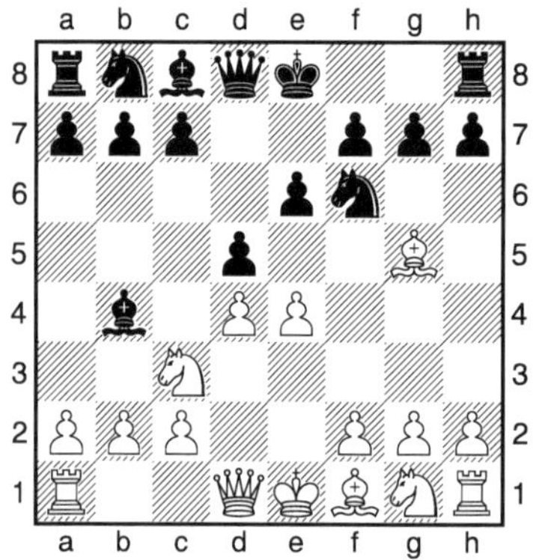

In diesem interessanten System des Amerikaners MacCutcheon könnte folgen **5.e5 h6** und nun:

a) – Nicht viel bringt das taktische Herangehen **6.exf6 hxg5 7.fxg7 Tg8 8.h4 gxh4** (sonst 9.h5) mit den Abspielen **9.Dh5 Df6 10.Txh4 Dxg7** bzw. **9.Dg4 Df6 10.Txh4 Dxg7** und nicht **10...Txg7? 11.Th8+ Lf8 12.Sxd5!** mit weißem Gewinn.

b) – Besser ist die positionelle Methode **6.Ld2 Lxc3 7.bxc3 Se4 8.Dg4 g6 9.Ld3 Sxd2 10.Kxd2 c5 11.h4** (11.Lxg6? Tg8) **11...Sc6**. In dieser angespannten Situation mit Angriff auf verschiedenen Flügeln sind die Chancen etwa gleich.

III) – 3...Lb4

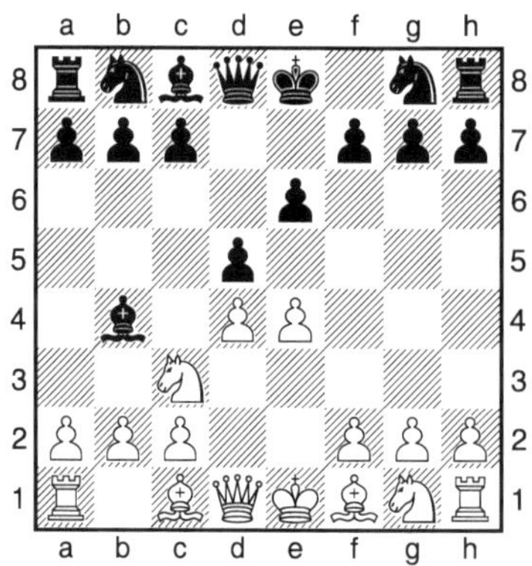

Durch diese Fesselung verstärkt Schwarz seinen Zentrumsdruck. Bei der oft anzutreffenden Variante gewinnt der Gegenstoß c5 noch an Bedeutung.

4.e5 c5 5.a3

Scharfe Alternativen lauten 5.Dg4 oder 5.dxc5. Eine Zeitlang versetzte der bescheiden wirkende Ansatz **5.Ld2** (mit der Absicht 5...cxd4 6.Sb5) die Leute in Panik. Am besten darauf ist wohl 5...Sc6 mit der Folge 6.Sb5 Lxd2+ 7.Dxd2 Sxd4 8.Sxd4 (8.Sd6+ Kf8 9.0-0-0 Sh6 10.Ld3 f5 nebst Sf7) 8...cxd4 9.Dxd4 Se7 usw.

5...Lxc3+

Schwächer ist 5...cxd4 6.axb4 dxc3, wonach Weiß mit der von Rauser empfohlenen Variante 7.Sf3 cxb2 8.Lxb2 Se7 9.Ld3 Initiative für den geopferten Bauern erhält.

6.bxc3 Se7

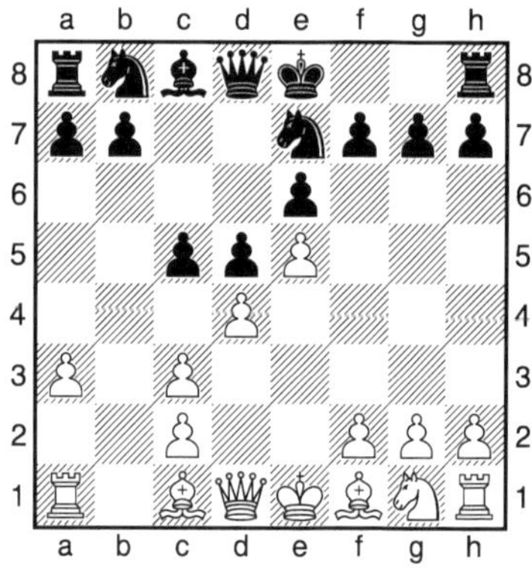

Weiß muss am Königsflügel angreifen, wobei jedoch ein Durchbruch nicht einfach zu realisieren ist. Schwarz kann am Damenflügel aktiv werden und/oder nach der Rochade den Gegenschlag f6 hinzuziehen.

IV) – 3...dxe4 4.Sxe4

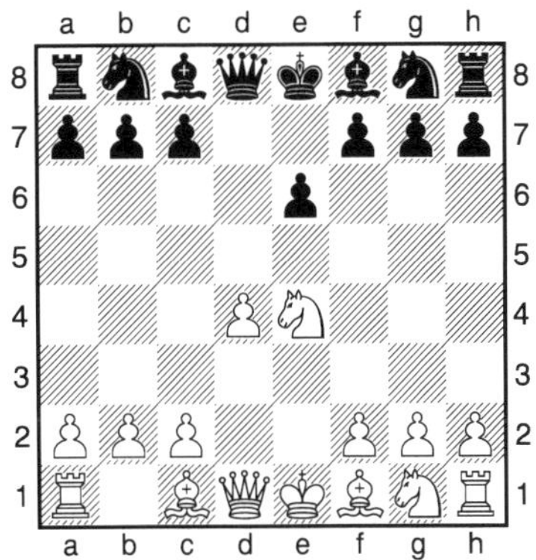

Bei dieser Abtauschvariante von schwarzer Seite aus erhält Weiß Raumvorteil im Zentrum. Schwarz muss dort mit Figurendruck ein Gegengewicht schaffen – z.B.

4...Sd7 5.Sf3 Sgf6 6.Sxf6+ Sxf6 7.Ld3 Le7 8.0-0 0-0 9.Se5 c5 10.dxc5 Da5 11.De2 Dxc5 12.Lg5.

Die schwarze Position ist ebenso solide wie passiv. Vor allem ist das Problem mit dem Damenläufer nicht leicht zu lösen.

V) – 3.Sd2

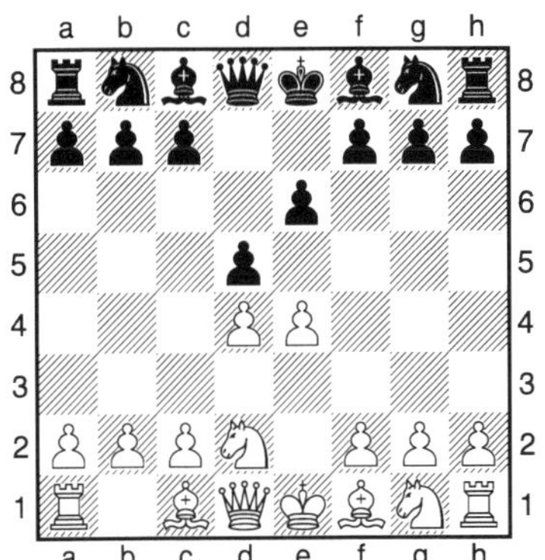

So vermeidet Weiß die Fesselung Lb4 und gestattet den Deckungszug c3. Allerdings steht der Springer nicht sonderlich aktiv, was schwarzen Ausgleich in Aussicht stellt.

3...c5

Der einfachste und logischste Zug, obwohl auch 3...Sf6 und sogar 3...Sc6 gespielt wird.

4.exd5 exd5 5.Sgf3

Schwarz hat sich einen isolierten Bauern eingehandelt, der im Normalfall zur Schwäche neigen würde. Hier jedoch erschwert die Springerposition auf d2 statt c3 sowohl den Angriff auf den Isolani als auch die Verteidigung des Zentrumsankers d4.

Nach beispielsweise **5...Sc6 6.Lb5 Ld6 7.0-0 Sge7 8.dxc5 Lxc5 9.Sb3 Ld6 10.Sbd4 0-0** erhält Schwarz gute Gegenchancen.

ÜBUNGEN

Kommentieren Sie folgende Kurzpartien. Wo sind die Fehler? Finden Sie die korrekte Fortsetzung!

Nr. 44: 1.e4 e6 2.d4 d5 3.Sc3 Sf6 4.Lg5 Le7 5.Lxf6 Lxf6 6.e5 Le7 7.Ld3 c5 8.dxc5 Lxc5 9.Dg4 0-0 10.Sf3 Sc6 11.Lxh7+ Kxh7 12.Dh5+ Kg8 13.Sg5 Te8 14.Dxf7+ Kh8 15.Dh5+ Kg8 16.Dh7+ Kf8 17.Dh8+ Schwarz gibt auf.

Nr. 45: 1.e4 e6 2.d4 d5 3.Sc3 Sf6 4.Lg5 Le7 5.e5 Se4 6.Lxe7 Dxe7 7.Dg4 0-0 8.Ld3 Sxc3 9.bxc3 c5 10.Sf3 c4 11.Lxh7+ Kxh7 12.Dh5+ Kg8 13.Sg5 Weiß gewinnt.

Nr. 46: 1.e4 e6 2.d4 d5 3.Sc3 dxe4 4.Sxe4 Ld7 5.Sf3 Lc6 6.Ld3 Sf6 7.Sxf6+ Dxf6 8.Lg5 Lxf3 9.Dd2 Dxd4 10.Lb5+ Schwarz gibt auf.

Nr. 47: 1.e4 e6 2.d4 d5 3.Sc3 Lb4 4.e5 c5 5.a3 cxd4 6.Dxd4 Sc6 7.Dg4 Lxc3+ 8.bxc3 Sxe5 9.Dxg7 Df6 10.Lh6 Schwarz gibt auf.

Nr. 48: 1.e4 e6 2.d4 d5 3.Sc3 Lb4 4.e5 c5 5.Dg4 Se7 6.Dxg7 Tg8 7.Dxh7 cxd4 8.a3 Da5 9.Tb1 dxc3 10.axb4 Da2 Weiß gibt auf.

16. Hart auf hart

Die Sizilianische Verteidigung

Von der Einteilung der Eröffnungen gemäß der so genannten ‚Theorie' war schon die Rede. Auch wurde bereits erwähnt, dass eine solche Einteilung eher unverbindlich ist und über Charakter und Verlauf einer Eröffnung nur bedingt Auskunft geben kann. Man könnte auch auf die Idee verfallen, eine gänzlich neue Klassifizierung vorzuschlagen – nämlich ‚stehende' – ‚gehende' bzw. ‚stürmende' Eröffnungen.

Auch wenn dies nur als Spaß gemeint ist, steckt darin vielleicht doch ein Körnchen Wahrheit. Denn tatsächlich gibt es Eröffnungen, deren Varianten seit Jahrzehnten auf der Stelle treten – so z.B. Italienisch, Wiener-Partie oder Vierspringerspiel. Andere hingegen bewegen sich offenkundig weiter, manche langsamer, andere schneller – wie z.B. Spanisch oder Französisch.

Und dann gibt es welche, deren Theorie sich eben *stürmisch* weiterentwickelt. Bei fast jedem Turnier tauchen neue Ideen auf, aufgrund derer neue kritische Varianten entstehen, neue Wege beschritten werden. Es kommt zu einer Entwicklung, die entfernt an das Prinzip des Wettlaufs erinnert: Neue Waffe – neue Gegenwaffe. So wird der weiße Angriff beständig verstärkt, aber auch die Möglichkeiten erfolgreicher Verteidigung bleiben immer auf der Höhe.

Zu den ‚stürmenden' Eröffnungen gehören vor allem jene, in denen eines der wichtigsten Themen der modernen Theorie erprobt wird: der Figurendruck auf das gegnerische Zentrum. Dabei überlässt eine Seite dem Gegner das Bauernzentrum, um es mit Figuren unter Beschuss zu nehmen.

Hier findet sich vorneweg die Sizilianische Verteidigung.

1.e4 c5

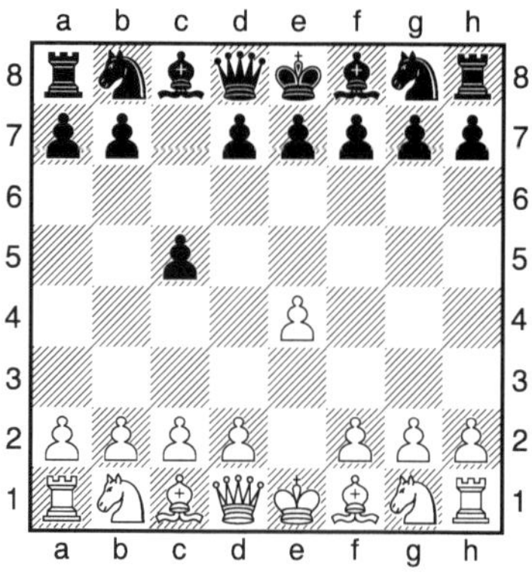

Mit diesem Zug leitet Schwarz den Kampf um d4 vom Flügel her ein und deutet gleichzeitig an, am Damenflügel weiter aktiv zu werden. Sobald d4 gezogen wird, öffnet sich den schwarzen

Schwerfiguren die c-Linie. Im Allgemeinen kommt es zu weißen Aktivitäten im Zentrum und am Königsflügel, während Schwarz vornehmlich am Damenflügel operiert.

Aus der großen Zahl scharfer und komplizierter Varianten werden wir uns auf die so genannte ‚Drachenvariante' konzentrieren, bei der das Spiel an verschiedenen Flügeln hervorragend demonstriert wird.

2.Sf3 d6 3.d4 cxd4 4.Sxd4 Sf6 5.Sc3 g6

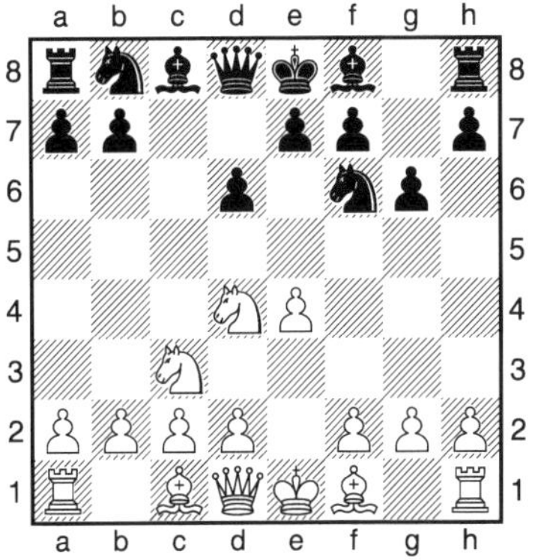

Dieses System wird durch die Flankierung des Königsläufers charakterisiert. Von g7 aus unterstützt der Läufer die aggressiven Aktionen am Damenflügel. Weiß kann nun zwei prinzipiell unterschiedliche Strategien verfolgen, je nachdem, ob er kurz rochiert (1) oder lang (2).

1) – Nach der kurzen Rochade, um mit f4 am Königsflügel anzugreifen, verfügt Schwarz über ausreichendes Gegenspiel. Hier eine Eventualvariante:

6.Le2 Lg7 7.Le3 Sc6 8.0-0 0-0 9.Sb3

Dies geschieht, um den angestrebten Vorstoß d6-d5 zu verhindern. Allerdings kann Schwarz nun umgruppieren und den nicht gerade idealen Springerstützpunkt b3 ausnutzen. Hier zwei Möglichkeiten:

a) – 9...Le6 10.f4 Sa5 11.f5 Lc4 12.Sxa5 Lxe2 13.Dxe2 Dxa5 14.g4 Tac8

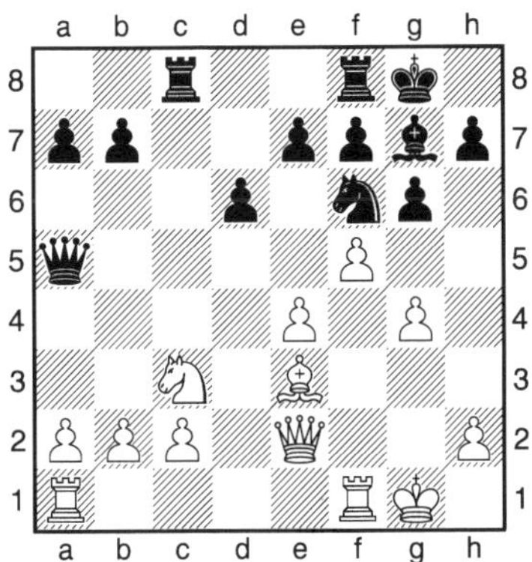

Die beidseitigen Angriffsabsichten sind deutlich erkennbar. Nach **15.Ld4 Db4 16.Tad1 Dc4** kann Schwarz das Gleichgewicht halten.

Und auf **15.g5** folgt energisch und pointiert **15...Txc3! 16.gxf6** (16.bxc3 Sxe4) **16...Txe3 17.Dxe3 Lxf6**. Nach der denkbaren Folge **18.c3 Tc8** hat Schwarz zwar nur einen Bauern für die Qualität, jedoch sichert der mächtige ‚Drachen-Läufer' ausreichendes Gegenspiel.

b) – Gespielt wird auch **9...a5 10.a4** und erst jetzt **10...Le6 11.Sd4 d5**.

Auch 11...Sxd4 12.Lxd4 Tc8 13.f4 Lc4 ist möglich.

12.Sxe6

Auch mit 12.exd5 Lxd5 13.Sxd5 Sxd5 14.Sxc6 bxc6 15.Ld4 e5 16.Lc5 Te8 ist nicht viel zu erreichen.

12...fxe6 13.exd5 Sxd5!

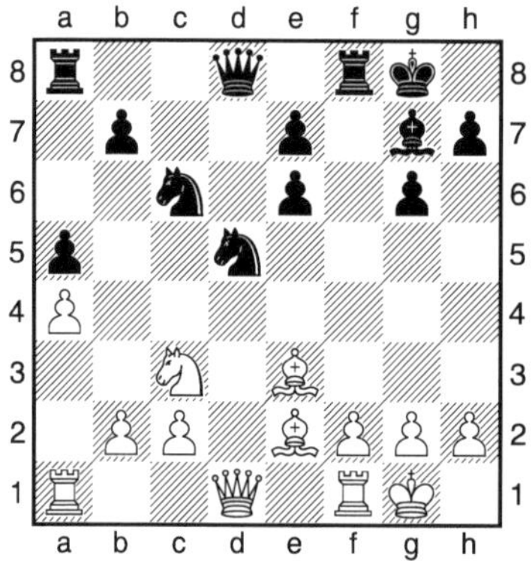

Auch hier greift der Drachen-Läufer aktiv ein. Auf **14.Lg4** folgt am einfachsten **14...Sxe3 15.Lxe6+ Kh8 16.fxe3 Db6** usw.

2) – Eine Variante mit langer Rochade könnte sich folgendermaßen entwickeln:

6.Le3 Lg7 7.f3 0-0 8.Dd2 Sc6 9.Lc4 Ld7 10.Lb3 Tc8 11.0-0-0

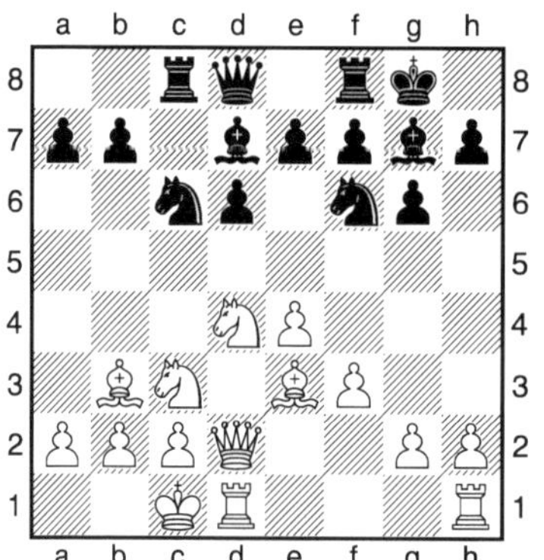

In aller Regel verfolgt Weiß hier den Plan, mittels Vorstoßes des h-Bauern eine wichtige Linie zum Königsangriff zu öffnen. Es kommt zu extrem scharfen Positionen, da Schwarz sich nicht allein auf die Defensive beschränken darf, sondern sich auch beizeiten um den Gegenangriff auf den weißen König kümmern muss.

Darüber, wer dabei die besseren Chancen besitzt, werden immer wieder erbitterte Diskussionen geführt – von den Theoretikern in ihren Analysen und von den Meistern in ihren Turnierkämpfen.

Möglich ist übrigens auch sogleich **11.h4** mit der Folge 11...Se5 12.h5 Sxh5 13.Lh6 Lxh6 14.Dxh6 – und dies ist wieder der entscheidende Augenblick, in dem Schwarz mit der energischen Aktion 14...Txc3! 15.bxc3 Da5 16.0-0-0 Tc8 fortfahren muss, um im Spiel zu bleiben.

11...Sxe5

Interessant ist auch 11...Sxd4 12.Lxd4 a5.

12.h4 a5 13.h5

Wer ist schneller? In solchen Situationen kommt jedes Zögern einem Schritt in Richtung Verlust gleich. So folgt auf 13.g4 a4 14.Sxa4 Sc4 15.Lxc4 Txc4 16.Sc3 Da8 17.h5 Tfc8 18.Dd3 b5 – und Schwarz ist schneller.

13...a4 14.Sxa4 Lxa4 15.Lxa4 Sc4 16.Dd3 Da5 17.Lb3

Hier empfiehlt der bekannte Theoretiker und Großmeister Simagin eine interessante Fortsetzung: **17...d5 18.exd5 Sxd5 19.Lxc4 Txc4 20.Dxc4** (20.Sb3? Dxa2) **20...Sxe3 21.Db3 Sxd1 22.Txd1** Und wieder ist der Drachen-Läufer der entscheidende Akteur auf Seiten des Schwarzen.

Die Sizilianische Verteidigung ist reich an solch schwindelerregenden Varianten und von daher beliebt bei allen Freunden scharfer Spielweisen.

17. Weitere halboffene Spiele

Die Caro-Kann-Verteidigung

1.e4 c6 2.d4 d5

Wie in der Französischen Verteidigung erreicht Schwarz mit einem solide gedeckten Bauern d5 eine gesicherte Stellung. Und in Ermangelung seines natürlichen Entwicklungsfeldes c6 ist das schwarze Sorgenkind hier der Damenspringer. Dafür fühlt sich allerdings der Damenläufer ziemlich wohl.

3.Sc3

Oder 3.e5 Lf5 4.Ld3 Lxd3 5.Dxd3 e6 6.Sc3 (6.Se2 Db6 nebst c5) 6...Db6 7.Sge2 c5 mit solider Stellung.

3....dxe4

Riskant wäre 3...Sf6? 4.e5 Sfd7 5.e6! fxe6 6.Ld3 mit Angriff.

4.Sxe4

1) – 4...Lf5 5.Sg3 Lg6 5.h4

Auch 6.Lc4 e6 7.S1e2 Sf6 8.Sf4 gibt Weiß etwas Vorteil.

5...h6 6.Sf3 Sd7

Der weiße Springer muss unbedingt von e5 ferngehalten werden.

7.h5 Lh7 8.Ld3 Lxd3 9.Dxd3 Dc7 11.Ld2 e6 12.De2 Sf6 13.0-0-0 0-0-0 14.Se5 Weiß steht aktiver.

2) – 4...Sf6 5.Sxf6+ exf6

(siehe nächstes Diagramm)

Eine ruhige Fortsetzung. Gespielt wird auch 5...gxf6 mit der denkbaren Folge 6.c3 Lf5 7.Se2 h5 8.h4 Sd7 9.Sg3 Lg4 10.Le2 (10.f3 Dc7!) 10...Lxe2 11.Dxe2 Da5 12.0-0 0-0-0. Bei scharfem Spiel sind die Chancen verteilt.

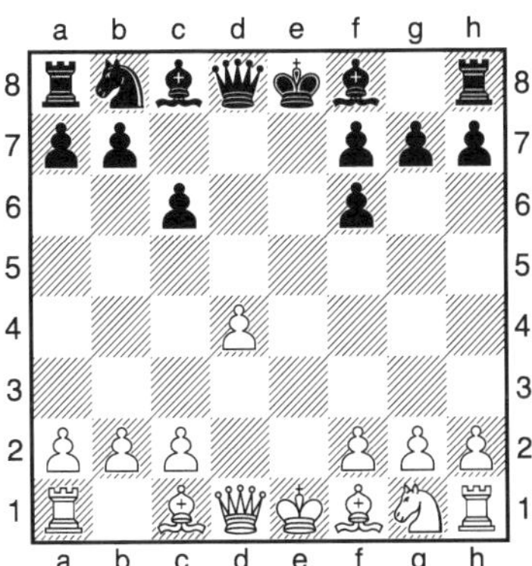

Werfen Sie aber noch einmal einen Blick auf die Diagrammstellung. In einem Bauernendspiel hätte Weiß großen Vorteil, denn seine Mehrheit am Damenflügel ermöglicht langfristig die Bildung eines Freibauern. Allerdings pflegte Tarrasch ganz richtig zu sagen: „Vor das Endspiel haben die Götter das Mittelspiel gesetzt."

Selbstredend ist Schwarz nicht auf Vereinfachung aus. Der Doppelbauer verschafft ihm eine bombensichere Rochadestellung und soll außerdem das Figurenspiel im Zentrum unterstützen. Es könnte folgen:

6.Lc4 Ld6 7.De2+ Le7

Eben kein Damentausch mit Kurs aufs Endspiel. Der Läufer wird später auf seinen Aktivposten zurückkehren.

8.Sf3 0-0 9.0-0 Te8 10.Te1 Sd7 11.c3 Sf8 12.Lf4 Le6 13.Lb3 (13.Ld3 Ld5) **13...Lxb3 14.axb3 a5** Das Spiel steht gleich.

Die Skandinavische Verteidigung

1.e4 d5 2.exd5

Diese höchst aktive Spielweise blickt auf eine jahrhundertealte Geschichte zurück. In Anbetracht der fehlenden Figurenentwicklung muss Schwarz seine Erwartungen allerdings in realistischen Grenzen halten.

2...Dxd5

Mit 2...Sf6 kann Schwarz auch im Gambitstil fortsetzen und würde nach 3.c4 c6 4.dxc6? Sxc6 tatsächlich Kompensation aufgrund der besseren Entwicklung sowie der Schwäche d4 erhalten. Besser ist jedoch 3.d4 Sxd5 4.c4 mit Vorteilen im Zentrum.

3.Sc3 Da5

Auch nach 3...Dd8 4.d4 hat Weiß Vorteil.

4.d4 Sf6 5.Sf3 Lg4

Oder 5...Lf5 6.Se5 mit der Drohung Sc4.

6.h3 Lh5

Nach 6...Lxf3 7.Dxf3 c6 8.Ldd2 Sbd7 9.0-0-0 sichert das Läuferpaar weißen Vorteil.

7.g4 Lg6 8.Se5 c6 9.h4

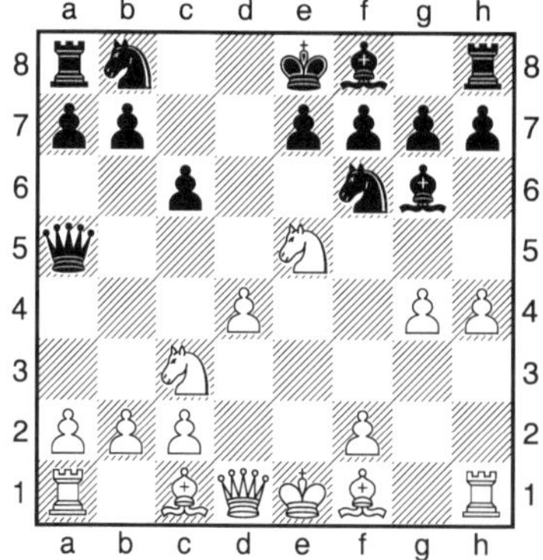

Schwarz hat ernste Schwierigkeiten.

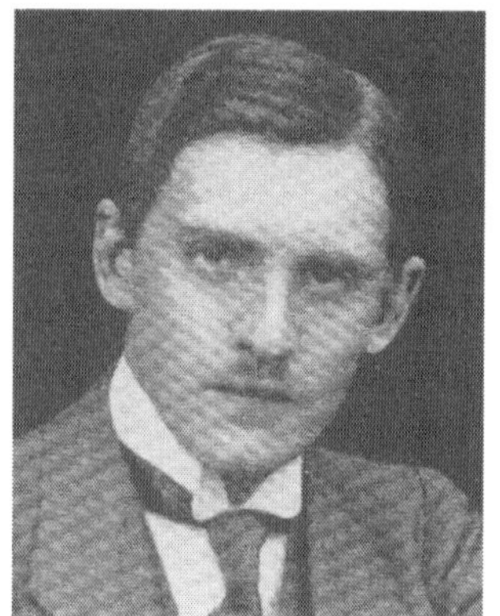

Alexander Aljechin

Die Aljechin-Verteidigung

1.e4 Sf6

Ein originelles System, das von Aljechin in die Praxis eingeführt wurde. Schwarz provoziert geradezu die Bildung eines weißen Bauernzentrums, um es dann unter Figurendruck zu setzen.

2.e5

2.Sc3 e5 könnte zur harmlosen Wiener Partie überleiten.

2...Sd5 3.d4 d6

1) – 4.c4 (zu 4.Sf3 siehe 2)

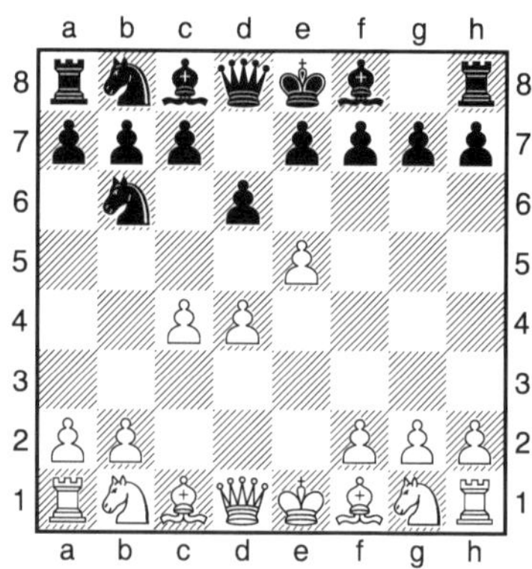

5.f4

Der scharfe Vierbauernangriff. Nach 5.exd6 exd6 6.Le3 Le7 7.Ld3 Sc6 8.Sc3 ist die schwarze Stellung ebenso fest wir passiv.

5...dxe5 6.fxe5 Sc6 7.Le3 Lf5 8.Sc3 e6 9.Sf3 Le7 10.Le2 0-0 11.0-0 f6 12.exf6 Lxf6 13.Dd2

In dieser äußerst lebendigen Stellung hat Weiß Vorteil, denn nach z.B. **13...De7 14.Tad1 Tad8 15.Dc1** haben die schwarzen Figuren deutlich weniger Spielraum.

2) – 4.Sf3 Lg4 5.Le2 Sc6 6.0-0 e6 7.c4 Sb6 8.exd6 cxd6 9.Sc3 Le7

Auf keinen Fall 9...Lxf3 10.Lxf3 Sxc4? 11.d5! mit gewinnträchtigem Angriff gegen den König in der Mitte.

10.b3 Lf6 11.Le3 0-0 12.a3

Die schwarzen Springerpositionen am Damenflügel laden zur Bauernoffensive ein. Falls nun **12...d5**, so folgt **13.c5 Sd7 14.b4** usw.

Die Nimzowitsch-Eröffnung

1.e4 Sc6

Diesem Aufbau liegt im Prinzip die gleiche Idee wie der Aljechin-Verteidigung zu Grunde. Allerdings ist er weniger aktiv, da ja der Zentrumsbauer nicht angegriffen ist und Weiß somit viel freier fortsetzen kann.

Nach beispielsweise **2.d4 d5 3.Sc3 dxe4 4.d5 Sb8 5.Lc4 Sf6 6.Lf4 c6 7.Sge2 cxd5 8.Sxd5 Sxd5 9.Lxd5 e6 10.Lc4 Dxd1+ 11.Txd1** hat Weiß gewissen Positionsvorteil.

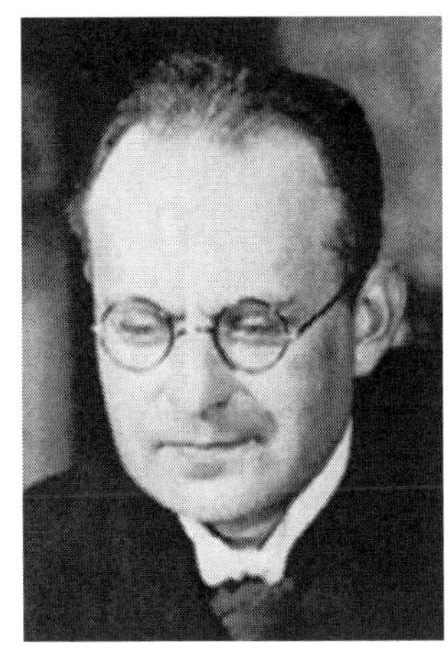

Aaron Nimzowitsch

Die Pirc-Ufimzew-Verteidigung

1.e4 d6 2.d4 Sf6 3.Sc3 g6

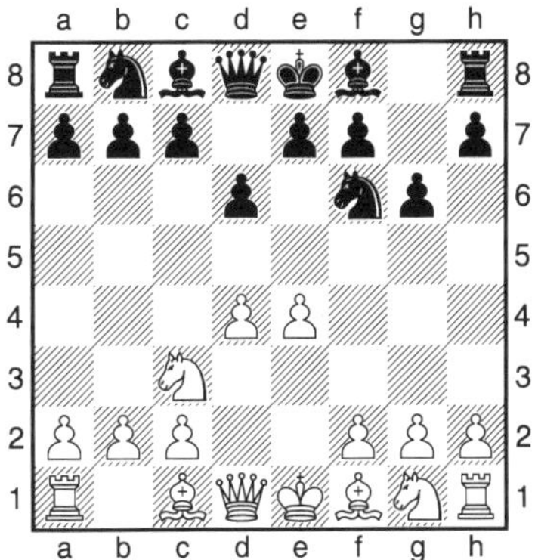

Eine außerordentlich komplizierte Eröffnung, deren Theorie sich ständig weiter entwickelt. In einem scharfen Kampf kann Schwarz erfahrungsgemäß aktives Gegenspiel erlangen – in Abspielen wie diesem hier:

4.Sf3 Lg7 5.Le2 0-0 6.0-0 c6

Schwächer ist 6....Sbd7 7.e5 Se8 8.Lf4 Sb6 9.h3 c6 10.Dc1 – und auch nach

6...Lg4 7.Le3 Sc6 8.Dd2 e5 9.d5 erlangt Weiß die aktivere Stellung.

7.h3 Sbd7 8.e5 dxe5 9.dxe5 Sd5 10.Sxd5 cxd5 11.Dxd5 Sxe5 mit gleichen Aussichten.

ÜBUNGEN

Kommentieren Sie folgende Kurzpartien. Wo sind die Fehler? Finden Sie die korrekte Fortsetzung!

Nr. 49: 1.e4 c5 2.Sf3 e6 3.d4 cxd4 4.Sxd4 Sf6 5.Sc3 Lb4 6.e5 Da5 7.exf6 Lxc3+ 8.bxc3 Dxc3+ 9.Dd2 Dxa1 10.fxg Tg8 11.c3 Db1 12.Ld3 Db6 13.Dh6 f5 14.Dxh7 Kf7 15.Sxf5 und Weiß gewinnt.

Nr. 50: 1.e4 c6 2.d4 d5 3.Sc3 dxe4 4.Sxe4 Sf6 5.Sg3 h5 6.Lg5 h4 7.Lxf6 hxg3 8.Le5 Txh2 9.Txh2 Da5+ 10.c3 Dxe5+ 11.dxe5 gxh2 und Schwarz gewinnt.

Nr. 51: 1.e4 Sf6 2.e5 Sd5 3.c4 Sb6 4.d4 d6 5.f4 Lf5 6.Ld3 Lxd3 7.Dxd3 dxe5 8.fxe5 c5 9.d5 e6 10.Sc3 Dh4+ 11.g3 Dxc4 mit Materialvorteil für Schwarz.

Nr. 52: 1.e4 d5 2.exd Dxd5 3.Sc3 Da5 4.d4 Sf6 5.Lc4 Lf5 6.Ld2 e6 7.Sd5 Da4 8.Lb5+ Dxb5 9.Sxc7+ Schwarz gibt auf.

Nr. 53: 1.e4 d5 2.exd5 Dxd5 3.Sc3 Dd8 4.d4 Sc6 5.Sf3 Lg4 6.d5 Se5 7.Sxe5 Lxd1 8.Lb5+ c6 9.dxc6 a6 10.c7+ axb5 11.cxd8D+ Txd8 12.Sxd1 und Weiß gewinnt.

Nr. 54: 1.e4 d6 2.d4 g6 3.Sf3 Lg7 4.Sc3 Sd7 5.Lc4 Sgf6 6.e5 dxe5 7.dxe5 Sg8 8.Lxf7+ Kxf7 9.Sg5+ Ke8 10.Se6 Schwarz gibt auf.

18. Geschlossene Spiele

In diesem Kapitel werden einige klassische Varianten des Damengambits besprochen.

1.d4 d5 2.c4

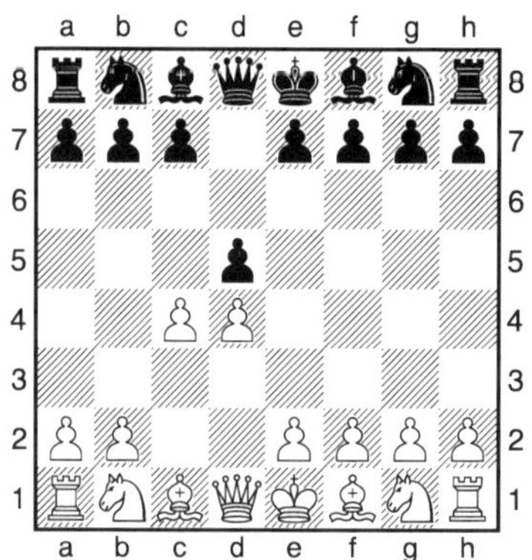

Diese beliebte Eröffnung verlangt von beiden Seiten Entschlussfreudigkeit hinsichtlich der Lösung von Zentrumsproblemen. Schwarz hat weniger Raum und muss einige Schwierigkeiten bewältigen, wozu seine Verteidigung durchdacht und präzise erfolgen muss.

Das angenommene Damengambit

2...dxc4 3.Sf3 Sf6

Ganz schlecht wäre der naive Versuch, mit 3...b5? den Bauern zu behaupten. Nach 4.a4 c6 5.e3 Db6 6.axb5 cxb5 7.Se5! Lb7 8.b3 gerät Schwarz unter Druck.

4.e3 e6 5.Lxc4 c5 6.0-0 a6 7.De2

Nach 7.a4 hat Schwarz die Möglichkeit Sc6-b4.

7...Sc6 8.Sc3 b5 9.Lb3 Lb7 10.Td1

Weiß besitzt die Initiative, aber nach z.B.

10...Le7 11.dxc5 Dc7 12.e4 Lxc5 sind die schwarzen Verteidigungsaussichten nicht schlecht.

Die orthodoxe Verteidigung

2...e6

So erhält der Bauer d5 eine verlässliche Stütze und die Zentrumsstellung wird stabilisiert. Der Nachteil des Zuges liegt (ähnlich zu Französisch) in der Einsperrung des Damenläufers. Dessen Entwicklung unter Sicherung der Zentrumsstützpunkte bildet den Hauptgedanken des weiteren Vorgehens.

3.Sc3 Sf6 4.Lg5 Le7 5.e3 0-0 6.Sf3 Sbd7 7.Tc1

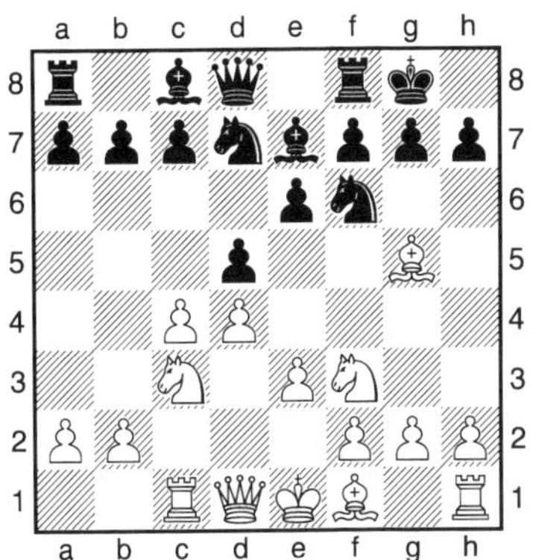

Ein starker Zug mit Abwarte-Charakter, denn in der c-Linie wird früher oder später etwas von Bedeutung geschehen.

Stattdessen **7.Dc2** könnte mit 7...c5 beantwortet werden, um auf 8.0-0-0 mit dem gefährlichen Gegenangriff 8...Da5 fortzufahren. Nach Öffnung der c-Linie würde die Dame auf c2 ungünstig stehen.

Und wenn Weiß mit 8.cxd5 Sxd5 8.Lxe7 Dxe7 10.Sxd5 exd5 11.dxc5 Sxc5 den d-Bauern isoliert, ist dieser wegen der schwarzen Zentrumskontrolle schwerlich anzugreifen.

Übrigens spielt Weiß weder hier noch in anderen Varianten des Damengambits c4-c5, weil der Druck von d5 genommen würde – und weil die Abhängigkeit von c5 früher oder später den Hebel e6-e5 ermöglicht.

7...c6

Falls hier **7...c5** geschieht, gerät Schwarz nach 8.dxc5 dxc5 9.c6! in eine schwierige Lage. Auch nach 8...Da5 9.a3 Dxc5 10.Sb5 Db6 11.Lf4 hat Weiß Vorteil.

Und nach **7...b6** 8.cxd5 exd5 9.Ld3 Lb7 10.0-0 c5 11.De2 hat Weiß in aktiver Stellung gute Angriffschancen am Königsflügel.

1) – Weiteres Abwarten mit **8.Dc2** (damit Lf1 nach eventuellem dxc in *einem* Zug dort zurücknehmen könnte) beantwortet Schwarz seinerseits mit Abwarten – z.B.

8...h6 9.Lh4 a6.

Dies plant die großräumige Entfaltung des Damenflügels mit dxc4 nebst b5 und Lb7.

10.a3 Te8 11.Ld3 dxc4 12.Lxc4 b5 13.La2 c5 Und die folgende Läuferflankierung bringt Schwarz Ausgleich.

2) – Natürlicher ist **8.Ld3**, was das so genannte Capablanca-Manöver **8...dxc4 9.Lxc4 Sd5** zur Folge hat, mit dem Schwarz die Beengtheit seiner Stellung durch Abtausch von zwei Paar Leichtfiguren zu lindern gedenkt. Zunächst ein Überblick, welche Fortsetzungen nun wenig einbringen.

a) – **10.Lf4 Sxf4 11.exf4 c5 12.d5 Sb6** bzw. **12.dxc Sxc5**

b) – 10.Se4 Da5+ 11.Kf1 f6 12.Lh4 S7b6 bzw. **11.Sed2 Lxg5 12.Sxg5 Sxe3** mit jeweils schwarzer Initiative.

c) – 10.h4 Sxc3 11.bxc3

Nach 11.Txc3 f6 12.Lxe6+ Kh8 geht die Qualität verloren, denn Lg5 hängt und es droht Lb4.

11...b6 Wieder setzt Schwarz mit c5, Lb7 usw. die Entwicklung fort, während der weiße König wegen der geschwächten Stellung wohl im Zentrum bleiben muss.

d) – Korrekt ist einzig **10.Lxe7 Dxe7**

(10...Sxc3? 11.Lxd8 Sxd1 12.Le7 Te8 13.La3)

11.0-0 Sxc3.

Schwarz verfolgt konsequent seinen Plan, denn nach unlogischen Zügen wie 11...S7b6 oder 11...S7f6 wäre der positionelle Schlüsselzug e6-e5 nicht gut möglich.

Nicht gut wäre auch 11...S5b6 12.Lb3 e5 13.Se4 exd4 14.Dxd4 mit sehr aktiver Stellung. Nach z.B. 14...Tb8 15.Tfd1 gerät Schwarz mehr und mehr in Passivität.

12.Txc3 e5

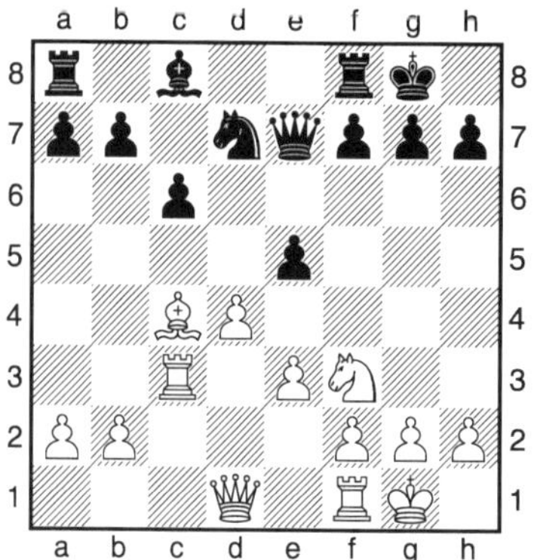

Ein Triumph der Strategie! Nach Sicherstellung der Läuferentwicklung steht Schwarz nicht schlechter. Möglich wäre etwa **13.dxe5 Sxe5 14.Sxe5 Dxe5 15.f4 Df6 16.e4** (16.f5 b5 17.Ld3 Td8) **16...Le6 17.e5 De7 18.Lb3 f5**, was in einer Partie Lasker – Capablanca (Moskau, 1936) gespielt wurde.

Die Cambridge-Springs-Variante

1.d4 d5 2.c4 e6 3.Sc3 Sf6 4.Lg5 Sbd7 5.e3

Eine bekannte Eröffnungsfalle besteht in 5.cxd5 exd5 6.Sxd5? Sxd5 7.Lxd8 Lb4+ mit Figurengewinn.

5...c6 6.Sf3 Da5

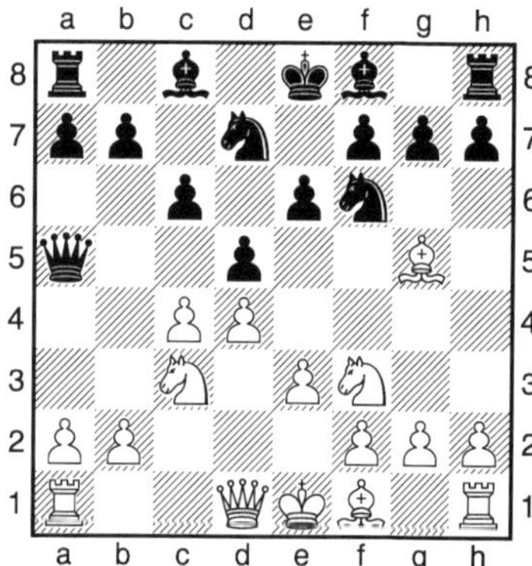

Die Idee dieses Systems besteht darin, die Fesselung des Sc3 zur Aktivierung des Damenflügels zu nutzen. Weiß muss vorsichtig agieren und wählt am besten die ruhige Fortsetzung **7.Sd2**.

Schlecht ist z.B. 7.Ld3 Se4, denn 8.Lxe4? dxe4 zieht Materialverlust auf der 5. Reihe nach sich.

Es könnte folgen **7...Lb4 8.Dc2** (8.Db3? dxc4) **8...0-0 9.Lh4**.

Die Verwicklungen nach 9.Le2 e5 10.dxe5 Se4 sind günstig für Schwarz.

9...c5 10.Sb3 Da4 11.Lxf6 Sxf6 12.dxc5 Lxc3+ 13.Dxc3 Se4 14.Da5 Dxa5 15.Sxa5 Sxc5 16.cxd5 exd5. In dieser von Aljechin empfohlenen Variante hat Weiß gewissen Vorteil.

Die Slawische Verteidigung

1.d4 d5 2.c4 c6

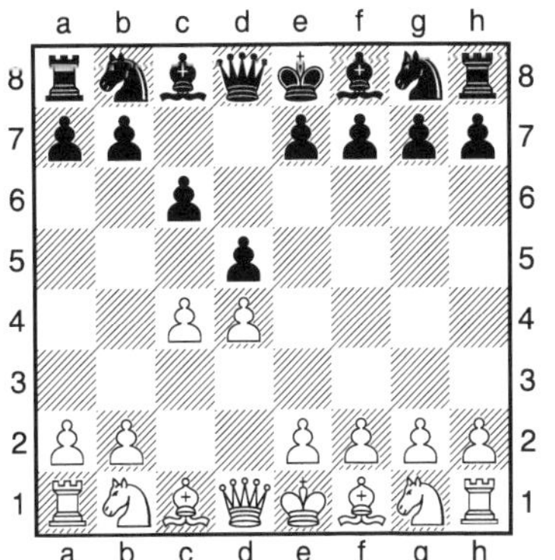

Mit diesem Zug befestigt Schwarz d5 ohne Einsperrung des Lc8. Jedoch geschieht dies (ganz ähnlich wie in der Caro-Kann-Verteidigung) zum Leidwesen des Damenspringers.

3.Sf3 Sf6

1) – 4.Sc3 dxc4

4...Lf5 hat 5.cxd5 cxd5 6.Db3 mit Druck auch auf b7 zur Folge.

Und mit 4...b6 werden die weißen Felder am Damenflügel unnötig geschwächt.

5.a4

Nach 5.e3 b5 6.a4 b4 7.Sa2 e6 8.Lxc4 Le7 9.0-0 0-0 10.De2 Lb7 11.Tb1 a5 12.Ld2 Sbd7 13.Sc1 Db6 14.Sb3 c5 stand Schwarz in der Partie Reshevsky – Smyslow (1945) ausgezeichnet.

5...Lf5 6.e3 e6 7.Lxc4 Lb4 8.0-0 0-0 9.De2 Sbd7 (von Smyslow empfohlen) **10.e4 Lg6 11.Ld3 Lh5** mit Ausgleich.

2) – 4.e3 e6 5.Sc3 Sbd7 6.Ld3 dxc4

Nach 6...Le7 7.0-0 0-0 8.e4 dxe4 9.Sxe4 b6 10.De2 Lb7 11.Td1 Dc7 gerät Schwarz in eine passive Stellung.

7.Lxc4 c5 8.Ld3 (8.Lb3 b4 9.Sa4 La6) **8...a6 9.e4 c5**

Die von Rubinstein eingeführte so genannte Meraner-Variante.

10.e5 cxd4

Schlecht wäre 10...Sd5 11.Sxd5 exd5 12.0-0, denn der Bauer e5 drückt unangenehm auf die schwarze Stellung.

11.Sxb5 axb5 12.exf6 Db6 13.fxg7 Lxg7 14.0-0 0-0 15.De2 Lb7

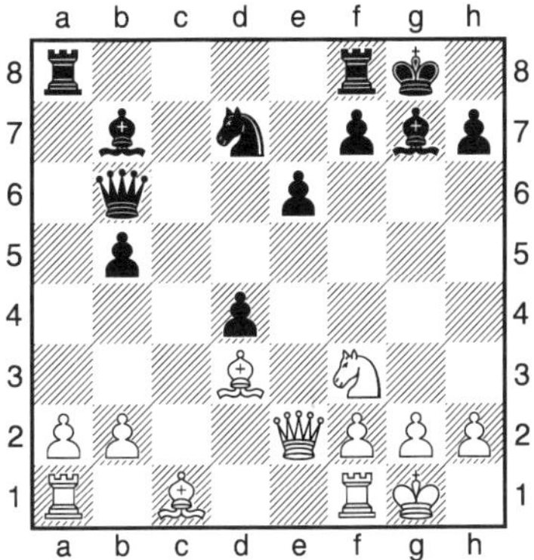

In dieser sehr komplizierten Stellung werden die schwarzen Bauernschwächen durch gutes Figurenspiel aufgewogen.

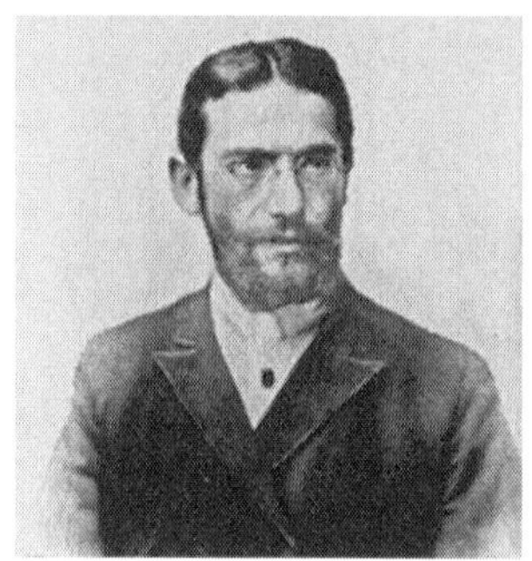

Siegbert Tarrasch

Die Tarrasch-Verteidigung

1.d4 d5 2.c4 e6 3.Sc3 c5

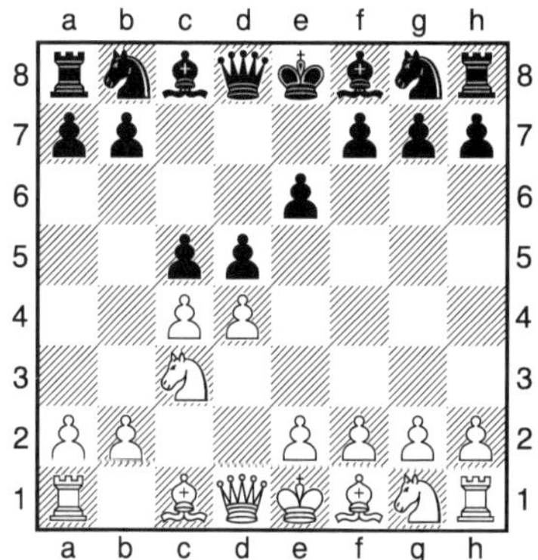

Ungeachtet der sofort entstehenden Schwäche auf d5 bezeichnete Tarrasch seine Verteidigung als die ‚einzig richtige'.

4.cxd5 exd5 5.Sf3 Sc6 6.g3

Die logische Drucksteigerung auf d5 mittels Fianchetto.

6...Sf6

Nach 6...c4 7.Lg2 Lb4 8.0-0 Sge7 9.Se5 0-0 10.Sxc6 bxc6 11.e4 ist das schwarze Zentrum instabil.

7.Lg2 Le7 8.0-0 0-0 9.Lg5 Le6 10.dxc5 Lxc5 11.Tc1 Le7

Auch nach dem zweischneidigen 11...Lb6 12.b3 ist die Schwäche d5 deutlich spürbar.

12.Sd4 Sxd4 13.Dxd4 Weiß steht besser.

Albins Gegengambit

1.d4 d5 2.c4 e5

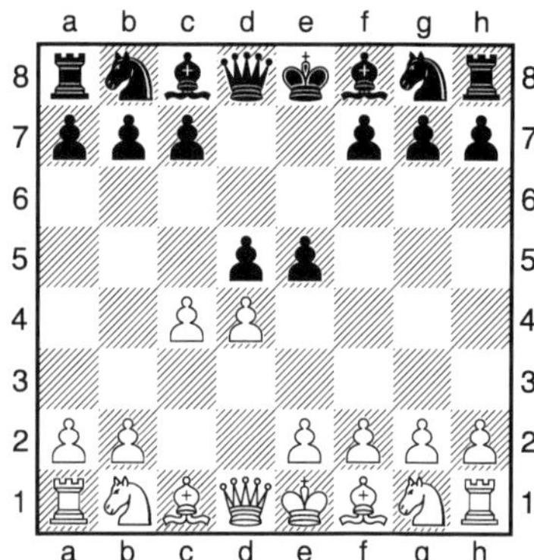

3.dxe5

Fast immer besteht die wirksamste Bekämpfung eines Gambits in dessen Annahme.

3...d4 4.Sf3

Eine bekannte Eröffnungsfalle zeigt sich nach sogleich **4.e3?** Lb4+ 5.Ld2 dxe3! 6.Lxb4 exf2+ 7.Ke2 fxg1S+! 8.Ke1 Dh4+ mit unparierbarem Angriff. Übrigens bringt auch das Zwischenschach 6.Da4+ keine Rettung, denn nach 6...Sc6 7.Lxb4 exf2+ 8.Kxf2 Dh4+ 9.g3 Dd4+ ist die Lage ebenfalls äußerst kritisch.

4...Sc6 5.g3 (Tschigorins Variante) **5...Lg4 6.Lg2 Dd7 7.0-0 0-0-0 8.Da4 Kb8 9.Sbd2 Sge7 10.Sb3 Sc8 11.c5** mit weißem Vorteil.

Das Thema Damengambit ist enorm umfangreich und konnte durch unsere Betrachtung selbstredend nur oberflächlich gestreift werden. Für das weitere Studium empfehlen sich Meisterpartien oder speziell weiterführende Literatur.

19. Weitere geschlossene Spiele

Hiervon gibt es eine ganze Reihe, die fast alle kompliziert und schwer zu spielen sind. Ganz so, als würde damit eine höhere Stufe der Eröffnungstheorie erreicht. Bei fast allen entwickelt sich das Spiel nach taktischen Gesichtspunkten. Der gesamte Komplex der ‚Indischen' Verteidigungen, in der heutigen Turnierpraxis mit an führender Stelle, basiert auf der Idee, dem gegnerischen Bauernzentrum druckvolles Figurenspiel entgegenzusetzen. Eine solche Strategie verlangt genaueste Vorbereitung und ein gutes Verständnis sämtlicher Stellungsfeinheiten. Hier ein Blick auf diese in letzter Zeit immer beliebter werdenden Systeme.

Die Königsindische Verteidigung

1.d4 Sf6 2.c4 g6 3.Sc3 Lg7 4.e4 d6

Das alte und ewig interessante Thema in quasi Reinkultur: Bauernzentrum gegen Figurendruck. Schwarz wird früher oder später versuchen, das Zentrum durch e5 oder c5 zu sprengen.

Die Grünfeld-Verteidigung

1.d4 Sf6 2.c4 g6 3.Sc3 d5

In diesem System wird das weiße Zentrum früher unter Beschuss genommen. Die Hauptvariante lautet nun **4.cxd5 Sxd5 5.e4 Sxc3 bxc3 c5** usw.

Die Damenindische Verteidigung

1.d4 Sf6 2.c4 e6 3.Sf3 b6

Durch Flankierung des Damenläufers soll das Schlüsselfeld e4 unter Kontrolle genommen werden, um weitere weiße Aktionen im Zentrum zu stören. Hier eine übliche Fortsetzung: **4.g3 Lb7 5.Lg2 Le7 6.0-0 0-0 7.Sc3 Se4** mit solider schwarzer Stellung.

Nimzowitsch-Indisch

1.d4 Sf6 2.c4 e6 3.Sc3 Lb4

Schwarz übt sofort Druck aufs Zentrum aus, um effektiv zum Gegenangriff ansetzen zu können. Auf **4.e3** könnte **4...c5** oder **4...d5** folgen – auf **4.Dc2** ist **4...d5** gut genug.

Die Ragosin-Verteidigung

1.d4 Sf6 2.c4 e6 3.Sc3 d5 4.Sf3 Lb4

Dies erinnert auf den ersten Blick an das System von Nimzowitsch, jedoch sind gänzlich andere Pläne damit verbunden. So will Schwarz im geeigneten Moment auf c4 schlagen, um dann den Bauernvorstoß e6-e5 folgen zu lassen. Zu diesem Zweck kehrt der Läufer in der Regel nach d6 zurück.

Die Holländische Verteidigung

1.d4 f5

In diesem System kommt es meistens zu scharfen und komplizierten Kampfhandlungen. Weiß wird im Zentrum aktiv – Schwarz hält am Königsflügel dagegen.

Das Staunton-Gambit

1.d4 f5 2.e4 fxe4 3.Sc3

Ein mutiger Versuch, durch ein Bauernopfer die Initiative an sich zu reißen. Nach **3...Sf6 4.Lg5** verbietet sich **4...d5?** (besser 4...Sc6) wegen **5.Lxf6 exf6 6.Dh5+ g6 7.Dxd5** mit weißem Vorteil.

Die Réti-Eröffnung

1.Sf3 d5 2.c4

Weiß lässt g3, Lg2 mit Druckverstärkung auf d5 folgen. Somit ist es hier der Weiße, der dem Gegner ein starkes Bauernzentrum gewährt, um dieses in der Folge anzugreifen.

Die Bird-Eröffnung

1.f4

Weiß strebt mit Sf3, b3, Lb2 nach sofortiger Kontrolle über e5. Ein Verfahren, das allerdings einige Schwächen mit sich bringt.

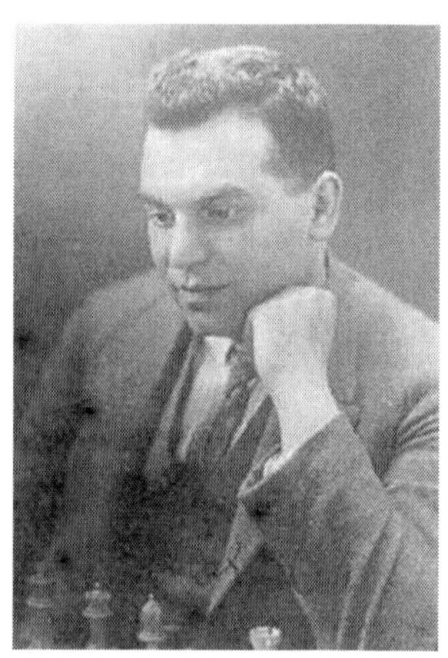

Richard Réti

Froms Gambit

1.f4 e5 2.fxe5 d6

Nach Annahme des Bauernopfers mit **3.exd6 Lxd6** versucht Schwarz, einen sofortigen Angriff auf den weißen König zu forcieren. Dabei führt die Standardfolge **4.Sf3 g5 5.d4** zu scharfen Verwicklungen.

Das Budapester Gambit

1.d4 Sf6 2.c4 e5

Obwohl dieses Bauernopfer mit geistreichen taktischen Ideen gewürzt ist, kann es nicht ganz überzeugen. Nach der möglichen Folge **3.dxe5 Sg4 4.e4 Sxe5 5.f4 Sec6 6.Le3** kommt Weiß in Vorteil.

Die Sokolski-Eröffnung

1.b4

Gegen diese (im Westen eher Orang-Utan genannte) Spielweise kann

Schwarz auf verschiedene Art zu einer befriedigenden Stellung kommen – z.B. **1...e5 2.Lb2 f6 3.b5 d5 4.e3 Le6**. Schwarz steht sehr gut, da die beiden Züge des b-Bauern für die Entfaltung des Zentrums genutzt wurden.

Die Königsindische Eröffnung

1.Sf3 d5 2.g3 Sf6 3.Lg2

Dieses Vorgehen ist in der modernen Eröffnungspraxis häufig anzutreffen: Weiß verwendet Systeme, die eigentlich von Schwarz gespielt werden, allerdings mit einem Mehrtempo. So wird hier das Prinzip der Königsindischen Verteidigung von Weiß übernommen – eine Spielweise, die man ‚im Anzug' nennt.

Die Englische Eröffnung

1.c4

Ein elastisches Eröffnungssystem, das etliche Möglichkeiten mit sich bringt, in andere Systeme überzuleiten. So kann es z.B. nach 1...e5 zur Sizilianischen Verteidigung mit vertauschten Farben kommen. Hier einige weitere Beispiele dieser sehr beliebten Spielweise.

1) – 1...e5 2.Sc3 Sf6 3.Sf3 Sc6 4.d4 exd4 5.Sxd4 Lb4

Interessant ist auch 5...Lc5 6.Sxc6 bxc6 7.g3, worauf Aljechin die scharfe Variante 7...h5 8.h4 Sg4 empfahl.

6.Lg5

Schwächer ist 6.Sxc6 bxc6 7.g3? De7 8.Lg2 La6 9.Dd3 d5 usw.

6...h6 7.Lh4 Lxc3+ 8.bxc3 d6 9.e4 Se5 10.Le2 Sg6 Es steht ein scharfer Kampf bevor.

2) – 1...e5 2.Sc3 Sc6 3.g3 g6 4.Lg2 Lg7 5.e3 Sge7 6.Sge2 d6 7.f4 Weiß steht besser.

3) – 1...c5 2.Sc3 Sf6 3.Sf3 d5 4.cxd5 Sxd5 5.e4 Lb4

Auf 5...Sxc3 folgt 6.bxc3 e6 7.d4 mit weißem Minimalvorteil.

6.Lc4 e6 7.0-0 a6 8.a3 Sc6 9.d3 Le7 10.Le3 Sd4 Schwarz steht gut.

20. Wie lernt man Eröffnungen?

Wie soll man beim Studium einer Schacheröffnung vorgehen? Muss man etwa alle Varianten, die in dicken Eröffnungswälzern aufgeführt werden, kennen oder gar auswendig lernen? Deren Zahl geht doch in die Tausende!

Es sei hier noch einmal ausdrücklich betont, dass Eröffnungsvarianten nichts weiter sind als bereits in der Praxis erprobte Fortsetzungen. Weder können sie die Vielfalt des Schachspiels in vollem Umfang wiedergeben – noch beweisen sie, dass es nicht auch andere annehmbare Fortsetzungen gibt.

Mit Recht wies Tschigorin darauf hin, dass jede Eröffnung Möglichkeiten bietet, die Buch-Schablonen zu vermeiden, wobei die zu erzielenden Ergebnisse keineswegs schlechter sein müssen – ja vielleicht sogar besser sein können.

Noch krasser brachte Réti seine diesbezügliche Meinung auf den Punkt: „Ein nur auf Variantenkenntnis aufgebautes Wissen ist eine Fata Morgana."

Tatsächlich darf man eine Eröffnungsvariante nicht als etwas Erstarrtes – als verlässlichen Wert für die Ewigkeit ansehen. In Wirklichkeit nämlich ist sie nur ein Spiegel der Turnierpraxis und verändert und vervollkommnet sich ständig. Auch die Ansichten über einzelne Varianten oder sogar über ganze Systeme können sich verändern. Oft erlangen längst ad acta gelegte Fortsetzungen neue Bedeutung, weil ein gewisses Manöver früher falsch bewertet wurde. Das ist ein ganz natürlicher Entwicklungsprozess.

Das mechanische Auswendiglernen von Varianten bringt keinerlei Nutzen. Wirklich sinnvolles Wissen erwirbt man auf andere Art und Weise – durch genauestes Studium, um die allgemeine Strategie einer Eröffnung sowie deren Ideengehalt zu verstehen.

Obwohl solche Weisheiten wie die schnelle Entwicklung der Figuren oder die Bedeutung der Zentralfelder selbstverständlich sind, kann es manchmal auch einem erfahrenen Spieler passieren, dass er sich nach wenigen Zügen wegen eines vermeintlichen Materialgewinns in die Berechnung nutzloser Kombinationen vertieft. Das kann zur wohlbekannten „Zerstörung des natürlichen Gleichgewichts" führen und gegen einen starken Gegner sogar zum Verlust.

In unserem Lehrbuch wird größter Wert auf die einer Eröffnung innewohnenden *Ideen* gelegt. Das Studium von konkreten Varianten und allgemeinen Prinzipien muss dabei in ständiger Verbindung gesehen werden – basierend auf der praktischen Erprobung in eigenen Partien. Die Übungen dienen der Förderung selbstständiger Arbeit. Dieses Vorgehen sollte Ihnen zur Gewohnheit werden, um den Sinn der Eröffnungsprinzipien und deren Umsetzung am Schachbrett begreifen zu lernen.

Beim Arbeiten mit diesem Buch sollten keine Unklarheiten zurückbleiben. Sollte Ihnen der Sinn eines bestimmten Zuges nicht gleich einleuchten, versuchen Sie, die Ausführungen erneut in ihrer Aussage zu erfassen. Und bei Bedarf sollten Sie versuchen, die Unklarheiten durch das Studium von Meisterpartien zum fraglichen Thema aus dem Weg zu räumen.

Allerdings wird das so erworbene Wissen immer nur ‚totes Kapital' bleiben, wenn Sie die für Sie interessanten Varianten nicht selbst in der Spielpraxis erproben. Die gespielten Partien sollten notiert werden, um sie einer späteren Analyse unterziehen zu können, um Fehler zu finden und an deren Verbesserung zu arbeiten.

Was ein ganzes Eröffnungs-*Repertoire* angeht, sollten sie am besten mit den offenen Spielen anfangen. In diesem Bereich werden so wichtige und grundlegende Begriffe wie Figurenentwicklung, Zentrum, Zusammenwirken der Kräfte, Entwicklungstempo und Raumbesetzung besonders klar veranschaulicht.

Tschigorin war der Ansicht, das vor allem das Gambitspiel die kombinatorischen Fähigkeiten schult. Réti hat stets betont, dass man das Eröffnungsstudium unbedingt mit den klassischen offenen Spielen beginnen solle. Capablanca bezeichnete die Spanische Partie als „den Prüfstein für das Verständnis des Positionsspiels und des Manövrierens".

Abschließend möchten wir die Leser noch darauf hinweisen, dass eine allzu große Ehrfurcht weder vor den allgemeinen Eröffnungsprinzipien angebracht ist – noch vor der Vielzahl der theoretischen Varianten.

Auf die besondere Wichtigkeit der schnellen Figurenentwicklung oder des Bauernzentrums wurde mehrfach hingewiesen. Nun stellen Sie sich aber Situationen wie diese vor, die Ihnen in der praktischen Partie durchaus begegnen können:

Schnelle Figurenentwicklung ist möglich, jedoch nur auf ungünstige Felder, weitab vom Zentrum. Ist eine solche schnelle Entwicklung sinnvoll?

Oder auch: Sie können ein Bauernzentrum errichten, dessen Verteidigung jedoch mit großen Schwierigkeiten verbunden ist. Soll man die Errichtung eines solchen Zentrums überhaupt erst anstreben?

Genau darin besteht der unvergängliche Reiz des Schachspiels. Das eigenschöpferische Moment, die Fähigkeit zum differenzierten Urteil und zur Vorausplanung sind die tatsächlich entscheidenden Elemente, die den guten Spieler ausmachen.

Es gilt, immer im Auge zu behalten, dass die Eröffnung mit den anderen Partiephasen (speziell mit dem Mittelspiel) eng verbunden ist. Oft werden schon in der Eröffnung die Grundlagen für typische Mittelspielstellungen oder sogar Endspielkriterien gelegt, wenn es z.B. um Bauernformationen bzw. Bauernmehrheiten geht. Auch diesbezüglich kann das Studium von Meisterpartien zum besserem Verständnis dieses Zusammenwirkens über alle Partiephasen hinweg dienen.

In einem seiner Lehrbücher betont Emanuel Lasker:

„Ich möchte meine Schüler so erziehen, dass sie selbstständig denken lernen und den Gegenstand des Studiums der Kritik unterziehen können. Ich möchte ihnen keine abstrakten Begriffe und Allgemeinplätze empfehlen ... Sie müssen bereit sein, im Spiel ihre eigenen Auffassungen, Urteile und Entscheidungen zu überprüfen. Und das nicht nur einmal, sondern immer wieder – mit Fleiß und Freude."

Besser kann man die Zusammenarbeit von Schachlehrer und -schüler kaum beschreiben.

ÜBUNGEN

Kommentieren Sie folgende Kurzpartien. Wo sind die Fehler? Finden Sie die korrekte Fortsetzung!

Nr. 55: 1.d4 d5 2.c4 dxc4 3.Sf3 Sf6 4.e3 b5 5.a4 c6 6.Se5 La6 7.axb5 cxb5 8.b3 cxb3 9.Txa6 Sxa6 10.Lxb5+ Schwarz gibt auf.

Nr. 56: 1.d4 d5 2.c4 e6 3.Sc3 Sf6 4.Lg5 Sbd7 5.e3 Le7 6.Sf3 0-0 7.Tc1 c6 8.Dc2 a6 9.cxd5 exd5 10.Ld3 Te8 11.0-0 h6 12.Lf4 Sh5 13.Sxd5 cxd5 14.Lc7 Damengewinn für Weiß.

Nr. 57: 1.d4 d5 2.c4 e6 3.Sc3 Sf6 4.Lg5 Sbd7 5.Sf3 Lb4 6.e3 c5 7.Ld3 Da5 8.Db3 Se4 9.Lxe4 dxe4 10.Se5 f6 11.Sxd7 Lxd7 12.Lh4 Lg4 Damengewinn für Schwarz.

Nr. 58: 1.d4 d5 2.c4 e6 3.Sc3 Sf6 4.Lg5 Sbd7 5.e3 Le7 6.Sf3 b6 7.cxd5 exd5 8.Lb5 Lb7 9.Se5 0-0 10.Lc6 Lxc6 11.Sxc6 De8 12.Lxe7 Dxe7 13.Sxd5 De4 14.Sxf6+ gxf6 15.Lh6 Dxg2 16.Df3!

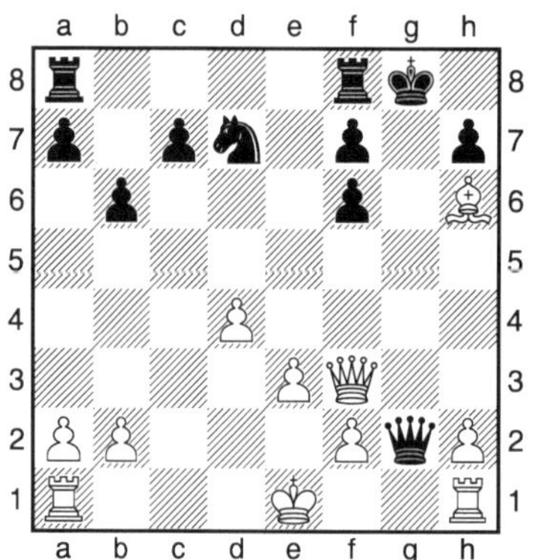

16...Dxf3 17.Tg1+ Kh8 18.Lg7+ Kg8 19.Lxf6 nebst #

Nr. 59: 1.d4 d5 2.c4 e6 3.Sc3 Sf6 4.Sf3 c5 5.Lg5 cxd4 6.Sxd4 e5 7.Sdb5 a6 8.Sxd5 axb5 9.Sxf6+ Dxf6 10.Lxf6 Lb4+ 11.Dd2 Lxd2+ 12.Kxd2 gxf6 Weiß gibt auf.

Nr. 60: 1.d4 d5 2.c4 c6 3.Sf3 Lf5 4.Db3 Db6 5.cxd5 Dxb3 6.axb3 Lxb1 7.dxc6 Le4 8.Txa7 Txa7 9.c7 Weiß gewinnt.

Nr. 61: 1.d4 d5 2.c4 c6 3.Sf3 Sf6 4.Sc3 dxc4 5.a4 Lf5 6.Se5 c5 7.e4 Sxe4 8.Df3 cxd4 9.Dxf5 Sd6

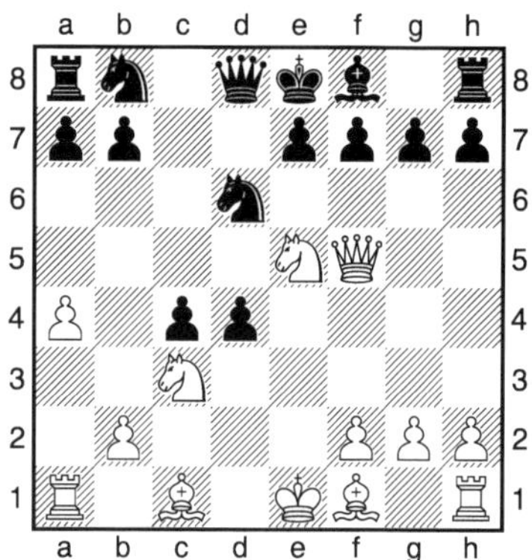

10.Lxc4 e6 11.Lb5+ Ke7 12.Sg6+ hxg6 13.Sd5+ exd5 14.De5#

Nr. 62: 1.d4 Sf6 2.c4 e6 3.Sf3 b6 4.g3 Lb7 5.Lg2 Le7 6.0-0 0-0 7.Sc3 Se4 8.Dc2 Sxc3 9.Sg5 Sxe2+ Weiß gibt auf.

Nr. 63: 1.d4 Sf6 2.c4 e6 3.Sf3 b6 4.g3 Lb7 5.Lg2 Le7 6.Sc3 0-0 7.0-0 d5 8.Se5 Sbd7 9.cxd5 Sxe5 10.d6 Lxg2 11.dxe7 Dxe7 12.dxe5 Lxf1 13.exf6 Vorteil für Weiß.

Nr. 64: 1.d4 Sf6 2.c4 g6 3.Sc3 d5 4.Sf3 Lg7 5.Lg5 Se4 6.Sxd5 Sxg5 7.Sxg5 e6 Weiß verliert eine Figur.

Nr. 65: 1.d4 Sf6 2.c4 g6 3.Sc3 d5 4.cxd5 Sxd5 5.e4 Sxc3 6.bxc3 c5 7.Lc4 Lg7 8.Se2 Sc6 9.Le3 cxd4 10.cxd4 Da5+ 11.Ld2 Da3 12.Tb1 0-0 13.d5 Se5 14.Lb4 Df3 15.gxf3 Sxf3+ 16.Kf1 Lh3#

Teil II
Kombinations- und Positionsspiel

1. Das Mittelspiel

Das Mittelspiel ist die wohl wichtigste Phase einer Schachpartie. Gerade hier kommt es zu entscheidenden taktischen Gefechten, hier werden mehrzügige Kombinationen erdacht und genau vorausberechnet, es werden komplizierte Umgruppierungen der Figuren vollzogen und somit strategische Pläne in die Tat umgesetzt.

Zwar ist es denkbar, dass ein Schachmeister in der Eröffnung oder im Endspiel gewisse Lücken oder Schwächen zeigt, jedoch ist Meisterschaft nicht ohne entsprechende Leistungen im Mittelspiel zu erreichen. Selbstredend werden etliche Partien bereits in der Eröffnung oder erst im Endspiel entschieden, jedoch geschieht dies bei der überwältigenden Mehrzahl gerade im Mittelspiel.

Noch vor gut hundert Jahren war man der Ansicht, allein das Talent eines Spielers sei entscheidend für seinen Erfolg. Doch dann wies der erste Weltmeister, Wilhelm Steinitz, auf eine erstaunlich einfache Tatsache hin: Jede Art von Stellung kann analysiert werden, was zu einer Art ‚Diagnose' führt, wie der weitere Verlauf, der strategische Plan am besten aussehen sollte. So entstand eine Reihe von Regeln und Gesetzen, die auch ein so komplexes Gebiet wie das Mittelspiel erfassbar – und somit *trainierbar* machen.

Während es über Eröffnungen unzählige Bücher gibt, ist deren Zahl über Endspiele bereits deutlich geringer – jedoch widmet sich nur eine verschwindende Minderheit dem Mittelspiel. Die Erforschung des Mittelspiels befindet sich quasi am Beginn eines langen Weges, und es gibt noch jede Menge Arbeit, die gegebenen Unklarheiten allmählich aus der Welt zu schaffen.

Die Kunst der Mittelspielführung hängt von drei grundlegenden Fähigkeiten eines jeden Spielers ab. Zunächst das Erkennen von Kombinationen bzw. Kombinationsmotiven, die sich ergeben könnten. Sodann die Erkenntnis, welche Stellungselemente eine Rolle spielen, um nach der Trennung von ‚Spreu und Weizen' die Stellung abzuschätzen und einen Plan zu entwickeln. Und schließlich die schnelle und fehlerfreie Berechnung von Varianten.

Entsprechend werden wir das Studium des MIttelspiels in drei Teilen angehen:

– Kombinationen;

– Stellungsbewertung und Planfassung;

– Variantenberechnung.

2. Kombinationen

Im Stadium des Mittelspiels ist man bemüht, sich ein Bild vom weiteren Fortgang der Partie zu machen. Man ersinnt diverse Spielmöglichkeiten und sucht nach möglichen Antwortzügen. Es werden etliche und zum Teil komplizierte Varianten berechnet.

Bei einer Variante kommt es darauf an, ob ein Antwortzug festgelegt bzw. erzwungen ist oder eben nicht. Entsprechend nennt man diese dann ‚forciert' bzw. ‚nicht forciert'. Und dann gibt es solche, die mit einem Materialopfer verbunden sind, um bestimmte Ziele zu erreichen. In diesem Fall spricht man von *Kombinationen*.

Der Vollständigkeit halber sei erwähnt, dass es auch Kombinationen *ohne* Materialopfer gibt, jedoch sind diese eher die Ausnahme.

Eine besondere Rolle kommt bei einer Kombination noch dem möglichen Faktor der Überraschung zu. „Die Kombination erfordert eine erneute, unerwartete Berechnung einer Stellung, die bislang als solide angesehen wurde und sich oft als unsolide herausstellt", sagt dazu der Schach-Philosoph Emanuel Lasker.

Ein anderer Weltmeister, Michail Botwinnik, pflichtet ihm bei: „Von Anfang an gewöhnt sich jeder Spieler an gewisse übliche Wertmaßstäbe. So überwiegt der Wert eines Turmes den eines Springers – ein Läufer wiegt etwa drei Bauern auf – ein Läufer und zwei Bauern entsprechen in etwa einem Turm. Allerdings gibt es Stellungen, in denen diese Wertmaßstäbe nicht mehr gelten, wenn beispielsweise eine Dame schwächer wird als ein Bauer. Solche Stellungen werden durch entsprechende Opfer herbeigeführt."

Aus welchen Elementen setzt sich eine Kombination zusammen?

Um eine Kombination überhaupt erst zu ermöglichen, das heißt ein Opfer zur Veränderung der Wertverhältnisse, braucht man zuerst eine geeignete Ausgangsposition, die den agierenden Figuren einen anderen Wert bzw. eine ‚neue Kraft' verleihen kann. Es muss ein gewisses Kombinations*motiv* gegeben sein, aus welchem heraus die Idee für ein Opfer erst geboren wird.

„Die Zahl der Bedingungen, die die Möglichkeit für eine Kombination erahnen lässt, ist sehr begrenzt", schreibt Lasker. „Die Gegebenheit solcher Bedingungen inspiriert einen Meisterspieler zu entsprechenden Ideen."

Leitet ein Spieler eine Kombination ein, muss er die Schlussstellung – das so genannte ‚Thema' – bereits vorhersehen. Zur Erreichung der Schlussstellung sind forcierte Züge erforderlich, die man als ‚Mittel zum Zweck' bezeichnen könnte.

Am einfachsten werden die Elemente einer Kombination an einem berühmten Beispiel veranschaulicht, das vielen Spielern als Einstieg zum Verständnis ‚höherer Schachweisheiten' gedient hat.

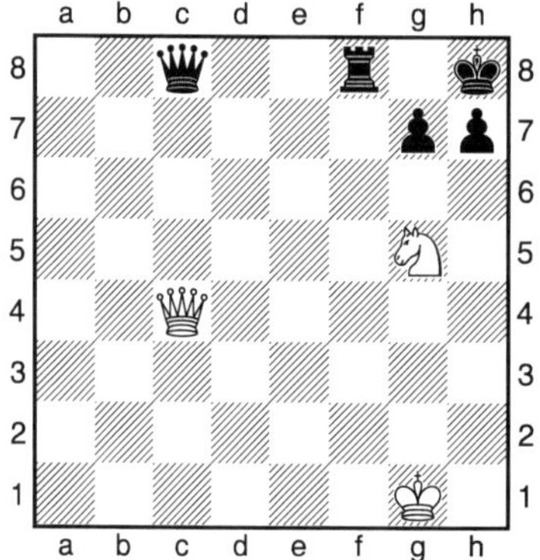

Erfahrene Spieler erkennen diese Kombination im Schlaf. Sie beruht auf der eingeschränkten Beweglichkeit des schwarzen Königs, worin auch ein Motiv zum kombinatorischen Vorgehen gegeben ist.

Nach 1.Sf7+ Kg8 2.Sh6+ Kh8 3.Dg8+! Txg8 4.Sf7# zeigt die Endstellung das Thema der Kombination: Der König erstickt an seinen eigenen Figuren, weswegen man es auch ein ‚ersticktes Matt' nennt. Auch sind die Mittel zum Zweck zu erkennen: Ein Springerschach, ein Doppelschach, ein Damenopfer.

Neben den so genannten *Begleitmotiven* der Kombination (wie hier die Anwesenheit eines Springers auf g5), gibt es auch andere Elemente von großer Wichtigkeit. Stände beispielsweise die schwarze Dame *nicht* auf c8 (und somit in Abhängigkeit vom Turm), so könnte auf Sf7+ einfach Txf7 mit Gewinn geschehen. Die Kombination wäre fehlerhaft oder löchrig gewesen und entsprechend misslungen.

ÜBUNGEN

Nr. 66: Finden Sie das Motiv für die gewinnbringende Kombination von Weiß.

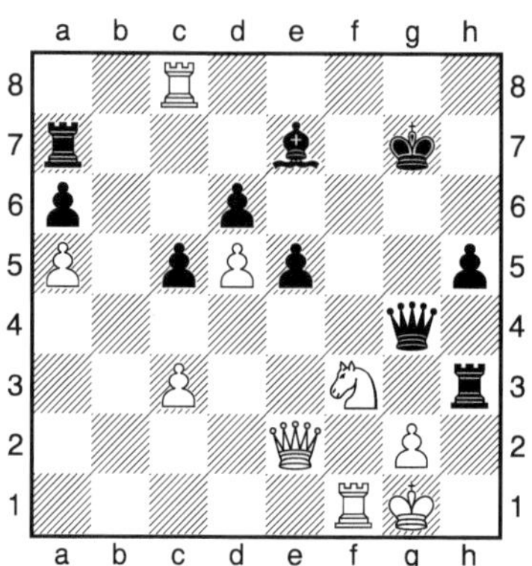

Nr. 67: Welches Kombinationsmotiv verhilft Weiß zum Sieg?

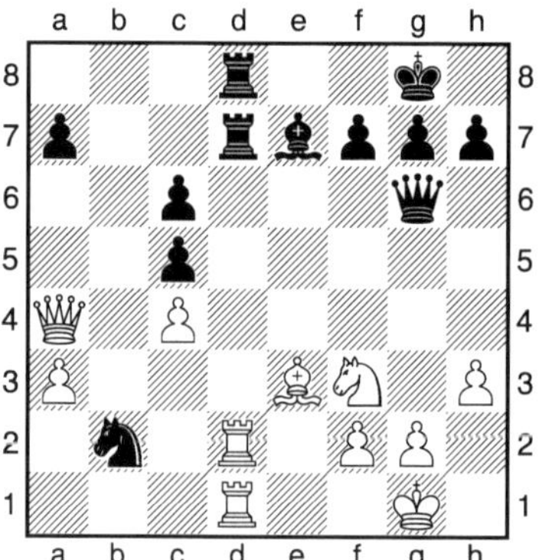

Nr. 68: Welche Stellungsbesonderheit gibt Schwarz die Möglichkeit zu gewinnen?

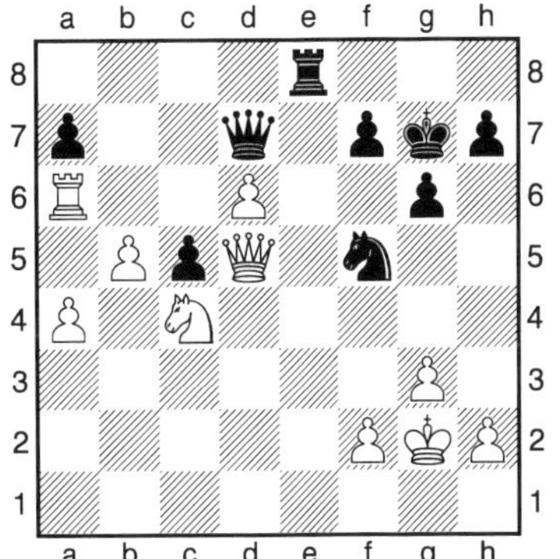

Nr. 69: Zeigen Sie das Motiv der weißen Gewinnkombination!

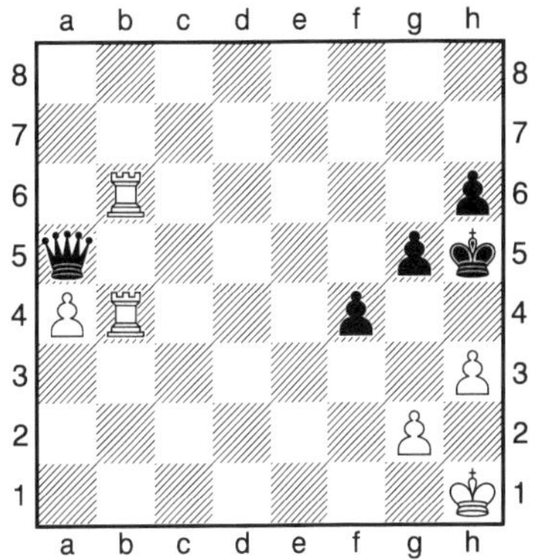

Nr. 70: Welche Motive nutzt Weiß, um eine erfolgreiche Kombination auszuführen?

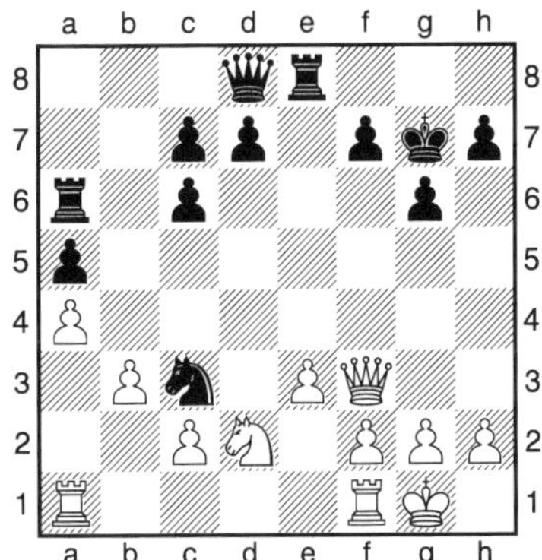

Nun wollen wir die drei Haupttypen von Kombinationen betrachten:

- Mattkombinationen;
- Bauernkombinationen;
- Kombinationen unter Nutzung ungünstiger gegnerischer Figurenpositionen.

3. Mattkombinationen

Die Möglichkeiten der Mattsetzung sind quasi unbegrenzt. Gemäß ihrer Endstellungen werden wir die Mattkombinationen nach folgenden Themen einteilen.

1. Matt auf der Grundreihe
2. Matt auf der 7. (bzw. 2.) Reihe
3. Matt unter kombinierter Nutzung von Linien und Diagonalen
4. Angriff auf Schwachpunkte
5. Zerstörung des Bauernschildes
6. Herauslocken des Königs.

Matt auf der Grundreihe

Schon zu Beginn seines Studiums gerät der Lernende in eine Art Zwickmühle. Einerseits heißt es, man solle die Rochadebauern nicht sinnlos bewegen, weil sie dem Gegner als Angriffsmarken zur Linienöffnung gegen den König dienen können. Und andrerseits weiß er um die Bedeutung eines ‚Schlupflochs' für den König, weil es sonst schnell zu einem Matt auf der Grundreihe kommen kann. Hier gilt es also *dialektisch* zu denken – sprich: widersprüchliche Prinzipien differenziert miteinander in Einklang zu bringen.

Eine forcierte Mattsetzung ist selbstredend beliebig viel Material wert, weswegen Kombinationen zu diesem Zweck häufig auch sehr spektakulär sind – wie z.B. diese hier:

Bernstein – Capablanca
Moskau, 1914

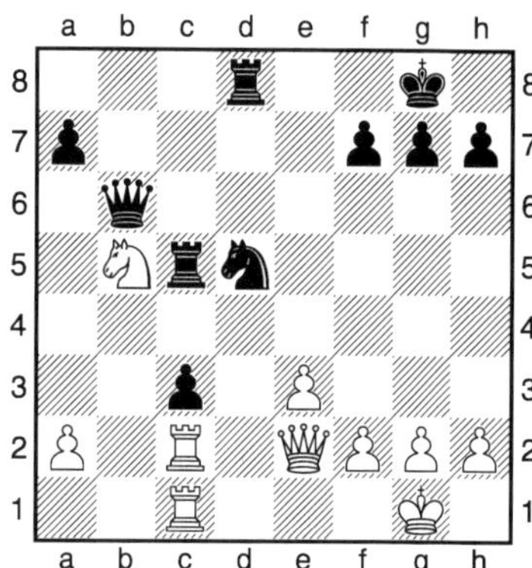

Weiß am Zug entfernte mit **1.Sxc3?** den gefährlichen Freibauern, wobei seine Berechnung wie folgt aussah: **1...Sxc3 2.Txc3 Txc3 3.Txc3** und nun 3...Db1+ 4.Df1 mit wohl absehbarem Remis.

Tatsächlich jedoch geschah statt des Damenschachs die Grundlinienkombination **3...Db2!** mit sofortigem Gewinn.

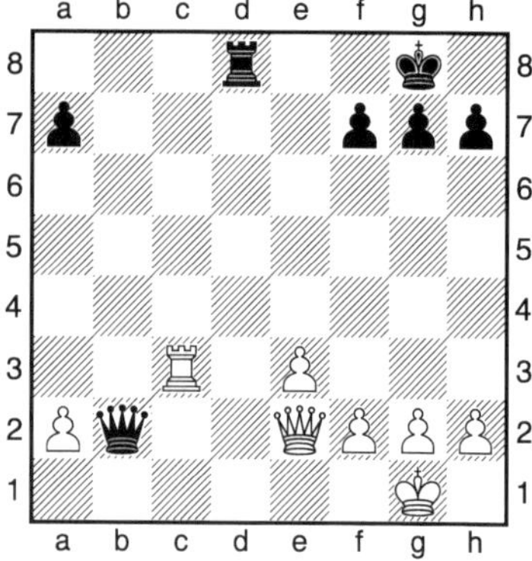

Es ist häufig gerade die Dame, die sich zwecks Mattsetzung zum Opfer bietet.

Adams – Torre
New Orleans, 1921
Weiß am Zug

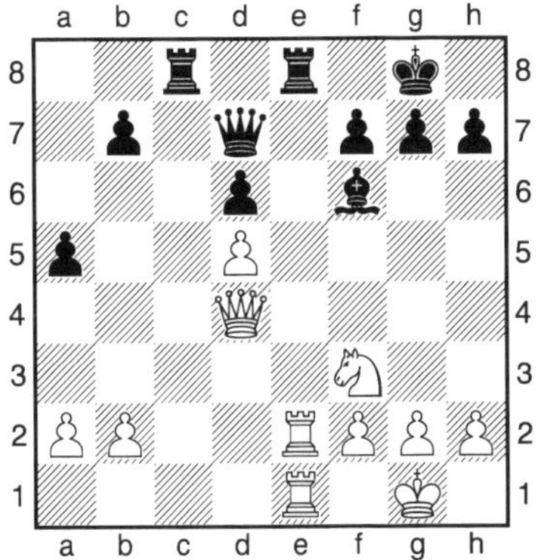

Bei der Analyse dieser Kombination werden wir von deren *Motiv* ausgehen, welches im fehlenden Luftloch bei eventueller Überlastung der schwarzen Dame gegeben ist. Das heißt, dass sie wegen ihrer Verantwortung für Te8 keinerlei andere Aufgabe erledigen kann. In Anbetracht der mächtig nach e8 zielenden Turmbatterie darf dieses also als *Schlüsselfeld* der Kombination bezeichnet werden.

Zwar hat auch Weiß noch kein Luftloch, aber die schwarzen Figuren wirken relativ kraftlos in Richtung auf die Grundreihe.

Unter Berücksichtigung der genannten Motive von Überlastung und Abhängigkeit ist der Einleitungszug sicher einfach zu finden, wobei Sie bitte nur im Kopf rechnen, ohne die Figuren zu bewegen. Dies entspricht einfach der Praxis und schärft Ihre Kombinationsgabe und Rechenkapazität. Und erst, wenn Sie überhaupt keinen Fortschritt erzielen, holen Sie sich Rat im Text.

Nach der Einleitung **1.Dg4!** darf die Dame offenbar nicht genommen werden, während andrerseits die schwarze Dame hängt. Was tun? Deckungszüge mit einem der Türme scheiden wegen Tausch nebst Matt auf der Grundlinie aus. Der Zwischentausch 1...Txe2 scheitert an 2.Dxd7, da ja Te1 gedeckt ist. Also muss die schwarze Dame auf eine Weise weichen, bei der Te8 gedeckt bleibt – sprich: **1...Db5**.

Nachdem das Prinzip der Ablenkung verstanden wurde, ist der nächste phantastische Zug **2.Dc4!!** schon leichter zu entdecken. Die Dame ist auf keine Weise zu nehmen, während ihre Gegenspielerin erneut nur einen einzigen Zug zum Ausweichen hat – nämlich **2...Dd7**.

Was wurde bislang erreicht? Die weiße Dame kann die gegnerische weiter verfolgen und dabei immer zudringlicher werden – nämlich **3.Dc7!!** mit der Zwangsfolge **3...Db5**.

Hier könnte Weiß auf der Suche nach einer Entscheidung auf die fatale Fehlkombination 4.Dxb7?? verfallen, wonach Schwarz den Spieß mit 4...Dxe2!! 5.Txe2 Tc1+ 6.Se1 Txe1+ nebst # umdrehen könnte. Daraus lernt man: Auch in überlegener Stellung immer die Augen aufhalten!

Tatsächlich ging es mit dem Ablenkungsopfer **4.a4! Dxa4** nebst **5.Te4!** weiter. Warum? Weil nach dem einzigen Zug **5...Db5** jetzt **6.Dxb7** möglich ist (kein Dxe2 mehr möglich!). Schwarz kann das Matt nur noch unter absurden Materialverlusten abwenden.

Außer solchen Beispielen, bei denen ein König von den eigenen Bauern eingesperrt wird, gibt es andere, bei denen auch eigene Figuren ‚behilflich' sind.

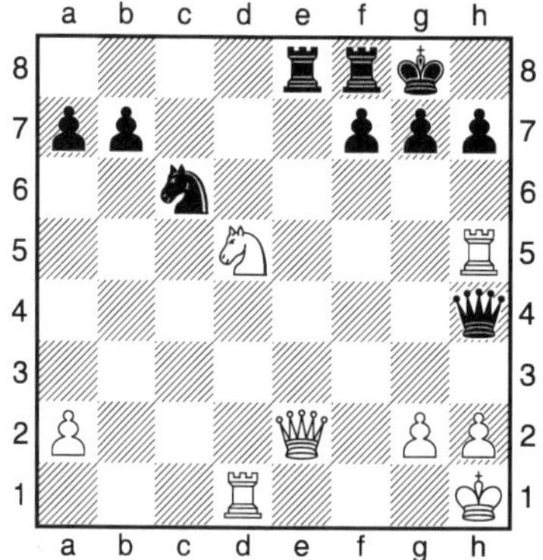

Bei korrekter Gewinnführung wird der schwarze König am Ende auch von seinem Springer behindert. Sehen Sie den Weg dorthin?

1.Dxe8! Dxh5 2.Se7+ Sxe7 3.Dxf8+! Kxf8 4.Td8#

ÜBUNGEN

Nun haben Sie die Aufgabe, Gewinnkombinationen zu finden (nicht unbedingt Matt!), und zwar immer für Weiß. Wie besprochen, sollten Sie zunächst die Motive der Kombination bestimmen – und erst dann die Mittel zu ihrer Ausführung.

Nr. 71:

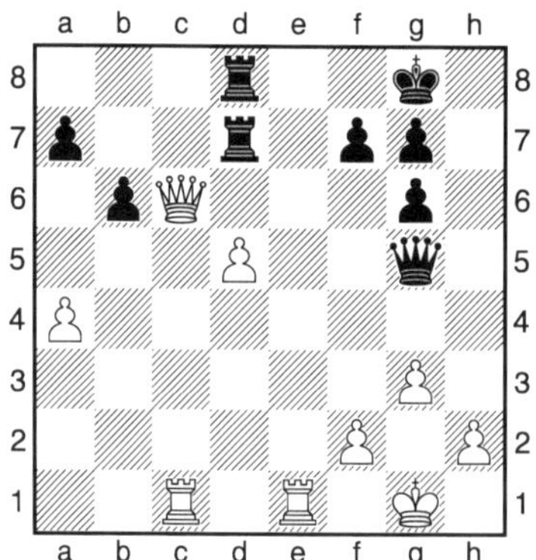

Nr. 72:

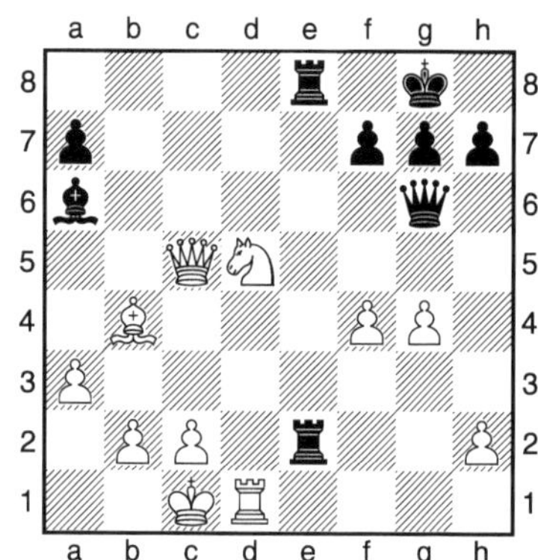

Nr. 73:

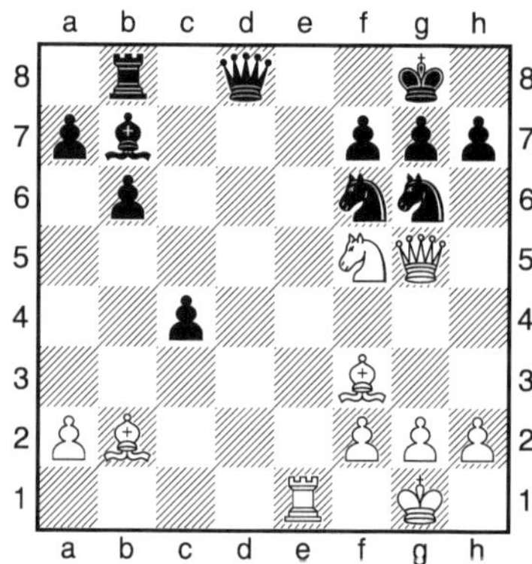

Nr. 74:

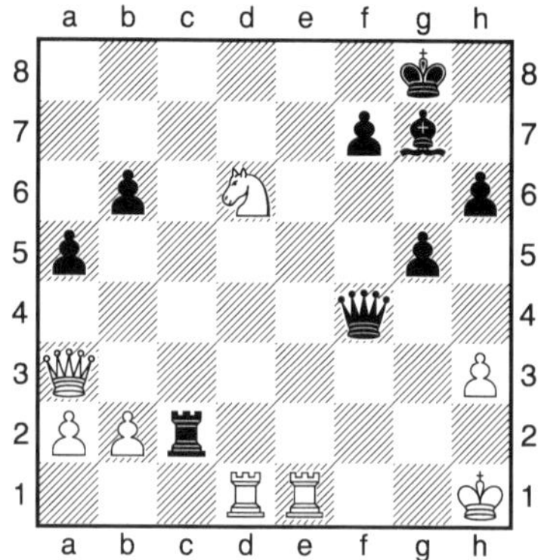

Nr. 75:

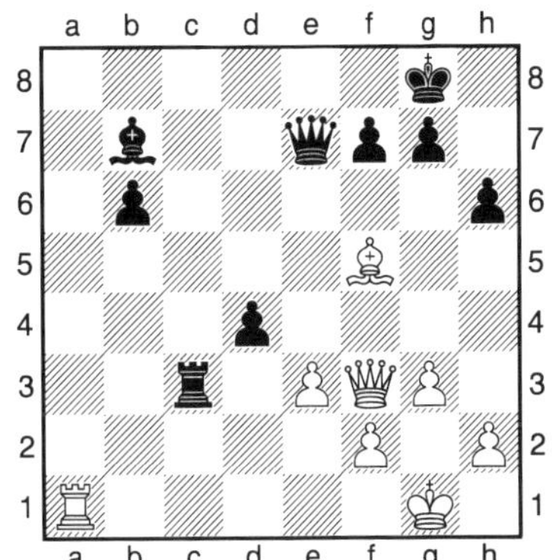

Nr. 76:

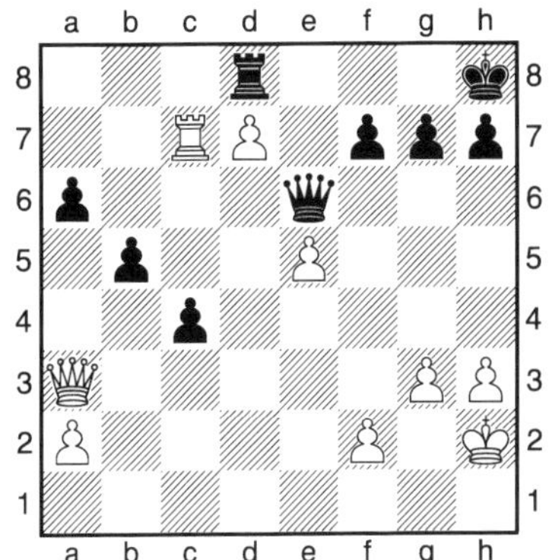

Matt auf der 7. (bzw. 2.) Reihe

Es ist bekannt, dass eine Batterie von zwei Türmen auf der 7. (bzw. 2.) Reihe enormen Schaden bis hin zur Mattsetzung anrichten kann. Hier einige Beispiel dafür.

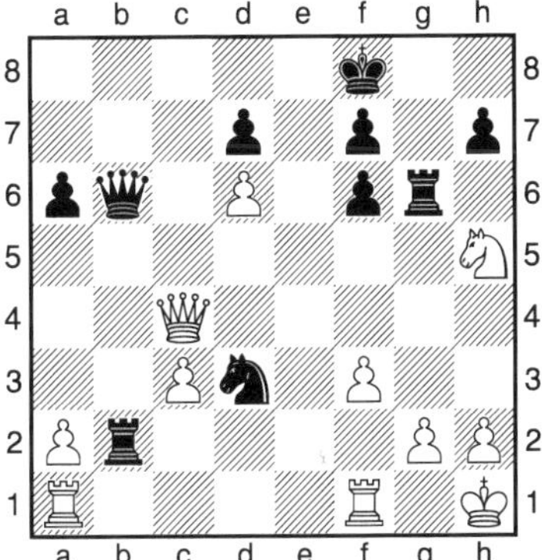

Schwarz am Zug. Die Schwächen auf f2 und g2 sind leicht erkennbar, auch jedoch das Matt nach Dc8. Die verblüffende Lösung, ein nicht einfach zu erspähendes *Lenkungsopfer*, beruht u.a. auf dem Motiv eines erstickten Matts – und zwar nach **1...Dg1+!!** mit Matt nach **2.Txg1 Sf2#** bzw. **2.Kxg1 Tgxg2+** usw.

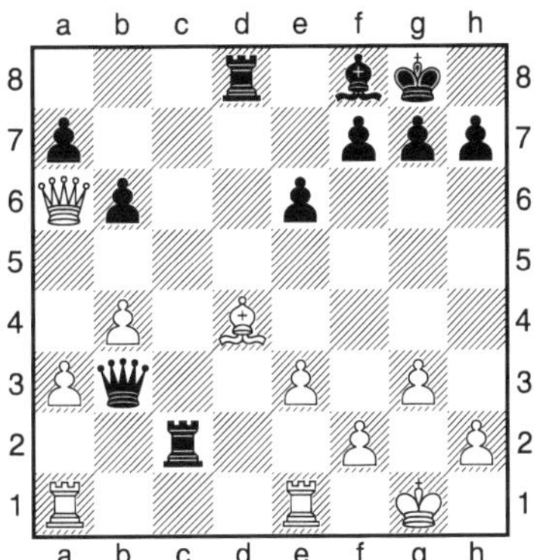

Weniger spektakulär als vielmehr äußerst lehrreich ist diese Stellung aus der Partie Nimzowitsch – Capablanca, New York 1927. Schwarz opferte zunächst einen Bauern, um auch mit dem zweiten Turm auf die 2. Reihe vordringen zu können.

1...e5! 2.Lxe5 Tdd2 3.Db7

Denn nach 3.Tf1 Dxe3! 4.fxe3 Tg2+ usw. würde die bereits bekannte Mattposition folgen. Und auch 3.Df1 würde nach dem Tempogewinn 3...Dd5 4.Ld4 Df3 zur Katastrophe auf f2 führen.

3...Txf2 4.g4 De6 5.Lg3 Txh2!

Ein weiterer unangenehmer Schlag, der nach 6.Lxh2 Dxg4+ 7.Kh1 Dh3 zu einer unparierbaren Mattdrohung führen würde.

6.Df3 Tg2+ 7.Dxg2 Txg2+ 8.Kxg2 Dxg4 Und gegen die vorrückende Bauernlawine ist weiterer Widerstand zwecklos.

Häufig erhält ein Turm auf der 7. (bzw. 2.) Reihe auch kräftige Schützenhilfe von einem Läufer, und es entsteht ein so genanntes „Mühle-Motiv“. Als das klassische Beispiel hierfür gilt die berühmte Partie Torre – Lasker, Moskau 1925.

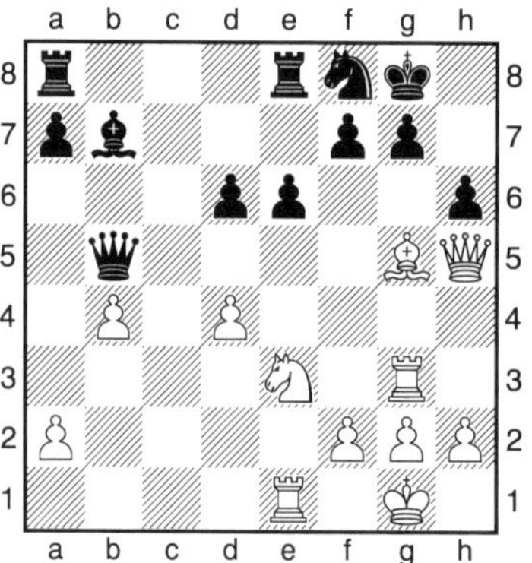

Weiß nutzte die Schwäche von g7 sowie der hängenden Db5 auf phänomenale Weise.

1.Lf6!! Dxh5 2.Txg7+ Kh8 3.Txf7+

Das große Fressen wird erst später mit dem Rückgewinn der Dame abgeschlossen werden.

3...Kg8 4.Tg7+ Kh8 5.Txb7+ Kg8 6.Tg7+ Kh8 7.Tg5+ Kh7 8.Txh5 Kg6 9.Th3 Kxf6 10.Txh6+ Und mit drei Mehrbauern gewann Weiß mühelos.

Eine ganz ähnliche Stellung entstand in Antunac – Hübner, München 1969.

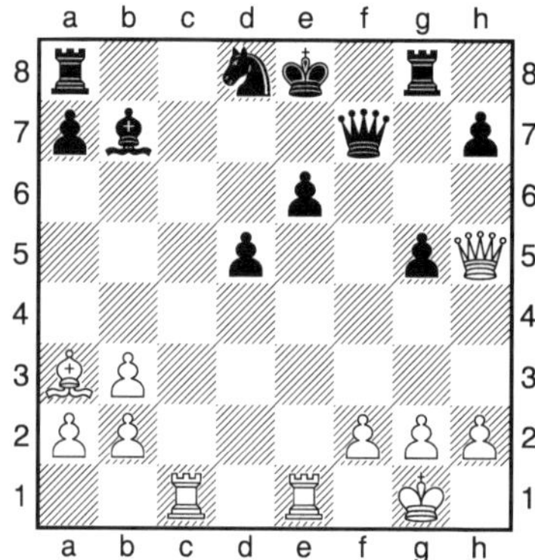

Auf den ersten Blick scheint die schwarze Stellung in Ordnung, doch bringt ein Damenopfer die entscheidende Wende.

1.Tc7! Dxh5 2.Te7+ Kf8 3.Txb7+ Ke8 4.Te7+ Kf8 5.Txh7+ Ke8 6.Txh5 Und hier reichten auch zwei Mehrbauern zum Gewinn.

Bekommt der Verteidiger die 7. (bzw. 2.) Reihe unter Kontrolle, entscheidet häufig die Verlagerung des Angriffs auf eine der benachbarten Reihen.

Larsen – Najdorf
Lugano 1968

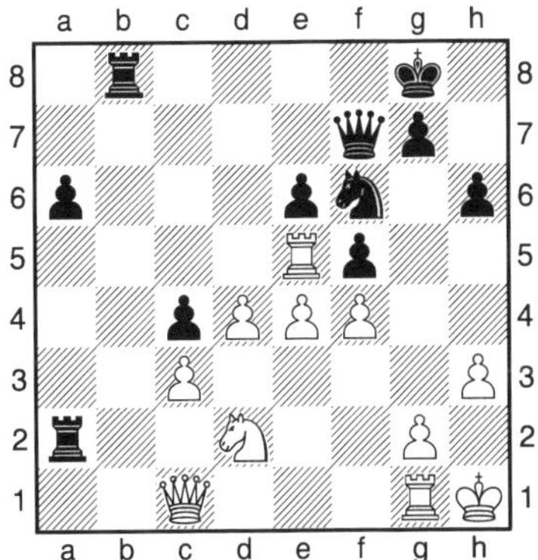

Schwarz am Zug besitzt offenbar die Initiative, was (im Telegrammstil) folgende Ereignisse nach sich zog: Unter Bauernopfer machen sich die schwarzen Türme auf der 2. Reihe breit. Nachdem Weiß g2 deckt, bezieht Schwarz mit Dame und Springer auch die letzten Kräfte in den Angriff ein. Dann wird vor dem Schlussangriff einer der Türme auf die dritte Reihe verlagert.

Verständlicher ist jedoch die Partiefolge:

1...T8b2! 2.Sxc4 Tc2 3.De3 Sxe4

Der Bauer wurde rasch zurückgewonnen, jedoch müssen die weißen Gegenchancen genauestens beachtet werden.

4.d5! exd5 5.Sb6 Txc3 6.Dd4

Der Angriff auf d5 ist ziemlich gefährlich, doch ist nach Erscheinen eines Turms auf der 3. Reihe mit dem Einschlag auf h3 ein neues Angriffsmotiv entstanden, das Schwarz sofort ausnutzt.

6...Dh5!

Wie bereits erwähnt, wird bei einem forcierten Matt ja alles nicht benötigte Material verzichtbar.

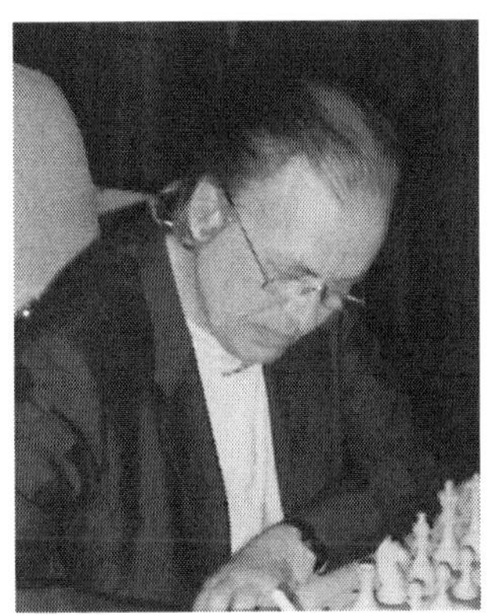

Bent Larsen

7.Dxd5+ Kh7 8.Dxa2 Txh3+! 9.gxh3 Dxh3+ 10.Dh2 Sf2#

Bei diesem Beispiel setzen wir bereits einige Züge vor der eigentlichen Kombination ein.

Goglidze – Botwinnik
Moskau 1935

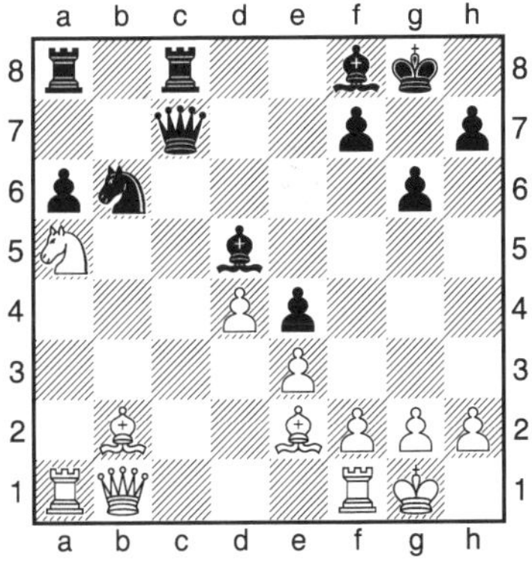

Schwarz am Zug nutzt zunächst die Schwäche der zweiten Reihe mit dem dort befindlichen schutzbedürftigen Läuferpaar.

1...Dc2! 2.La3

Auf 2.Te1 folgt 2...Lb4 – auf 2.Ld1 Dxb1 3.Tb1 Lb4 4.Ta1 Sc4 bzw. 4...Tab8 nebst Sc4.

2...Lxa3 3.Txa3 Dxe2 4.Dxb6 Tab8 5.Dd6

Nach dem zweiten Zug war alles erzwungen, so dass jetzt die Schlusspointe folgen kann.

5...Dxf1+! 6.Kxf1 Tb1+ 7.Ke2 Tc2#

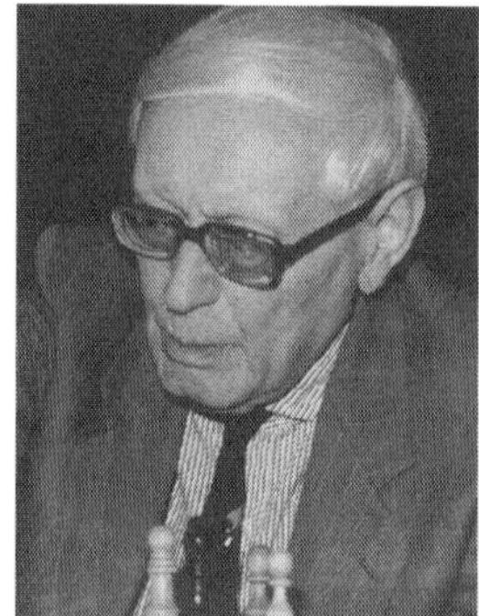

Michail Botwinnik

ÜBUNGEN

Nr. 77: Finden Sie den Gewinn für Schwarz am Zug!

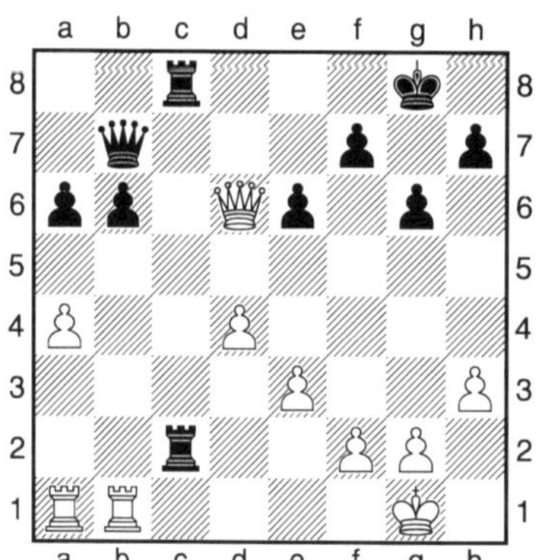

In den übrigen Beispielen kann jeweils Weiß am Zug das Spiel mittels Kombination für sich entscheiden.

Nr. 78

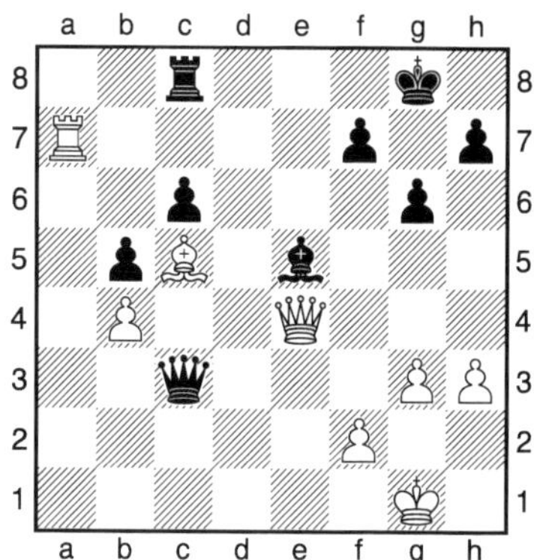

Nr. 79:

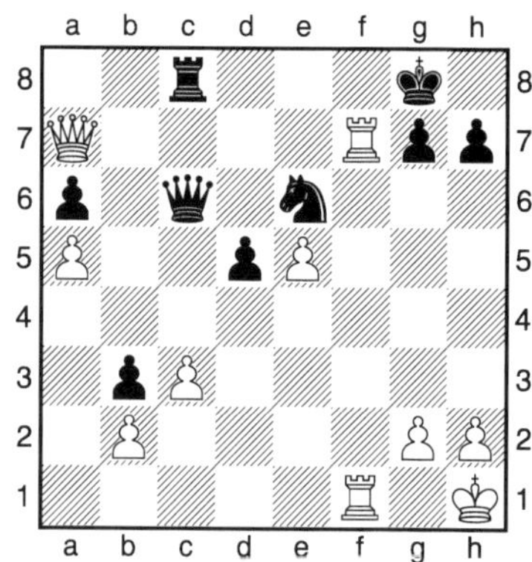

Nr. 80:

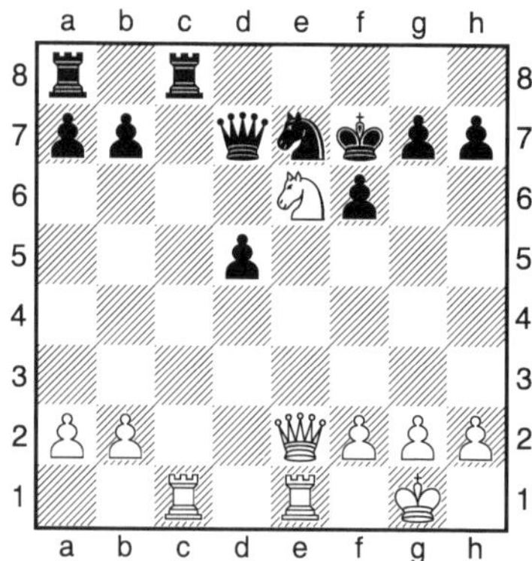

Nr. 81:

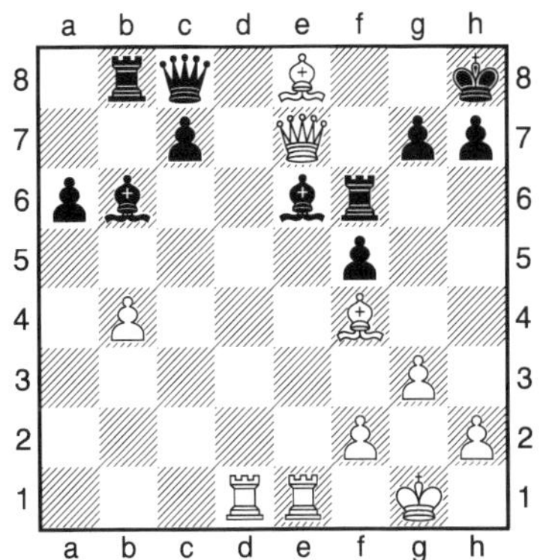

1.Dd8+ Df8 (1...Lf8 2.Txh6+ nebst #) **2.Txh6+! Lxh6 3.Df6+ Dg7** (3...Lg7 4.Th1#) **4.Th1!!**

Ein so genannter ‚stiller' Zug entscheidet durch die Drohung 5.Txh6# die Partie.

4...Dxf6 5.exf6 nebst Matt.

Matt unter kombinierter Nutzung von Linien und Diagonalen

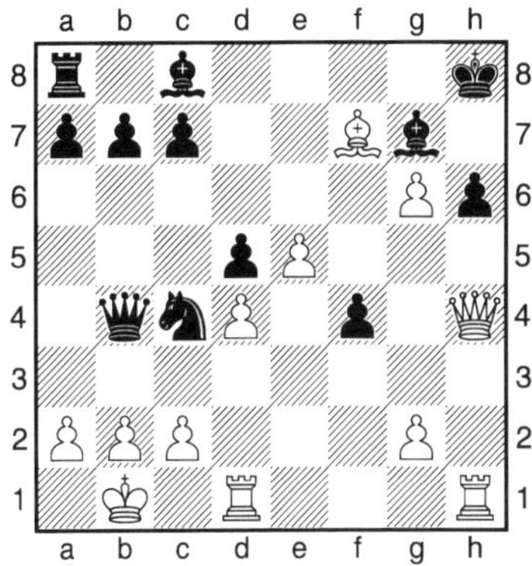

Weiß am Zug

Der schwarze König steht bereits patt, und die machtvoll postierten weißen Figuren ermöglichen einen unwiderstehlichen Kombinationsangriff.

Rossolimo – Reissman
Puerto Rico 1967

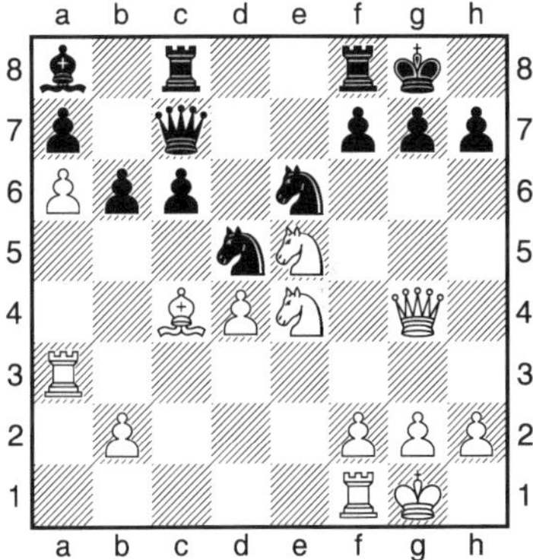

Bei diesem Beispiel mit Weiß am Zug beachte man die entscheidende Rolle des scheinbar unbeteiligten Turms auf a3! Nach der Einleitung **1.Lxd5 cxd5 2.Sf6+ Kh8** steht der König wiederum patt, was hier die verblüffende Folge **3.Dg6!!** gestattet.

Mit stattdessen 3.Dxe6 ist ‚nur' eine Figur zu gewinnen, da ja 3...fxe6 an 4.Sg6+ nebst Th3# scheitert bzw. 3...gxf6 an 4.Dxf6+ nebst Th3#. Schwarz versucht noch eine trickreiche Röntgen-Verteidigung.

3...Dc2 4.Th3! Dxg6 4.Sxg6+ fxg6 5.Txh7#

Aus dem schöpferischen Schatz des großen amerikanischen Vorkämpfers, Paul Morphy (mit Schwarz gegen Paulsen, 1857), stammt dieses Juwel.

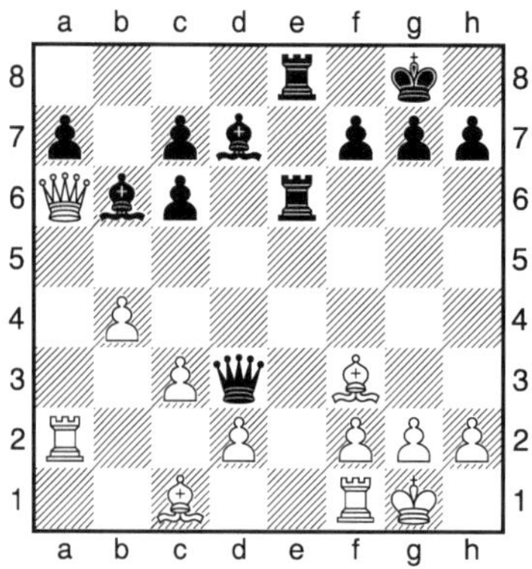

Schwarz am Zug.

Da sämtliche weißen Figuren am Damenflügel vom König abgeschnitten sind, kann Schwarz dort den entscheidenden Schlag ausführen.

1...Dxf3! 2.gxf3 Tg6+ 3.Kh1 Lh3

Gegen die Drohung 4...Lg2 nebst Lf3# gibt es nur eine Verteidigung.

4.Td1 (4.Tg1 Lg2+! 5.Txg2 Te1+ nebst #)

4...Lg2+ 5.Kg1 Lxf3+ 6.Kf1 Tg2!

Wieder entscheidet ein stiller Zug, der (neben der Bedrohung von f2) auch das Mattmanöver Txh2 nebst Th1 androht. Weiß ist verloren.

7.Dd3 Txf2+ 8.Kg1 Tg2+ 9.Kh1 Tg1#

Tschigorin – Marco
Berlin 1897
Weiß am Zug

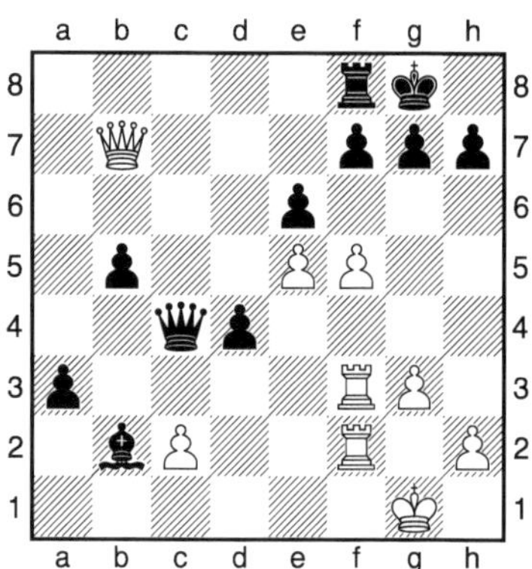

Als Motiv dieser Kombination ist die Erstürmung der Schwäche f7 unschwer zu erkennen. Es folgte einfach aber wirkungsvoll:

1.fxe6 Dxe6

Selbst eine mit Schach einziehende zweite Dame nach 1...a2 2.Txf7 a1D+ bringt keine Rettung, denn 3.Kg2 Da8 4.Txf8+ Dxf8 5.Txf8+ hat Matt durch Df7 zur Folge.

2.Txf7! Dxf7! (2...Txf7 3.Db8+ nebst #) **3.Txf7 Txf7 4.Da8+ Tf8 5.Dd5+ Kh8 6. e6** mit leichtem Gewinn.

Je mehr Linien sich gegen einen angegriffenen König öffnen, desto rascher kann es zum Matt kommen. In der Partie Planinc – Marangunic (1969) wurde dies mittels Damenopfer erreicht.

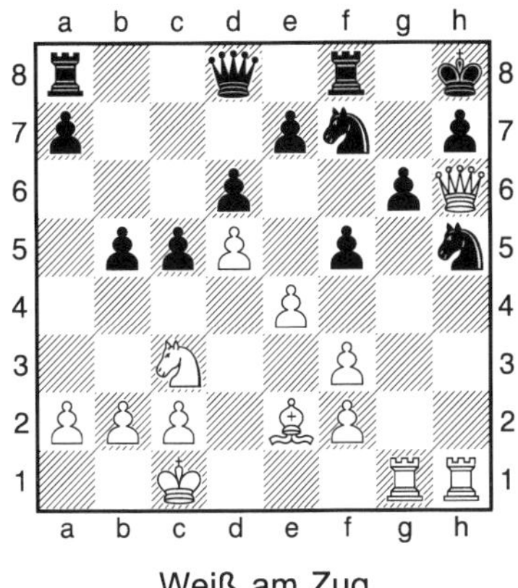

Weiß am Zug

1.Dxg6!! hxg6 2.Txg6

Das drohende Matt ist nur durch große Rückopfer abzuwenden.

2...Sh6 (2...Kh7 3.exf5) **3.Txh5 Tf7 4.Tgxh6+ Kg7 5.Th7+ Kg8**

(5...Kf6 6.T5h6+ Ke5 7.Te6+ Kf4 8.Txf7; 6...Kg5 7.f4+ Kxf4 7.Txf7)

6.Th8+ Kg7 7.T5h7+ Kg6 8.exf5+ Txf5 9.Txd8 Txd8 10.Ld3 Schwarz gibt auf.

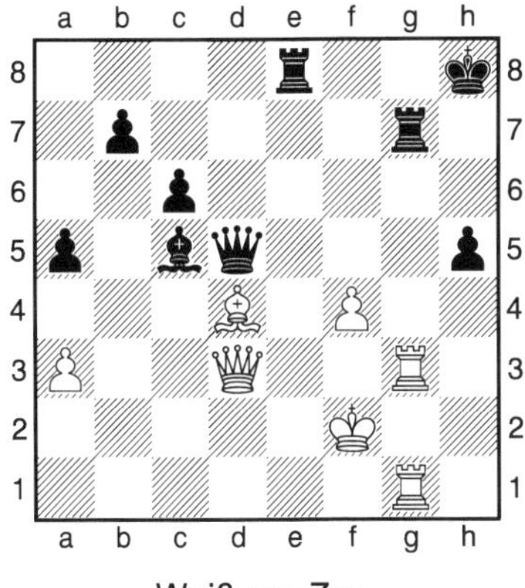

Weiß am Zug.

Hier scheint die weiße Lage hoffnungslos, weil ja der Ld4 nicht nur gefesselt ist, sondern auch mit verheerenden Folgen verloren zu gehen droht. Berücksichtigt man jedoch, wer zuerst ans Schachsagen kommt – und kennt man das Werkzeug namens Lenkungsopfer, so ist die Lösung schon so gut wie gefunden.

1.Dh7+!! Kxh7 2.Txg7+ Kh8 (2...Kh6 3.T1g6#) **3.Tg8+ Kh7 4.T1g7+ Kh6 5.Tg6+ Kh7 8.T8g7+ Kh8 7.Th6#**

Und gleich noch einmal dieselben Werkzeuge!

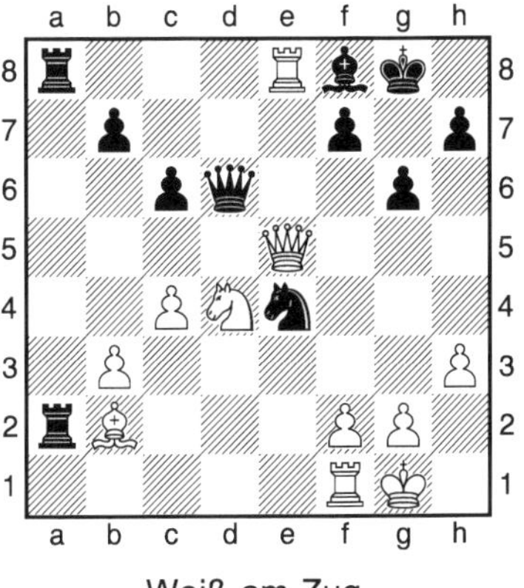

Weiß am Zug.

1.Dg7+!! Kxg7 2.Sf5+ Kg8 3.Sh6#

Dieses Mattbild mit Springer und Läufer kommt häufig vor, so dass man es sich merken sollte.

In der folgenden Stellung war es Aljechin, der auf spektakuläre Weise die Beengtheit des gegnerischen Königs auszunutzen verstand.

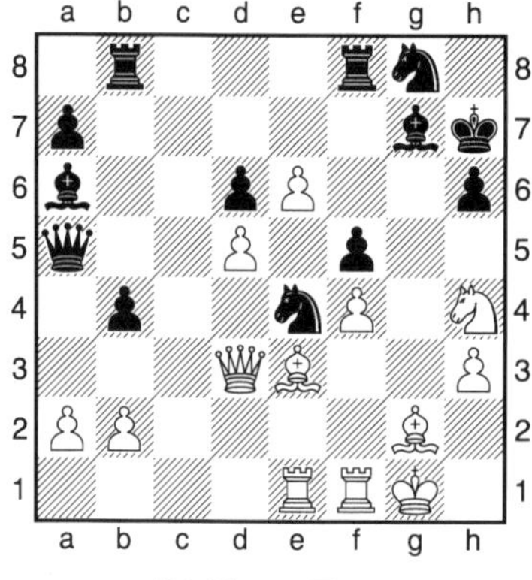

Weiß am Zug.

1.Dxe4!! fxe4 2.Lxe4+ Kh8 3.Sg6+ Kh7 4.Sxf8+

Bei diesem bekannten Mühlespiel geht es nicht so sehr darum, diesen Turm zu erobern, sondern darum, die Deckung des Mattfeldes f7 zu entfernen.

4...Kh8 5.Sg6+ Kh7 6.Se5+ Kh8 7.Sf7#

In der Partie Lochmer – Karker (1940) nutzte Weiß glänzend die Beengtheit des gegnerischen Königs zum Mattüberfall.

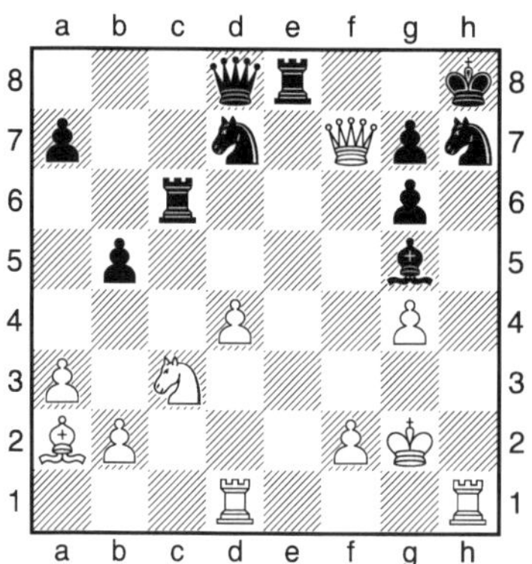

1.Txh7+! Kxh7 2.Th1+ Lh6 3.Txh6+! Kxh6 4.Df4+! g5

Denn in Ermangelung des Fluchtfeldes g8 hätte auch der Rückzug 4...Kh7 den seinerseitigen Rückzug 5.Dh2+ nebst Matt zur Folge.

5.Dh2+ Kg6 6.Dh5+ Kf6 7.Df7+

ÜBUNGEN

Nr. 82: Schwarz am Zug – finden Sie die Gewinnkombination!

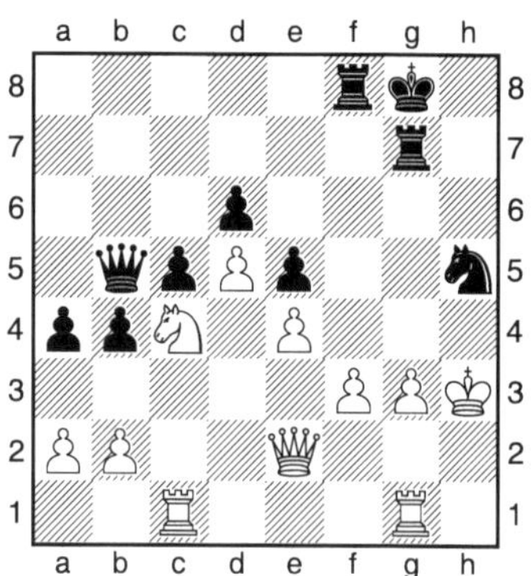

Nr. 83: Schwarz am Zug – finden Sie die Gewinnkombination!

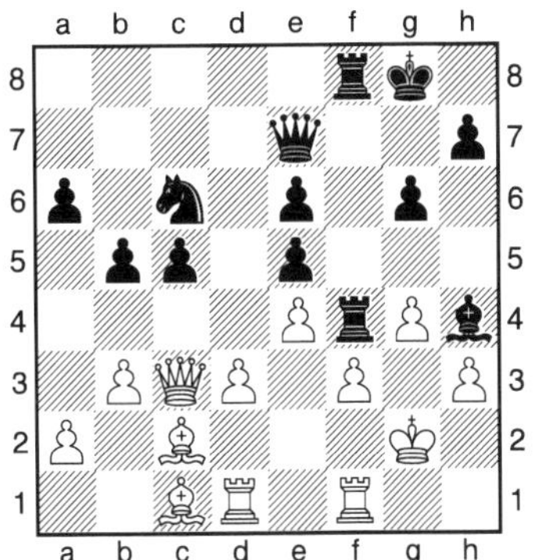

Nr. 84: Weiß am Zug – finden Sie die Gewinnkombination!

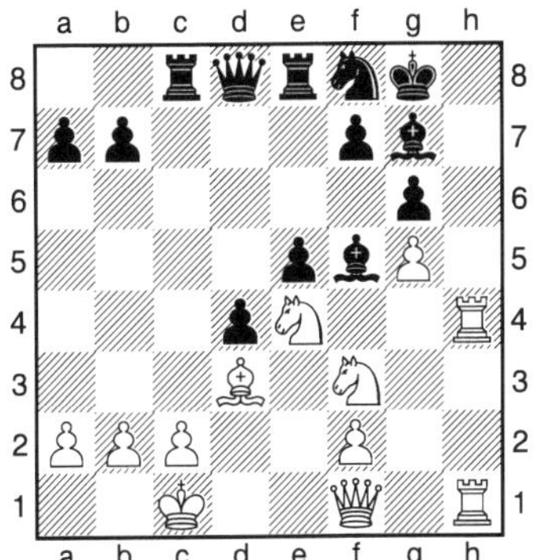

Nr. 85: Schwarz am Zug – finden Sie die Gewinnkombination!

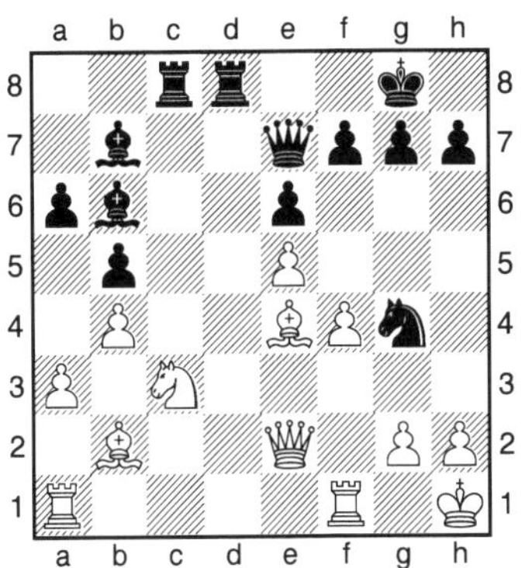

Nr. 86: Weiß am Zug – finden Sie die Gewinnkombination!

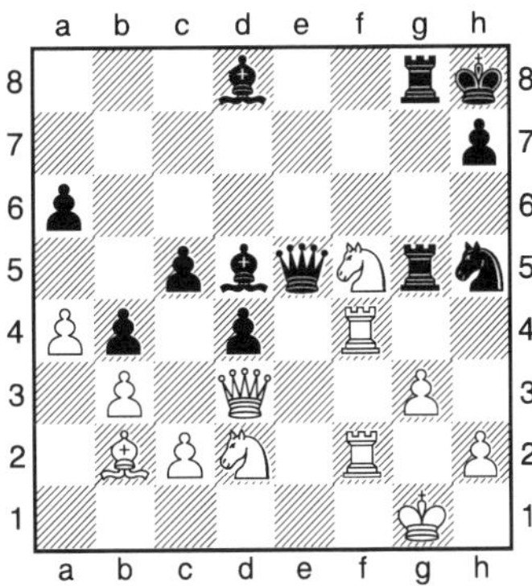

Nr. 87: Weiß am Zug – finden Sie die Gewinnkombination!

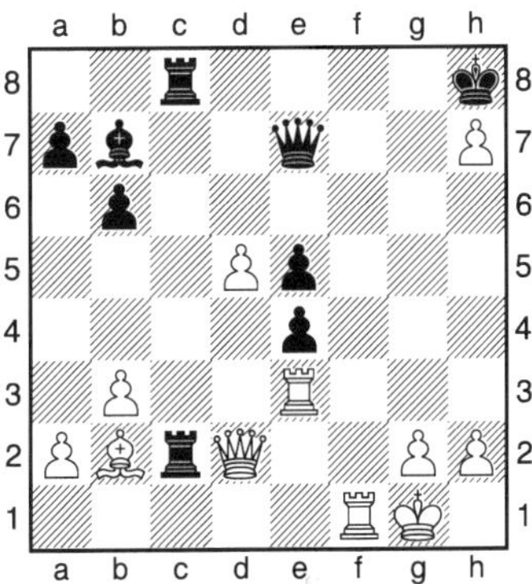

Nr. 88: Weiß am Zug – finden Sie die Gewinnkombination!

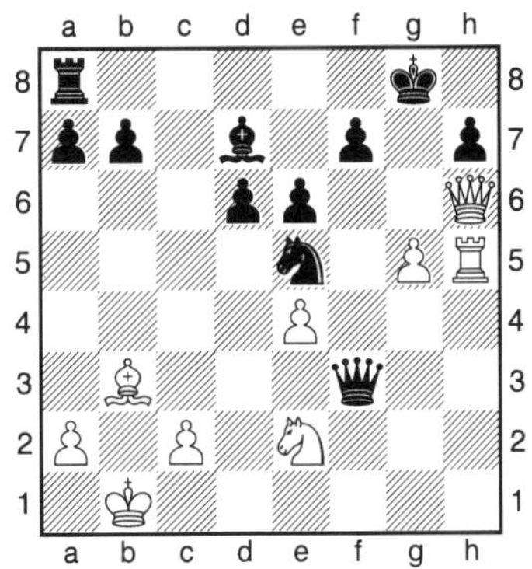

Angriffe auf Schwachpunkte

Bei den bisherigen Beispielen lebte der Angriff speziell von der Wirkung weit reichender Figuren (auch ‚Langschrittler' genannt). Im folgenden Kapitel wenden wir uns den Figuren mit begrenztem Radius zu – den Springern und den Bauern. Dabei kann der Angriff auf die gegebenen Schwachpunkte explosiv und opferreich verlaufen – oder auch langsam und durch stetige Drucksteigerung.

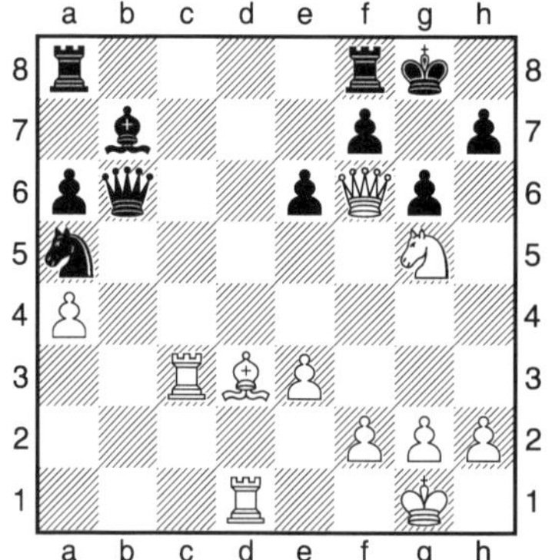

In dieser Stellung aus der Partie Euwe – Flohr (Amsterdam 1932) leitet Weiß den Schlussangriff mit einem quirligen Opferreigen ein.

1.Sxh7!

Das Springeropfer bewirkt die komplette Freilegung des Königs, so dass sich auch die weit reichenden Kollegen am Angriff beteiligen können.

1...Kxh7

Auch die Ablehnung des Opfers mit beispielsweise 1...Tfd8 bringt nach 2.h4! nebst 3.h5 keine Rettung.

2.Lxg6+!

Nun bringt der eine oder andere Turmeinsatz die Entscheidung – nämlich 2...fxg6 3.Td7+ Kh6 4.Dh4# oder 2...Kg8 3.Lh7+! Kxh7 4.e4 nebst Th3+.

Im folgenden Beispiel mit Weiß am Zug liebäugeln allerlei Angreifer mit der gegnerischen Rochadestellung und dort speziell mit dem Punkt g7.

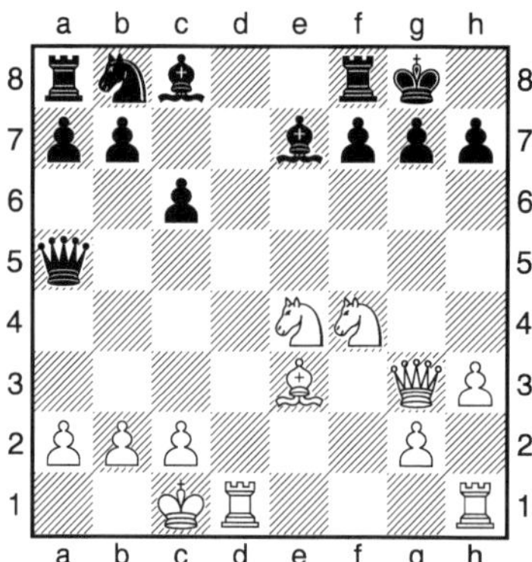

Allerdings hat die entfernt stehende schwarze Dame doch noch ein Auge auf den gefährdeten Bereich. Also:

1.Sd5!!

Die vermeintliche Nebenlösung 1.Td5!? schlägt zwar nach 1...cxd5? 2.Sh5 g6 3.De5 bzw. 1...Dxa2? 2.Sh5 Da1+ 3.Kd2 Dxb2 4.Ld4 durch – jedoch bleibt Weiß nach 1...Dc7! 2.Th5 ‚nur' beträchtlicher Vorteil.

1...cxd5 2.Lh6

Nun wäre es nach 2...g6 3.De5 sofort aus, aber der kleine Defensivtrick 3...Lg4! schränkt Weiß nach 4.Dxg4 g6 5.Lxf8 auf ‚nur' Gewinnvorteil ein.

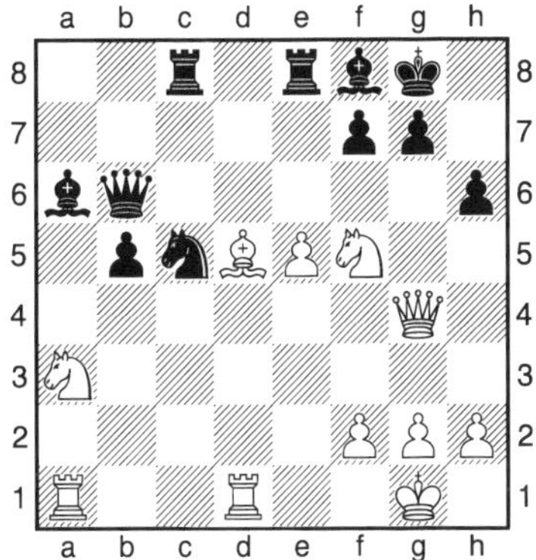

In der Partie Lilienthal – Landau (Amsterdam 1934) arbeitete Weiß mit ähnlichen Lenkungs- und Sperropfern.

1.Lxf7+! Kxf7 2.Td6 Lxd6

Denn ein beliebiger Wegzug der Dame hätte 3.Sxh6+ gxh6 4.Dg6+ nebst # zur Folge.

3.Dxg7+ Ke6 4.Sxd6

Weiß gewinnt in Abspielen wie 4...Tf8 5.Sxc8 Txc8 6.Dxh6+ nebst Dxb6 oder 4...Tb8 5.Sxe8, und auf 4...Dd8 5.Sxe8 Dxe8 folgt die muntere Jagd 6.Df6+ Kd5 7.Td1+ Ke4 8.f3+ Ke3 9.Dxh6+ Ke2 10.Dd2#.

Häufig entscheidet ein unscheinbarer Bauer den Tag, wie in Fischer – Mjagmarsuren, Sousse 1967, mit Weiß am Zug.

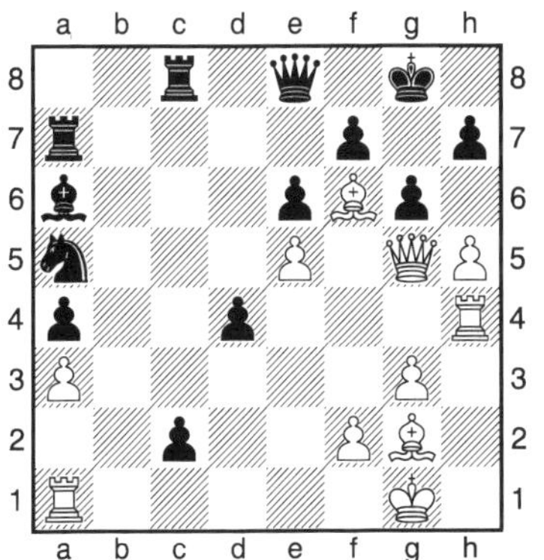

1.Dh6!

Und nicht etwa 1.hxg6?, denn nach fxg6 greift lebensrettend der Ta7 in die Defensive ein.

1...Df8 2.Dxh7+! Kxh7 3.hxg6+ Kxg6 4.Le4#

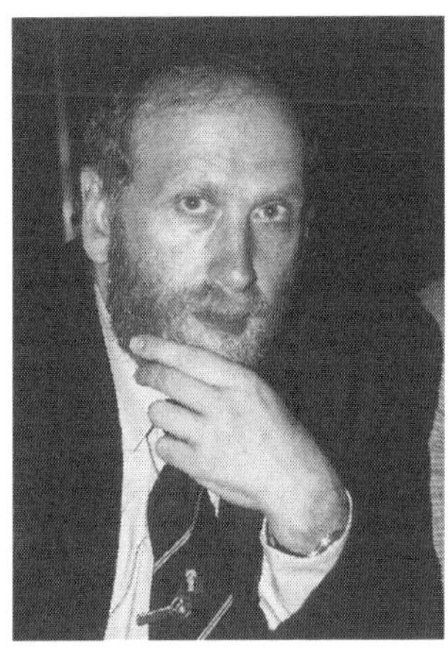

Bobby Fischer

ÜBUNGEN

Finden Sie jeweils einen kombinatorischen Gewinn für Weiß!

Nr. 89:

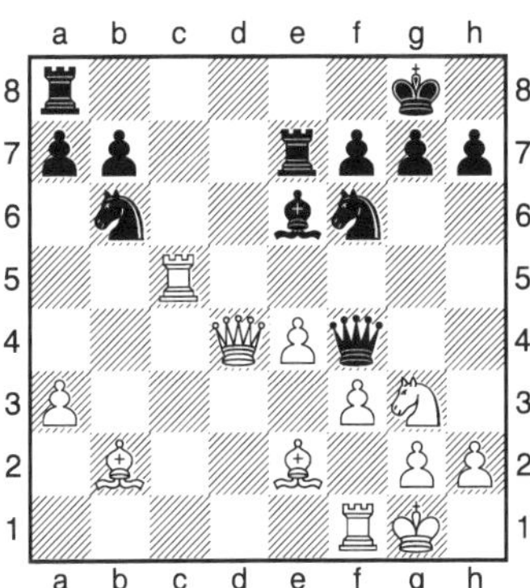

Nr. 90:

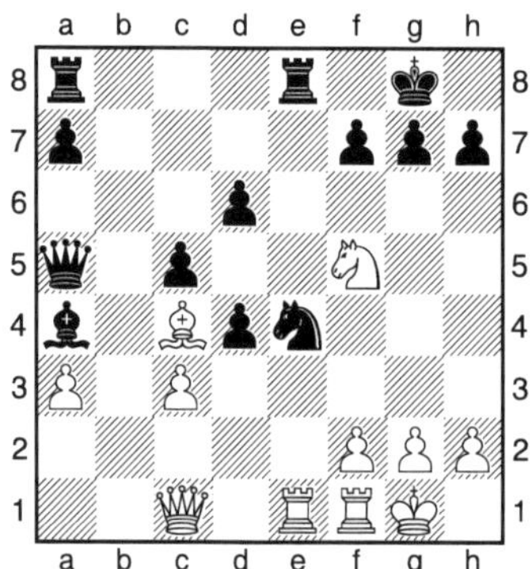

Nr. 91:

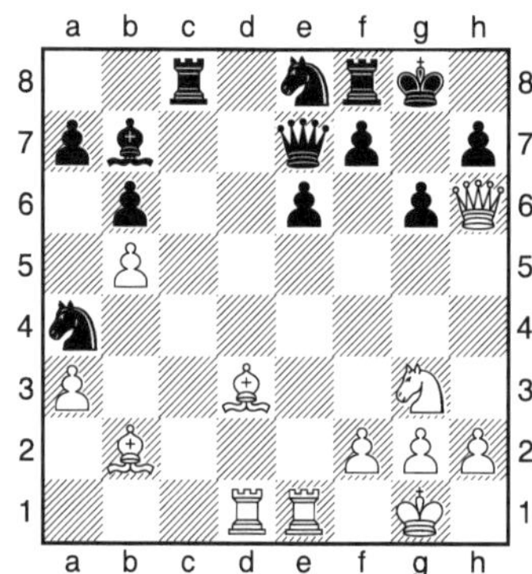

Nr. 92:

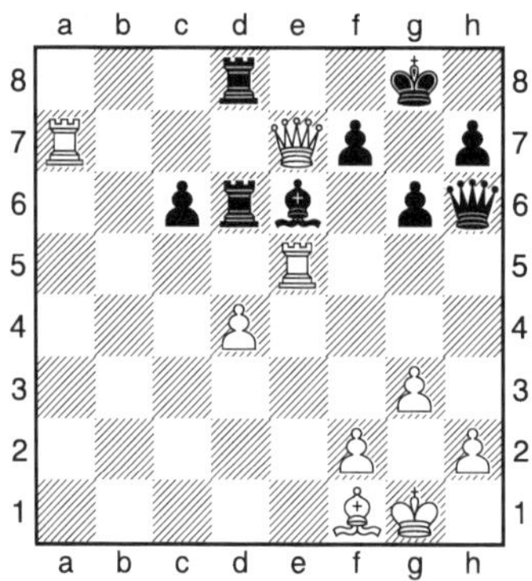

Zerstörung der Königsstellung

Die beiden letzten Kombinationstypen, ‚Zerstörung der Königsstellung' und ‚Herauslocken des Königs' sind eng miteinander verbunden. Und obwohl sie bereits Bestandteil vieler Beispiele waren, wollen wir sie noch einmal gesondert unter die Lupe nehmen.

Beginnen wir mit einem eindrucksvollen Beispiel aus der Partie Aljechin – Selesniew (1922) mit Weiß am Zug.

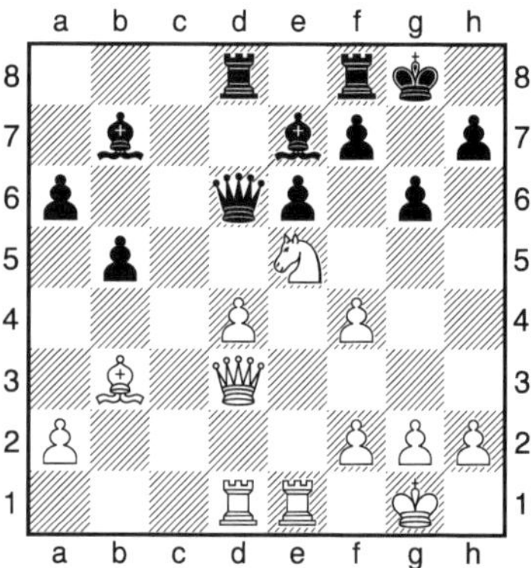

1.Sxg6! hxg6 2.Txe6! fxe6

Denn zieht die Dame weg, geht es selbstredend mit 3.Txg6+ weiter.

3.Dxg6+ Kh8 4.Lc2 mit unparierbarem Matt.

Tschistjakow – Panow
Moskau, 1949
Weiß am Zug

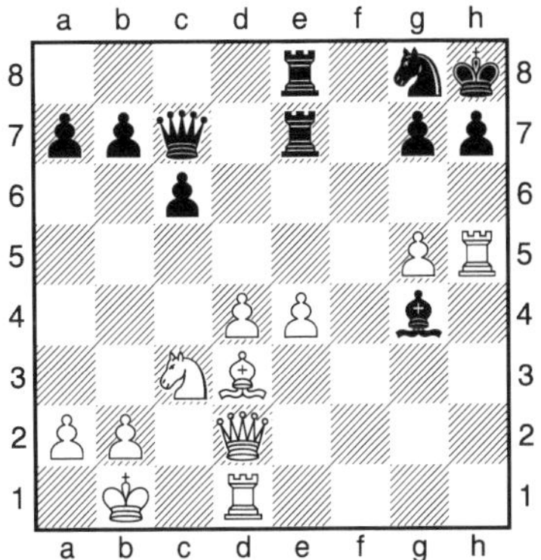

1.Txh7+! Kxh7 2.Th1+ Kg6 3.e5+

Nun beteiligen sich alle Figuren am Schlussangriff, und die verzweifelte Flucht in die Brettmitte kann selbstredend nicht gutgehen. Allerdings musste dies zu Beginn korrekt vorausberechnet werden, da Weiß ja im Falle eines Misslingens mit einem ganzen Turm weniger verbleiben würde.

3...Lf5 4.Lxf5+ Kxf5 5.Dd3+ Ke6 6.Dh3+ Kf7 7.g6+!

Die letzten Kräfte werden mobilisiert.

7...Kf8 8.Tf1+ Schwarz gibt auf.

Als wohlbekanntes Kombinationsmotiv kam das Opfer beider Läufer zur Entblößung des gegnerischen Königs erstmals in der Partie Lasker – Bauer vor. Später wurde diese (seither Lasker-Bauer-Kombination genannte) Methode häufig angewandt – hier z.B. in der Partie Kirilow – Furman mit Schwarz am Zug.

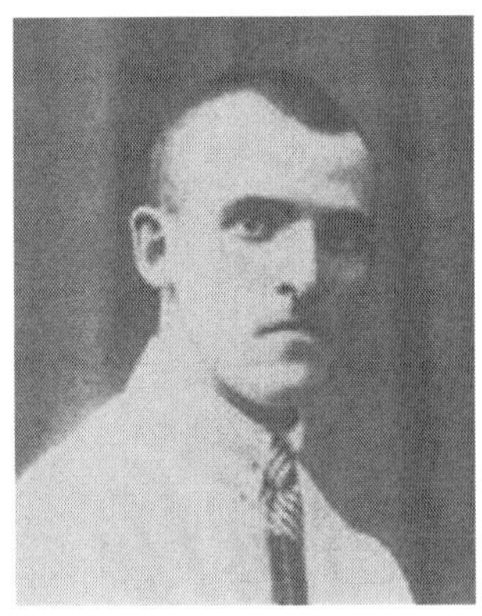

Vasily Panov

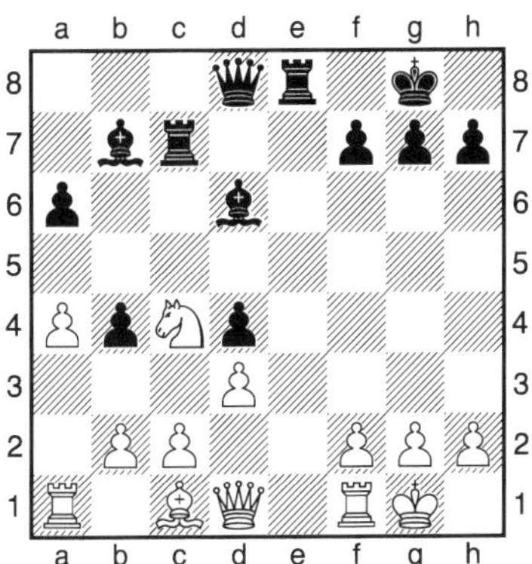

1...Lxh2+! 2.Kxh2 Dh4+ 3.Kg1 Lxg2! 4.Kxg2 Tc6!

Nach der nicht zu verhindernden Einschaltung des Turms ist Weiß verloren.

5.Lf4

Auch das Damenopfer 5.Df3 Tg6+ 6.Dg3 bringt nach der pointierten Folge 6...Te2! 7.Dxg6 fxg6 nebst Txc2 keine Rettung.

5...Dxf4 6.Th1 Tf6!

Verhindert die geplante Königsflucht über f1.

7.Th2 (7.Dd2 Df3+) **7...Tg6+** Wegen der Zwangsfolge 8.Kh1 Te1+ 9.Dxe1 Df3+ nebst Matt gab Weiß auf.

Auf originelle Weise zerschlägt Großmeister Portisch mit Weiß die Stellung seines Gegners Radulow (Budapest 1969)

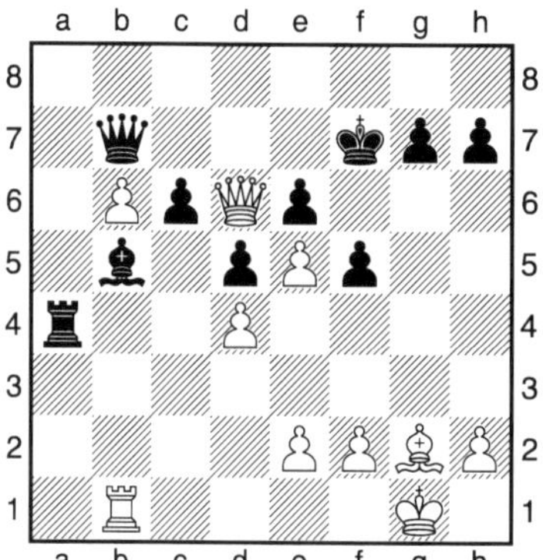

Auf den ersten Blick scheint der schwarze König vollkommen sicher zu stehen, doch wie so häufig trügt der Schein.

1.e4! Dxb6?

Ein klares Schocksymptom! Zwar ginge es auch nach **1...dxe4** (1...fxe4? 2.Lh3) 2.d5 exd5 3.e6+ Ke8 4.Lf1! mit der Idee 4...Lxf1 5.Dd7+! bzw. 3...Kf6 4.e7+ Kf7 5.Dd8 rasch zu Ende, da ja die schwarze Dame als Bremse für den weißen Freibauern unverzichtbar ist.

Allerdings hätte sich **1...Ld3!** besser zur Wehr gesetzt bzw. dem Weißen mehr Arbeit abverlangt – und zwar 2.Tc1 mit der Mustervariante 2...fxe4 3.Txc6! Ta1+ 4.Lf1 mit Gewinn, ungeachtet der Situation auf der eigenen Grundreihe.

2.exf5

Noch stärker war 2.exd5 bzw. 2.Dd7+ Kf8 3.exd5 usw.

2...Da7 3.Dxe6+ Kf8 4.Lxd5 cxd5 5.Txb5 Schwarz gibt auf.

ÜBUNGEN

Nr. 93: Schwarz am Zug – finden Sie die Gewinnkombination!

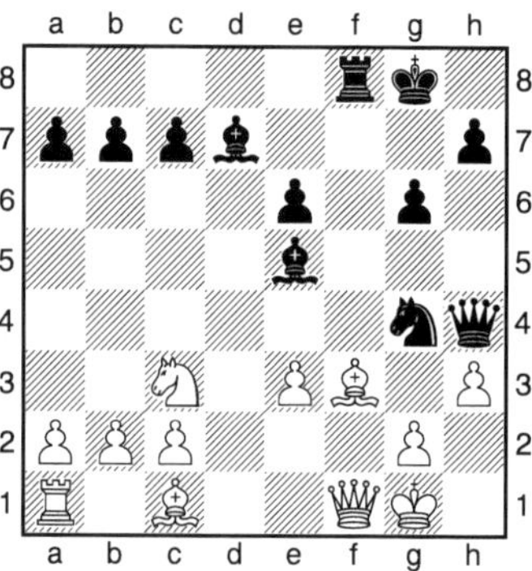

Nr. 94: Weiß am Zug – finden Sie die Gewinnkombination!

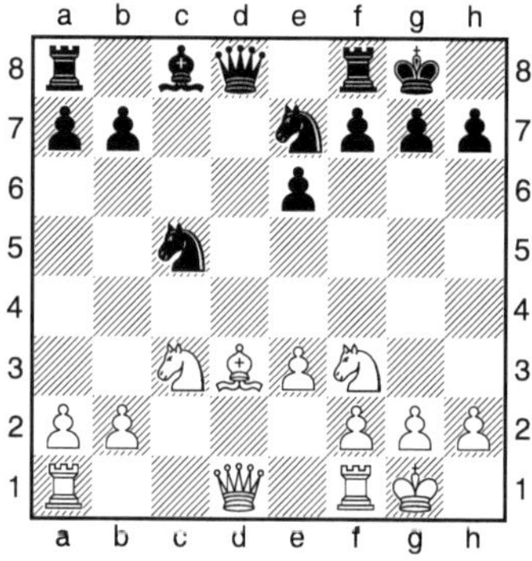

Nr. 95: Weiß am Zug – finden Sie die Gewinnkombination!

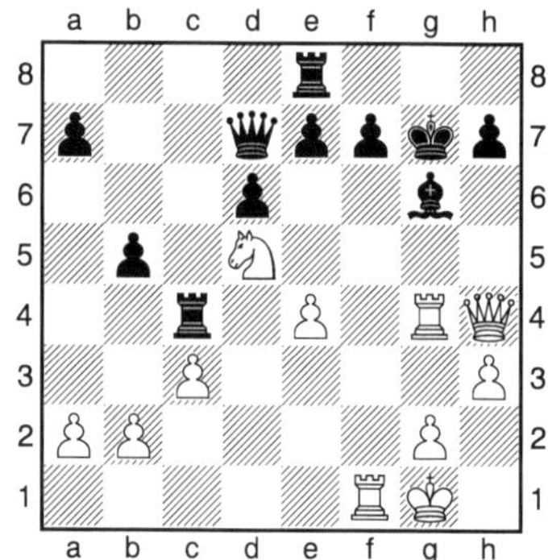

Nr. 96: Weiß am Zug – finden Sie die Gewinnkombination!

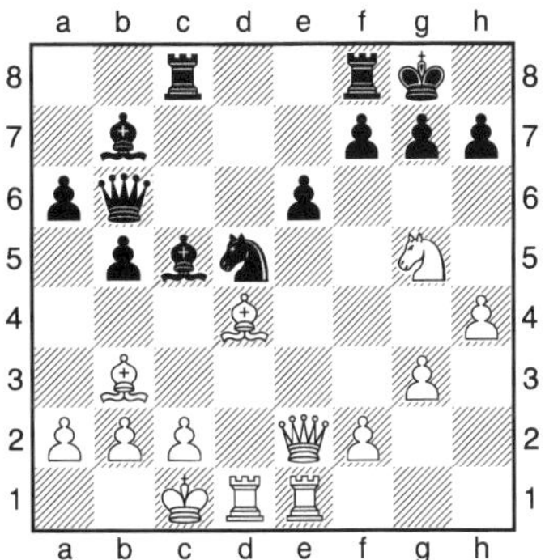

Herauslocken des Königs

Ein klassisches Beispiel für diese Art von Kombination bietet die Partie Ed. Lasker – Thomas (1912) mit Weiß am Zug.

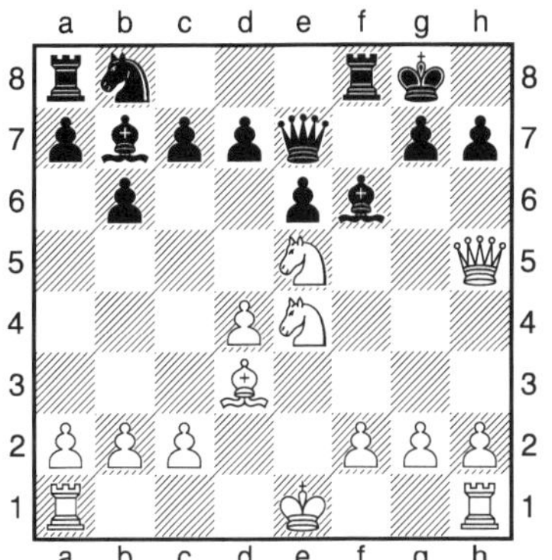

Mit vier Angreifern im Einsatz ist es kaum verwunderlich, dass etwas ‚drin' sein muss. Dennoch weckt die folgende Kombination seit ihrer Entstehung Stürme der Begeisterung.

1.Dxh7+!! Kxh7 2.Sxf6+ Kh6

Natürlich wäre es nach 2...Kh8 3.Sg6# gleich aus, doch endet die Königsflucht absolut forciert an höchst unvermuteter Stelle und durch einen höchst unvermuteten Zug.

3.Seg4+ Kg5 4.h4+ Kf4 5.g3+ Kf3 6.Le2+ Kg2 7.Th2+ Kg1 8.0-0-0#!

In der nächsten Stellung mit Schwarz am Zug drängt sich das Damenopfer direkt auf, doch muss alles bis zum Ende korrekt berechnet werden. Versuchen Sie es zuerst im Kopf!

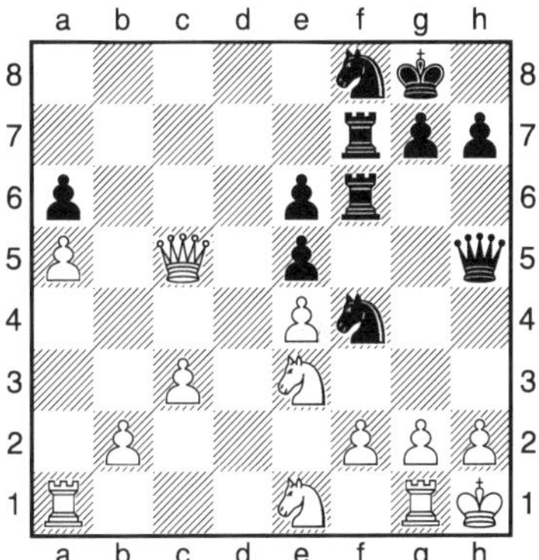

1...Dxh2+!! 2.Kxh2 Th6+ 3.Kg3 Se2+ 4.Kg4 Tf4+ 5.Kg5 Th2!?

Womöglich war dieser stille Zug (mit der Drohung 6...h6#) von Anfang an geplant, so dass Schwarz gar nicht mehr nach Alternativen Ausschau hielt. Tatsächlich würde 5...Tff6 oder 5.Tfh4 zu Matt in wenigen Zügen führen.

6.Dxf8+

Diese Verzweiflungstat zögert den Untergang nur hinaus.

6...Kxf8 7.Sf3?

So wird es doch noch ein Matt. Nach 7.Sg4 h6+ 8.Sxh6 gxh6+ 9.Kg6 Sxg1 hätte Schwarz ‚einfach nur gewonnen'.

7...h6+ 8.Kg6 Kg8! 9.Sxh2 Tf5!! 10.exf5 Sf4#!

Ein effektvoller Schluss.

Und hier noch ein abschreckendes Beispiel, was passieren kann, wenn man eine Kombination eben *nicht* korrekt berechnet.

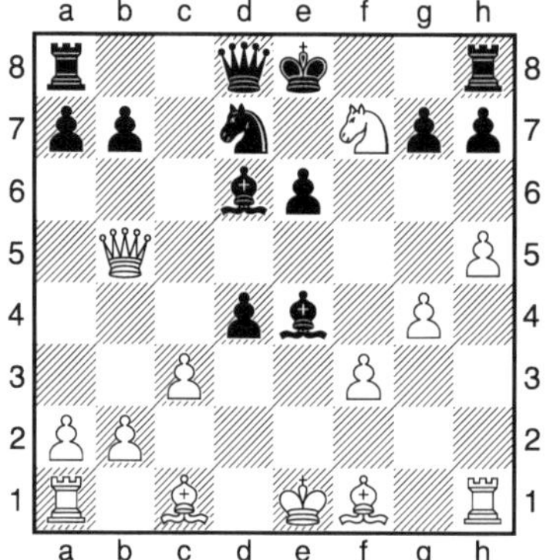

1...Lg3+ 2.Ke2

Mehr Widerstand war mit 2.Kd2 zu leisten, obwohl Schwarz nach 2...dxc3+ 3.bxc3 Dc7 4.fxe4 über den feinen und entscheidenden Angriffszug 4...0-0! verfügt

2...d3!? (2...Df6!? 3.fxe4 Dxf7) **3.Ke3**

Auf 3.Kd2 folgt diesmal pointiert 3...Kxf7 4.fxe4 Se5 5.Kd1 d2! 6.Lxd2 Lf4 7.De2 Sc4 usw.

3...Df6?

Die schwarze Devise lautete offenbar: „Der wird schon irgendwie matt!" Einfach gewonnen hätte **3...Kxf7** 4.Kxe4 Sf6+ 5.Ke3 Sd5+ 6.Kd2 Lf4+ bzw. 4.fxe4 Se5 mit der Drohung Dg5+, sofort oder nach 5.Dxb7+ Kg8 usw.

Tatsächlich scheint die weiße Lage immer noch bedenklich, aber ...

4.Kxe4 (4.fxe4? Dxf7) **4...Dxf7?**

Mit dem Zwischenzug 4...a6 war wenigstens noch ein gewisser Restvorteil zu sichern. Schwarz ist jetzt endgültig aus dem Konzept.

5.Th3! a6 6.Dg5 h6

Ein letzter interessanter Versuch lautete 6...e5!, und falls 7.Txg3, so folgt 7...Se5+ 8.Ke3 0-0 mit der Idee 9...Df4+ 10.Kf2 Se4+.

7.De3 e5 8.Kxd3 Lf4 9.Dg1 0-0-0 10.Kc2

Der König ist entwischt und das Spiel steht vollkommen gleich!

ÜBUNGEN

Nr. 97: Schwarz am Zug – finden Sie die Gewinnkombination!

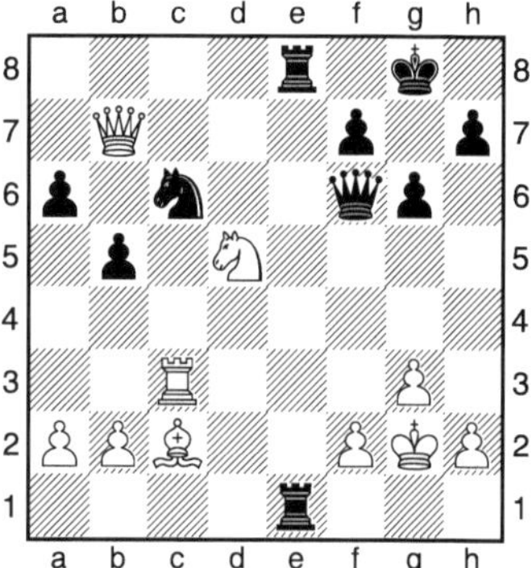

Nr. 98: Weiß am Zug – finden Sie die Gewinnkombination!

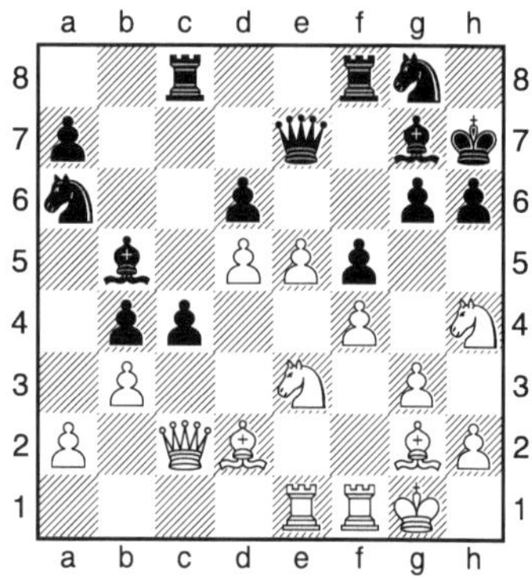

Nr. 99: Weiß am Zug – finden Sie die Gewinnkombination!

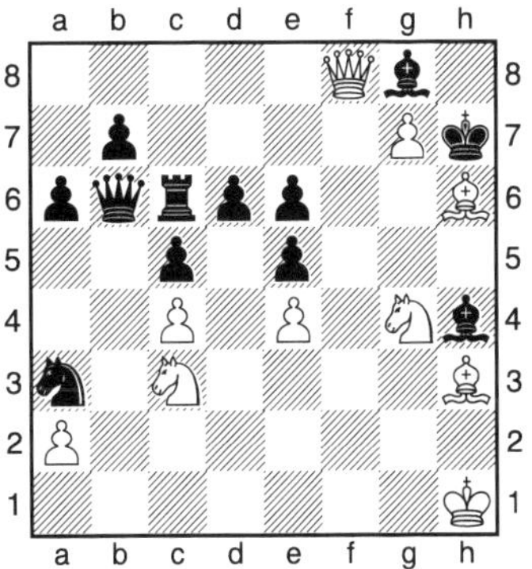

Nr. 100: Schwarz am Zug – finden Sie die Gewinnkombination!

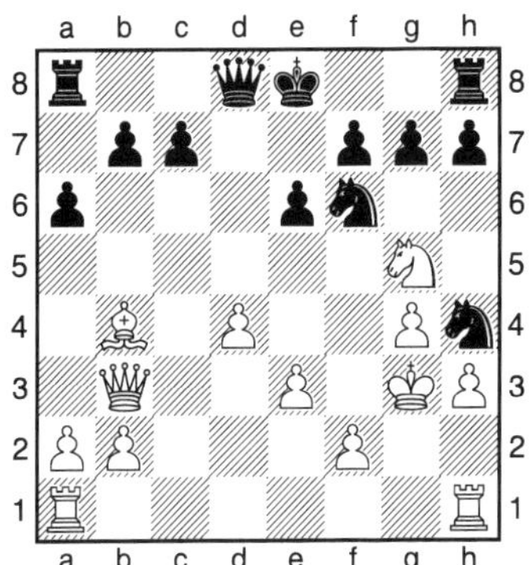

Bauernkombinationen

Hier müsste es eigentlich deutlicher heißen ‚Kombinationen mit Bauernverwandlung', schließlich ist das ein Moment, in dem die Materialverhältnisse komplett auf den Kopf gestellt werden können, so dass das ein oder andere Opfer schon eher gerechtfertigt ist.

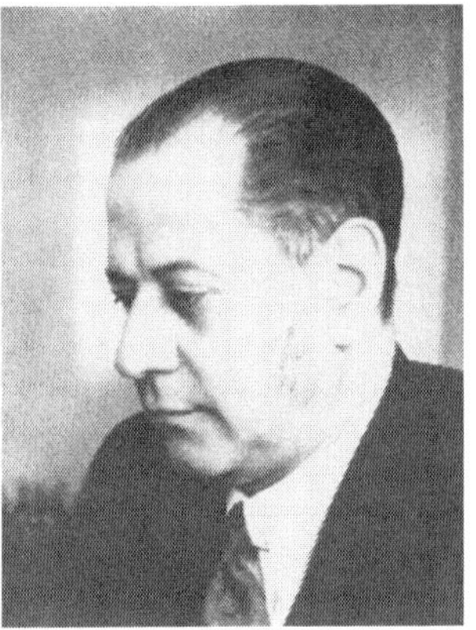

José Raúl Capablanca

Capablanca – Spielmann
New York 1927
Weiß am Zug

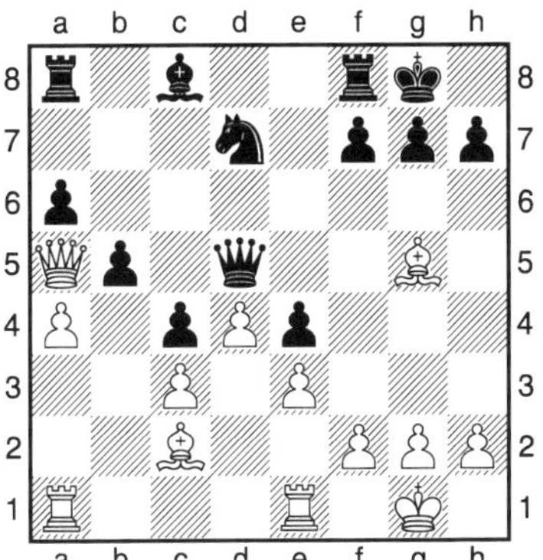

Hier ist zwar von einem gefährlichen Freibauern noch nichts zu sehen, schließlich ist d4 sicher blockiert, aber es geht ja auch um einen erst noch zu bildenden Kandidaten.

1.axb5!! Dxg5 2.Lxe4 Tb8

Nach 2...Ta7 3.b6 Dxa5 4.bxa7! wird noch drastischer deutlich, welche Rolle die ungedeckte schwarze Dame auf der 5. Reihe spielt.

3.bxa6 Tb5

Auch nach dem Damentausch kostet der Freibauer eine Figur, so dass Weiß auf jeden Fall mit zwei Mehrbauern ins Endspiel geht.

4.Dc7 Sb6 5.a7 mit baldigem Gewinn.

Große Begeisterung rief die folgende Miniatur aus der Partie Ortueta – Sanz (Madrid 1934) zu ihrer Zeit hervor.

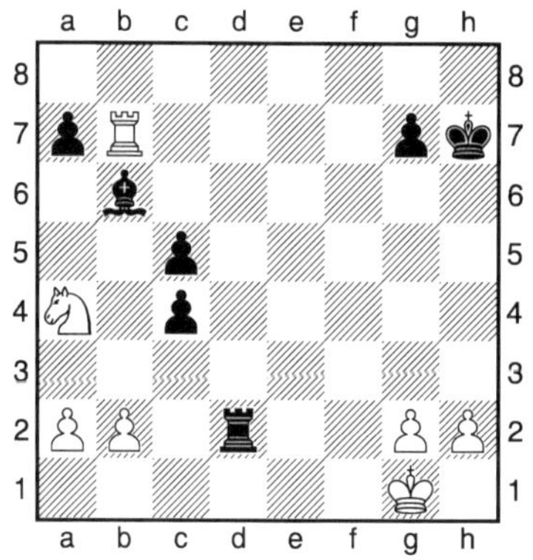

Schwarz am Zug.

Bei Materialgleichstand macht die weiße Stellung einen harmonischen und soliden Eindruck, und doch ist sie nach einer wirklich genialen Kombination forciert verloren!

1...Txb2!! 2.Sxb2 c3

Was soll Weiß nun tun? Nach 3.Sd3 c4+ 4.Txb6 cxd3! gewinnt das Freibauernpaar. Und zieht der Springer auf ein anderes Feld, so läuft der c-Bauer durch. Weiß versuchte noch das Beste.

3.Txb6!

Um nach 3...axb6?? 4.Sd3 sogar zu gewinnen, aber die Krönung der Kombination steht erst noch bevor!

3...c4!! 4.Tb4 a5!!

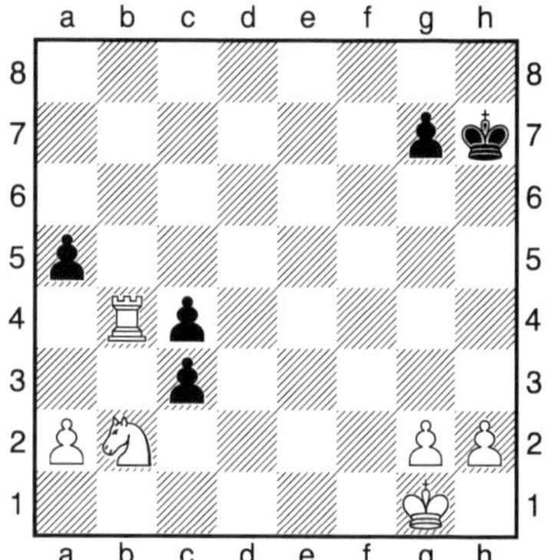

Eine unglaubliche Position! Drei im Prinzip schwache Bauern tricksen Turm und Springer aus!

5.Sa4 axb4 Weiß gibt auf.

Und gleich noch ein Beispiel für die Durchschlagskraft eines bescheidenen Bauern.

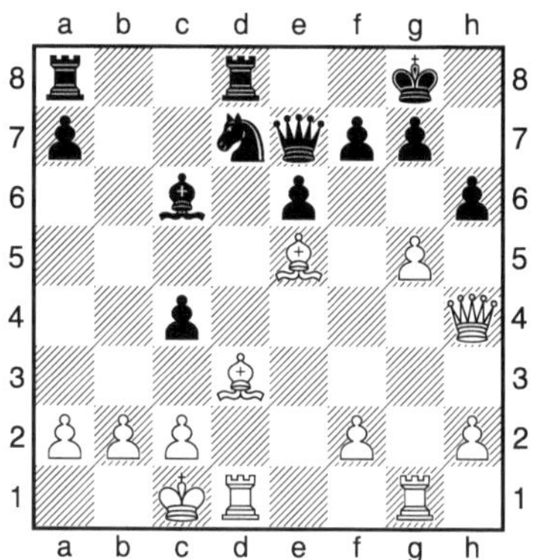

Weiß spielte überraschend **1.Dxh6!! gxh6 2.gxh6+ Kf8 3.Tg8+! Kxg8 4.h7+ Kf8 5.h8D#.**

Eine Sonderform der Bauernverwandlung ist bekanntlich die so genannte Unterverwandlung, und auch diese bildet das Gewinnmotiv von so mancher Kombination.

Furman – Keres
Moskau 1948
Weiß am Zug

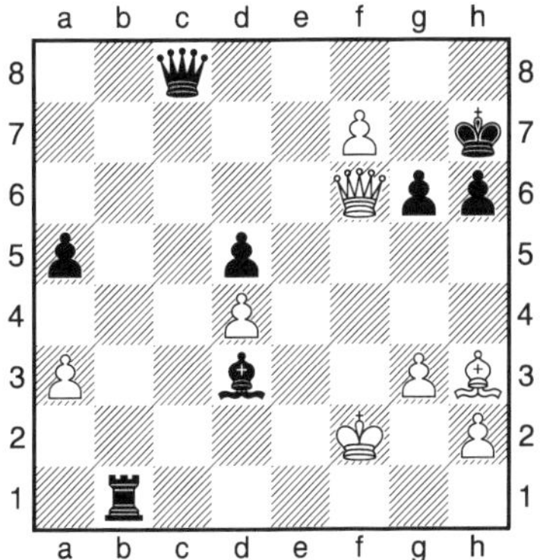

Da das unbesonnene 1.f8D? nach 1...Dc2+ 2.Ke3 De2+ 3.Kf4 De4 zum Matt führt, wählte Weiß klug und bescheiden **1.f8S+! Kg8.** Und nachdem auch die letzte Falle 2.Lxc8? Tf1+ mit **2.Le6+!** vermieden wurde, gewann Weiß mühelos.

Zum Abschluss noch zwei Beispiele mit zwei oder gar drei verbundenen Freibauern, gegen die auch halbe Armeen machtlos sein können.

Besonders bemerkenswert diese Stellung aus einer uralten Partie (1834) zwischen McDonnell und La Bourdonnais.

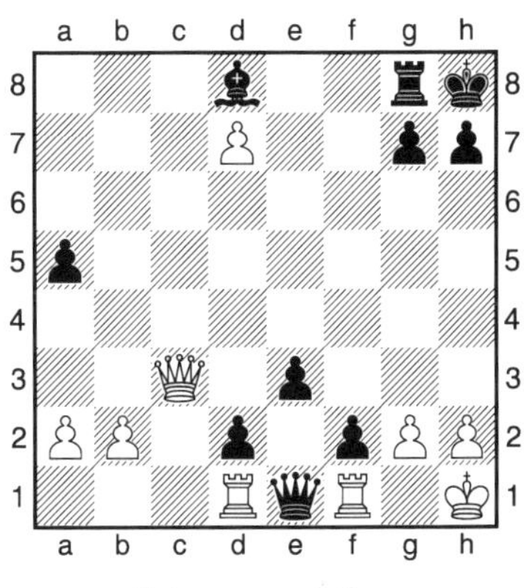

Schwarz am Zug.

Das folgende Damenopfer funktioniert selbstredend zu beiden Seiten hin, aber Schwarz entschied sich für **1...Dxd1 2.Txd1 e2** nebst Gewinn.

Besonders spannend kann es werden, wenn sich nach Bauernverwandlungen mehr als nur *zwei* Damen auf dem Brett tummeln. Wie hier in der Partie Rowner – Guljdin, Moskau 1939.

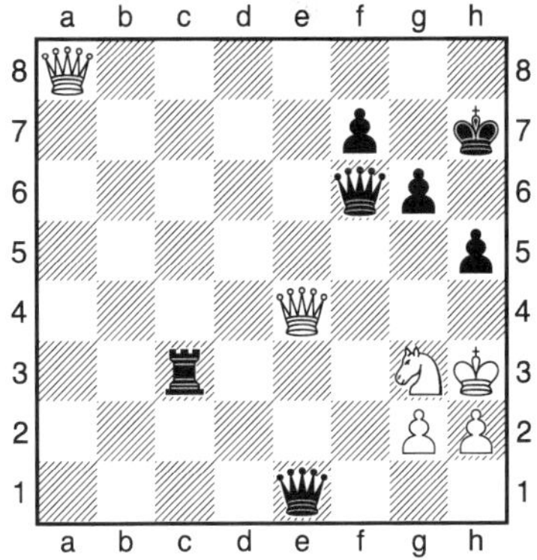

Weiß am Zug steht scheinbar komplett auf Verlust, wenn da nicht eine gewisse Kleinigkeit gegeben wäre.

1.Dg8+! Kxg8 2.De8+ Kh7 3.Dg8+!

Denn was einmal gut war, wird ja im Laufe der Zeit kaum schlechter!

3...Kh6 4.Dh7+ Kg5 5.Dh6+ Kxh6 Patt!

ÜBUNGEN

In allen vier Beispielen gewinnt Weiß am Zug.

Nr. 101:

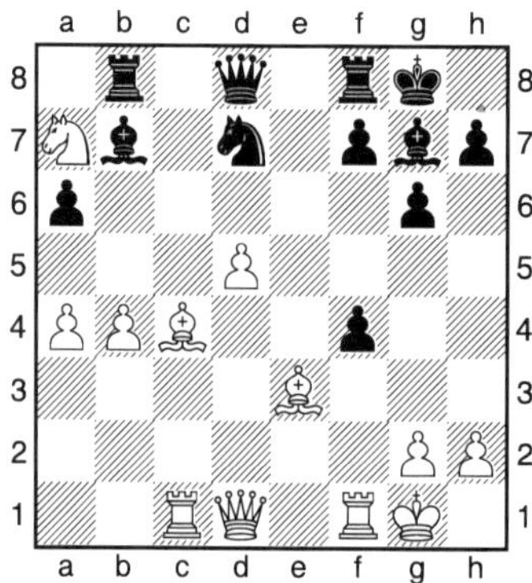

Nr. 103:

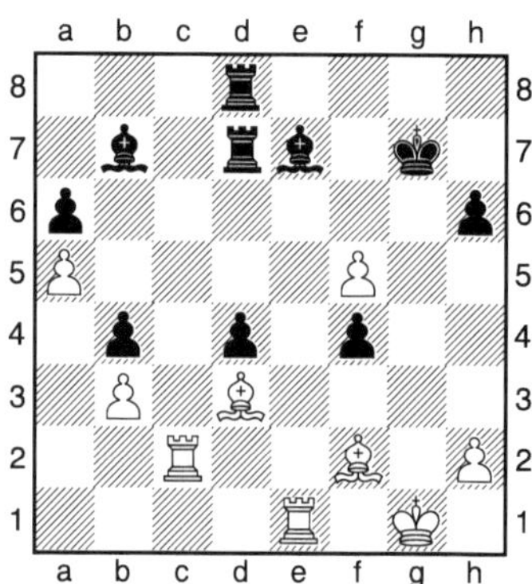

Nr. 102:

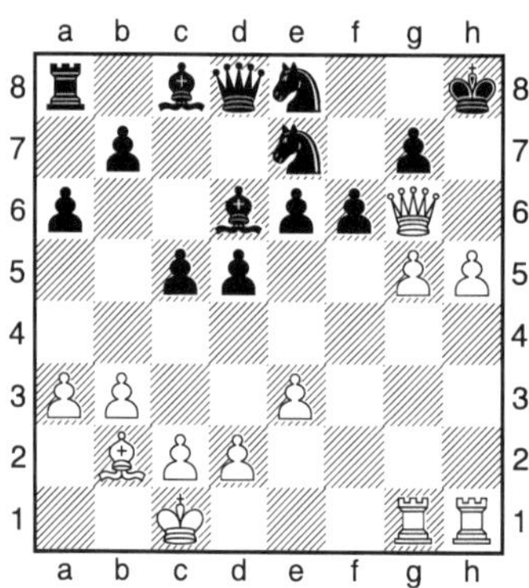

Nr. 104:

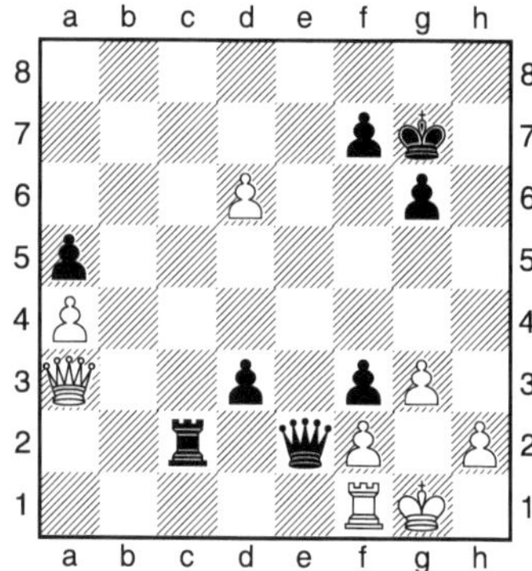

Ausnutzung ungünstiger Figurenkonstellationen

Zu diesem dritten Bereich von Kombinationen gehört das (zum Großteil bereits verwendete) Spezialvokabular wie Doppelangriff, Fesselung, Falle, Hineinziehung, Ablenkung, Verstellung usw.

Am einfachsten stellt sich zumeist der Doppelangriff dar, ein Bauernspieß gegen zwei Wertgegenstände des Gegners – oder gar ein so genanntes ‚Familienschach' mit dem Springer, der ja theoretisch mit einem Sprung bis zu *sieben* gegnerische Figuren angreifen kann.

Andrejew – Doluchanow
Leningrad 1935
Schwarz am Zug

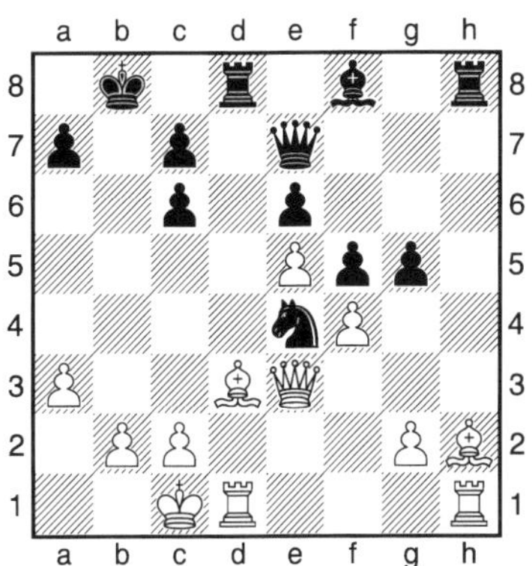

Zwar ist der Springer bereits in der gegnerischen Hälfte verankert, jedoch greift er nichts von Bedeutung an, sondern steht ganz im Gegenteil selbst unter Druck. Allerdings kann Schwarz die Gunst des Augenblicks für einen verblüffenden Überfall nutzen.

1...Txh2!!

Das ästhetische Moment dieser Kombination liegt u.a. darin, dass der erste Schlag am extremen Königsflügel erfolgt (um einen Verteidiger von Td1 abzulenken) – und der zweite dann in maximaler Entfernung dazu.

2.Txh2 Dxa3! 3.bxa3

Die Ablehnung des Opfers 3.Kb1 führt nach 3...Sc3+! 4.bxc3 Ka8! mit der Drohung Tb8# zum Verlust. Jetzt jedoch kommen die Leichtfiguren zum Einsatz – speziell eben der Springer!

3...Lxa3+ 4.Kb1 Sc3+ 5.Ka1 Lb2+! 6.Kxb2 Sxd1+ 7.Kc1 Sxe3 Weiß gibt auf.

In der folgenden berühmten Partie triumphiert Schwarz nach einer zehnzügigen Kombination mit einem Doppelangriff durch den Läufer.

Réti – Aljechin
Baden-Baden 1925
Schwarz am Zug

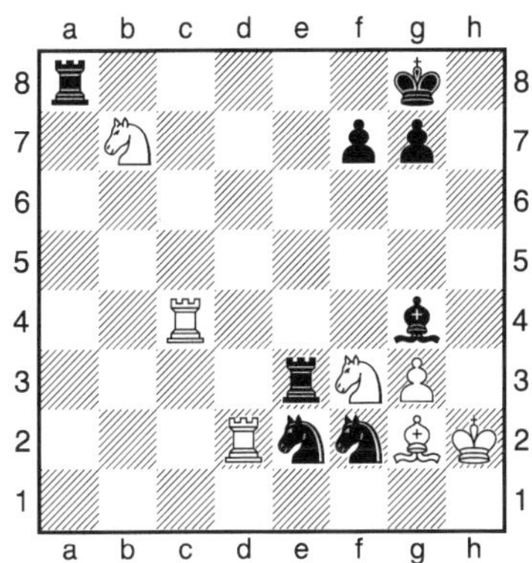

1...Le6

Der Vollständigkeit halber sei erwähnt, dass zwei Gewinnalternativen in 1...Ta6 bzw. 1...Se4 gegeben waren.

2.Tcc2

Auch die bessere Verteidigung 2.Tb4 verliert, da Weiß nach 2...Sg4+ 3.Kh3

Se5+ 4.Kh2 Txf3! 5.Txe2 Sg4+ 6.Txg4 Lxg4 7.Lxf3 Lxf3 8.Te7 Ta1 auch noch seinen letzten Bauern hergeben muss. Im Text jedoch verliert er eine ganze Figur.

2... Sg4+ 3.Kh3 Se5+ 4.Kh2

Nach 4.Kh4? lautet die schnellste Mattsetzung 4...Te4+ 5.g4 Txg4+ 6.Kh3 Th4+! 7.Kxh4 Sg6+ 8.Kg5 f6+! 9.Kxg6 Sf4#.

4...Txf3! 5.Txe2 Sg4+ 6.Kh3 Se3+ 7.Kh2 Sxc2 8.Lxf3 Sd4 9.Te3 Sxf3+ 10.Txf3 Ld5 Weiß gibt auf.

Neben der ‚Gabel' ist jedem Anfänger bereits aus frühester Praxis auch die ‚Fesselung' als beliebtes bzw. gefürchtetes taktisches Werkzeug bekannt. Hier einige Beispiele, bei denen Fesselungen den wichtigsten Bestandteil mehrzügiger Kombinationen bilden.

Trifunovic – Golombek
Amsterdam 1954
Weiß am Zug

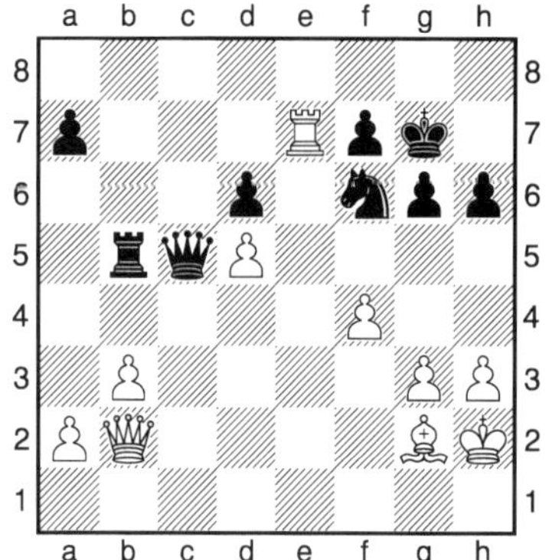

Bei energischem Vorgehen ist der gefesselte Springer dem Tode geweiht.

1.g4 g5 2.h4! Kg6 3.Le4+!

Statt nun nach der Rückkehr 3...Kg7 doch noch den Springer zu verlieren, wählte Schwarz lieber **3...Sxe4 4.h5+ Kh7 5.Txf7+ Kg8 6.Dg7#**.

Beim nächsten Beispiel mit Weiß am Zug führt die Nutzung mehrerer gefesselter Figuren in der langen schwarzen Diagonale letztlich zu einem erstickten Matt.

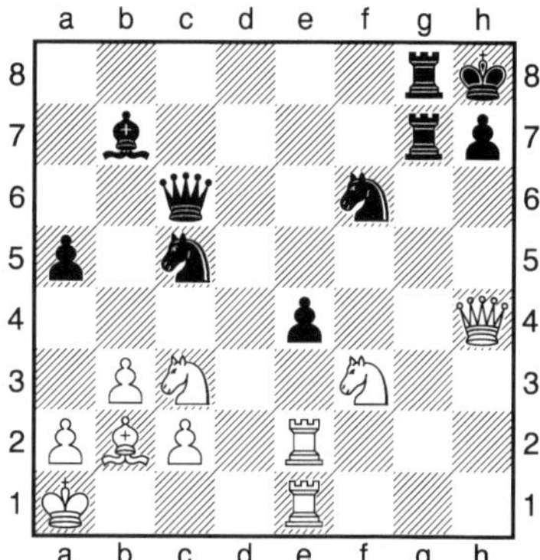

1.Sxe4! Scxe4 2.Txe4 Sxe4 3.Txe4 Dxe4 4.Sg5!

Dies droht nicht nur Damengewinn, sondern auch Matt durch Dxh7 bzw. Sf7.

4...Dg6 5.Dxh7+! Dxh7 6.Sf7#

Um Figurenfang geht es im nächsten Beispiel (Karaklajic – Bely, 1957) mit Schwarz am Zug – genauer gesagt um den einer Dame.

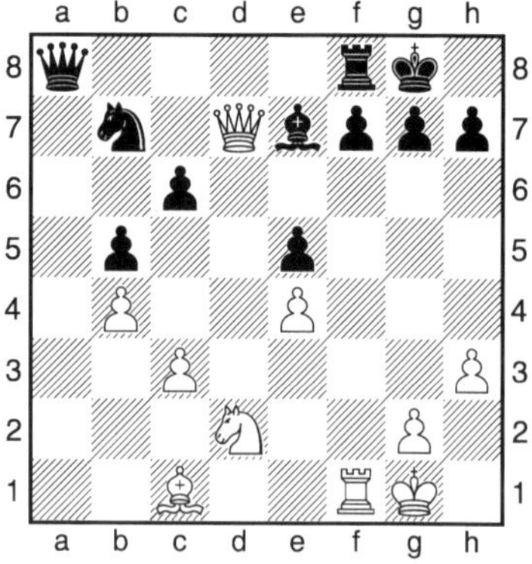

Weiß war zwecks Bauerngewinn mit der Dame nach d7 vorgedrungen. Nach dem vermeintlich grob fehlerhaften **1...Dc8!** ‚gewann' er mit dem arglosen **2.Dxe7?** sogar eine Figur, musste sich jedoch nach **2...f6!** mit der unparierbaren Drohung Te8 bzw. Tf7 von seiner Dame verabschieden. Entnervt gab Weiß sofort auf – wohl etwas verfrüht, zumal der Kampf mit Turm und Läufer gegen die Dame eine langwierige Defensive ermöglicht hätte.

Deutlich schwieriger können Kombinationen mit eingebauter Falle bzw. Hinterhalt sein. Oft ist die Einleitung nicht ersichtlich, weil das Motiv im Verborgenen liegt. Und selbst wenn man es aufspürt, heißt dies noch nicht, dass es überhaupt noch zu parieren ist.

Furman – Smyslow
Moskau 1949
Weiß am Zug

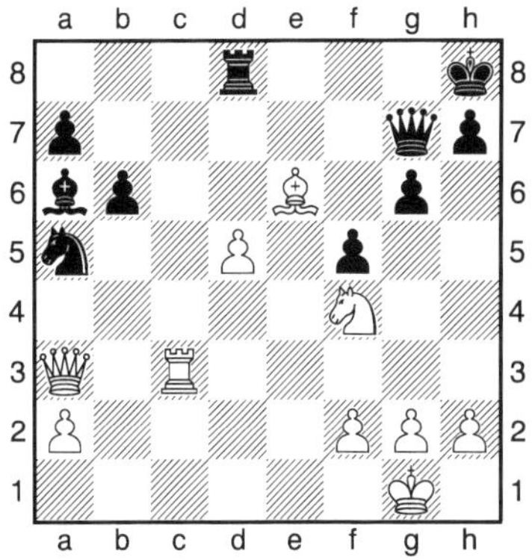

Auf den ersten Blick scheint die schwarze Stellung völlig in Ordnung. Dabei ist sie nach dem folgenden Zug, der von Weiß genial vorbereitet wurde, hoffnungslos verloren!

1.Db2!!

Ein harmlos wirkender, stiller Zug von enormer Kraft, der die Drohung 2.Sxg6+ hxg6 3.Th3# bzw. 2...Dxg6 3.Tg3+ nebst # mit sich bringt. Es sei erwähnt, dass auch 1.Dc1! (u.a. mit der Absicht 2.Tc7 Df6 3.Sxg6+!) gewinnt. Gegen beide Ansätze ist Schwarz machtlos.

1...Sc4 2.Sxg6+ Dxg6 3.Txc4+ Dg7 4.Dxg7+ Kxg7 5.Tc7+ Kf6 6.f4 Schwarz gibt auf.

In vielen Eröffnungsvarianten gehört eine bestimmte Art von Falle zum Handwerk.

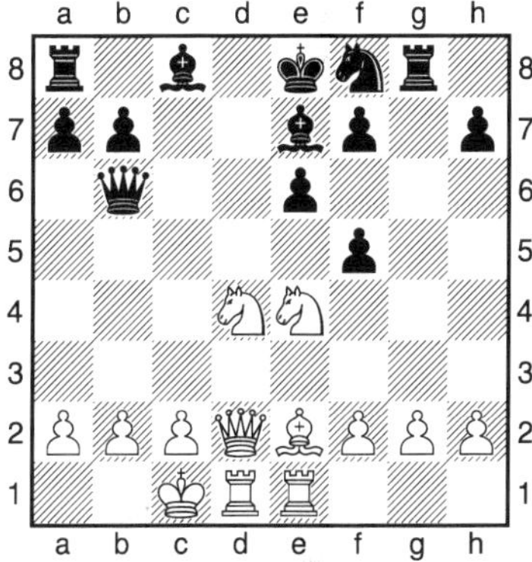

Weiß (am Zug) hat enormen Entwicklungsvorsprung, und der schwarze König steckt in der Mitte fest – ein Zusammenkommen von Faktoren, welches fast immer taktische Lösungen mit sich bringt, wie hier die Opfer-Kaskade **1.Sxf5! exf5 2.Sf6+! Dxf6 3.Dd8+! Lxd8 Lb5#.**

Und hier noch einige weitere Beispiele, deren Motive man unbedingt kennen sollte – nicht allein, um sie aktiv anzuwenden, sondern auch, um nicht zu deren Opfer zu werden!

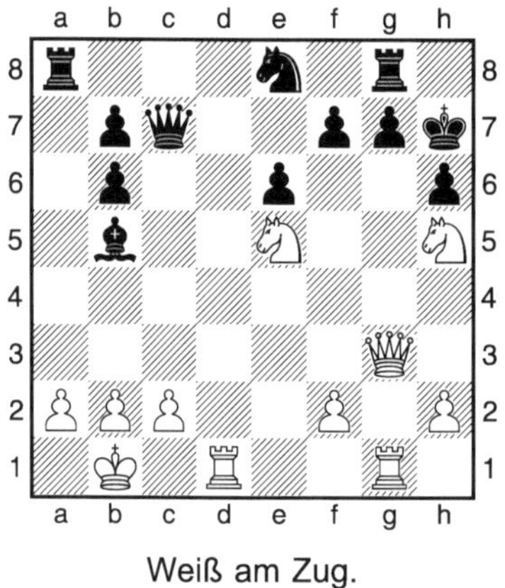

Weiß am Zug.

Wäre f7 nicht gedeckt, könnte Weiß forciert mattsetzen. Also folgt die vorbereitende Abschneidung **1.Td7! Lxd7** und dann die Hauptkombination **2.Dxg7+! Txg7 3.Txg7+ Sxg7 4.Sf6+ Kh8 5.Sxf7#**.

Leicht verständlich ist auch das Thema ‚Überlastung', denn genauso wie ein *Mensch* sich gelegentlich nicht um zwei, drei Sachen gleichzeitig kümmern kann – genauso kann es auch einer Schachfigur ergehen.

Taimanow – Kusminich
Leningrad 1950
Weiß am Zug

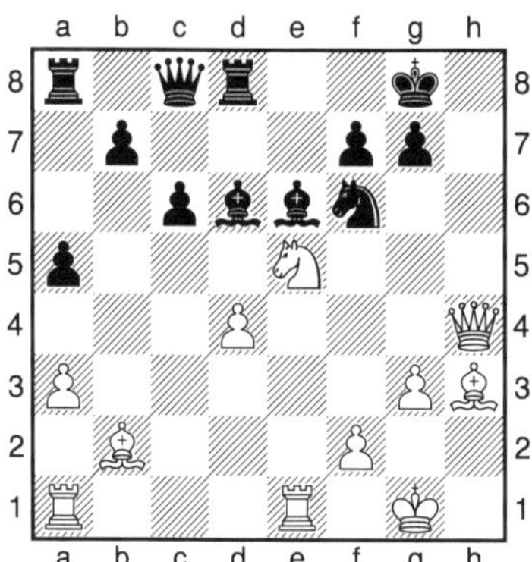

1.Sg6!

Dies droht Dh8#, und 1...fxg6 zieht 2.Lxe6+ mit Damengewinn nach sich.

1...Sh7

Und dieser Defensivversuch ermöglicht eine kraftvoll ästhetische Schlusskombination.

2.Txe6! fxe6 3.Dxd8+!

Überlastung und Ablenkung!

3...Dxd8 4.Lxe6#

Ein schönes und ökonomisches Mattbild.

Zum Thema ‚Ablenkung' hier ein Beispiel von Tarrasch mit Schwarz am Zug.

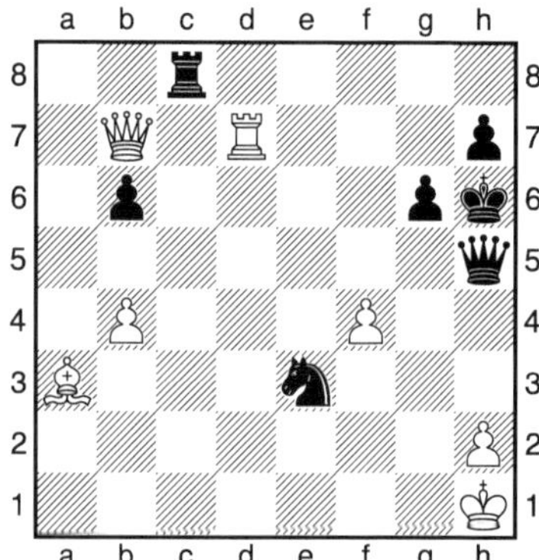

Gegen die weiße Drohung auf der 7. Reihe scheint kein Kraut gewachsen, denn 1...Th8? scheitert simpel an 2.Lb2. Und ein Schachgebot steht Schwarz ja nicht zur Verfügung, zumal sämtliche entsprechenden Felder gedeckt sind. Würde allerdings ein solches möglich, dann hätte es ja sofortiges Matt zur Folge!

Nun besteht die Rettung für Schwarz in der brachialen Ablenkung mittels **1...Tc7!!** – und die für Weiß in dem einzigen Zug **2.b5!** mit der Drohung Lf8#.

Und da der weitere Angriff 2...De2? an 3.Lf8+ Kh5 4.Txh7+ scheitert, folgte friedlich **2...Dd1+ 3.Txd1 Txb7** Remis.

Und zum guten Schluss noch ein Beispiel für ‚Hineinziehung' oder auch ‚Lenkung' aus der Partie Lasker – Ragosin, Moskau 1936, mit Schwarz am Zug.

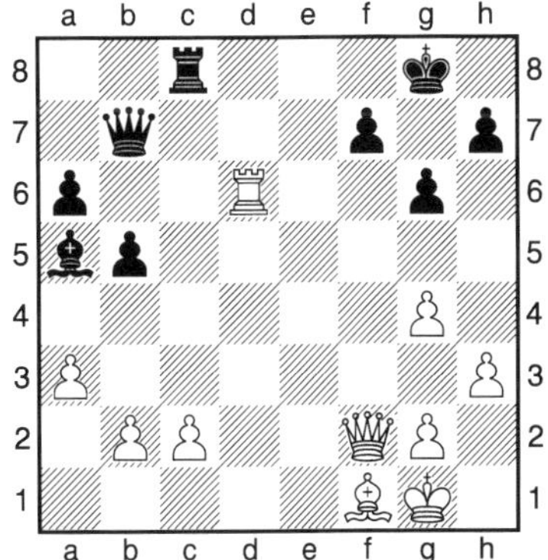

Das Leitmotiv, dass der weiße Turm zur Abwehr der Drohung Lb6 unverzichtbar ist, nutzte Schwarz für die Verfolgungsjagd **1...Lc7! 2.Tf6 Ld8 3.Td6 Le7 4.Tb6 Dxb6! 5.Dxb6 Lc5+** mit Gewinn der Qualität und der Partie.

ÜBUNGEN

Nr. 105: Schwarz am Zug gewinnt!

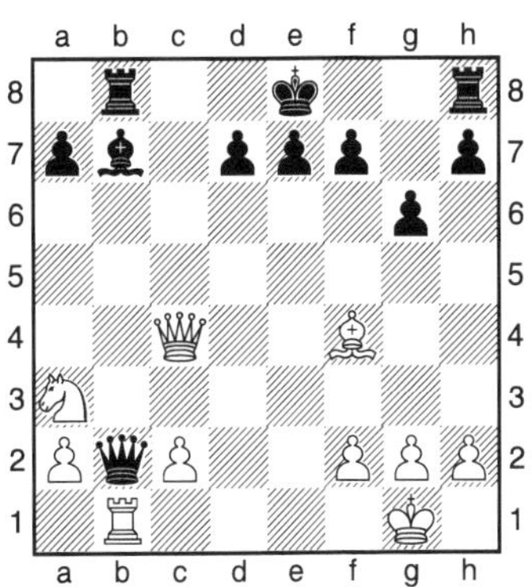

Nr. 106: Weiß am Zug gewinnt!

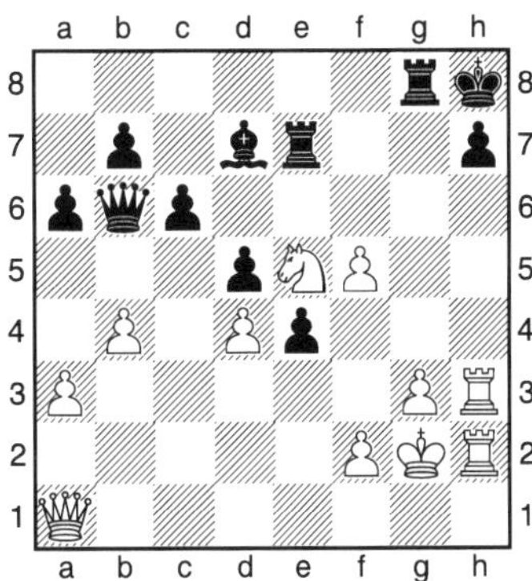

Nr. 107: Weiß am Zug gewinnt!

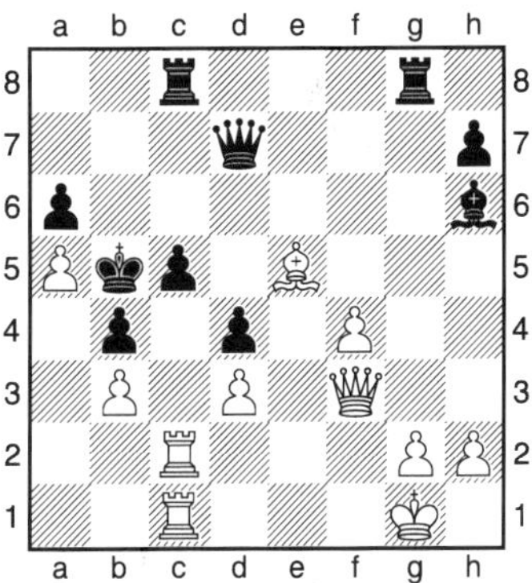

Nr. 108: Weiß am Zug gewinnt!

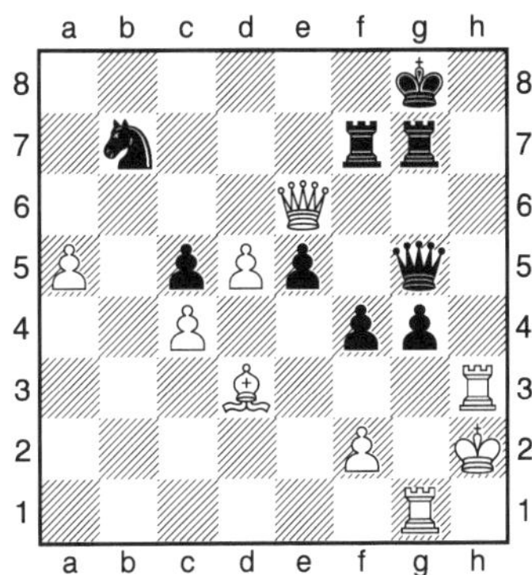

Nr. 109: Weiß am Zug gewinnt!

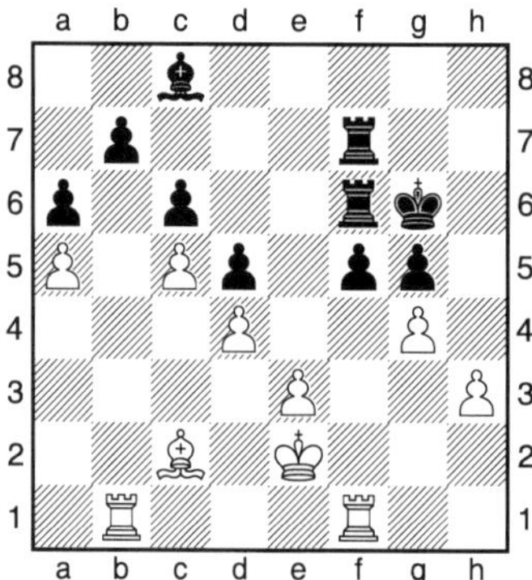

Nr. 110: Schwarz am Zug gewinnt!

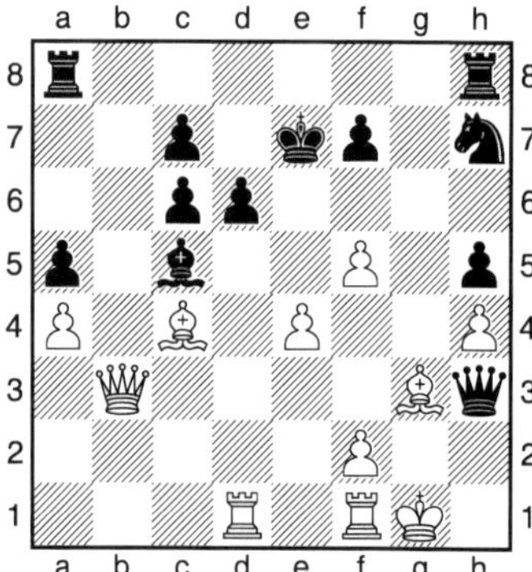

4. Urteil – Analyse – Plan

Wie bereits erwähnt und veranschaulicht, wird eine scheinbar solide Stellung mittels einer Kombination als unsolide entlarvt. Während taktisches Kapital eben häufig im Verborgenen schlummert, liegen positionelle Faktoren offenkundig sichtbar auf der Hand. Dabei kommt es einzig auf deren korrekte *Bewertung* an. Wer Vorteil besitzt, kann bzw. soll angreifen – wer in die Defensive gerät, sollte diese nicht minder entschlossen und einfallsreich führen.

Im Gegensatz zu solch klarer Rollenverteilung verlangen ausgeglichene Stellungen ein anderes Herangehen. Hier kommt es darauf an, sich weder zu einem ‚Hurra-Angriff' hinreißen zu lassen, noch zu halluzinieren, man müsse komplett auf Defensive umschalten. In solchen Situationen kommt es zu mehr oder weniger langen Phasen des Manövrierens (oder auch Lavierens).

Vor Steinitz verließen sich die Meister vornehmlich auf ihre Erfahrung, ihre Intuition sowie ganz einfach auf ihr Talent. Steinitz lehrte die Kunst der Analyse und der Stellungsbeurteilung, und bereicherte das Schachspiel somit um eine neue und äußerst wirksame Waffe.

Im Prinzip kann man sich dabei an einem Chemiker orientieren, der erforscht, um welche Verbindung es sich bei einem bestimmten Stoff handelt. Zuerst wird er in seine Einzelelemente zerlegt, und durch Feststellung der Mengenverhältnisse gelangt man zu einem genauen Urteil.

Auch der moderne Schachmeister zerlegt eine Stellung in ihre Einzelelemente und vergleicht deren Verhältnis bzw. Bedeutung zueinander. Wie in der Chemie wird dieser Prozess auch im Schach als ‚Analyse' bezeichnet. Es folgt die Synthese – im Schach: die Abschätzung bzw. Bewertung der Stellung. Diese kann erfolgen, sobald Art und Beschaffenheit der gegebenen Elemente bekannt sind.

Dabei gibt es im Schach keine mathematische Genauigkeit, und vieles kommt doch auf die persönliche Einschätzung durch den Spieler an. Entsprechend kann ein und dieselbe Stellung von verschiedenen Spielern durchaus unterschiedlich bewertet werden – ja es gibt sogar krasse Extreme, bei denen die Urteile von ‚gewonnen' bis ‚verloren' reichen.

Anhand seiner Stellungsbewertung geht der Spieler zur Planfassung über, wobei er sich auf einen ganzen Katalog von Details verlässt: Felder- oder Bauernschwächen, starke oder schwache Linien bzw. Diagonalen, Beherrschung von Zentrum und Raum sowie günstige bzw. ungünstige Figurenpostierung.

Der skizzierte Prozess setzt selbstredend nicht vom ersten Zug an ein, sondern erst nach Verlassen der Theorie. Nun zu den genannten Elementen im Einzelnen.

Starke und schwache Felder

Was ist das überhaupt – ein schwaches Feld? Einfach gesagt: Ein Feld, dass man nicht mehr mit Bauern, sondern nur noch mit Figuren kontrollieren kann, so dass sich gegnerische Figuren dorthin bewegen bzw. schlimmstenfalls sogar dort festsetzen können. Entsprechend ist dies aus Sicht des Gegners ein *starkes* Feld bzw. ein möglicher Vorposten.

Dies darf man aber (wie so vieles im Schach) nicht allzu dogmatisch sehen, spielt doch im modernen Schach die dynamische Spielauffassung eine bedeutende Rolle. So galt beispielsweise zu Zeiten des großen Dogmatikers Tarrasch in der Sizilianischen Partie eine Bauernstellung – Weiß: e4; Schwarz: d6, e5 ohne c-Bauer! – eben wegen der Felderschwäche d5 als vollkommen verfehlt.

Heutzutage gehört diese Struktur zum beliebtesten Sizilianischen Abspiel überhaupt – der so genannten Sweschnikow-Variante, die nach 1.e4 c5 2.Sf3 Sc6 3.d4 cxd4 4.Sxd4 Sf6 5.Sc3 e5 6.Sdb5 d6 entsteht.

In der Partie Lasker – Capablanca, Sankt Petersburg 1914, kam es zu folgender Stellung mit Weiß am Zug:

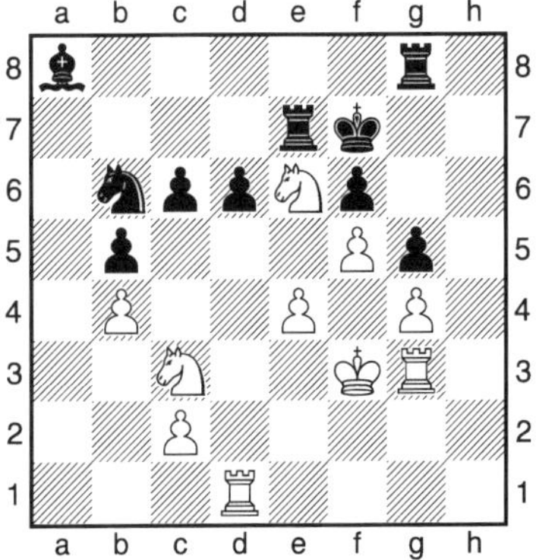

Wir wollen diese nach dem Prinzip der Einzelelemente untersuchen, und zwar analog zur Praxis – das heißt: nur in Gedanken, ohne die Figuren zu bewegen.

An Felderschwächen sticht sofort e6 ins Auge, zumal sich dort bereits ein äußerst aufdringlicher Springer im Herzen der gegnerischen Stellung festgesetzt hat. Selbstredend gibt es auf beiden Seiten etliche weitere Felderschwächen, nur sind ja vornehmlich diejenigen von Bedeutung, die von Figuren bereits sinnvoll genutzt werden bzw. die von Figuren zwecks sinnvoller Nutzung angestrebt und erreicht werden können. Diesbezüglich ist aus schwarzer Perspektive allenfalls c4 und ein eventueller

Springertransfer nach e5 von Bedeutung.

An Bauernschwächen ist einzig Bd6 nennenswert, der sogar gleich geschlagen werden könnte.

Ohne Damen oder aktive Läufer (der La8 kann ja beinahe als lebendig begraben bezeichnet werden) erübrigt sich die Suche nach nutzbaren Diagonalen, jedoch ist die Suche nach nutzbaren Turmlinien von umso größerer Bedeutung. Außer dem bereits bestehenden Druck in der halboffenen d-Linie kann Weiß auch jederzeit auf die a- und/oder die h-Linie schwenken. Letzteres könnten allerdings auch die schwarzen Türme.

Mit dem Bückenkopf des Bauern auf f5 (und somit in der gegnerischen Hälfte) ist auch beträchtlicher Raumvorteil gegeben. Und was allgemeine Figurenaktivität anbetrifft, so müsste sich bei Weiß nur noch der Damenspringer nach einer Beschäftigung umschauen (z.B. Se2-d4), während bei Schwarz der besagte halbtote Läufer nur auf die Zickzack-Aktivierung Lb7-c8 hoffen – bzw. davon träumen darf.

Vor jedem Versuch, die Stellung zu verstärken, wird auch der stärkste Spieler zunächst die Entfernung des Zentrumsbauern mit 1.Txd6 prüfen, die sich jedoch nach der Tempoaktivierung 1...Sc4 als ‚nur vorteilhaft' herausstellt. Denn in Varianten wie 2.Td1 Th8 3.Kg2 Ta7 bzw. 2.Td8 Se5+ 3.Ke3 Txd8 4.Sxd8+ Ke8 5.Se6 Ta7 oder 5...Th7 kann mindestens einer der schwarzen Türme zwecks Gegenspiel in die weiße Stellung eindringen.

Deswegen wartete Weiß als schlauer Fuchs mit dem Materialgewinn und übernahm stattdessen mit **1.Th3** eine bedeutende offene Linie.

1...Td7

Auf 1...Sc4 geht vorsorglich 2.Kg3 oder trickreich 2.Th7+ Ke8 3.Ta1!.

2.Kg3

Weiß geht keinerlei Risiko ein und bringt den König sowohl außer Reichweite des Manövers Sc4-e5 als auch des ‚toten' Läufers. Es ging aber wohl sogleich 2.e5! mit den Möglichkeiten 2...c5+ 3.Kg3 – 2...dxe5 3.Txd7+ Sxd7 4.Th7+ Ke8 5.Sc7 – 2...fxe5 3.Se4 c5 4.Th7+ Ke8 5.Sc7 mit Gewinn in allen Varianten.

2...Ke8 3.Tdh1 Lb7 4.e5!

Das entscheidende Räumungsopfer legt dem noch untätigen Damenspringer die Route Se4-c5 frei.

4...dxe5

4...fxe5 5.Th8; 4...c5 5.Th8

5.Se4 Sd5 6.S6c5

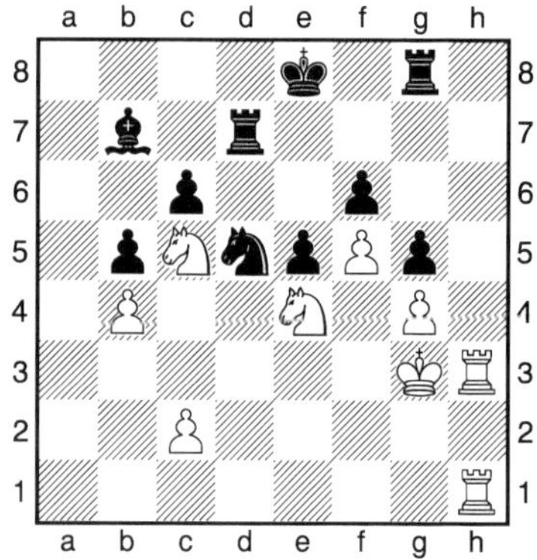

Weiß steht dermaßen auf Gewinn, dass etliche Nebenlösungen gegeben sind, so auch hier z.B. 6.Th8. Nun trampeln die weißen Springer alles nieder. Td7 darf nicht ziehen wegen 7.Sxb7 Txb7 6.Sd6+.

Schwarz sollte aufgeben, schaute sich die Sache jedoch lieber noch bis zum bitteren Ende an.

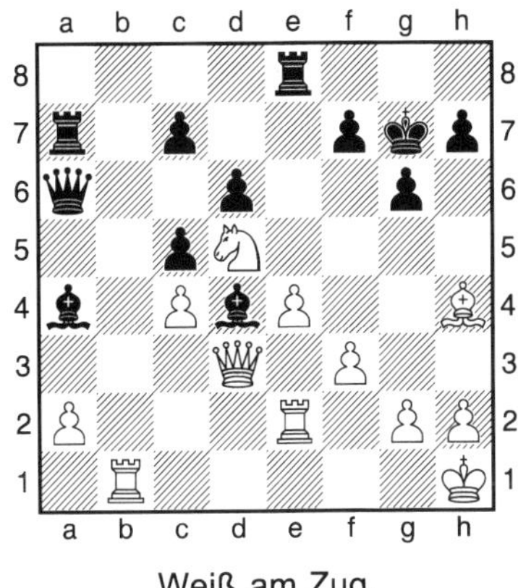

Weiß am Zug.

Wie leicht ersichtlich, ist im schwarzen Lager das königsnahe Feld f6 äußerst schwach. Auch ist der Großteil der schwarzen Armee wie durch eine Wand vom Königsflügel abgeschnitten. Kein Wunder also, dass Weiß in diesem Bereich so früh wie möglich aktiv wird und zu allererst dem Bewacher der besagten Schwäche nachstellt..

1.Lf2! Lxf2 (1...Le5? 2.f4) **2.Txf2** (droht 3.Dc3+) **2...Da5 3.De2!** (droht 4.Db2+) **3...f6**

Interessant wäre 3...Lc6!? 4.Db2+ Te5, um 5.f4? mit 5.Tb7 zu entkräften. Jedoch behält Weiß nach 5.Da1! einigen Vorteil.

4.Db2 Tf8?

Auch auf 4...Te6 folgt 5.g4!. Dennoch war dies besser, da bei Bedarf Kf7 möglich bleibt.

5.g4! h6 6.f4

Und hier war (statt 6...g5? 7.fxg5) so etwas wie **6...Lc6** erforderlich, obwohl danach **7.Sxf6!** den Angriff einen entscheidenden Schritt vorwärts bringt. Denn **7...Txf6? 8.g5 Lxe4+ 9.Kg1 Lxb1** verbietet sich wegen **10.Dxf6+ Kh7 11.Te2** nebst baldigem Matt.

Manchmal betrifft die Schwächung nicht nur ein einziges Feld, sondern gleich mehrere, die auf der gleichen Farbe liegen – eine so genannte Farbkomplex-Schwäche. Dann ist natürlich die Anwesenheit der entsprechenden Läufer von immenser Bedeutung. Im schlimmsten Fall fehlt dem ‚Besitzer' der Farbschwächen der entsprechende Läufer, während der Gegner noch über ihn verfügt.

Die nächste Stellung mit Schwarz am Zug stammt aus der Partie Alatorzew – Löwenfisch, UdSSR 1937.

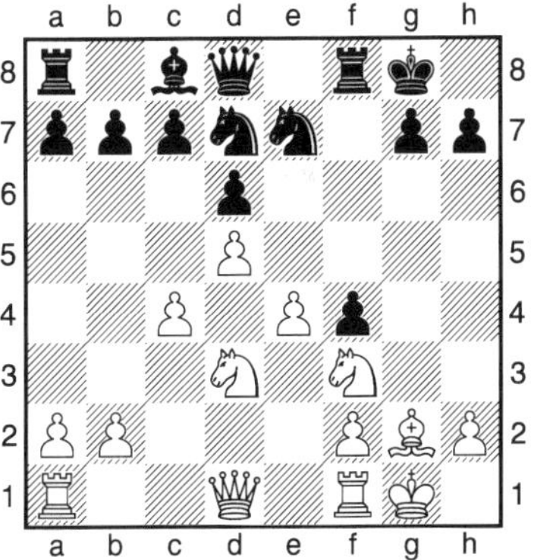

Analysieren Sie die Stellung zunächst nach dem obigen Muster, bevor Sie weiterlesen.

Dabei sollten sie nach Untersuchung der Einzelelemente zu dem Schluss kommen, dass die Stellung im Prinzip ziemlich ausgeglichen ist. Jedoch verfügt Schwarz über den minimalen Vorteil, dass er das Zentrumsfeld e5 komplett unter Kontrolle nehmen kann. In der Folge kann dann die Bauernmehrheit am Königsflügel vorgehen, und nach gezielten Tauschaktionen auf e5 kann es zum Königsangriff oder zum vorteilhaften Endspiel kommen. In der Partie sah dies folgendermaßen aus, wobei wir auf tiefschürfende Varianten verzichten und uns auf den allgemeinen Ablauf der Dinge konzentrieren.

1...Sg6! 2.Tc1

Denn nur in der c-Linie ist Gegenspiel zu erhoffen.

2...De7 3.Te1 Sde5

Über das Schlüsselfeld wird in der Folge ein Großteil der Armee abgetauscht.

4.Sfxe5 Sxe5 5.f3

Dies schwächt zwar weiter die schwarzen Felder, ist jedoch früher oder später unerlässlich.

5...b6 6.Sxe5 Dxe5 7.Dd2 Ld7 8.Dc3 Tfe8 9.Dxe5 Txe5 10.a3?

Erst dies ist ein ernstlicher Fehler. Zwar folgt auf **10.b4?** der Konter 10...a5, wonach Schwarz entweder die a-Linie erhält oder nach 11.b5 Ruhe am Damenflügel hätte und sich ganz auf den anderen Flügel konzentrieren könnte, wo ja seine Bauernmehrheit in den Startlöchern steht.

Die verpasste Chance, dringend erforderliches Gegenspiel aus dem Boden zu stampfen, war in dem Bauernopfer **10.c5!** gegeben, um sowohl 10...dxc5 als auch 10.bxc5 mit 11.b4 und guter Kompensation zu beantworten.

Zwar ist es nach dem Textzug immer noch ein weiter Weg für Schwarz, jedoch hat sich die Waagschale ein deutliches Stück zu seinen Gunsten geneigt.

10...a5 11.b3 Kf7!

Wo der wohl hin will?

12.Kf2 Kf6 13.Ke2 Th5 14.Th1 Ke5 15.Kd3 h6 16.h3 Tg5 17.Th2 Tg3 18.h4 Tg8 19.Ke2 g5 10.hxg5 hxg5 21.Kf2 g4 22.Th5+ Kd4 23.Td1+?

Den König dorthin zu treiben, wo dieser sowieso hin will, bedeutet das endgültige Aus für die weiße Sache. Nur mit 23.Th7 gxf3 24.Lxf3 war noch an Verteidigung zu denken, wenngleich diese nach 24...Lg4 auch nicht lange halten sollte.

23...Kc3 24.Th7 gxf3

Und da hier 25.Lxf3 an 25...Txf3+ nebst Lg4+ scheitern würde, fügte Weiß sich mit **25.Lf1** in sein Schicksal und gab bald auf.

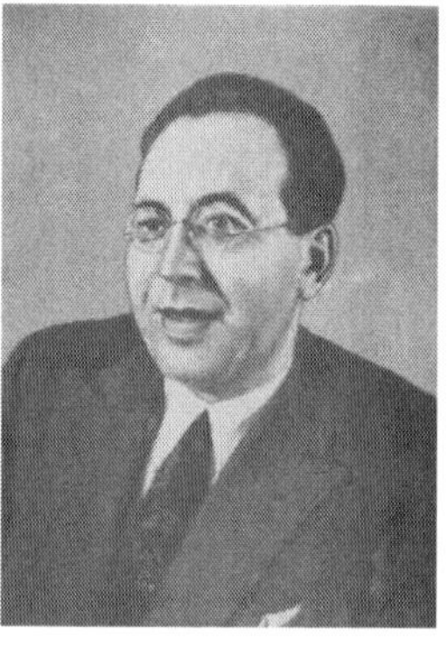

Grigorij Löwenfisch

ÜBUNGEN

Nr. 111: Weiß am Zug. Analysieren Sie die Stellung nach der Methode der Einzelelemente. Finden Sie einen Weg, um die positionellen Besonderheiten der weißen Stellung auszunutzen.

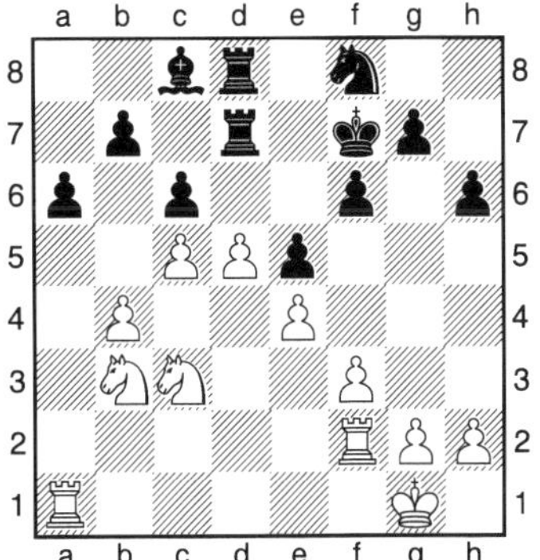

Nr. 112: Weiß am Zug. Wo gibt es Felderschwächen? Wie kann Weiß die Schwächen im gegnerischen Lager ausnutzen?

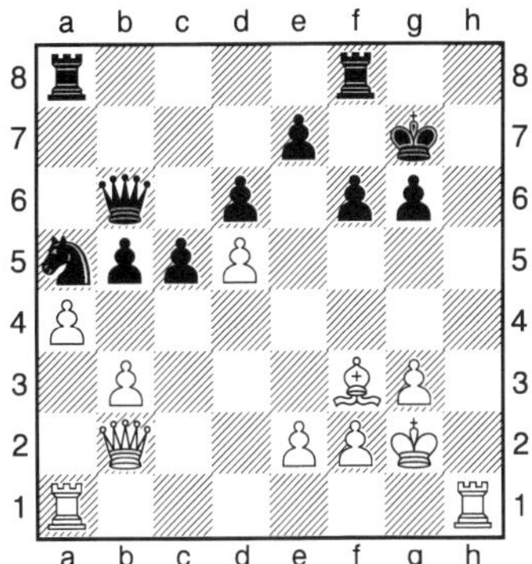

Offene Linien

Von der Bedeutung offener Linien war schon häufig die Rede. Besonders spürbar wird diese in Stellungen mit nur einer einzigen offenen Linie, die bereits von einer Seite beherrscht wird. In solchen Fällen wird der Herrscher über die Linie dort so viele Schwerfiguren wie möglich versammeln, um früher oder später in die gegnerische Stellung einzudringen. Und zwar in den allermeisten Fällen auf die 2. bzw. 7. Reihe, weil ja dort von Hause aus etliche Bauern anzutreffen sind.

Bevor Sie weiterlesen, bewerten Sie die folgende Stellung mit Weiß am Zug.

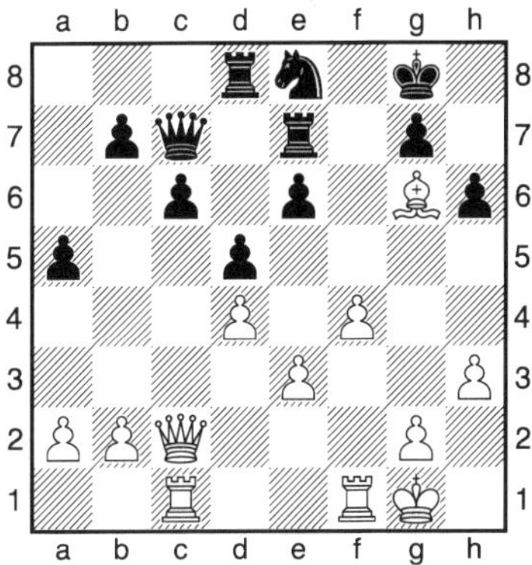

Gemäß der Bewertung der Einzelelemente müsste Ihr Urteil lauten, dass Weiß zumindest etwas besser steht. Denn einerseits garantiert Spiel in der Diagonale b1-h7 Initiative. Man stelle sich Dame und Läufer in umgekehrter Position vor! – Und andrerseits kann Weiß früher oder später mit den Bauern am Königsflügel vorgehen, während Schwarz in Ermangelung von Bauernhebeln und somit ohne Gegenspiel auf reine Verteidigung eingeschränkt bleibt.

1.Tf3

Wahrscheinlich macht sogleich 1.g4 keinen Unterschied, jedoch kann es nicht schaden, die Türme vor diesem Bauernzug so flexibel zu postieren, dass sie später sofort in einer sich öffnenden Linie verdoppelt werden können.

1...Sd6 2.g4 Tf8 3.Kh1 Kh8?

Womöglich ist diese unscheinbare ‚Parallelführung' des Königs der Keim des Untergangs. Da nämlich der weiße Angriff früher oder später zu einem Durchbruch führen wird, sollte Schwarz sich unbedingt die Option der Königsflucht zum anderen Flügel vorbehalten.

Besser also entweder 3...Tf6 oder auch 3...Dd7, um mit 4...b6 den Gegenstoß c5 anzustreben, wobei Bauer c6 ja wegen Tc8 taktisch gedeckt wäre.

4.Tg1 Dd8?

Offenbar ist Schwarz vollkommen ratlos – etwa so wie ein Kaninchen gegenüber einer Schlange. Zu versuchen war 4...b6, obwohl Weiß den Angriff mit 5.g5 hxg5 6.Dd1! konkretisieren könnte. Der Rest der Partie ist Schweigen und versteht sich von selbst.

5.Tfg3 Td7 6.g5 Sf5 7.Lxf5 exf5 8.gxh6 gxh6 9.Dg2!

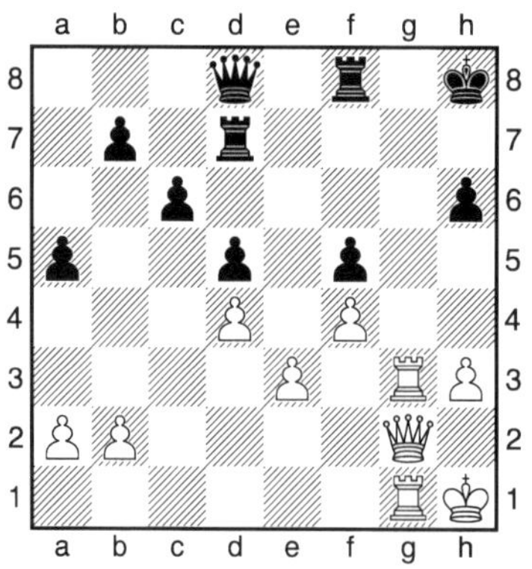

Die Einbruchsdrohungen – vorneweg 10.Tg7 nebst Dg6 – sind nicht mehr zu parieren.

9...Tdf7?

Die Notbremse 9...De8 mit der Absicht De4 wird am einfachsten mit 10.Kh2! entkräftet.

10.Tg6

Danach ist baldiges Matt nicht mehr zu verhindern.

Nach 10.Tg7 hingegen hätte Schwarz mit 10...De8! eine letzte Falle stellen können – nämlich 11.Dg6? (besser 11.Kh2) 11...De4+ 12.Kh2 Dc2+ mit Dauerschach, denn nach 13.Tg2? kommt Schwarz mit 13...Dxg2+! 14.Dxg2 Txg7 sogar in Vorteil.

ÜBUNGEN

Wie kann Weiß am Zug in beiden Fällen die offene c-Linie zum Gewinn nutzen?

Nr. 113:

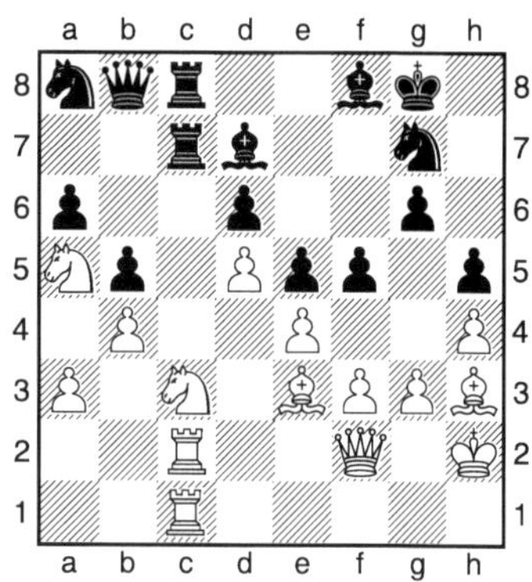

Nr. 114:

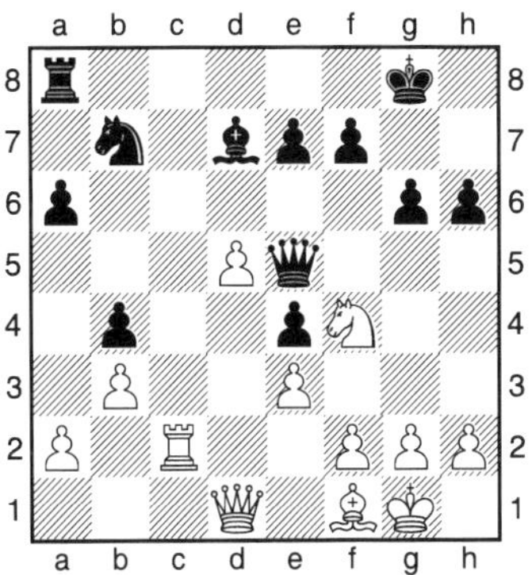

Die Diagonalen

Alles, was zu offenen Linien gesagt wurde, gilt selbstredend auch für Diagonalen. Hat man eine solche erobert, so folgt in aller Regel eine Kräftekonzentration darin – die Errichtung einer so genannten ‚Batterie' aus Dame und Läufer, wobei im Falle eines Königsangriffs die Dame möglichst vorneweg stehen sollte.

Betrachten und beurteilen Sie nun folgende Stellung mit Weiß am Zug.

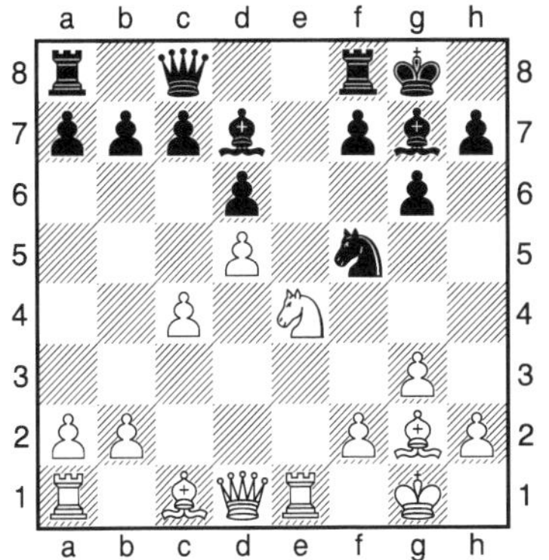

Gemäß Beurteilung der Einzelelemente steht das Spiel etwa gleich. Besonderes Interesse verdient die lange schwarze Diagonale. Momentan wird sie zwar von Schwarz beherrscht, aber wenn es Weiß gelingt, den Fianchettoläufer zu tauschen, so erhielte er die Chance, die Diagonale zu übernehmen und dann speziell auf Nutzung des Feldes f6 zu hoffen. Selbstredend könnten beide Seiten in der Folge mehrmals besser fortsetzen, aber es geht uns ja nur um die Demonstration des Prinzips.

1.Tb1

Um einen Zug des b-Bauern nebst Lb2 folgen zu lassen.

1...Te8 2.b4 Dd8 3.Lb2 Tb8 4.Dd2 b6 5.Lxg7

In der Folge spielt Weiß zu schematisch. So hätte hier 5.g4 Sh6 (5...Sh4 6.Lxg7 Kxg7 7.Dc3+ f6 8.g5) 6.Lxg7 Kxg7 7.Dc3+ f6 8.g5 Sg8 9.c5! viel effektiver einen kombinierten Angriff in die Wege leiten können.

5...Kxg7?

Und Schwarz verpasst die minutiöse Defensive mit 5...Sxg7 mit der Eventualvariante 6.Dd4 Sh5 7.Lf3 f5 8.Lxh5 Txe4 9.Txe4 fxe4 10.Ld1 mit nur geringem Vorteil.

6.Dc3+ f6

Der erste Teil des Angriffsplans ist gelungen – Weiß beherrscht die umkämpfte Diagonale, und Schwarz hat nun auf f6 statt eines schwachen Feldes einen schwachen Bauern zu bewachen.

7.Tb2

Weiß will seinem Spiel den Druck in der e-Linie hinzufügen. Besser jedoch erneut 7.g4 usw.

7...De7 8.f4

Um die Neutralisation durch De5 zu verhindern.

8...Df8

Erforderlich war 8...h5, denn jetzt hätte **9.g4 Sh6 10.g5 Sg8 11.Tbe2** den Schwarzen in fatalen Zugzwang bringen können. Allerdings gewann Weiß auch mit seiner Wahl 9.Tbe2 usw.

Bei der folgenden Stellung mit Schwarz am Zug würde wohl niemand vermuten, dass im weiteren Spielverlauf auch hier die lange schwarze Diagonale die entscheidende Rolle spielen wird – zumal sie momentan ja noch gar nicht so *lang* ist.

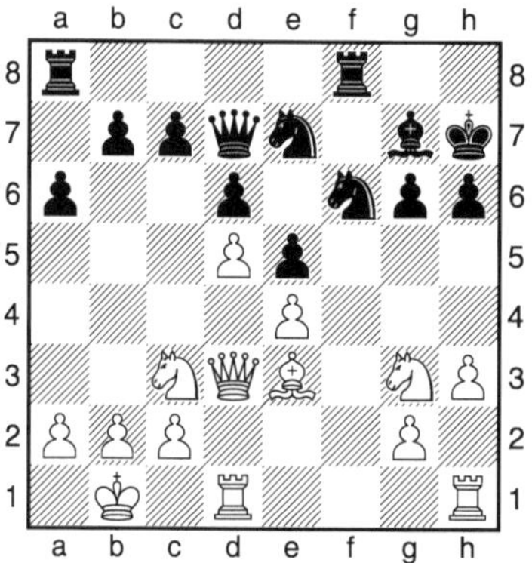

Rein theoretisch könnte ihre Öffnung jedoch in drei Etappen durchgesetzt werden: Der schwarze c-Bauernhebel setzt am Brückenkopf d5 an, wobei zu entscheiden sein wird, ob Bauer d6 vorheriger Deckung bedarf oder nicht. Allerdings muss vorher noch der Sc3 vertrieben werden, denn Schwarz möchte diesen ja bei seiner Aktion nicht nach d5 einladen.

Und nachdem Bauer e4 nach d5 schlägt, kann durch Vorstoß des schwarzen e-Bauern im rechten Moment die besagte Diagonale geöffnet werden.

1...b5 2.Sf1 b4 3.Se2 c6! 4.c4

Zwar gehen nun weitere Linien am Damenflügel auf, aber nach 4.dxc6 Dxc6 kommt Schwarz noch schneller zur Zentrumssprengung mittels d6-d5, denn 5.Dxd6? Tfd8 6.Dxd8 Txd8 7.Txd8 Dxe4 wäre deutlich besser für die Damenpartei.

4...bxc3 5.dxc6

Nicht 5.Sxc3 cxd5 6.exd5 Tab8 mit Angriff.

5...Dxc6 6.Sxc3 Tab8!

Schwarz stellt weitere Bewegung von Zentrumsbauern noch zurück und macht sich zunächst in der b-Linie stark.

7.Sg3?

Eine erste Ungenauigkeit, statt derer unbedingt 7.b3 geschehen musste, auch wenn diese Angriffsmarke den schwarzen a-Bauernhebel auf den Plan rufen würde. Jedoch könnte 7...a5 mit 8.Tc1 noch rechtzeitig abgefedert werden.

7...Tb4?

Beiden Seiten ist die Anspannung anzumerken, denn hier war der Zeitpunkt für 7...d5 längst gekommen. Da es nämlich nach 8.exd5? Sexd5 9.Sxd5? Sxd5 10.Dxd5 Txb2! 11.Kxb2 Tb8+ sofort aus wäre, müsste Weiß kleinlaut 8.Tc1 d4 9.Sd1 Db6 mit deutlichem Vorteil zulassen.

8.Td2 Tfb8 9.Tc1 Db7 10.Tcc2 d5

(siehe nächstes Diagramm)

Zwar ist dies die Realisierung des vor zehn Zügen gefassten Planes, aber es herrscht völliger Ausgleich. Die Gabeldrohung d4 lässt Weiß nicht viel Auswahl, und prompt greift er daneben.

11.exd5?

Einzig spielbar war das Bauernopfer 11.Lc5 dxe4 12.De2 mit unklarem Spiel.

11...e4!

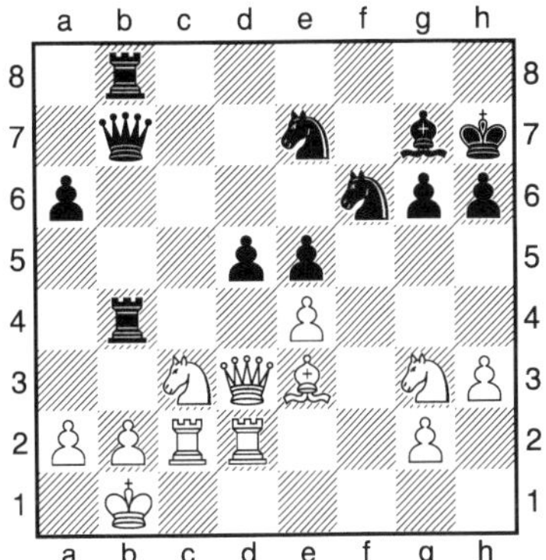

Der Traum geht in Erfüllung: Läufer g7 wird zum starken Angreifer auf den kritischen Punkt b2.

12.De2 Und nun hätte sich Schwarz nach **12...Sfxd5 13.Sgxe4 Sxe3 14.Dxe3 Sf5** nebst Sd4 durchsetzen können.

ÜBUNGEN

Nr. 115:

Wie kann Weiß die Diagonale a2-g8 ausnutzen?

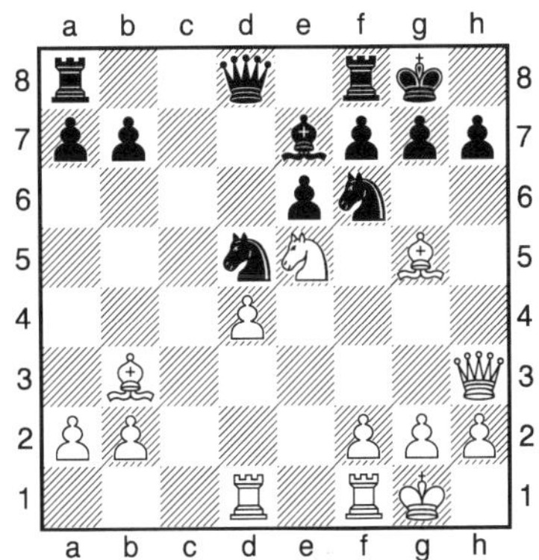

Nr. 116:

Wie kann Weiß die Diagonale a1-h8 ausnutzen?

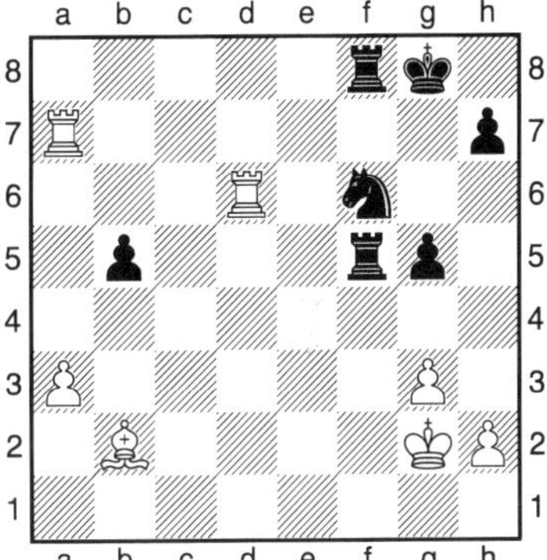

Raum und Zentrum

Die beiden Begriffe wollen wir zusammenfassen, denn Raumvorteil kann man nur über Zentrumsvormacht erreichen. Das Vorbringen der Flügelbauern geht folglich nicht mit Raumvorteil einher, denn einen solchen muss man in größeren Dimensionen sehen. Auch sind jegliche Flankenangriffe zumeist nur von einem soliden Zentrum gestützt möglich bzw. Erfolg versprechend, denn andernfalls müsste man jederzeit mit einem dortigen Konter rechnen. Schließlich lautet die verlässliche Grundregel: „Ein Gegenangriff im Zentrum ist das beste Mittel gegen einen Flügelangriff!" Eine Regel, die übrigens auch umgekehrt ihre Gültigkeit hat.

Die Zentrumsformation bestimmt den Kampfverlauf. Ist es voll mit Bauern besetzt, verlaufen die Aktionen langsamer als bei offenen Linien, die für den raschen Einsatz von Figuren nutzbar sind. Als unterschiedliche Zentrums*typen* sind zu nennen:

1. das spannungsgeladene Zentrum, bei dem zwei oder mehr Bauern noch miteinander in Schlagkontakt stehen – bzw. bei dem entscheidende Schlüsselzüge der Bauern noch nicht geschehen sind;
2. das geschlossene Zentrum, bei dem die Bauern jede Tauschmöglichkeit vermieden haben und stattdessen vorgezogen sind;
3. das geöffnete Zentrum, bei dem Tauschmöglichkeiten wahrgenommen wurden;
4. das bewegliche Zentrum unterscheidet sich vom ...
5. ... fixierten Zentrum dadurch, dass noch Bauernzüge möglich sind, weil sich die verbleibenden Bauern nicht gegenseitig blockieren.

Zu jedem Plan gehört quasi ein Idealzentrum, und man muss früh genug entscheiden, welche Form dies wäre.

Zum Erkennen und zur Umsetzung der geeigneten Zentrumsform hier einige Beispiele.

Réti – Carls
Baden-Baden, 1925
Weiß am Zug

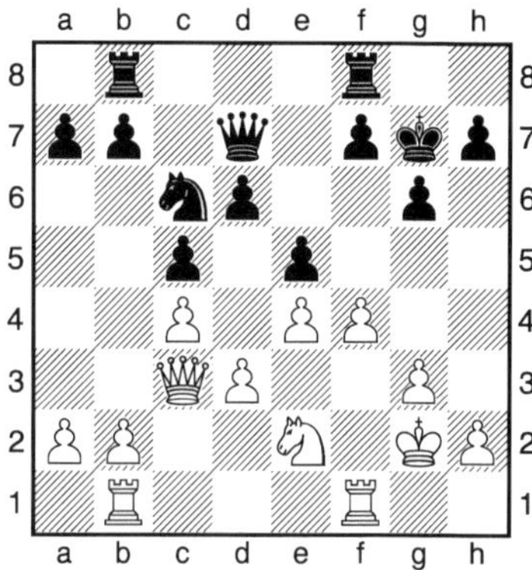

Dieses Zentrum ist zwar geschlossen, jedoch nicht wirklich blockiert, denn als Opfer wären die Züge beider d-Bauern ja durchaus denkbar. Bei beruhigtem Zentrum wird das Geschehen naturgemäß auf die Flügel verlagert, wobei sich beide Seiten zumeist nicht auf ein und denselben Flügel konzentrieren. Die Diagrammstellung ist langsam, und konkrete Kampfhandlungen sind noch nicht in Sicht.

1.g4 b5 2.f5 f6 3.Dd2 g5 4.h4! h6 5.Th1 bxc4

Es wird sich bald herausstellen, dass dieser Tausch dem Weißen zugute kommt. Besser sollte sich Schwarz auf reine Verteidigung der Königsstellung beschränken, wozu z.B. die Hinzuziehung 5...Se7 infrage kam.

6.dxc4 Sd4 7.Sc3 Th8 8.Th3!

Die entscheidende Angriffstechnik: der Druckaufbau in noch ungeöffneter Linie! Da Weiß hinter seinem h-Bauern maximal drei Schwerfiguren postieren kann, Schwarz jedoch nur zwei, ist der anwachsende Druck auf Dauer nur durch Tausch auf h4 zu parieren – mit tödlicher Schwächung des Bauern h6.

8...Tbg8 9.Tbh1 Dd8 10.Sd5 gxh4

Besagter Moment ist gekommen und weißer Vorteil klar erkennbar.

11.Txh4 Kf7 12.Kf2 Df8 13.Txh6

Der Anfang vom Ende: Schwarz muss erstes Material hergeben.

13...Txh6 14.Txh6 Dg7 15.Da5!

Dieser Flügelwechsel bringt entscheidende Angriffsverstärkung. Schwarz muss aufgeben.

In Stellungen mit beweglichem Zentrum stellt sich meistens die Frage: Kann das Zentrum geordnet und solide vorgehen und den Widerstand brechen – oder wird der Verteidiger triumphieren, weil seine Figuren ins geschwächte Hinterland des Angreifers eindringen können?

Hierzu ein Beispiel aus der Partie Kotow – Unzicker (1952) mit Weiß am Zug.

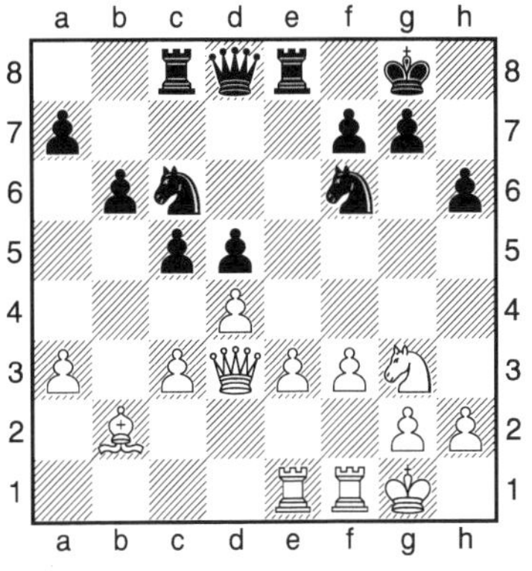

Einer der noch beweglichen Zentrumsbauern leitet den Angriff ein.

1.e4! cxd4 2.cxd4 dxe4 3.fxe4 Se5 4.Dd1 Sc4 5.Lc1

Die weißen Figuren sind nicht etwa auf der Flucht, sondern weichen elegant aus, um später umso kräftiger ins Geschehen einzugreifen.

5...Sh7 6.e5 Te6

Schwarz führt dem Königsflügel schleunigst weitere Verteidiger zu. Allerdings sind die beweglichen Zentrumsbauern dabei äußerst störend, und auch drohen die weißen Figuren mit mächtigem Eingreifen.

7.Te4! Sf8 8.Sf5 Kh8 9.Dh5

Nach Vertreibung bzw. Einengung der gegnerischen Figuren fällt den Angreifern das Vordringen leicht.

9...Tc7 10.Th4 Sh7

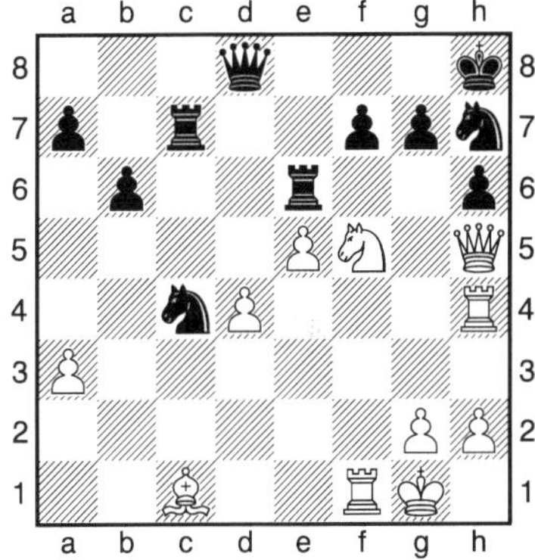

11.Sxg7

Ein bereits bekanntes Kombinationsmotiv – ermöglicht u.a. durch den zurückgewichenen Lc1!

11...Kxg7 12.Lxh6+ Kg8 13.Tg4+ Tg6 14.e6! Schwarz gibt auf.

Sehr häufig anzutreffen ist das Zentrum, bei dem zwei isolierte Bauern sich gegenseitig blockieren, wobei sie für jede

Seite nach vorne hin je zwei Vorposten markieren und somit nutzbar machen. In solch komplizierter Ausgangslage meisterlich zu manövrieren war eine große Stärke von Ex-Weltmeister Botwinnik.

Stolberg – Botwinnik
Moskau 1940
Schwarz am Zug

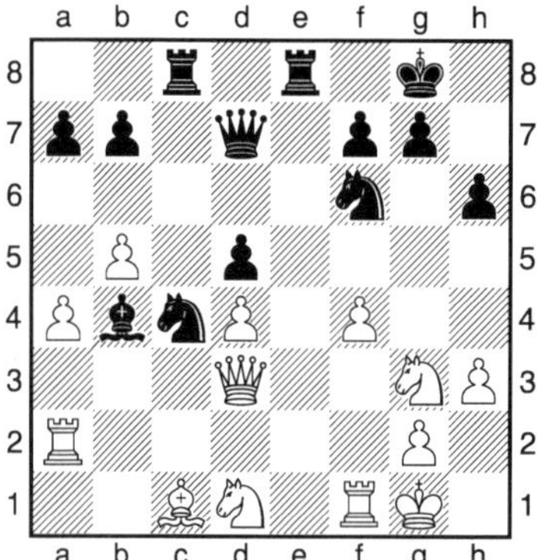

Das Bauernpaar d4/d5 bietet den Figuren die einflussreichen Stützpunkte auf c5/e5 bzw. c4/e4. Während noch keine einzige der weißen Figuren Kontakt zu diesen Feldern aufgenommen hat, hält Schwarz c4 bereits besetzt und bringt bei erster passender Gelegenheit auch den zweiten Springer vorwärts.

1...Se4 2.f5 Sxg3

Die systematische Entfernung möglicher Verteidiger der Vorposten sichern deren langfristige Nutzbarkeit für die verbleibenden schwarzen Figuren.

3.Dxg3 Ld6 4.Df3 Le7 5.Dg3 Lf6 6.Lxh6 Lxd4+

Langsam aber sicher fällt das gesamte Zentrum dem Schwarzen in die Hände.

7.Kh1 f6! 8.Lc1 Te4 9.Db3 Se5 10.Db1 Tc4

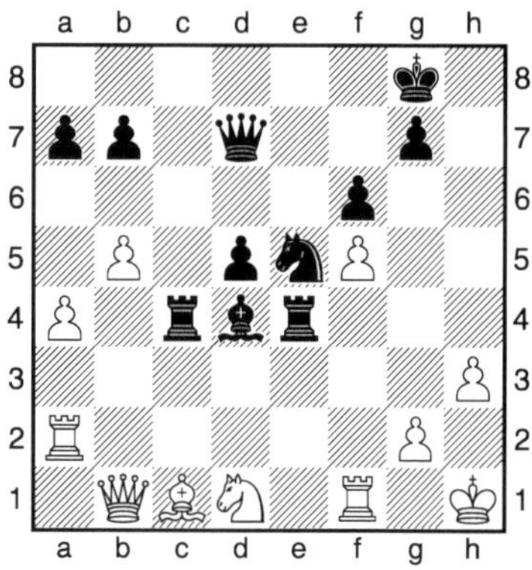

Auf den ersten Blick lauter simple Züge, die jedoch einer kraftvoll präzisen Strategie folgen.

11.a5 Lc5 12.b6 axb6 13.Sb2 Tc3 14.Ld2 Tb3 15.Dc2 Db5 16.Tc1 Lf8 17.Td1 Te2

Durch solch typische Umgruppierung weitet sich der schwarze Einfluss vom Zentrum auf den Königsflügel aus.

18.Dc1 Txh3+! 19.gxh3 d4 Weiß gibt auf.

ÜBUNGEN

Nr. 117:

Wie kann Weiß seine Figurenstellung zum Angriff nutzen?

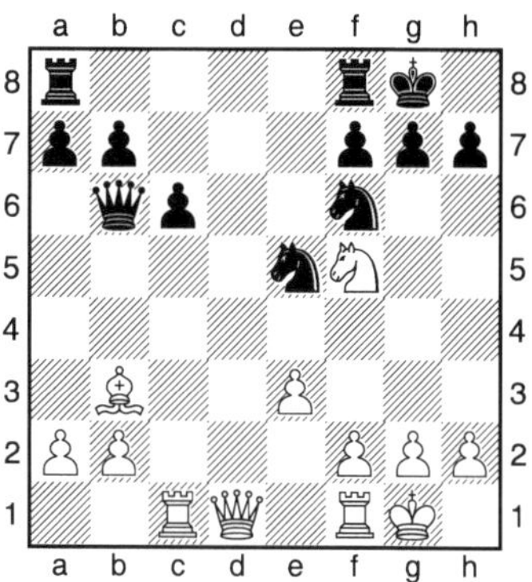

Nr. 118:
Wie kann ein weißer Angriffsplan aussehen?

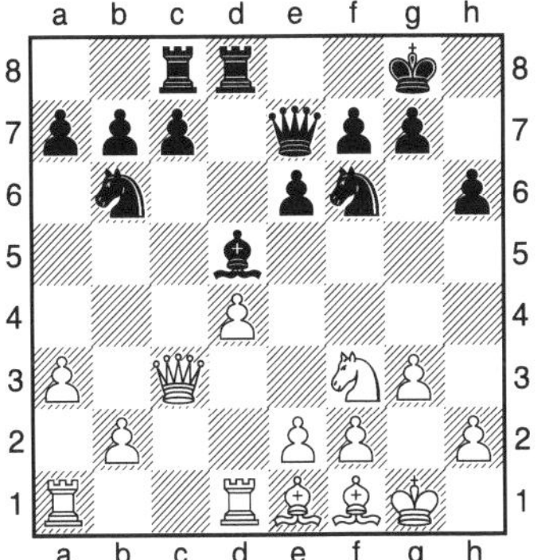

Ungünstige Figurenkonstellationen

In diesem Kapitel geht es um eher ruhige Stellungen, in denen der Gegner über ungünstig postierte Figuren verfügt. Das Mittel der Wahl ist dann nicht unbedingt der taktische Überfall, sondern die langwierige Belagerung mit präzisen Manövern.

Kotow – Taimanow
Zürich 1953
Weiß am Zug

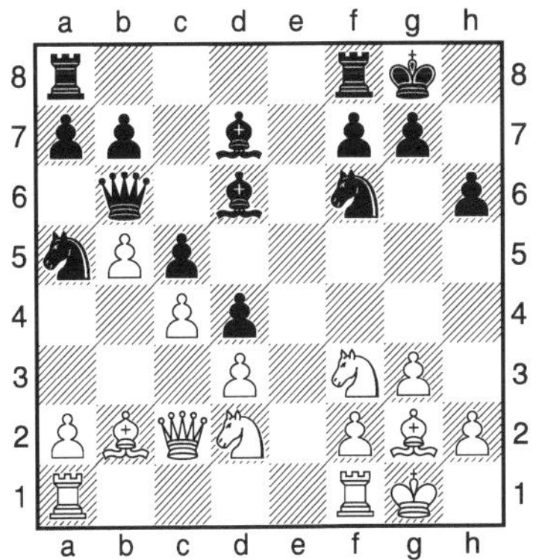

Als erstes fällt der scheußlich postierte Sa5 auf. Zwar steht auch Lb2 nicht besonders aktiv, doch kann das in einem einzigen Zug durch Wechsel auf eine andere Diagonale geändert werden. Die Misere des Springers jedoch ist langfristiger Natur, so dass Weiß nichts übers Knie zu brechen braucht. Der Springer fehlt früher oder später am Königsflügel, wo Weiß für einen Angriff quasi über eine Mehrfigur verfügt.

1.Tae1 Tae8 2.Lc1 Txe1 3.Txe1 Te8 4.Txe8 Lxe8

Weiß hat nichts gegen Turmtausch, denn bei nur einer geöffneten Linie wäre dies sowieso nicht zu vermeiden.

5.Sh4! a6 6.a4 Da7 7.Sf5 Lf8 8.Se4 Sxe4 9.Lxe4 b6 10.Dd1

Die Verlegung auch der Dame zum Königsflügel kommt einer Vorentscheidung gleich.

10...axb5 11.axb5 Ld7 12.Dh5 Le6 13.Lf4 Sb3

Zwar ist der Springer wieder mobil, nur fehlt ihm nach wie vor der Anschluss zum Königsflügel.

14.Dd1 Da2 15.h4 Sa1 16.h5 Sc2

Die Suche nach dem Ausgang des Labyrinths bleibt vergeblich.

17.Le5 Db2 18.Lc7 Sa3 19.Lf4 Sc2 20.De2

Der Springer ist gefangen. Schwarz gibt auf.

Die Frage, wann eine Figur ungünstig postiert ist, muss von Fall zu Fall geklärt werden. Bei den folgenden beiden Beispielen geht es um die Klärung der relativen Aktivität gewisser Figuren.

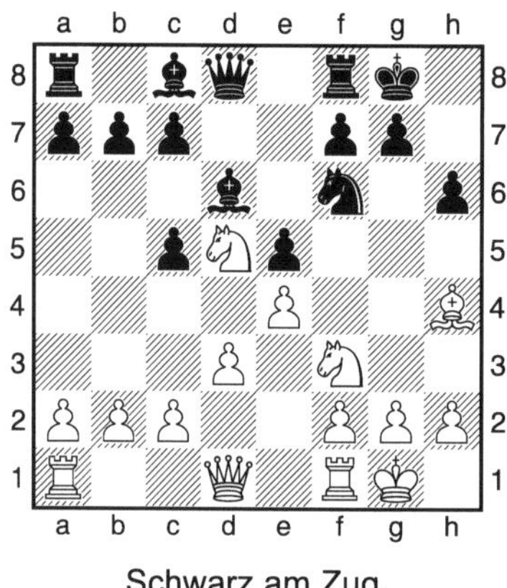

Schwarz am Zug.

Weiß hat seine Figuren unglücklich entwickelt, und Capablanca (Schwarz) sorgt mit einigen energischen Zügen dafür, dass der gegnerische Läufer lebendig begraben wird.

1...g5! 2.Sxf6+ Dxf6 3.Lg3 Lg4 4.h3 Lxf3 5.Dxf3 Dxf3 6.gxf3 f6

Der Läufer sitzt in der Falle. Nun gewinnt Schwarz leicht, indem er das Kampfgeschehen zur anderen Brettseite verlegt.

7.Kg2 a5 8.a4 Kf7 9.Th1 Ke6 10.h4 Tfb8 11.hxg5 hxg5 12.b3 c6 13.Ta2 b5 14.Tha1 c4!

Mit einer ‚Mehrfigur' sind solche Kombinationen selbstredend gestattet.

15.axb5 cxb5 16.cxb5 Txb5 17.Ta4 Txb3 18.d4! Tb5 19.Tc4 Tb4 20.Txc6 Txd4 Weiß gibt auf.

Botwinnik – Stahlberg
Moskau 1935
Weiß am Zug

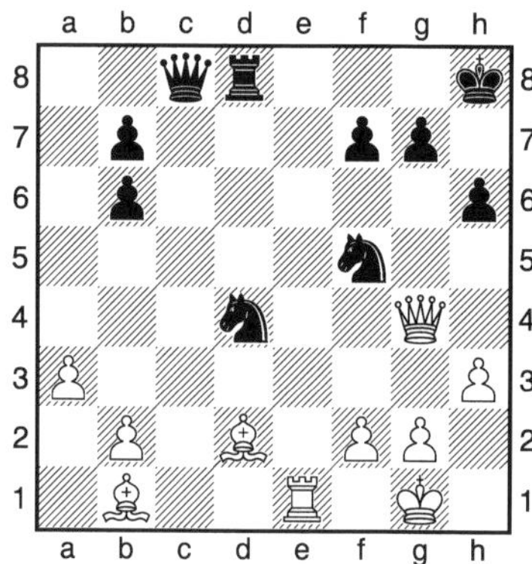

Hier stehen gleich beide Springer unglücklich und in gegenseitiger Abhängigkeit, was Weiß glänzend auszunutzen verstand.

1.Lc3 Dc5 2.De4! Dc6

Es drohte 3.g4 mit Eroberung eines Springers. Weiß vermeidet den Übergang ins Endspiel, weil die Springer mit weniger Figuren auf dem Brett mehr Fluchtfelder erhalten würden.

3.Df4 Db5 4.Kh2 Kg8 5.Te5 Df1

Die vorweggenommene Kapitulation.

6.Lxf5 Se2 7.Lh7+ Kh8 8.Txe2 Dxe2 9.Dxf7 Schwarz gibt auf.

ÜBUNGEN

Nr. 119:

Wie kann Schwarz am Zug gewinnen?

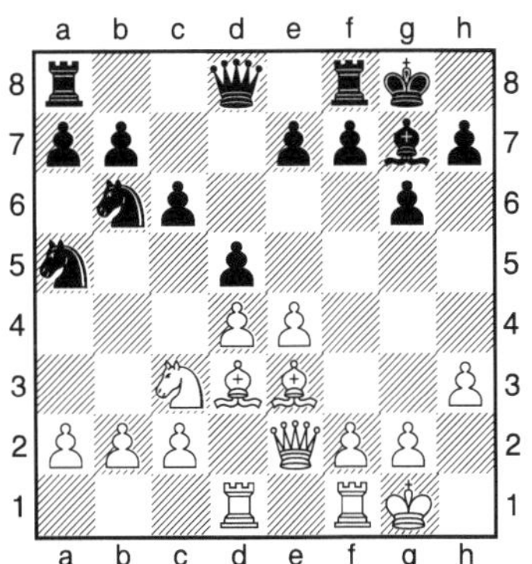

Nr. 120:

Wie kann Weiß die ungünstige schwarze Konstellation ausnutzen?

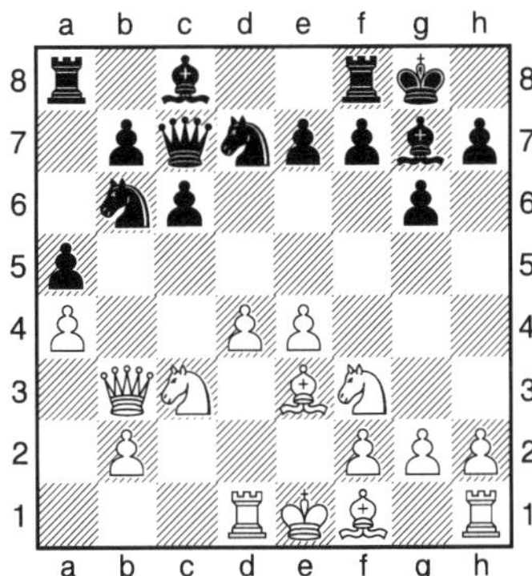

Planfassung

Das planvolle Spiel stellt für jeden Lernenden eine der größten Herausforderungen dar. Deshalb müssen die Grundelemente der Planfassung jedem bekannt sein. Es ist eine weit verbreitete, irrige Ansicht, ein Spieler habe den Plan für die gesamte Partie bereits in oder nach der Eröffnungsphase bereit und müsse ihn dann nur noch in die Tat umsetzen.

Richtig ist vielmehr, dass der Plan eine Sammlung aller strategischen Operationen darstellt, die jeweils den Erfordernissen der gegebenen Stellung angepasst werden müssen. Welcher Planbaustein zu welchem Zeitpunkt an der Reihe ist, hängt von der Analyse der jeweils auf dem Brett befindlichen Stellung mit all ihren Besonderheiten ab.

Wir wollen das am Verlauf einer Partie veranschaulichen. Nach der Eröffnung, nach Absolvierung aller Theoriezüge, geht man erstmals zur Planfassung über. Vermittels der bekannten Analysetechnik der Einzelelemente wird die Stellung beurteilt und der erste Plan entwickelt. Danach hängt es davon ab, ob die Umsetzung dieses Bausteins gelingt oder ob dabei Fehler unterlaufen. Gelingt er jedoch, wird quasi eine neue Grundstellung erreicht, in der dieser Prozess von Neuem einsetzt und so weiter und weiter bis zum Schluss.

Karpow – Spasski
Leningrad 1974
Weiß am Zug

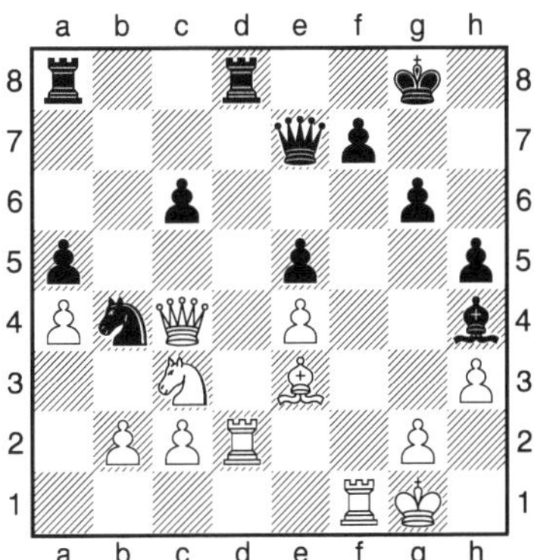

Analyse und Bewertung sollten ergeben, dass die schwarzen Bauern auf a5, c6 und f7 ‚kränkeln', wohingegen die weißen Bauern durchweg ‚gesund' sind. Die weißen Figuren stehen insgesamt besser – speziell die Dame hat auf c4 einen wahren *Aktiv*posten inne. Auf schwarzer Seite fällt speziell die bedeutende Rolle des in der weißen Hälfte verankerten Springers auf, der nach vorn störend wirkt – nach hinten allerlei Defensivaufgaben erledigt.

1.Sb1!

Eine ausgezeichnete Lösung. Der c-Bauer kann die aktivste gegnerische Figur vertreiben, während der eigene Springer über d2 nach f3 strebt, um auch den störenden gegnerischen Läufer aus der eigenen Hälfte zu verjagen.

1...Db7 2.Kh2!

Eine wichtige Feinheit: Der Läufer darf sich nicht auf g3 festsetzen.

2...Kg7 3.c3 Sa6 4.Te2!?

Weiß will beide Türme für den Angriff in der f-Linie behalten, aber vielleicht war 4.Txd8!? mit der Idee 4...Txd8 5.Sd2 Td7 6.Sf3 Lf6 noch stärker. Dann könnte mit 7.b4!? unter Nutzung der taktischen Gegebenheiten eine zweite Front eröffnet werden, da ja das Spiel gegen eine einzige Schwäche häufig nicht ausreicht.

4...Tf8?

Statt dieser rein passiven Verwendung des Turmes musste unbedingt das flexible 4...Td7! geschehen. Zwar wäre der weiße Vorteil nach z.B. 5.Sd2 Sc7 6.Sf3 Lf6 7.Lg5 Lxg5 8.Sxg5 f6 unbestreitbar, jedoch könnte Schwarz sich zäh verteidigen.

4.Sd2 Ld8 6.Sf3 f6

Nach dieser entscheidenden Schwächung geht der weiße Plan voll auf. Das Eindringen der Dame nach e6 bringt taktische Drohungen gegen e5 mit sich – sowie auch das Gespenst eines weißen Turms auf der 7. Reihe.

7.Td2! Le7 8.De6! Tad8 9.Txd8! Lxd8

Auf 9...Txd8 folgt 10.Sxe5! mit der Idee 10...Dc7 11.Df7+ Kh8 12.Dxe7 usw.

10.Td1 Sb8 11.Lc5 Th8

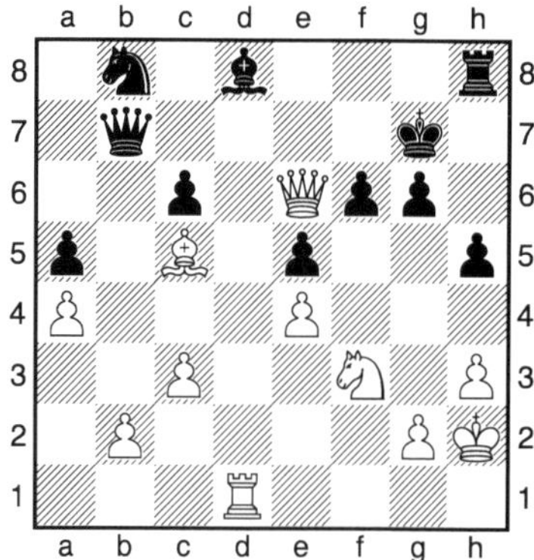

12.Txd8!

Der logische Abschluss präzise aufeinander folgender Planbausteine.

12...Txd8 13.Le7 Schwarz gab auf.

Die Zahl möglicher Pläne in einer Partie ist sehr groß, wozu Sie auch in den Übungsaufgaben weitere Beispiele finden werden – bzw. in jeder beliebigen Meisterpartie, die sie einer genaueren Analyse unterziehen. Hier noch zwei wichtige Anmerkungen:

Erstens: Es ist besser, nach einem schlechten Plan zu spielen als vollkommen planlos! Deshalb ist die Angst, womöglich nicht den besten Plan gewählt zu haben, unbegründet, denn planloses Spiel führt mit Garantie zu kritischen Situationen.

Sokolski – Botwinnik
Leningrad 1938
Weiß am Zug

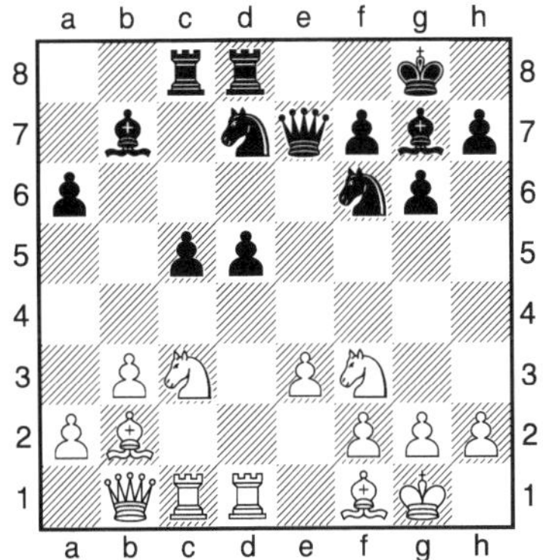

Die Stellung ist vollkommen ausgeglichen, und es hängt alles von der besseren Planung ab. Während jedoch Weiß in der Folge quasi nur Figuren hin und her bewegt, verfolgt Schwarz einen durchdachten Plan, den er präzise einhält und realisiert.

1.Se2

Schon bei diesem Zug ist ein Plan nicht erkennbar. Zwar wäre auch 1.Sa4 eine Dezentralisierung, aber wenigstens könnte mit La3 usw. Druck auf den schwächeren der Hängebauern aufgebaut werden.

1...Lh6!

Schwarz organisiert schwarzfeldrigen Figurendruck und steuert als Planziel den Vorstoß d5-d4 an.

2.La3?

Danach macht Schwarz bereits entscheidende Fortschritte. Erforderlich war **2.Tc2**, um gegebenenfalls den Deckungszug Lc1 zu ermöglichen. Erobert Schwarz danach mit 2...d4 3.exd4 Le4 die Qualität, so verfügt Weiß nach 4.Sc3 Lxc2 5.Dxc2 cxd4 6.Sxd4 dank dem Läuferpaar über gute Kompensation.

Und 2...Lxe3? 3.fxe3 Dxe3+ 4.Kh1 Sg4 5.Sg3 Sf2+ 6.Txf2 Dxf2 wäre verfrüht, weil Weiß nach 7.Lc1! mit Lg5 nebst Td2 die Dame zu fangen droht.

2...Sg4

Jetzt droht allerdings 3...Lxe3, denn auf 4.fxe3? würde ja ein ersticktes Matt folgen.

3.Dd3?

Das verliert bereits zwangsläufig. Zu versuchen war die Deckungsmaßnahme 3.Td3, obwohl Schwarz mit 3...Te8! die furchtbare Drohung 4...Sxf2! usw. aufstellt.

3...Sde5

Schwarz hatte schon die freie Auswahl, wobei 3...Df6! mit der Drohung S7e5 vielleicht noch stärker war.

4.Sxe5 Dxe5 5.Sg3

Hier hätte Schwarz mit 5...d4 Qualität und Partie gewinnen können, obwohl auch seine Wahl 5...Df6 nach fehlerhaftem weißem Spiel zum Sieg führte.

Zweitens: In den meisten Partien sind verschiedene Pläne möglich. Jeder Spieler trifft seine Wahl gemäß Spielauffassung, Spiellaune, Tagesform oder sonstigen Kriterien.

In der nächsten Stellung stehen Weiß mindestens drei unterschiedliche, jedoch ziemlich gleichwertige Pläne zur Verfügung.

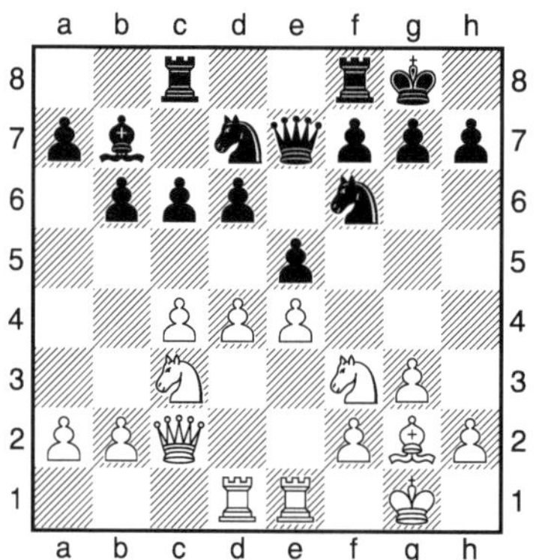

1) Scharfer Angriff am Damenflügel – mit der Dame auf b3 und weiterem Bauernvorstoß;
2) Verlagerung des Angriffs zum Königsflügel mittels 1.Sh4 g6 2.Dd2 nebst Flügelwechsel der Dame gefolgt von f2-f4;
3) Initiative im Zentrum durch Turmverdopplung in der d-Linie gefolgt von dxe5 und Lh3 o.ä.

Drei Pläne von etwa gleicher Güte. Vielleicht inspiriert Sie das ja bei Ihrer Auswahl in zukünftigen eigenen Partien.

5. Berechnung von Varianten

Unabhängig von Spielphase und Plan verbraucht ein Spieler einen Großteil seiner Bedenkzeit für die Berechnung konkreter Varianten. Manchmal handelt es sich dabei um mehrere separate Kurzvarianten – manchmal um einen ganzen Komplex miteinander verbundener Varianten.

Bei diesen Berechnungen geht es um die Betrachtung sowohl eigener als auch gegnerischer Zugmöglichkeiten im nächstfolgenden Spielabschnitt. Die Fähigkeit, eine möglichst große Anzahl von Zugmöglichkeiten detailliert und korrekt zu berechnen, ist ein wichtiger Gradmesser für die Meisterschaft eines Spielers.

Eine entscheidende Rolle spielt dabei die Beschränkung der Bedenkzeit, in der Turnierpraxis normalerweise eine Stunde für 20 Züge. Die Berechnungen müssen also nicht nur korrekt erfolgen, sondern auch möglichst zügig, was für den Turnierspieler selbstredend eine gehörige Erschwernis darstellt und so genannte ‚Zeitnot' mit sich bringt. Diese führt selbst bei erfahrenen und hochklassigen Spielern häufig zu fehlerhaften Berechnungen.

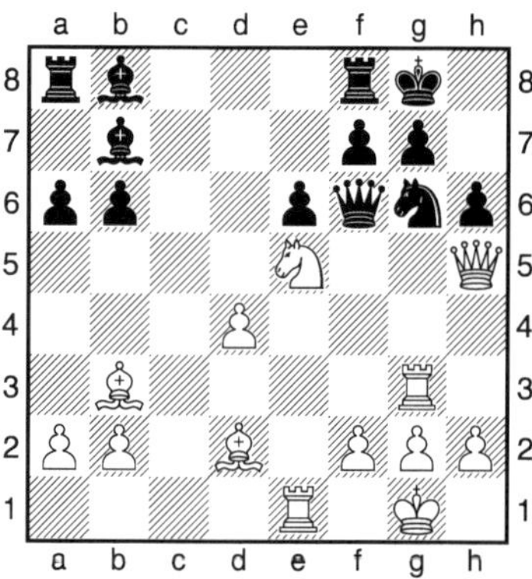

„Hier muss ein Opfer drin sein!" mag sich der Weißspieler gesagt haben und lag damit vollkommen richtig. Nur bleibt die entscheidende Frage: Welche der zahlreichen Opfermöglichkeiten ist die richtige?

1.Lxh6 gxh6 2.Dxh6 Lxe5 3.Txe5 Dg7 ist mir nicht klar genug.

Also vielleicht besser 1.Sxg6 Lxg3 2.hxg3 fxg6 3.Txe6 – aber Vorsicht! Es folgt 3...Dxf2+ nebst #.

Also nochmal zurück zu 1.Lxh6 usw. mit demselben Ergebnis. Und nochmal

1.Sxg6, vielleicht gibt es da ja eine Verbesserung, aber nein. Und dann mal ein Blick zur Uhr, um mit Entsetzen festzustellen, dass die Berechnung untauglicher Varianten eine halbe Stunde gekostet hat. Und in einer Art Panik lässt man den unverbindlichen Stabilisierungszug 1.Lc3 folgen, wobei übersehen wurde, dass nach 1...Dh4! garantiert nichts erreicht wurde.

Welches Fehlverhalten kann man dem Weißen ankreiden?

1) Er begann mit der ersten Berechnung, ohne sich einen Gesamtüberblick über *alle* Kandidatenzüge verschafft zu haben, so dass seine gewählte Fortsetzung 1.Lc3 überhaupt nicht als Kandidat erfasst worden war. Korrekt ist also die Erfassung sämtlicher Kandidaten, bevor man mit den Berechnungen überhaupt erst beginnt.
2) Es mangelte ihm an Entschlossenheit, um sich für einen der berechneten Züge zu entscheiden. Solcher Wankelmut führt nämlich in der Praxis nicht allein zu ernstlichen Fehlern, sondern eben auch häufig zu gravierender Zeitnot.
3) Durch mehrfache Berechnung derselben Varianten hat er Zeit und Energie verschwendet.

Hier das korrekte Herangehen an das Stellungsproblem:

Der Weißspieler hätte zunächst die ihm ersichtlichen Kandidaten 1.Lxh6, 1.Sxg6 und 1.Lc3 erfassen sollen. Dann jeden einzelnen berechnen bis zu einer Tiefe, wie seine diesbezüglichen Fähigkeiten es gestatten – und dann eine Entscheidung treffen.

Zur Auflösung sei erwähnt, dass **1.Lxh6!** in der Tat der stärkste Zug ist, allerdings nach **1...gxh6** von **2.Lc2!** gefolgt.

Zu den Kandidaten hätte auch unbedingt **1.Sg4** mit der Folge **1...Dh4 2.Sxh6+** gehört – sowie noch **1.Sd7**, obwohl hier die Folge **1...Dxd4 2.Lc3!! Dxd7 3.Txe6! fxe6 4.Txg6** schon größeres taktisches Geschick erfordert.

Fischer – Najdorf
Varna 1962
Weiß am Zug

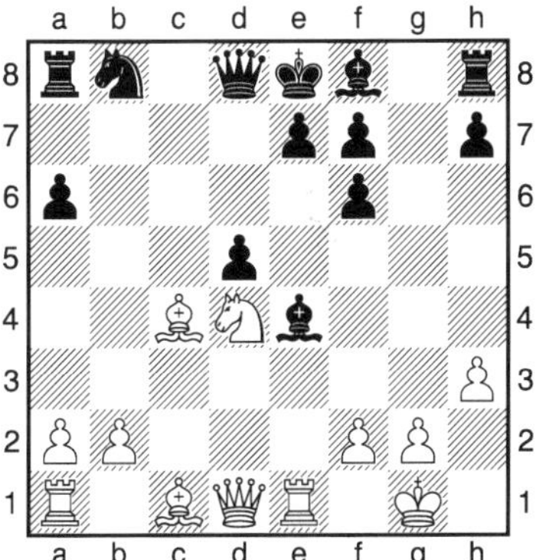

Weiß hatte sich gegen den noch im Zentrum befindlichen König soeben für Te1 entschieden und dabei sicherlich die meisten der folgenden Antwortmöglichkeiten berücksichtigt und berechnet:

1) 1...Tg8; 2) 1...e6; 3) 1....h5; 4) 1...Sd7; 5) 1...Lxg2; 6) 1...dxc4; 7) 1...e5.

Die gewählte Reihenfolge ist willkürlich, zumal ja noch keine Bewertung vorliegt und ohnehin jeder Zug zunächst berechnet werden muss.

1) 1...Tg8 2.Txe4! dxe4 (2...dxc4 3.Df3 Ta7 4.Le3; 3...Sd7 4.Sc6) **3.Dh5 Tg7 4.Se6; 3...Tg6 4.Dxh7**

2) 1...e6 2.Dh5 (droht 3.Sxe6) **2...Lg6 3.Dxd5 Dxd5 4.Lxd5 Ta7 5.Sc6; 5.Lf4**

3) **1...h5 2.Txe4! dxe4 3.Db3** (3.Da4+ Dd7 4.Lb5!; 3...Sd7 4.Le3) **3...e6** (3...Dxd4? 4.Lxf7+ Kd8 5.Le3) **4.Lxe6! fxe6 5.Sxe6**

4) **1...Sd7 2.Txe4! dxc4** (2...dxe4? 3.Lxf7+! Kxf7 4.Dh5+ Kg8 5.Dd5+) **3.Sc6**

5) **1...Lxg2 2.Kxg2 dxc4 3.Df3 Tg8+ 5.Kh1 Ta7 6.Le3; 5...Sd7 6.Sc6**

6) **1...dxc4 2.Txe4 f5 3.Tf4!** (3.Da4+ Dd7 4.Dxd7+ Sxd7 5.Sxf5) **3...e6** (3...e5? 4.De2) **4.De2**

7) **1...e5** (der tatsächliche Partieverlauf) **2.Da4+ Sd7** (2...Dd7? 3.Lb5!) **3.Txe4! dxe4 4.Sf5 Lc5 5.Sg7+ Ke7 6.Sf5+ Ke8 7.Le3 Lxe3 8.fxe3 Db6 9.Td1 Ta7 10.Td6! Dd8 11.Db3 Dc7 12.Lxf7+ Kd8 13.Le6** Schwarz gibt auf.

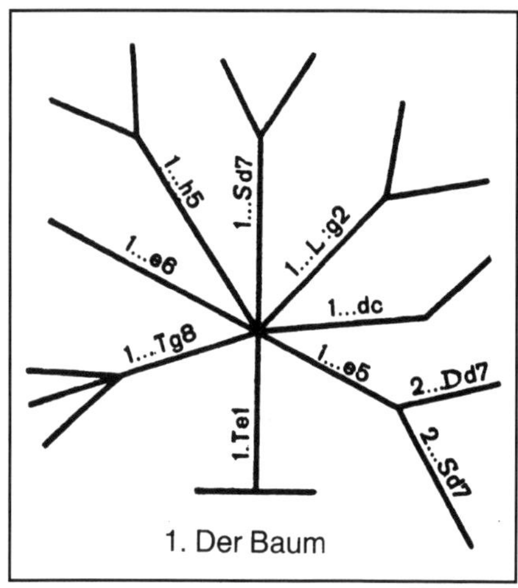

1. Der Baum

Im Rückblick bleibt festzuhalten, dass nur der Konter 1...Lxg2! unklares Spiel ergeben hätte und somit die adäquate Fortsetzung gewesen wäre.

Bei der Berechnung von sieben mehr oder weniger komplizierten Varianten sind wir nicht von einer zur anderen gesprungen. Um uns den Gesamtprozess besser vor Augen zu führen, wollen wir ihn als ‚Baum' wiedergeben, wobei der Einleitungszug 1.Te1 den Stamm bildet und die Kandidaten die Zweige mit ihren weiteren Verästelungen.

Dieses Schema wollen wir den ‚Berechnungsbaum' nennen. Und hier wird es deutlicher: Nicht von Ast zu Ast springen, sondern einen Ast zu Ende analysieren und erst dann zum nächsten wechseln.

ÜBUNGEN

Nr. 121:

Berechnen Sie den Zug 1.Thg1 und konstruieren Sie den Berechnungsbaum!

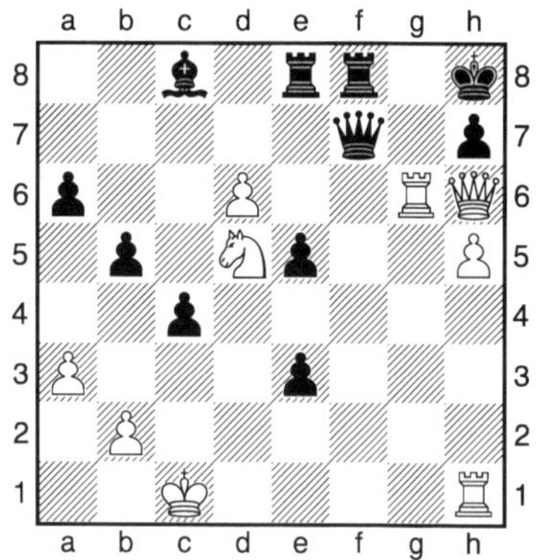

Nr. 122:

Berechnen Sie den Zug 1.e8D und konstruieren Sie den Berechnungsbaum!

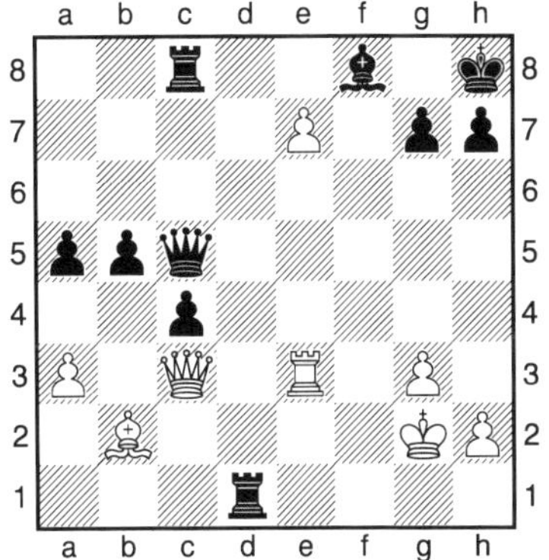

Stellungstypen

In der Schachpartie tauchen verschiedene Stellungstypen auf, deren Berechnung abhängig von ihren Eigenarten jeweils unterschiedlich vonstatten geht. Hier z.B. eine Variante der Spanischen Partie:

1.e4 e5 2.Sf3 Sc6 3.Lb5 a6 4.La4 Sf6 5.0-0 Le7 6.Te1 b5 7.Lb3 d6 8.c3 0-0 9.h3 Sa5 10.Lc2 c5 11.d4 Dc7 12.d5

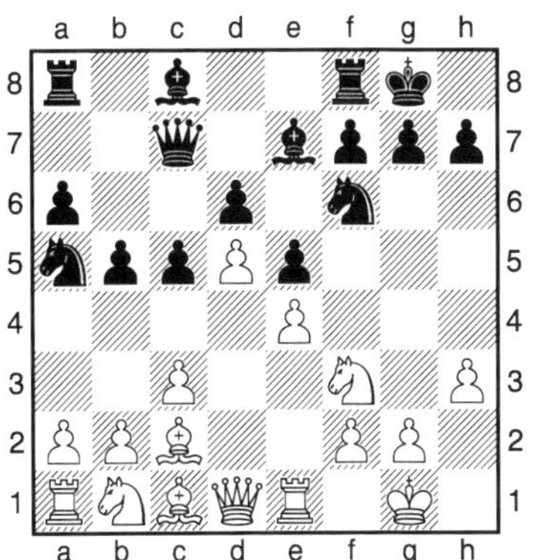

In der entstandenen Stellung mit geschlossenem Zentrum verlaufen die beidseitigen Aktionen relativ langsam und bestehen zumeist aus Vorbereitungen für Angriff bzw. Verteidigung an den Flügeln. Es leuchtet ein, dass dabei zunächst keine langen und komplizierten Varianten zu berechnen sind. Stattdessen genügt es, sich auf allgemeine Überlegungen und Grundgedanken eines Planes zu beschränken: Wohin mit den Figuren? Wie verfährt man mit Bauernzügen?

Ein ganz anderes Herangehen erfordert eine Stellung mit zu öffnendem bzw. bereits geöffnetem Zentrum, in der es jederzeit zu konkreten Kampfhandlungen kommen kann. Hier als Beispiel eine Variante aus der Italienischen Partie:

1.e4 e5 2.Sf3 Sc6 3.Lc4 Lc5 4.c3 Sf6 5.d4 exd4 6.cxd4 Lb4+ 7.Sc3 Sxe4 8. 0-0 Sxc3 9.bxc3 d5!

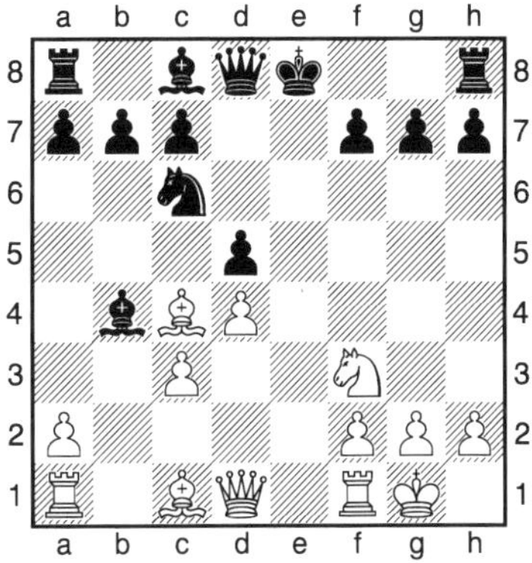

Hier kann man es nicht mehr bei allgemeinen Betrachtungen bewenden lassen. Jeder Angriff muss vorhergesehen und berechnet werden. Hier entscheidet die konkrete Berechnung aller möglichen Kombinationen und verdeckten taktischen Tricks.

Versuchen Sie nun, die Varianten in der folgenden Stellung (mit Weiß am Zug) unter den gegebenen Gesichtspunkten zu berechnen. Und selbstredend geht es nicht um Ausgleich, sondern um eventuelle Möglichkeiten, in Vorteil zu kommen.

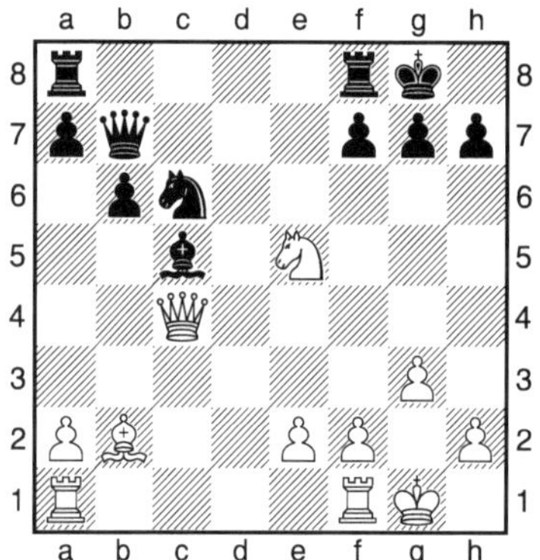

Zuerst erfolgt wieder eine Auflistung sämtlicher Kandidaten – hier etwa:

1) 1.Sxc6; 2) 1.Sd3; 3) 1.Sg4; 4) 1.De4; 5) 1.Dd5; 6) 1.Dg4; 7) 1.Tad1.

Nun zu den einzelnen Varianten, wobei in den meisten Fällen etliche nicht erwähnte Alternativen für beide Seiten infrage kommen:

1) 1.Sxc6 Dxc6 2.Dg4 Dg6

2) 1.Sd3 Ld6 2.Dg4 f5

3) 1.Sg4 (Droht auf einen Fehler wie 1...Tad8? mit der Gewinnkombination 2.Sf6+! gxf6 3.Dg4 nebst #; 2...Kh8 3.De4 g6 4.Dh4 nebst #.) **1...h5!**

4) 1.De4 Sd8 2.Dg4 Se6

5) 1.Dd5 Sa5; **1...Sd8**

6) 1.Dg4 Sxe5 2.Lxe5 f6

7) 1.Tad1 Sxe5 2.Lxe5 Tac8

Sämtliche Varianten sind etwa gleichwertig und ergeben völligen Ausgleich.

Ihre graphische Darstellung müsste folgendermaßen aussehen:

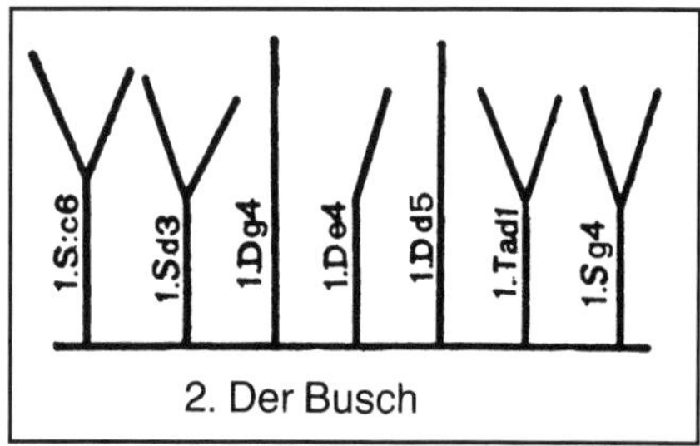

2. Der Busch

Wie verfährt man in solcher Situation weiter? Das hängt von unserer Stimmung oder Kampfeslaune ab, vom Punktekonto oder sonstigen Faktoren. Man kann Remis annehmen oder selbst anbieten, man kann aber auch weiterspielen und auf zukünftige Ereignisse hoffen.

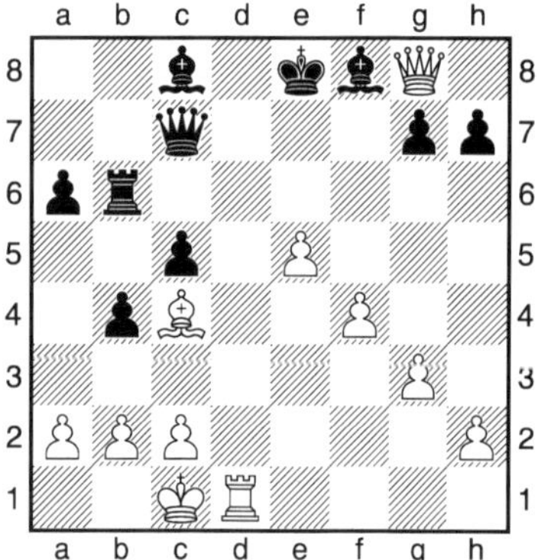

In dieser Position mit Weiß am Zug drängt sich der taktische Schlag **1.Td8+** auf. Ist dieser korrekt? Offenbar darf die Dame nicht schlagen wegen 2.Df7#.

Also **1...Kxd8** gefolgt von **2.Dxf8+ Kd7 3.Dxg7+ Kd8**

Nach 3...Kc6? 4.Ld5+ geht die Dame verloren.

4.Dg8+ Kd7 5.Dxh7+ Kd8 6.Dh8+!

Nach dem schwächeren 6.Dg8+ Ke7 7.Df7+ Kd8 8.Df8+ Kd7 9.e6+ Txe6 kann Schwarz sich noch verteidigen.

6...Ke7 7.f5!

Dieser gefährlich stille Zug droht f6+.

7...Lxf5 8.Dg7+ Ke8 9.Dg8+ Ke7 10.Df7+ und Weiß gewinnt.

Ohne dass es uns bewusst geworden ist, haben wir eine *zehn*zügige Variante durchgerechnet! Wie ist das möglich? Nun, es handelte sich ja um eine Variante mit vielen erzwungenen Zügen und ohne viele Abzweigungen. Eine solche nennen wir ‚Baumstamm', welcher sich graphisch so darstellen lässt:

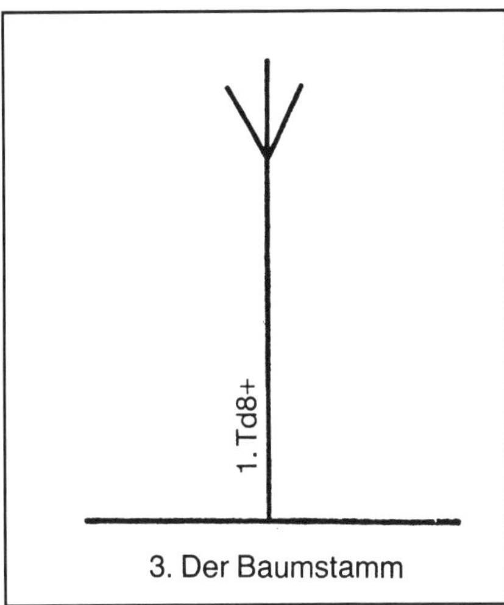

3. Der Baumstamm

Neben den drei bereits gezeigten Schemata gibt es auch Beispiele mit vielen, dicht verzweigten Ästen, die man entsprechend ‚undurchdringlicher Wald' nennen müsste. Hier ein Beispiel:

Kotow – Lissizyn
Leningrad 1939
Weiß am Zug

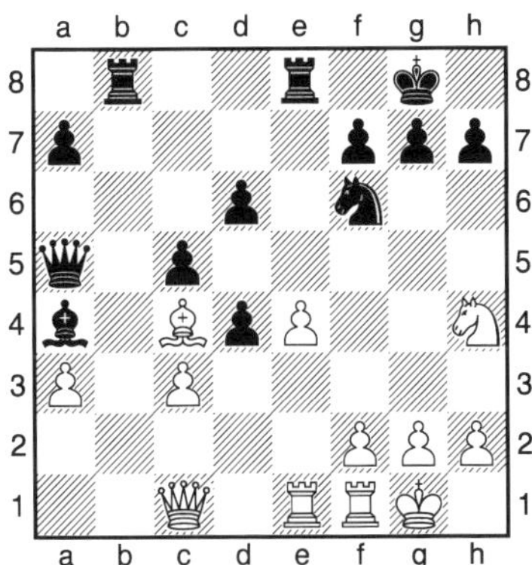

Die weiße Drohung am Königsflügel ist leicht zu erkennen: Nach Sf5 mit der Absicht Dg5 wird die Bedrohung von g7 kritisch. Lohnt sich dieser Angriff, oder hat Schwarz Möglichkeiten der Abwehr? Und was ist mit dem Bauern c3? Die Antwort auf diese Fragen kann nur die Berechnung aller möglichen Varianten geben. Nach **1.Sf5** kommt infrage:

1) 1...Sxe4; 2) 1...Txe4; 3) 1...Ted8; 4) 1...Dxc3; 5) 1...Te5.

Nun diese Varianten im einzelnen:

1) 1...Sxe4 2.Txe4! Txe4 3.Dg5 g6 4.Df6

2) 1...Txe4 2.Dg5 Tg4 3.Sh6+ nebst **4.Sxg4**

3) 1...Ted8 2.Dg5 Se8 3.De7 und f7 fällt.

4) 1...Dxc3 2.Dg5 Sh5 3.Tc1 nebst **4.Dxh5.**

5) 1...Te5 (die tatsächliche Partiefolge) **2.Sxd6 Dxc3 3.Df4 d3 4.Te3! Lc2 5.Sxf7 T5e8 6.e5 Dd4 7.Dg5! Dxc4 8.Sh6+ Kf8 9.exf6** mit unparierbarem Matt.

Die graphische Darstellung dieser komplizierten Varianten sieht so aus:

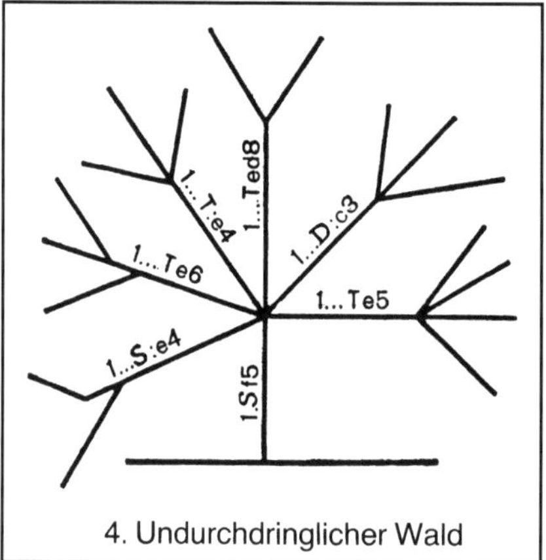

4. Undurchdringlicher Wald

Sie haben nun drei Schemata der Variantenberechnung kennengelernt: den *Busch*, den *Stamm* und den *Wald*. In den folgenden Übungen sollen Sie entscheiden, um welche Form es sich jeweils handelt.

ÜBUNGEN

Nr. 123:

Schwarz ist am Zug. Finden Sie den Gewinnweg, berechnen Sie die Varianten und konstruieren Sie den Berechnungsbaum!

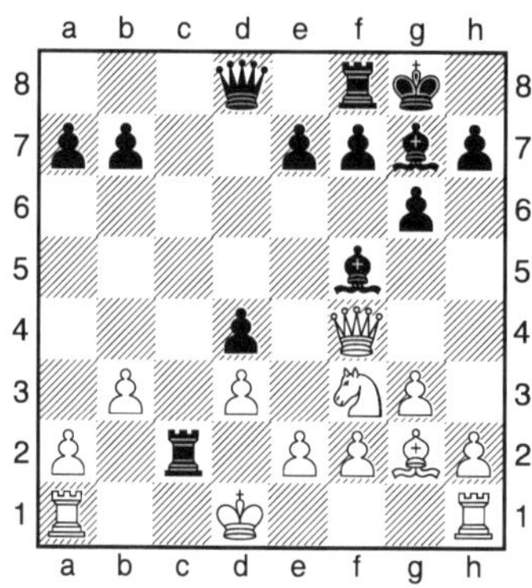

Nr. 124:

Schwarz ist am Zug. Finden Sie den Gewinnweg, berechnen Sie die Varianten und konstruieren Sie den Berechnungsbaum!

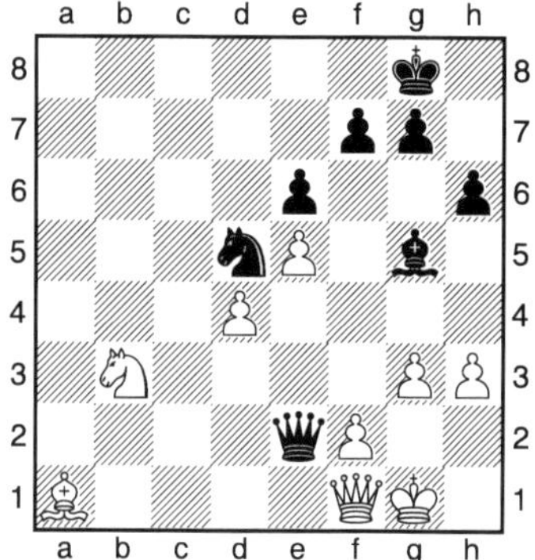

Nr. 125:

Weiß ist am Zug. Finden Sie den Gewinnweg, berechnen Sie die Varianten und konstruieren Sie den Berechnungsbaum!

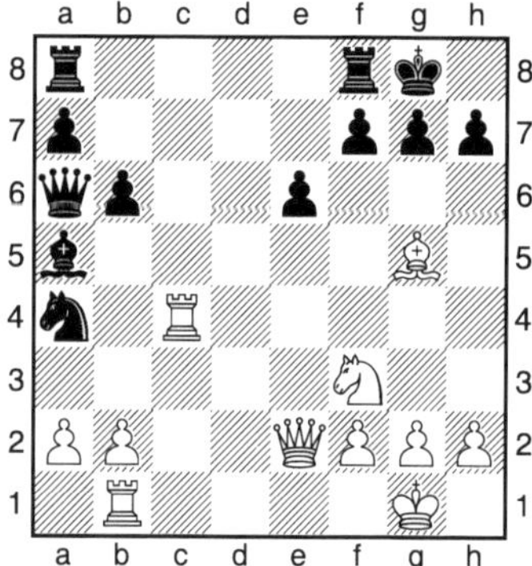

Alternative Züge

(Kandidaten)

Das systematische Vorgehen – erst alle Kandidatenzüge ermitteln und dann mit deren Berechnung beginnen – ist also unerlässlich, weil es sich bei einem anfangs ‚vergessenen Kandidaten' ja ausgerechnet um den einzigen Gewinnzug bzw. um die einzige Rettung gehandelt haben könnte.

In der Partie Ragosin – Boleslawski (1953) kam es zu folgender Stellung mit Weiß am Zug.

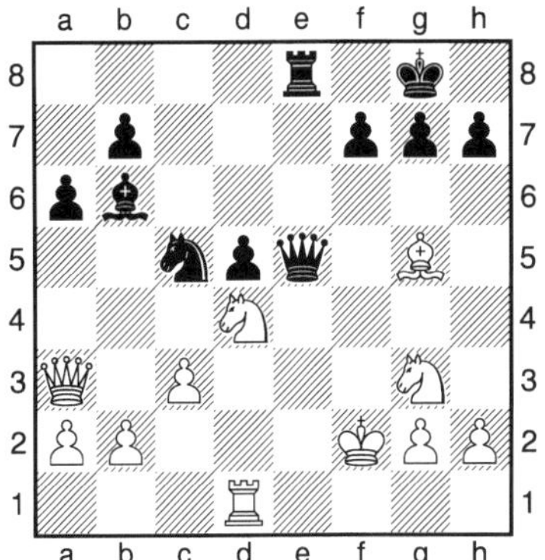

Schwarz hatte soeben völlig berechtigt eine Figur geopfert. Der weiße König schwebt in großer Gefahr und die Dame steht weit vom Schuss, während bei Schwarz alles bereit zum Angriff steht.

Auf der Suche nach Rettung verbrauchte Großmeister Ragosin hier eine halbe Stunde zur Berechnung aller möglichen Varianten – u.a. wohl auch der folgenden:

1) **1.Ld2 Sd3+ 2.Kf1 Lxd4 3.cxd4 Df6+ 4.Kg1 Dxd4+** mit Gewinn durch ersticktes Matt.

2) **1.Db4 Dxg5 2.Dxb6 De3+ 3.Kf1 Sd3** mit der doppelten Mattdrohung auf f2 bzw. e1.

3) **1.Sf3 Se4+ 2.Ke1!** (2.Kf1 Dxg3) **2...De6 3.Sxe4 h6!**

   In dieser interessanten Stellung folgt auf **4.Lxh6 Dxh6 5.Txd5 Dc1+ 6.Ke2 Txe4+ 7.Kd3 Db1+ 8.Kd2 Le3+ 9.Ke2 Lc5+** mit Gewinn.

   Und nach **4.Da4 Dxe4+ 5.Dxe4 dxe4 6.Sd4 hxg5** gewinnt Schwarz im Endspiel.

4) **1.h4 h6 2.Lc1 Df6+ 3.Kg1 Dxh4** mit Gewinn in allen folgenden Varianten:

a) **4.Sgf5 Te1+ 5.Txe1 Dxe1+ 6.Kh2 Dxc1**

b) **4.Sdf5 Sd3+ 5.Kf1 Dh2 6.Le3 Lxe3 7.Sxe3 Txe3**

c) **4.Sge2 Txe2 5.Sxe2 Sd3+ 6.Sd4 Df2+ 7.Kh1 Se1 8.Td2** (8.Txe1 Dxe1+ 9.Kh2 Lc7+) **8...Df1+ 9.Kh2 Lc7+ 10.g3** (10.Kh3 Dh1+ 11.Kg4 g6 nebst #) **10...Le5 11.Te2 Lxd4 12.Txe1 Lg1+ 13.Kh1 Dxe1**

d) **4.Sf1 Dg4 5.Td2 Te1 6.b4 Se4 7.Td3 De2 8.Tf3 Sg3** mit Gewinn.

Unter ungeheurem Aufwand hat Weiß all diese Varianten berechnet, jedoch in der Partie schließlich **1.Lc1?** gespielt, was nach **1...Df6+ 2.Kg1 Sd3! 3.h3 Te1+** zum sofortigen Verlust führte.

Die tatsächlich gegebene Rettungsmöglichkeit hätte er jedoch nur finden können, wenn er sich zu Beginn die Frage gestellt hätte, welches denn überhaupt sein *größtes* Verteidigungsproblem ist. Dieses besteht offenbar darin, dass die Dame nicht helfen kann, aber über c1 wäre eine Annäherung in zwei Zügen möglich gewesen – also **1.b4! Se6 2.Le3 f5 3.Sdxf5 Df4+ 4.Ke2** oder **1...Se4+ 2.Sxe4 Dxe4 3.Dc1!**. Wahrscheinlich müsste Schwarz sich nach **1...Dxg5 2.bxc5 De3+ 3.Kf1 Df4+** mit Remis durch Dauerschach zufrieden geben.

Im Schach gibt es viele schöne Kombinationen, doch am meisten beeindrucken oft die so genannten ‚verdeckten' Züge. Hier ein phantastisches Beispiel.

Petrosjan – Smyslow
Zürich 1953
Weiß am Zug

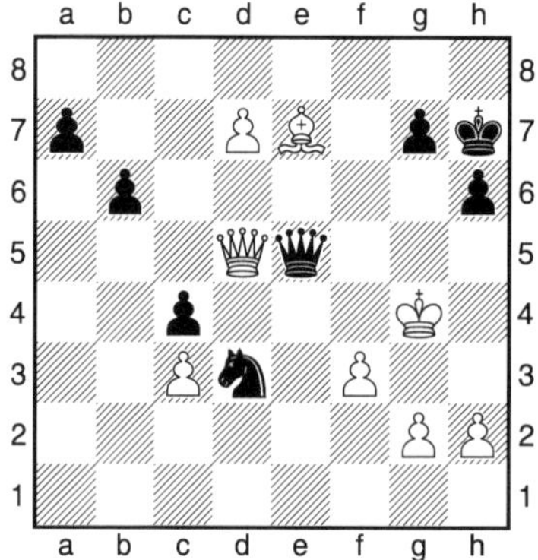

Der letzte schwarze Zug De5 war logisch und lag auf der Hand – die Drohung 1...Sf2+ 2.Kh4 Dxh2# forciert (scheinbar!) die Ereignisse. So gab Weiß sich nach **1.Dxd3+ cxd3 2.d8D** mit baldigem Remis zufrieden.

Allerdings hätte ihm der verdeckte Zug **1.Dd6!!** mit ‚Röntgen'-Deckung von h2 und nicht zu parierender Bauernumwandlung den Sieg gebracht.

Teil III

Theorie und Praxis der Endspiele

1. Grundcharakteristika des Endspiels

Im Verlauf des Schachkampfes werden die Kräfte schrittweise abgebaut, das Spiel wird vereinfacht und geht in die letzte und oft entscheidende Phase über – das Endspiel.

Je nachdem, unter welchen Bedingungen ein so genannter Endspielübergang erfolgt, sind drei prinzipiell unterschiedliche Aufgabenstellungen denkbar.

1) Eine Seite hat Material- oder Stellungsvorteil und muss versuchen, diese Faktoren zum Sieg zu führen.
2) Eine Seite hat Material- oder Stellungsnachteil und muss versuchen, trotz dieser Faktoren Remis zu halten.
3) Die Stellung ist ausgeglichen, aber man möchte noch kein Remis, sondern sucht eine Entscheidung im Endspiel.

Daraus ergeben sich prinzipiell zwei Gruppen. In der ersten verfügt eine Seite über Materialvorteil und versucht diesen bis zur Mattsetzung umzusetzen – die so genannten ‚technischen Endspiele'. Diese sind von der Endspieltheorie längst erfasst und erforscht und mit Bewertungen versehen, ob sie nun zum Gewinn reichen oder eben nicht. Ein Beispiel, das jeder Anfänger lernen muss: das Mattsetzen mit König und Turm.

In die zweite und bedeutend größere Gruppe gehören all die Endspiele, in welchen die vorhandenen Kräfte erst zu einer sicheren Mattsetzung (ohne Mithilfe durch gegnerische Fehler) kommen können, wenn ein Bauer zur Umwandlung gelangt. Dies ist das maßgebliche strategische Ziel in nahezu jedem Endspiel.

Weitere charakteristische Besonderheiten im Endspiel sind:

1) Sobald das Material so weit reduziert ist, dass die Mattgefahren für die Könige verschwinden, kommen diese aus ihren Verstecken heraus und werden zu vollwertigen Mitstreitern – ja häufig sind es gerade sie, die als Erste ins gegnerische Lager einbrechen.

2) Mit weniger Figuren auf dem Brett erhöht sich der relative Wert jeder einzelnen. Während im Mittelspiel das Übergewicht der Kräfte an einem Flügel zum Sieg ausreichen kann, genügt es im Endspiel in der Regel nicht, einzelne Kräfte nacheinander zu aktivieren. Vielmehr muss das Zusammenwirken aller verbleibenden Figuren organisiert werden.

3) Den Bauern kommt im Endspiel eine völlig neue Bedeutung zu. Im Mittelspiel kann das Fehlen eines Bauern oft leicht verkraftet werden – im Endspiel ist es fast immer tödlich.

4) Der Spielplan im Mittelspiel kann von der Spiellaune und der Phantasie eines Spielers abhängen. Im Endspiel geht es hingegen um ganz spezifische Bedingungen und Vorgehensweisen.

5) Da das Endspiel von relativ wenig Bauern und Figuren bestritten wird, ist es überschaubarer und lässt sich leichter klassifizieren. Das haben Theoretiker vor langer Zeit begonnen und mittlerweile für alle Positionen den passenden Gewinnweg (oder auch Remis-Weg) ermittelt, der auch mit größter Meisterschaft nicht mehr anzufechten ist. Somit tritt das theoretische Wissen wieder mehr in den Vordergrund. Viele Endspielstellungen sind eigentlich Logikaufgaben, bei denen es nur einen streng vorgeschriebenen Lösungsweg gibt.

Keine Angst, im Endspiel muss man relativ wenig wissen, und das Wichtigste wird in der Folge besprochen.

Ein aus dem Mittelspiel ins Endspiel eingebrachter Vorteil gewinnt nicht automatisch, nicht ohne Kenntnis von Endspiel*technik*. Dies zeichnet den wirklich starken Spieler aus, und es ist kein Zufall, dass jeder bisherige Weltmeister immer ein herausragender Endspielvirtuose war.

Hingegen versuchen unerfahrene Spieler zumeist, dem Endspiel auszuweichen, auf der Flucht vor vermeintlicher Langeweile und unausweichlichem Remis. Diese Auffassung ist vollkommen verkehrt, denn auch im Endspiel gibt es jede Menge Spielraum für Kreativität und Phantasie. Allerdings ist oft erst ein näheres Bekanntwerden mit den Besonderheiten des Endspiels vonnöten, bevor sich eine gewisse Liebe dafür entwickeln kann. Und dann wird man ihm nicht weniger Interesse entgegenbringen als dem tosenden Mittelspiel.

Und schließlich, was Capablanca betonte, ist das Endspielstudium auch für die Vervollkommnung des allgemeinen Stellungsverständnisses wichtig sowie für die allgemeine Spielauffassung in ihrer Gesamtheit.

ÜBUNGEN

Wir zweifeln nicht an Ihren guten technischen Endspielfähigkeiten. Zur Übung versuchen Sie allerdings, den *schnellsten* Weg zum Ziel zu finden. Es ist jeweils Weiß am Zug.

Nr. 126:

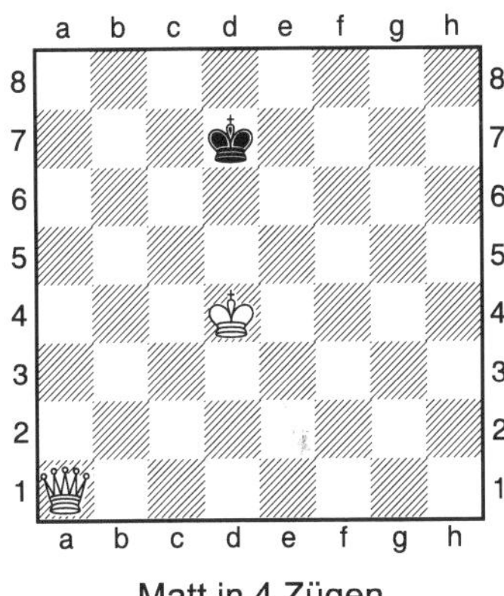

Matt in 4 Zügen

Nr. 127:

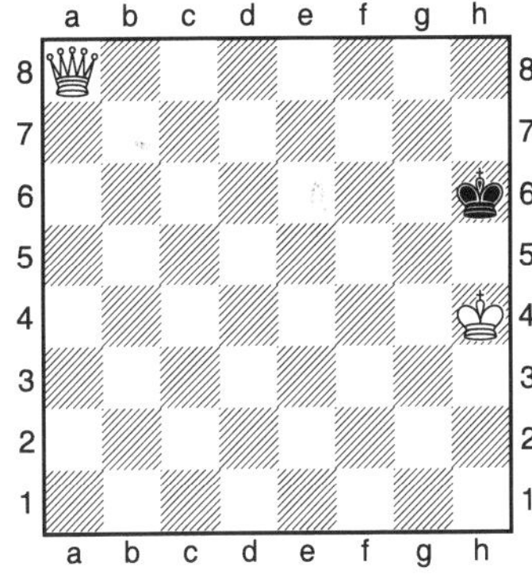

Matt in 4 Zügen

Nr. 128:

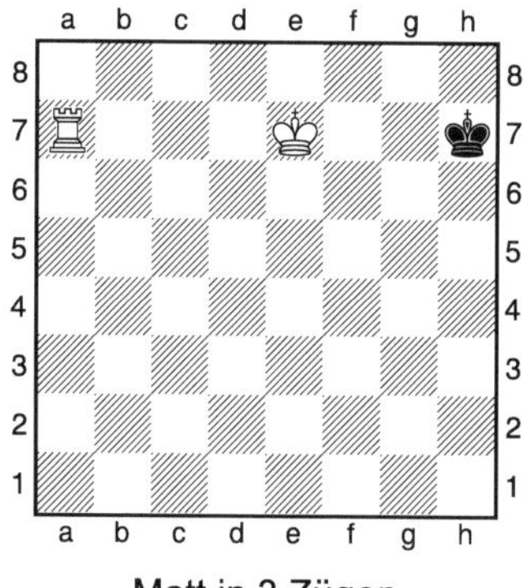

Matt in 3 Zügen

Nr. 129:

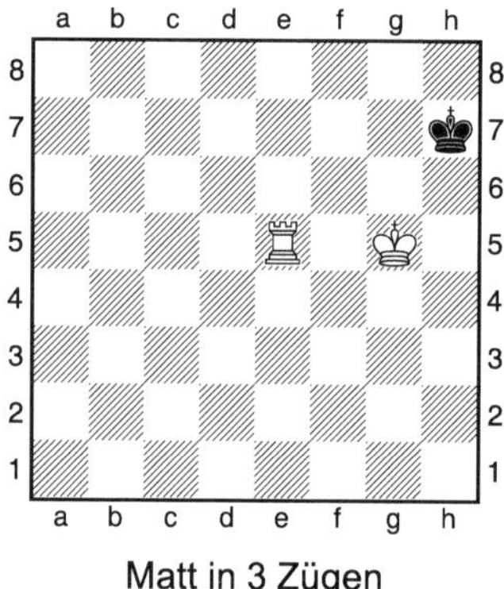

Matt in 3 Zügen

Nr. 130:

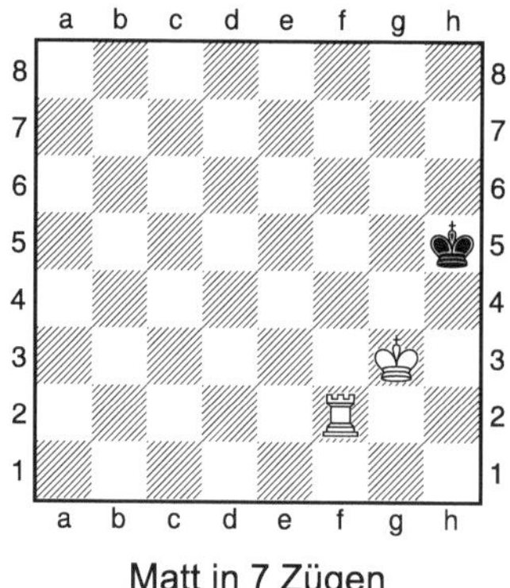

Matt in 7 Zügen

Nr. 131:

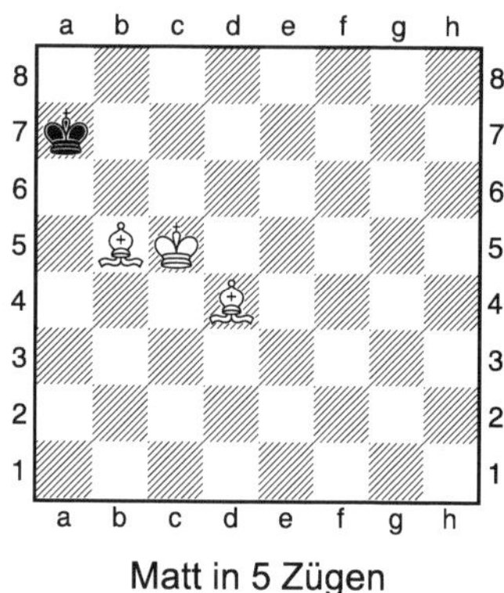

Matt in 5 Zügen

Nr. 132:

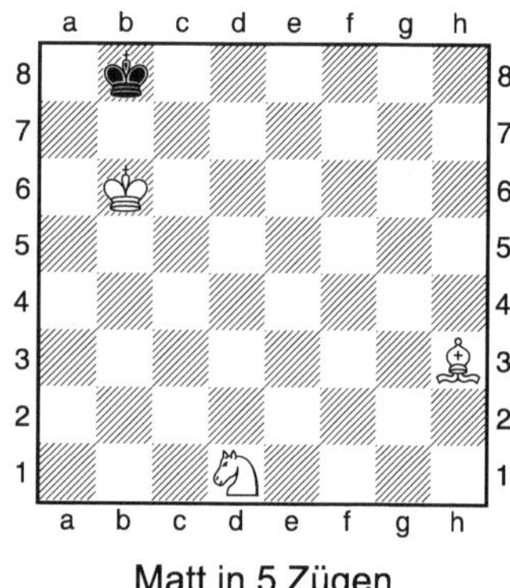

Matt in 5 Zügen

Nr. 133

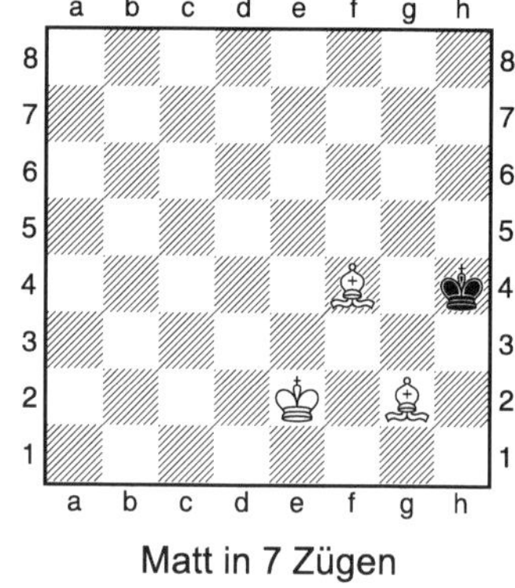

Matt in 7 Zügen

2. Bauernendspiele

König und Bauer gegen König

Ein König behindert den Vormarsch eines gegnerischen Freibauern, indem er sich ihm in den Weg stellt und ihn blockiert. Allerdings führt Zugzwang dazu, dass er diese Blockade immer wieder aufgeben muss. So wird der Bauer mit Hilfe des eigenen Königs immer weiter vordringen – bis zu folgender Schlüsselstellung, in der der gegnerische König seitlich ausweichen und die Blockade somit endgültig aufgeben muss.

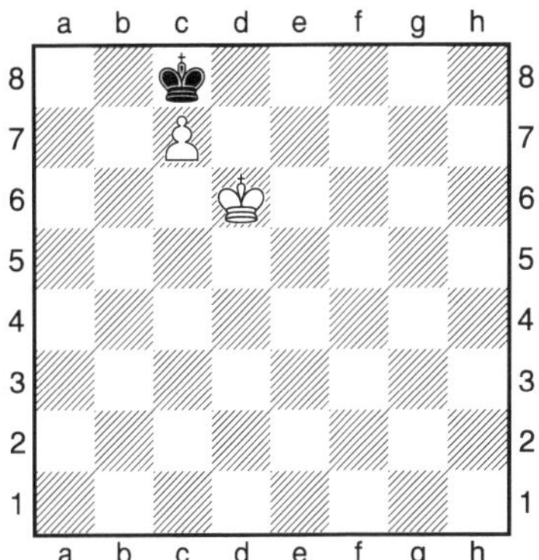

Hier regiert beidseitiger Zugzwang, so dass, wer am Zug ist, sein Ziel *nicht* erreicht. Weiß am Zug müsste durch Verlassen des Bauern bzw. Pattsetzung Remis zulassen – Schwarz müsste Bauernverwandlung und somit die Niederlage zulassen. Daraus folgt, dass bereits beim Loslaufen des Bauern beide Seiten im Auge haben müssen, die Schlüsselstellung *mit dem Gegner am Zug* zu erreichen.

Nun versuchen wir festzustellen, wo der weiße König zwecks Gewinn stehen müsste – zunächst mit einem Bauern auf c5 und mit dem gegnerischen König irgendwo auf der Grundreihe.

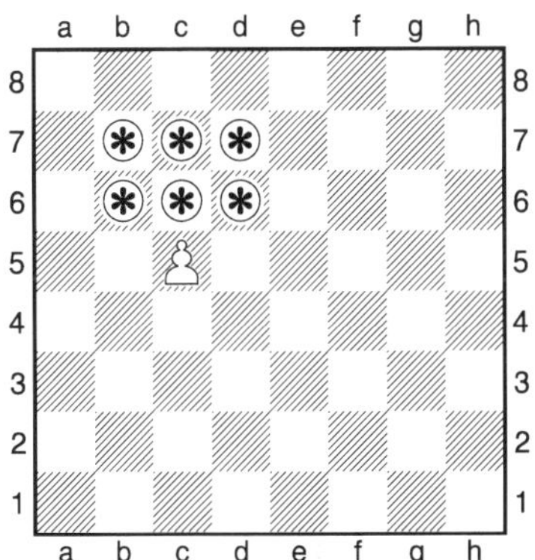

Es ist klar, dass Weiß mit dem König auf der 7. Reihe wegen der Beherrschung der letzten Durchgangsfelder gewinnt, ganz gleich, wo sich der gegnerische aufhält. Bei einem Standort auf der 6. Reihe hängt das Resultat vom Standort des schwarzen Königs ab. Hier kommt der Zustand ‚Opposition' ins Spiel – die Könige stehen sich mit nur einem Feld Abstand gegenüber. Dann tritt die fundamentale Regel in Kraft: Die Seite, die Opposition herstellt, erreicht ihr Ziel. Warum? Weil der andere König nach irgendwohin ausweichen und somit den Weg freigeben muss.

So ist mit Weiß am Zug die Stellung mit dem weißen König auf d6 und dem schwarzen auf c8 für Weiß gewonnen, denn mit dem Manöver 1.Kc6 Kd8 2.Kb7 bzw. 1...Kb8 2.Kd7 wird die Opposition hergestellt und ausgenutzt. Mit dem König auf d8 hingegen entscheidet der Vorstoß 1.c6 Kc8 2.c7, wozu für Lernende der Merksatz gilt: Lautlos auf die 7. Reihe! – Dabei ist *lautlos* als *ohne Schachgebot* zu verstehen. Unter Anwendung derselben Technik gewinnt Weiß auch mit dem König auf c6 oder b6.

In der Theorie der Bauernendspiele werden die sechs eingezeichneten Felder als ‚Schlüsselfelder' (des Bauern c5) bezeichnet. Erreicht der weiße König eines davon, ist die Bauernumwandlung nicht mehr zu verhindern. Hingegen hält Schwarz remis, wenn er den gegnerischen König von diesen Feldern fernhalten kann. Den Regeln der Opposition folgend müsste Schwarz mit dem König auf d5 oder d7 (bzw. b5 oder b7) den Zug 1.c6+ so beantworten, dass er sie nach 2.Kd6 (bzw. 2.Kb6) einnehmen könnte – also 1...Kc8! 2.Kd6 Kd8 bzw. 2.Kb6 Kb8.

Und hier eine Art Grundstellung mit dem Bauern noch auf seinem Ursprungsfeld. Die Schlüsselfelder sind markiert.

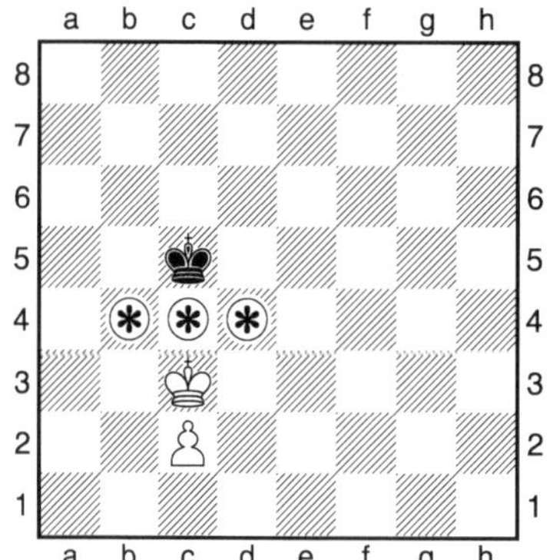

Gemäß obiger Grundregel erreicht hier die Seite ihr Ziel, die *nicht* am Zug ist. Ist Weiß am Zug, hält Schwarz stets die Opposition, während Schwarz am Zug ausweichen und verlieren muss.

Z.B. **1...Kb5**

(1...Kd5 2.Kb4 läuft analog, wie auch in der Folge, je nachdem, zu welcher Seite Schwarz ausweicht.)

2.Kd4 und nun z.B. **2...Kc6 3.Kc4 Kb6 4.Kd5 Kc7 5.Kc5 Kd7 6.Kb6!** Durch die seitlichen Ausweichmanöver hat der weiße König eines der Schlüsselfelder erreicht, und dadurch auch die weitere Grundregel demonstriert: Erst geht der König vor – und dann der Bauer!

Dem Kampf um die Schlüsselfelder sowie dem korrekten Einsatz der Opposition kommt also im Bauernendspiel die entscheidende Bedeutung zu.

Versuchen Sie nun, unter Beachtung der eingezeichneten Schlüsselfelder die Lösung für das nächste Beispiel zu finden.

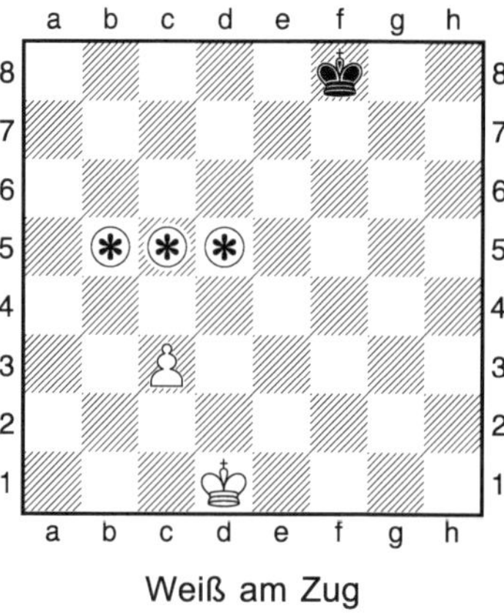

Weiß am Zug

Um dem weißen König das Erreichen der Schlüsselfelder zu verwehren, müsste der schwarze König im Falle von Kd4 mit Kd6 antworten können – bei Kc4 mit Kc6 und bei Kb4 mit Kb6. Der weiße König kann alle drei genannten Felder in drei Zügen erreichen – der schwarze benötigt zwei Züge nach d6, drei nach c6 und sogar vier nach b6. Daraus folgt die Lösung: Auf nach b4! – **1.Kc2 Ke7 2.Kb3 Kd6 3.Kb4 Kc6 4.Kc4**, und Schwarz muss ausweichen.

Anders verhält es sich bei einem freien Randbauern, denn gelangt der gegnerische König erst einmal vor ihn, so kann er wegen bestehender Pattgefahr nicht mehr verdrängt werden. Allerdings gibt es auch bei einem Randbauern Schlüsselfelder, wenn der gegnerische König noch ein Stück weit entfernt steht. Und wieder gilt die Regel: Kann der angreifende König eines der Felder erreichen, so ist die Bauernumwandlung garantiert.

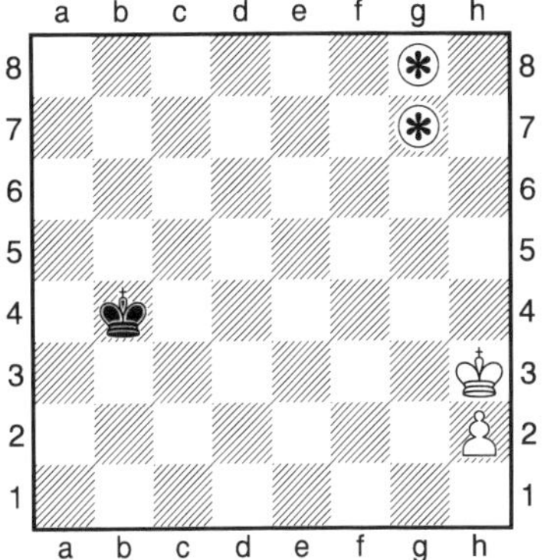

Hier genügt reines Abzählen für die Feststellung: Wer am Zug ist, erreicht sein Ziel.

Entweder also **1.Kg4 Kc5 2.Kg5 Kd6 3.Kg6 Ke7 4.Kg7** mit Gewinn.

Oder aber **1...Kc5 2.Kg4 Kd6 3.Kf5 Ke7 4.Kg6 Kf8 5.Kh7**.

Sonst setzt sich der schwarze König in der Ecke fest.

5...Kf7 6.h4 Kf8 7.h5 Kf7 8.h6 Kf8, und nun kann Weiß sich den Weg zum Remis aussuchen – sprich: pattsetzen oder sich pattsetzen lassen.

Nun zu einem Fall, bei dem beide Könige noch weit vom Bauern entfernt sind.

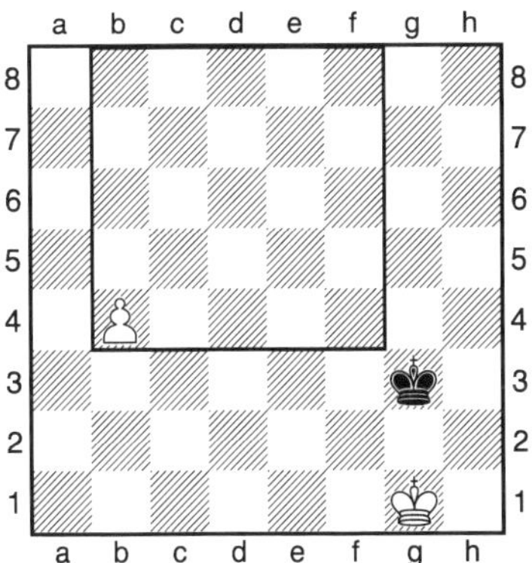

Auch hier hängt das Ergebnis vom Anzug ab, denn Weiß am Zug kann den Bauern verwandeln – Schwarz am Zug kann ihn erobern.

Um schnell und sicher feststellen zu können, ob der Verteidiger den Bauern noch erreichen kann oder nicht, wendet man in diesem Fall die so genannte ‚Quadrat-Regel' an.

Das Quadrat des Bauern b4, in dem dieser einen Eckpunkt bildet, umfasst die weiteren Eckpunkte b8, f8 und f4. Dieses ist im Diagramm eingezeichnet.

Die Quadrat-Regel lautet nun: Befindet sich der verteidigende König im Quadrat des Bauern oder kann er es bei eigenem Anzug betreten, so ist das Resultat Remis. Andernfalls geht der Bauer zur Dame.

Bei einem Bauern, der noch auf seinem Ausgangsfeld steht und somit zu Beginn um *zwei* Felder vorziehen kann, muss man das Quadrat selbstredend um eine Reihe verkleinern.

ÜBUNGEN

Nr. 134:

Weiß ist am Zug. Sein König beherrscht bereits die Schlüsselfelder. Darf er den Bauern vorziehen?

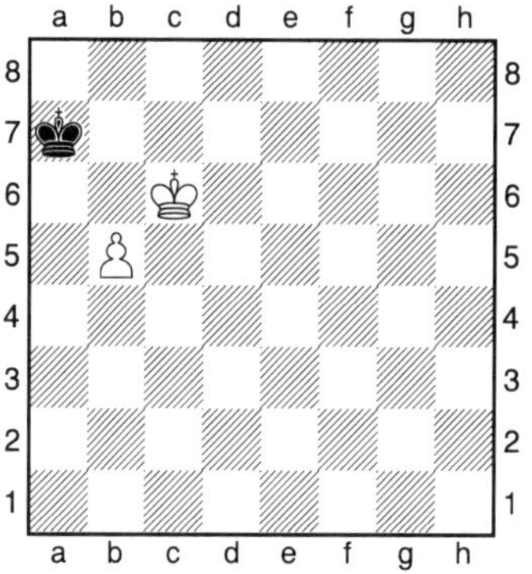

Nr. 136:

Weiß ist am Zug und die Aufgabe lautet wie im letzten Beispiel.

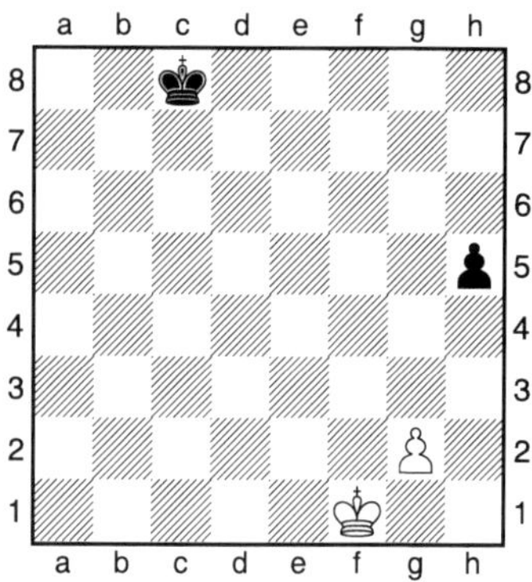

Nr. 135:

Weiß ist am Zug. Er muss den gegnerischen Bauern erobern und die Schlüsselfelder des eigenen Bauern besetzen. Wie kann er dies erreichen?

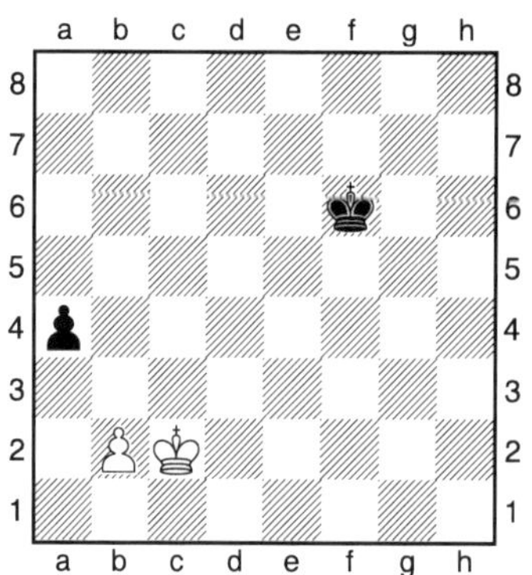

Nr. 137:

Weiß ist am Zug. Die Aufgabe lautet: Den eigenen Bauern preisgeben, aber den gegnerischen König von den Schlüsselfeldern fernhalten. Geht das überhaupt?

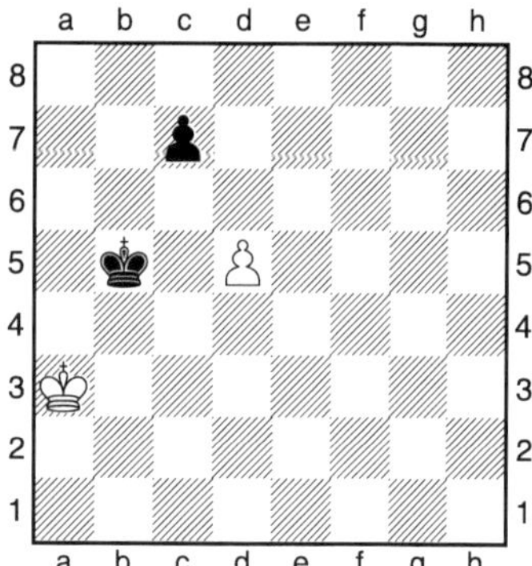

Felder und Entfernungen

Erinnern Sie sich daran, welche Art von Bauern bereits erwähnt wurden, und halten Sie im nächsten Diagramm danach Ausschau.

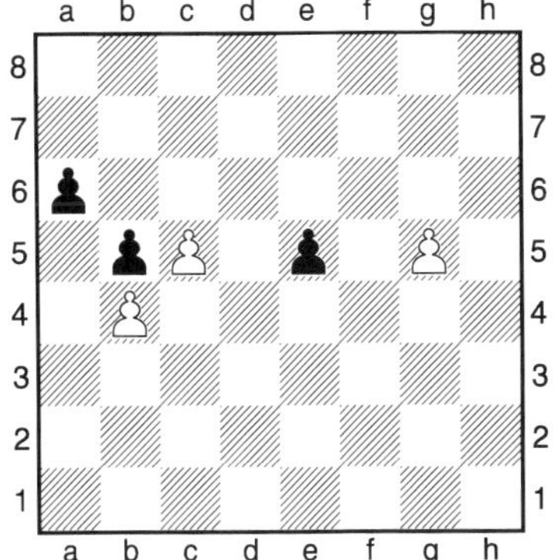

Die Bauern b4 und b5 machen sich gegenseitig unbeweglich und sind somit *blockierte Bauern*. Auf c5, e5 und g5 gibt es *Freibauern*, wobei der auf c5 ein *gedeckter Freibauer* ist – die beiden anderen jedoch *isolierte Freibauern*. Obwohl von keinem gegnerischen Bauern blockiert, kann Bauer a6 (unter normalen Umständen) nicht vorwärts und ist somit ein *rückständiger Bauer*.

Sodann spielt die Königsposition eine bedeutende Rolle. Mit beiden Königen am Damenflügel wäre g5 ein *entfernter Freibauer*. Dabei kann man für all diese Bauern entsprechende Schlüsselfelder ermitteln.

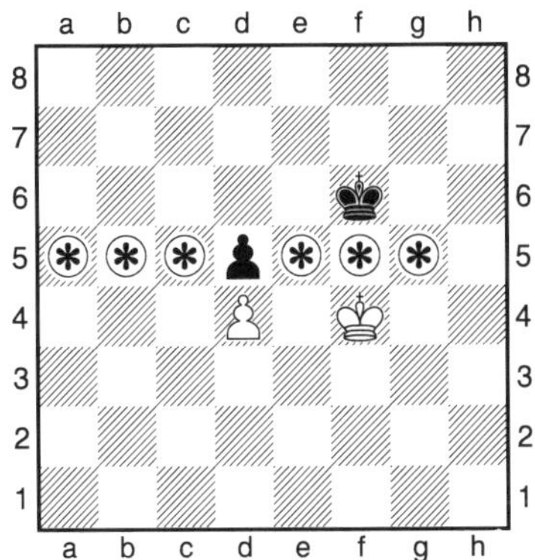

Bei diesem Beispiel haben wir es mit einer Art Grundform von blockierten Bauern zu tun. Da der weiße König weiter vorne steht, sollte – wenn überhaupt – nur ein weißer Gewinn in Betracht kommen. Der erste Teilplan besteht in der Eroberung des Bauern d5, und diese ist möglich, wenn der weiße König eines der eingezeichneten Schlüsselfelder erreichen kann.

Entscheidend dabei ist zunächst wieder die Frage des Anzugs, denn Weiß am Zug könnte keine Fortschritte erzielen. Schwarz am Zug müsste so oder so den Weg freigeben, was früher oder später zum Verlust des Bauern d5 führt. Nur hat dies noch nichts zu bedeuten, wenn Schwarz die Regel der Opposition beherzigt und entsprechend dafür sorgt, dass er späteres Kxd5 immer mit Kd7 beantworten kann.

Der praktische Nutzen der Schlüsselfelder besteht darin, jedes beliebige Bauernendspiel schnell und präzise bewerten und berechnen zu können.

N. Grigorjew (1921)
Schwarz am Zug.

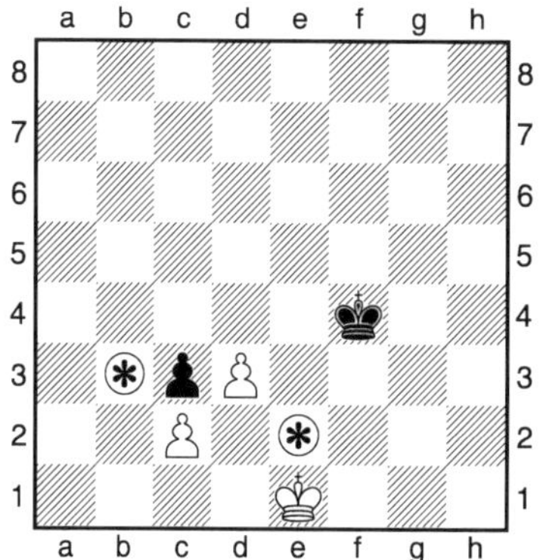

Weiß am Zug würde den Gegner nach **1.Ke2** Schritt für Schritt zurückdrängen, den d-Bauern vorantreiben und den Bauern c3 erobern. Also ist e2 das erste Schlüsselfeld, dessen Erreichen weißen Gewinn sicherstellt. Auch das zweite Schlüsselfeld auf b3 ist leicht zu bestimmen, denn erreicht der weiße König dieses, so ist es nicht mehr wichtig, wo der gegnerische König steht bzw. wer am Zug ist.

Entsprechend muss sich die schwarze Defensive daran orientieren, den König so zu führen, dass dem weißen König im entsprechenden Moment das Betreten eines der Schlüsselfelder verwehrt werden kann. Und dies ist nur mit dem Einleitungszug **1...Kf3!** möglich, denn nach z.B. **2.Kd1 Ke3 3.Kc1 Kd4 4.Kb1 Kc5 5.Ka2 Kb4** kommt der König auch an diesem Flügel gerade rechtzeitig. Überzeugen Sie sich davon, dass 1...Ke3? hingegen zum Verlust führt.

Bei der Wanderung des weißen Königs von e1 nach a2 muss der schwarze König jeweils auf ganz bestimmte Felder, damit es am Ende passt. Die Wege beider Könige scheinen wie miteinander verbunden – dem Feld e1 entspricht einzig und allein das Feld f3 – dem Feld d1 nur e3 – c1 nur d4 – b1 nur c5 – a2 nur b4. Diese Verbindung von Felderpaaren nennt man ‚Gegenfelder'.

Will der verteidigende König den Angreifer am Erreichen der Schlüsselfelder hindern, muss er sich peinlichst an die Gegenfelder halten. Beim Kampf mit den Gegenfeldern geht es also letztlich um die Schlüsselfelder.

Das folgende Beispiel mit Weiß am Zug zeigt, dass es unweigerlich zur Niederlage kommt, wenn der Verteidiger die Gegenfelder nicht mehr halten kann.

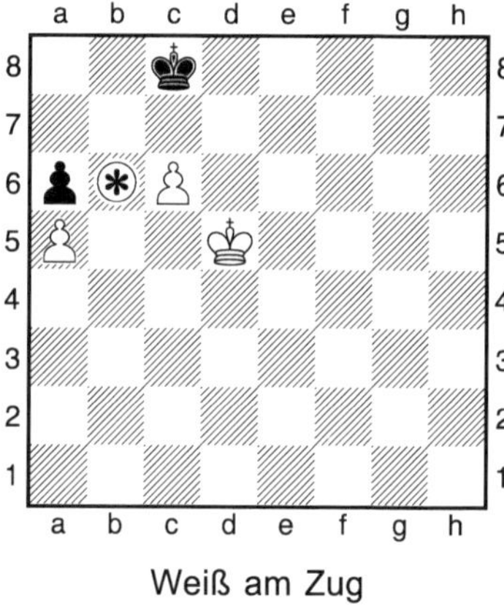

Weiß am Zug

Auf den ersten Blick scheint Schwarz sich verteidigen zu können. Auf **1.Kc5** mit der Drohung Kb6 geschieht **1...Kc7** – auf **1.Kd6** hält **1...Kd8** die Opposition. Hier lauten die Gegenfelder also: c5-c7, d6-d8 und d5-c8.

Zieht man den König zurück und spielt **1.Kd4**, so muss 1...Kd8 oder Kb8 geschehen, um 2.Kc5 wiederum mit 2...Kc7 beantworten zu können. Was aber soll Schwarz nach einem Wartezug wie 2.Kc4 tun? Wie leicht ersichtlich, ist das Gegenfeld nicht mehr zu halten, denn nach 2...Kc7 entscheidet bekanntlich 3.Kc5 – nach 2...Kc8 die Rückkehr 3.Kd5! Kd8 4.Kd6.

Hier wurde das einfachste Beispiel im Kampf um die Gegenfelder veranschaulicht, die Nutzung des so genannten Dreiecks (hier d5, c4, d4). Mittels eines Durchlaufs der drei Eckfelder kann der weiße König ein Tempo verlieren, um dann mit verändertem Anzug in seine Ausgangsposition zurückzukehren.

Und damit zu weiteren geometrischen Besonderheiten des Schachbretts.

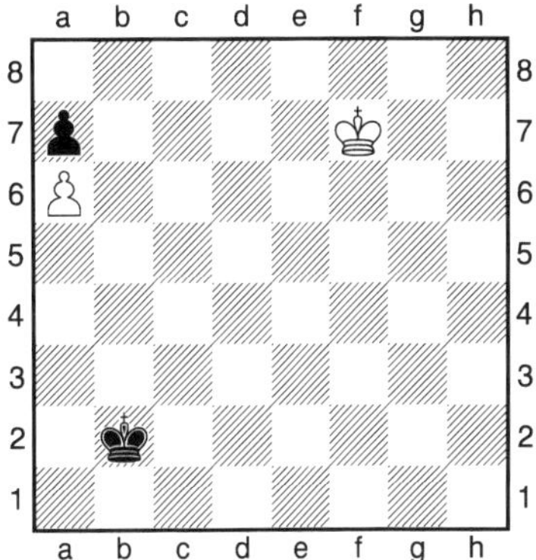

Weiß am Zug wird den Bauern a7 erobern, und Schwarz winkt nur dann Rettung, wenn er Kxa7 mit Kc7 beantworten kann. Nun kann der weiße König zur Eroberung des Bauern verschiedene Wege mit der gleichen Zugzahl einschlagen: e7-d7-c7-b7 oder e6-d6-c6-b7 oder e6-d5-c6-b7 oder schließlich e8-d7-c6-b7.

Ist es nicht erstaunlich, dass auf dem Schachbrett der gerade Weg nicht kürzer ist als eine Zickzack-Linie?

Die Kenntnis dieser Besonderheit ermöglicht den Gewinn, indem der weiße König die Annäherung an den Bauern mit der Abdrängung des gegnerischen Königs verbindet. Nach **1.Ke6 Kc3 2.Kd5!** muss der schwarze König den erforderlichen Weg verlassen, was nach z.B. **2...Kb4 3.Kc6 Ka5 4.Kb7** bzw. **2...Kd3 3.Kc6 Kd4 4.Kb7** zum Verlust führt.

In Kenntnis dieser effektiven Kampfmethode des Abdrängens ist die Lösung folgender Studie nicht mehr schwer.

N. Grigorjew (1931)
Weiß am Zug

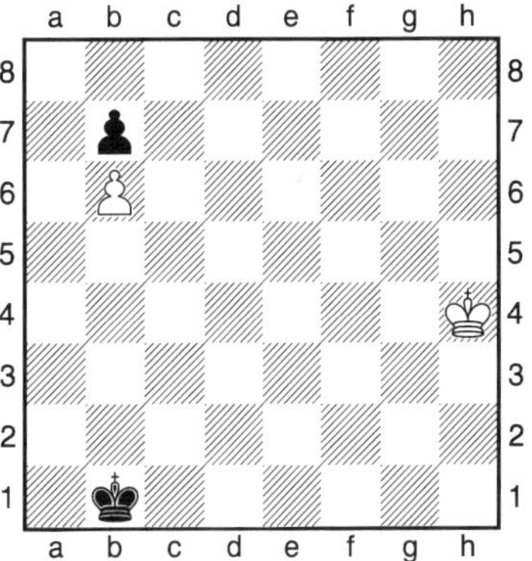

Hier würde der direkte weiße Versuch, c7 in fünf Zügen zu erreichen, tragisch enden, denn auch der schwarze König benötigt fünf Züge zum Erreichen von a6 – wonach Bauer b6 verlorengeht und Schwarz gewinnt.

Also muss Weiß umdenken und auf Defensive umschalten – sprich: Er muss b6 abschreiben, jedoch auf den schwarzen Zug Kxb6 die Antwort Kb4 mit Opposition sicherstellen. Auch dies ist jedoch nicht auf geradlinigem Wege zu erreichen: 1.Kg4? Kc2 2.Kf4 Kd3! mit siegreicher Abdrängung.

Bei der korrekten Verteidigungsmethode vermeidet Schwarz diese Abdrängung, indem er den gegnerischen König weiträumig umläuft – und zwar: **1.Kg3! Kc2 2.Kf2! Kd3 3.Ke1! Kc4 4.Kd2 Kb5 5.Kc3 Kxb6 6.Kb4** mit Remis.

R. Réti (1928)

Weiß am Zug

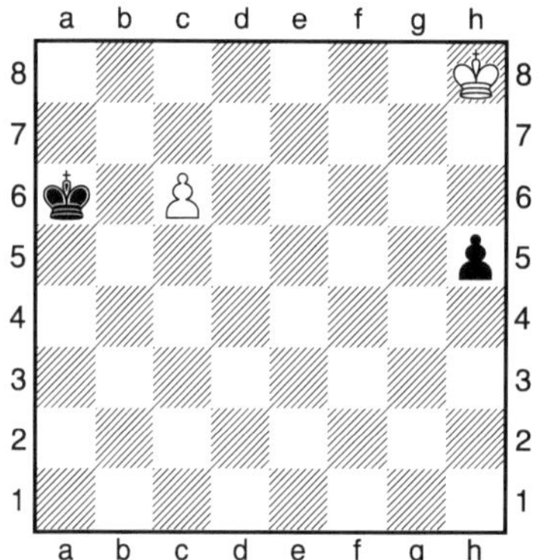

Wie bitte? Das soll Weiß remis halten? Obwohl sein König dem h-Bauern hoffnungslos hinterherhinkt, während der c-Bauer jederzeit vom schwarzen König einkassiert werden kann. Vollkommen unmöglich?

Keineswegs, denn eine Bewegung längs einer Diagonale ist eine Bewegung in *zwei* Richtungen gleichzeitig – ein Feld horizontal und eines vertikal!

Also **1...Kg7! Kb6 2.Kf6! h4 3.Ke5 h3 4.Kd6!** Nun kann Weiß vom gegnerischen Freibauern ablassen und sich dem eigenen widmen – mit Remis nach **4...h2 5.c7 Kb7 6.Kd7** usw.

ÜBUNGEN

Nr. 138:

Weiß ist am Zug und soll gewinnen.

1. d4 führt nicht zum Ziel wegen 1...Ke4 2.Kc3 Kf5! 3.Kd3 Kf4!.

Die richtige Lösung ist unter Beachtung der Schlüsselfelder und Gegenfelder zu finden. Die Schlüsselfelder sind e2 und d4. Ihre Aufgabe besteht darin, die Gegenfelder sowie den Gewinnweg zu finden.

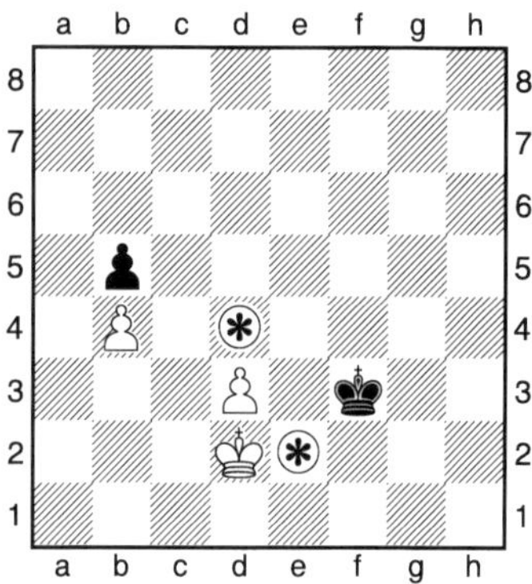

Nr. 139:

Weiß ist am Zug und soll gewinnen.

Die Schlüsselfelder sind c7 und c8. Die erste Reihe der Gegenfelder ist leicht zu finden: d6-b6, d7-b7, d8-b8.

Versuchen Sie nun, die übrigen zu finden sowie den Weg für Schwarz, diese zu halten.

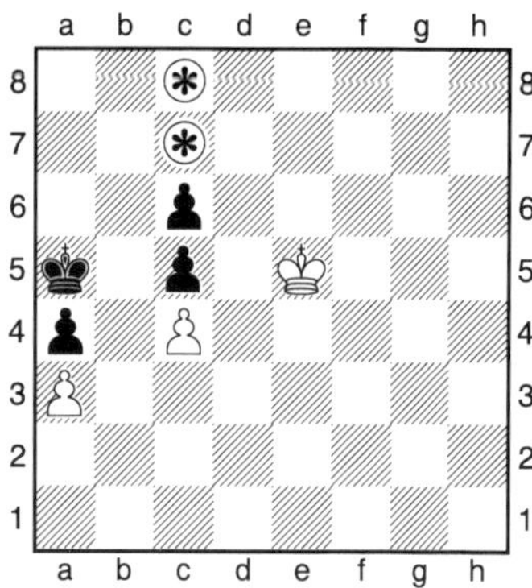

Nr. 140:

Weiß ist am Zug und soll gewinnen.

Wenn der weiße König sofort zum Bauern g6 läuft, bringt das keinen Erfolg: 1.Ke5 Kc4 2.Kf6 Kd4 3.Kxg6 Ke4 4.Kg5 Kf3.

Finden Sie den Weg, wie man den gegnerischen König abdrängen kann.

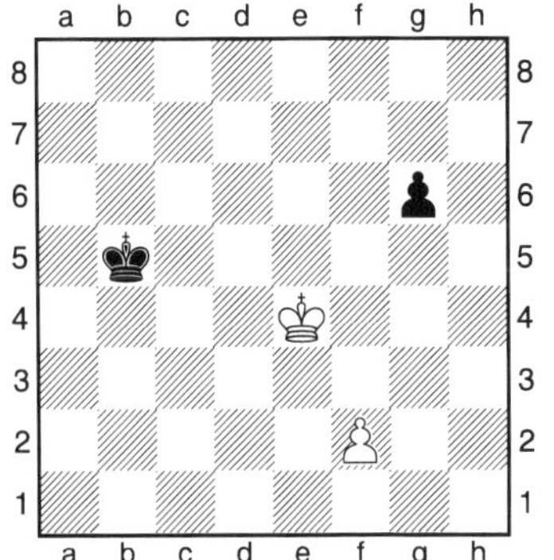

Nr. 141:

Weiß ist am Zug. Schwarz hält die vollkommen hoffnungslos scheinende Stellung remis. Wie?

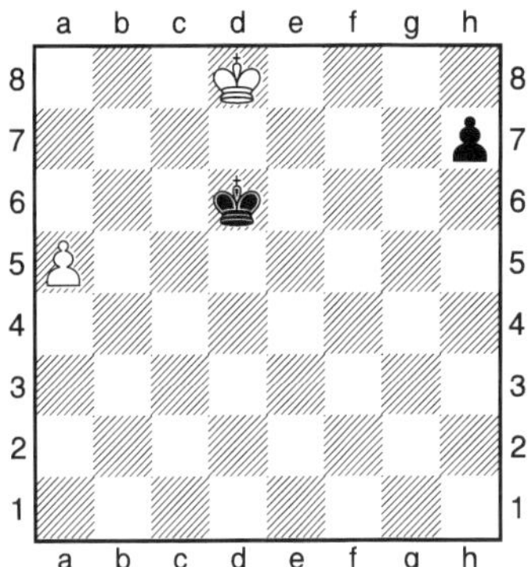

Realisierung des Vorteils

Gewöhnlich reicht in Bauernendspielen ein Mehrbauer zum Gewinn, indem man sich einen Freibauern verschafft und diesen verwandelt. Auch wenn der gegnerische König ihn blockieren kann, ist der Gewinn möglich, indem man ihn im rechten Moment aufgibt, damit der eigene König sich an anderer Stelle neuen Materialvorteil verschaffen kann.

Vor der Schaffung eines Freibauern sollte man sich in der Regel um die bestmögliche Postierung des Königs kümmern, damit der gegnerische König erst gar keine Möglichkeit erhält, sich dem Freibauern in den Weg zu stellen. Hier ein Schulbeispiel mit Weiß am Zug:

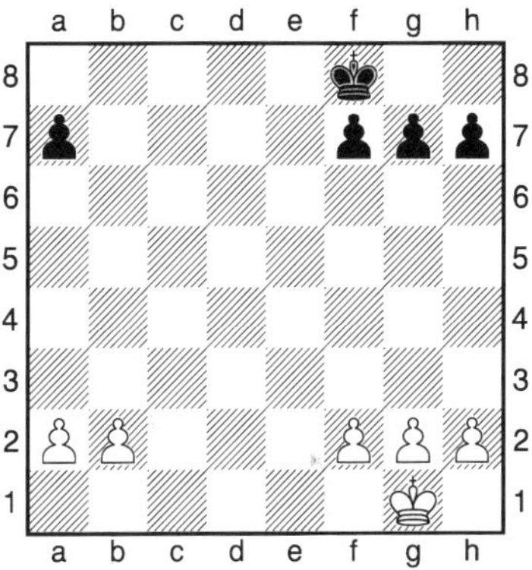

Zuerst also wird der König ins Spiel gebracht: **1.Kf1 Ke7 2.Ke2 Kd6 3.b4**

Um den König von c5 fernzuhalten, obwohl auch 3.Kd3 Kc5 4.Kc3 a5 5.b3 nebst 6.a3 und 7.b4 möglich wäre.

3...Kd5 4.Kd3 f5 5.f4 g6 6.g3 a6 7.a4 Kc6

Der König muss seine aktive Stellung aufgeben.

8.Kd4 Kd6 9.b5 axb5 10.axb5 Kc7 11.Ke5

Am einfachsten gibt Weiß den Freibauern her, um sich entscheidenden Vorteil am anderen Flügel zu verschaffen. Möglich wär auch **11.Kc5** Kb7 12.b6 Kb8 13.Kc6 Kc8 14.b7+ Kb8 15.Kb6 h6 16.h4 gewesen, denn der verzweifelte Versuch, mit 16...g5 Patt zu erreichen, scheitert nach 17.hxg5 hxg5 18.fxg5 f4 19.g6 f3 20.g7 f2 21.g8D#.

11...Kb6 12.Kf6 Kxb5 13.Kg7 Kc4 14.Kxh7 Kd4 15.Kxg6 nebst Gewinn.

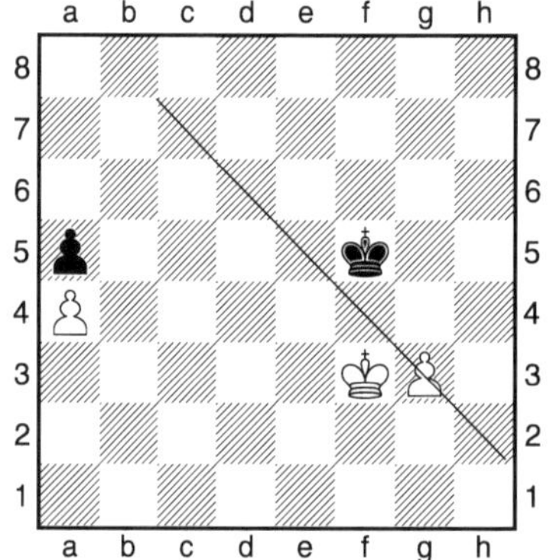

Hier führt das sofortige Vorwärtsstürmen mit dem Bauern nur zum Remis, denn irgendwann muss Weiß diesen zwecks Gewinn hergeben, und dann wird sein König nach dem Wettrennen zum Damenflügel am Rande eingesperrt.

Korrekt ist die sofortige Kursnahme auf den Bauern a5, denn zur Eroberung des Bauern g3 muss der schwarze König zwei Züge verlieren, bevor er sich ebenfalls zum anderen Flügel aufmachen kann.

Aljechin – Yates
Hamburg 1910
Weiß am Zug

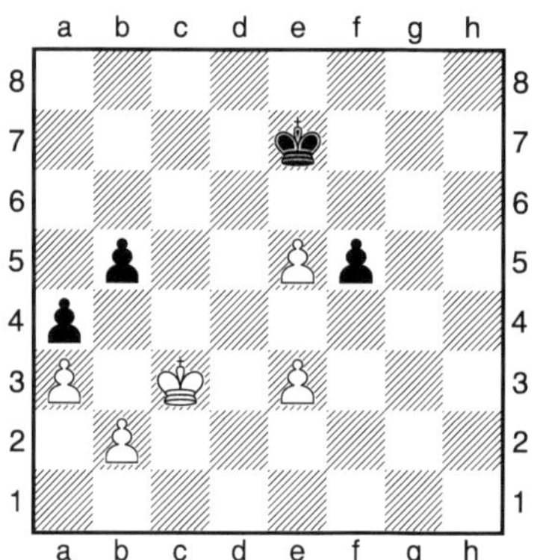

Anhand dieser Stellung kann man eine weitere Finesse bei der Verwertung eines Mehrbauern studieren.

Räumt Weiß die Bauern am Damenflügel ab, hält Schwarz sich an den beiden e-Bauern schadlos. Bei Berechnungen dieser Art trennt man am besten die Züge beider Seiten und zählt sie einfach ab. So würden beide Seiten im achten Zug eine Dame erhalten, und da keine von beiden mit Schachgebot einzieht und keine von beiden durch unmittelbar folgende Manöver zu erobern ist, wird die Partie remis.

Zum Sieg führt das sehenswerte Manöver **1.Kd3! Kd7 2.e4! f4 3.Ke2 Ke6 4.Kf2!**.

Bauer e5 ist ein ‚unverwundbarer Bauer', da seine Eroberung negative Konsequenzen hat. Stattdessen wäre 4.Kf3? ein schwerer Fehler, da 4...Kxe5 nunmehr zu *schwarzem* Gewinn führt.

4...Kxe5 5.Kf3 mit Gewinn.

Ein entfernter Freibauer oder die Möglichkeit, sich einen solchen zu verschaffen, führt meistens zu entscheidendem

Vorteil. Denn der vorgehende Freibauer lenkt den gegnerischen König ab, so dass der eigene an anderer Stelle Beute machen kann. Hier ein typisches Beispiel mit Weiß am Zug:

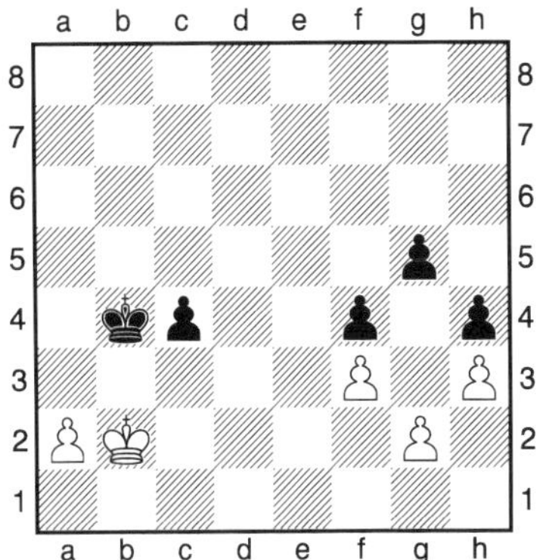

Der entfernte Freibauer (entfernt von der Masse der übrigen Bauern am Königsflügel) ist der auf a2, und als solcher ist er viel gefährlicher als derjenige auf c4. Nach dem forcierten Abtausch dieser beiden Bauern entscheidet der wesentlich kürzere Weg des weißen Königs.

1.Kc2 Ka3

Falls Schwarz hartnäckig mit 1...Kc5 fortsetzt, wird er nach 2.Kc3 Kb5 3.a3 Kc5 4.a4 Kd5 5.a5 Kc5 6.a6 zum Tausch gezwungen.

2.Kc3 Kxa2 3.Kxc4 Kb2 4.Kd4 Kc2 5.Ke4 Kd2 6.Kf5 Ke2 7.Kxg5 Kf2 8.Kxf4 Kxg2 9.Kg5 mit Gewinn.

Selbst ohne vorhandene Freibauern kann ein so genannter Durchbruch unter Bauernopfer zum gewünschten Ziel der Freibauernbildung führen.

K. Cozio (1766)

Weiß am Zug

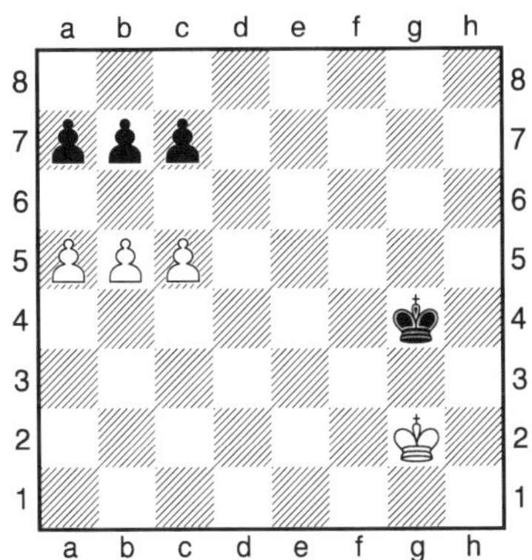

Dieses Beispiel für einen solchen Durchbruch ist wohl das älteste und bekannteste seiner Art. Nach **1.b6** entscheiden die beiden symmetrischen Abspiele **1...cxb6 2.a6! bxa6 3.c6** bzw. **1...axb6 2.c6! bxc6 3.a6**. Schwarz am Zug würde entsprechend nur mit 1...b6 remis halten können.

In allen typischen Bauernendspielen wird ein so genannter ‚Tempokampf' geführt, so dass die Bedeutung eines einzigen Tempos niemals unterschätzt werden darf. Mit dessen Hilfe kann nämlich der Kampf um die Schlüsselfelder oder um Zugzwang entschieden werden – und somit letztlich um die ganze Partie.

Hier zwei Beispiele, in denen Tempovorteile über die gesamte Spielstrategie entscheiden.

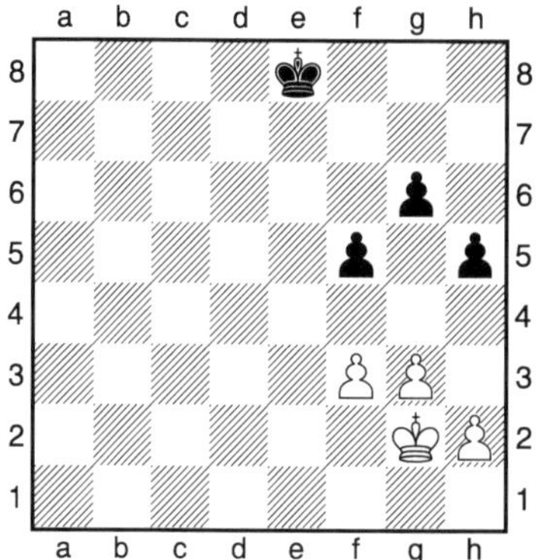

In dieser Stellung nach N. Grigorjew ist Weiß am Zug. An drei Stellen entscheidet ein Tempokampf die Sache für Weiß. Zuerst – um den König nach g5 zu bringen, dann nach h6 und schließlich zur Kontrolle der Schlüsselfelder. Die drei dafür erforderlichen Bauernzüge (um den Gegner an den entsprechenden Stellen jeweils in Zugzwang zu bringen) lauten f4, h3 und h4. Im Klartext sieht das so aus:

1.Kh3 Kf7

Auch 1...g5 hilft nicht wegen 2.f4! gxf4 3.gxf4 Kf7 4.Kh4 Kg6 5.h3! (Weiß kann ein entscheidendes Tempo ‚verlieren', um den Gegner in Zugzwang zu bringen.) 5...Kh6 6.Kg3 Kg6 7.Kf3 Kf6 8.Ke3 Ke6 9.Kd4 Kd6 10.h4! Und noch ein Tempo, um den Gegner aus der Opposition zu verdrängen.

2.Kh4 Kf6

Auch der Gegenangriff misslingt: 2...f4 3.gxf4! Kf6 4.Kg3 Kf5 5.Kh4 Ke6 6.Kf2 Kf6 7.Ke2 Ke6 8.Kd3 Kf5 9.Ke3 Kf6 10.Ke4 Ke6 11.f5+ gxf5 12.Kd4 Kd6 13.f4 usw.

3.f4 Kf7 4.Kg5 Kg7 5.h3! Kf7 6.Kh6 Kf6 7.Kh7 Kf7 8.h4! Kf6 9.Kg8 nebst Gewinn.

Mit dem weißen Bauern bereits auf f4 entscheidet das Umgehungsmanöver des weißen Königs über die linke Seite. Dabei reicht es aus, dass seine Stellung jetzt mit den Zügen h3 und h4 nur *zwei* Mehrtempi bietet.

Weiß am Zug gewinnt.

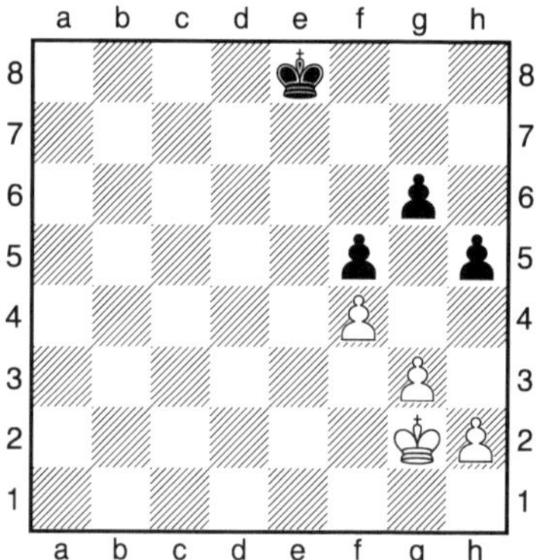

1.Kf3 Ke7 2.Ke3 Ke6 3.Kd4 Kd6 3.h3! Ke6 5.Kc5 Ke7 6.Kc6

Nur so! Zu nichts führt nämlich 6.Kd5 Kd7 7.Ke5 Ke7 8.h4 Kf7 9.Kd6 wegen 9...Kf6.

6...Ke6 7.h4 Ke7 8.Kc7 Ke6 9.Kd8! Das Umgehungsmanöver! **9...Kf7 10.Kd7 Kf6 11.Ke8** usw.

Übrigens bringt auch die aktive Verteidigung 9...Kd5 10.Ke7 Ke4 11.Kf6 Kf3 12.Kxg6 Kxg3 wegen 13.Kg5! keine Rettung.

Im folgenden Beispiel mit Weiß am Zug entscheidet die unterschiedliche Königsposition.

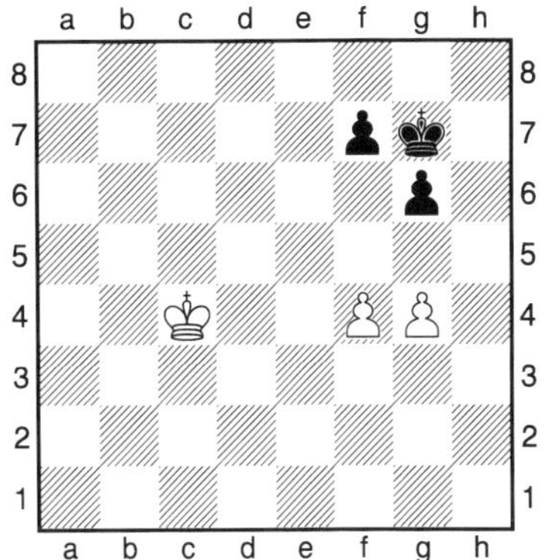

1.Kd5 Kf8!

Schwarz will die weiße Absicht durchkreuzen, mit dem König nach e7 vorzudringen.

2.Kd6 Ke8 3.f5 g5 4.Kc7! Ke7 5.Kc8! Kd6

Die einzige Möglichkeit, denn auf 5...Ke8 entscheidet 6.f6.

6.Kd8 Ke5 7.Ke7 f6 8.Kf7 Kf4 9.Kxf6 Kxg4 10.Kg6 und der weiße Bauer ist schneller.

ÜBUNGEN

Nr. 142: Weiß am Zug.

Der Freibauer bremst die Aktionen des weißen Königs. Kann der Materialvorteil dennoch genutzt werden?

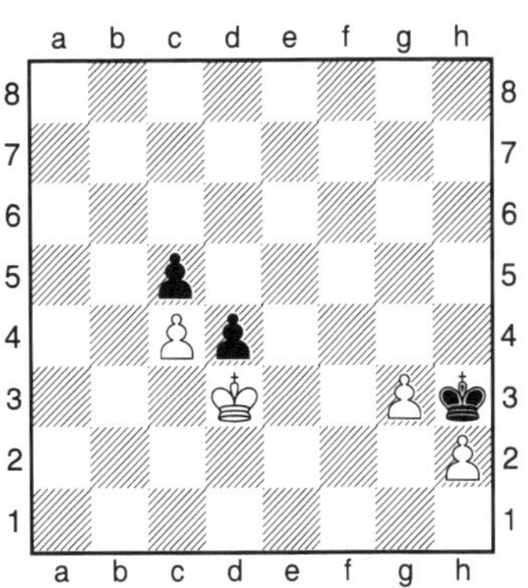

Nr. 143: Weiß am Zug.

Beweisen Sie, dass die weißen Bauern gefährlicher sind als die schwarzen!

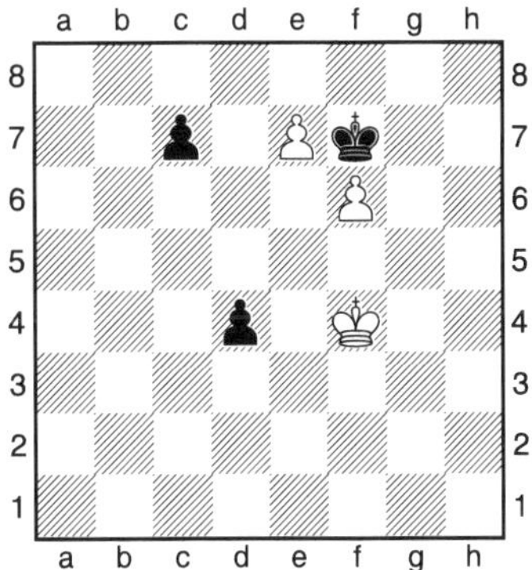

Nr. 144: Weiß am Zug.

Nach 1.h6 Kf8 2.g5 erhält Weiß einen gedeckten Freibauern. Reicht das zum Sieg?

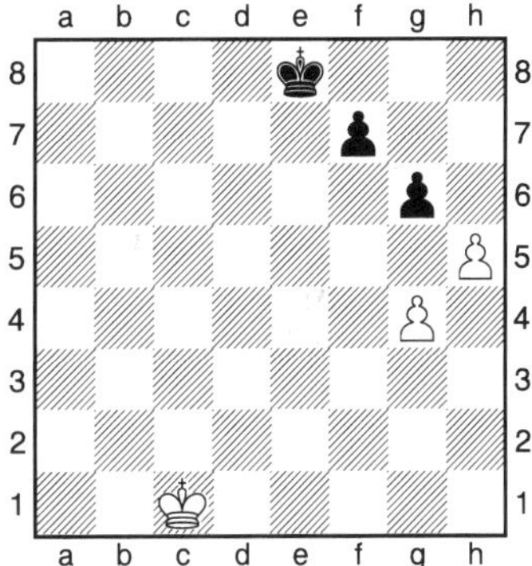

Nr. 145: Schwarz am Zug.

Weiß hatte den Übergang zu diesem Endspiel forciert und spielte nun 1.g4. Dabei nahm er an, nach Blockade der dortigen gegnerischen Bauern am Damenflügel angreifen zu können. War dies eine gute Idee?

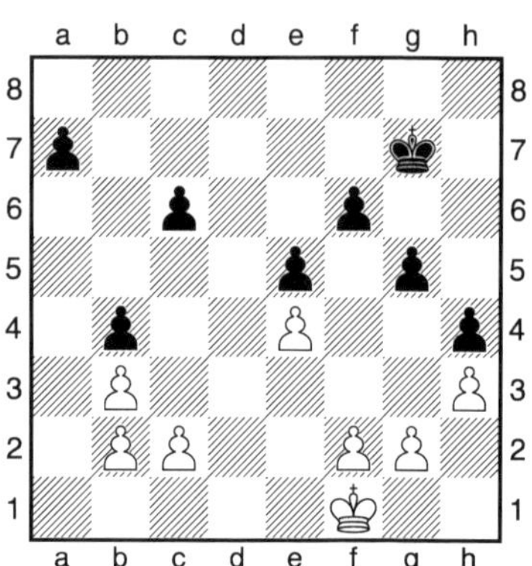

3. Springerendspiele

Springer gegen Bauer

Will ein Springer einen Bauern aufhalten, muss er sich in dessen Nähe befinden. Manchmal ist er jedoch eine so ‚unbeholfene' Figur, dass auch die Nähe zum Bauern nichts nützt.

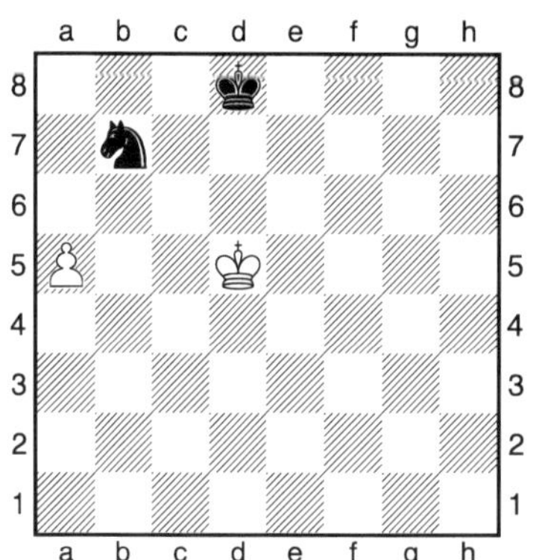

Weiß gewinnt mit **1.a6**, denn der Springer ist machtlos, und auf **1...Kc7** folgt **2.a7!**.

Während sich der Springer mit Randbauern oft schwer tut, hat er mit anderen Freibauern auf der 7. (bzw. 2.) Reihe in der Regel keine Probleme – und zwar selbst ohne Hilfe des eigenen Königs.

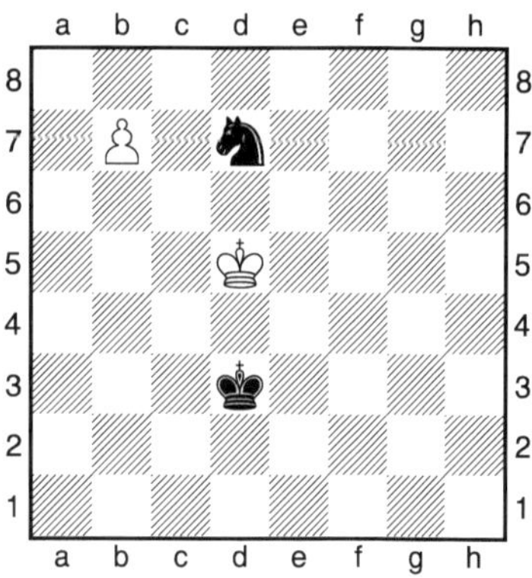

Hier schafft es Weiß am Zug nicht, den Springer zu vertreiben: **1.Kc6 Sb8+ 2.Kc7 Sa6+ 3.Kb6 Sb8** usw.

Die Gegenprobe mit dem Randbauern.

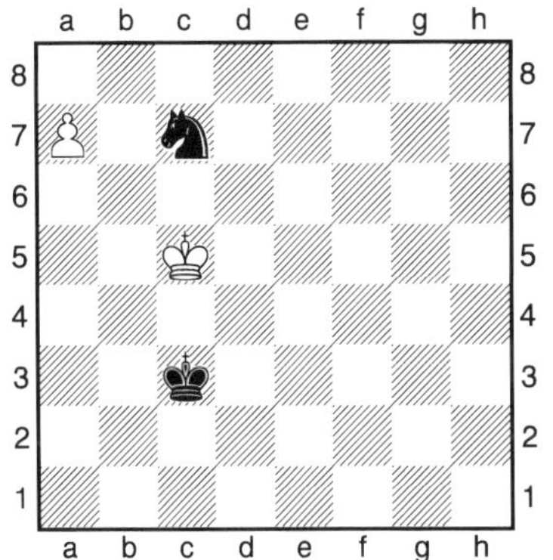

Nach **1.Kb6 Sa8+ 2.Kb7** sitzt der Springer in der Falle.

Einen Randbauern auf der 6. (bzw. 3.) Reihe hält der Springer hingegen mühelos auf.

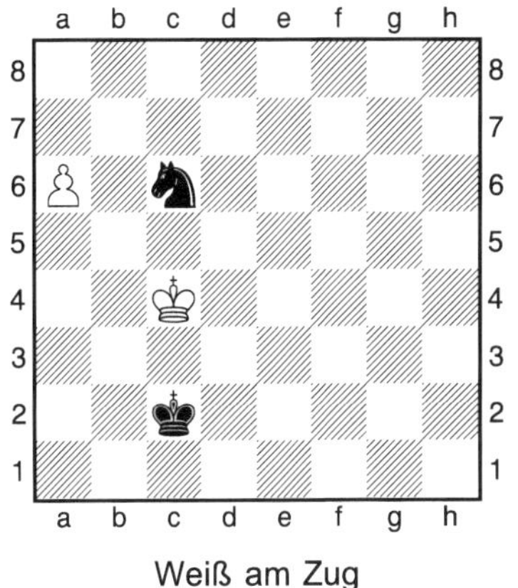

Weiß am Zug

1.Kb5 Sa7+ 2.Kb6 Sc8+ 3.Kb7 Sd6+ 4.Kc7 Sb5+ 5.Kb6

Scheinbar hat Weiß es geschafft, doch nach **5...Sd6!** könnte **6.a7** mit der Gabel **6...Sc8+** beantwortet werden.

Wie ein Springer einen weiter entfernt stehenden Bauern erreichen kann, zeigt das nächste Beispiel mit Weiß am Zug.

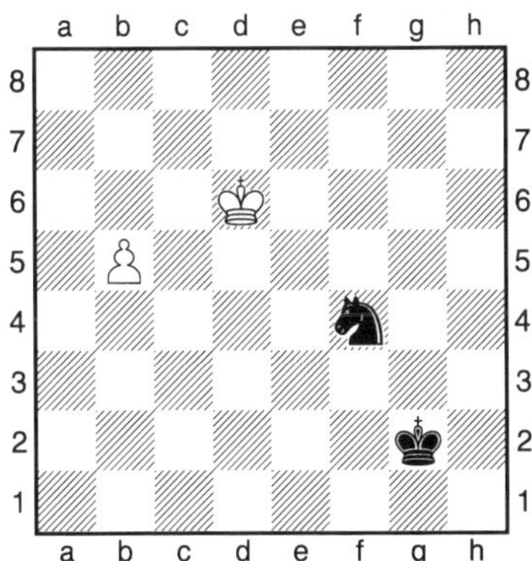

Um den Bauern aufzuhalten, muss der Springer b7 oder b8 erreichen. Von der rechten Seite ist dies unmöglich, also muss er über die linke: **1...Sd3 2.b6 Sb4 3.b7 Sa6** Remis.

Manchmal scheint die Annäherung an den Bauern illusorisch, doch häufig kann die Position des gegnerischen Königs hilfreich sein, schließlich kann der Springer ja immer mit Gabelmöglichkeiten arbeiten.

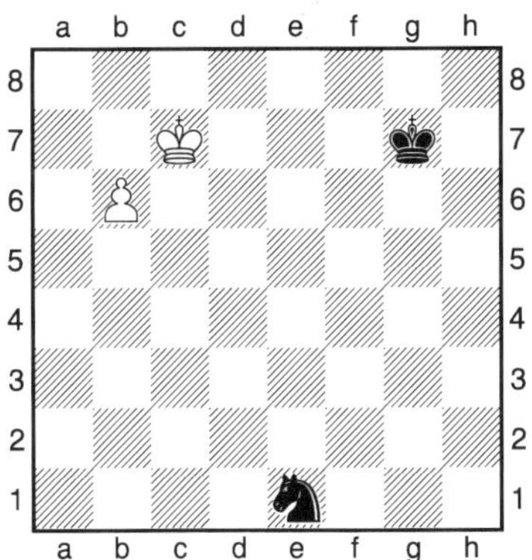

Schwarz am Zug rettet sich mit **1...Sd3 2.b7 Sc5! 3.b8D Sa6+**.

Das nächste Beispiel mit Weiß am Zug zeigt in hervorragender Weise sämtliche Möglichkeiten, die einem Springer zu Gebote stehen.

N. Grigorjew (1938)

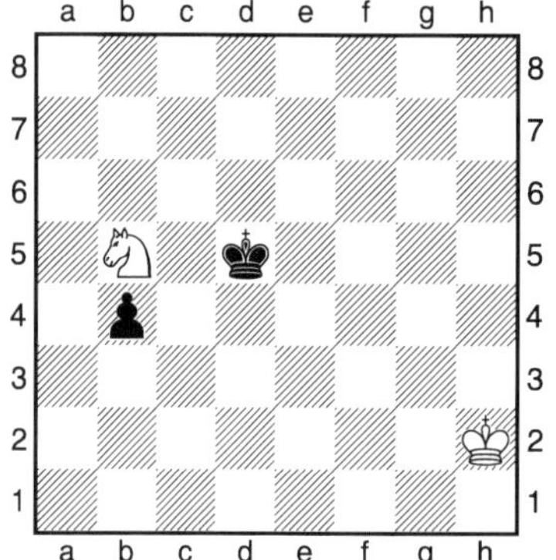

Schwarz droht 1...Kc5 mit Vertreibung des Springers. Weiß kann remis halten, wenn es dem Springer später gelingt, den Zug b3-b2 mit einem Sprung nach a3, c3 oder d2 zu beantworten.

1.Sc7+! Kc4!

Die unangenehmste Antwort für Weiß. Nach **1...Kd4** kann sich der weiße König ein Feld nähern, denn auf 2...b3 folgt 3.Sb5+ nebst 4.Sa3.

Und nach **1...Kc6** folgt 2.Sa6! b3 3.Sb4+ nebst 4.Sd3.

2.Se8!

Der Zug erscheint widersinnig, trägt jedoch einen Funken Genialität in sich. Der Springer entfernt sich noch weiter vom Bauern, weil er nur so wieder auf angemessene Weise in seine Nähe gelangen kann. Das Feld e8 ist ein wichtiger Ausgangspunkt, um Kontakt zum Einzugsfeld b1 zu erlangen, und je nach Position des schwarzen Königs wird der Springer über c7-b5-a3 oder f6-e4-d2 dorthin streben.

So folgt auf 2...b3 3.Sd6+ Kb4 4.Se4 b2 5.Sd2 bzw. 3...Kd3 4.Sb5 b2 5.Sa3. Deswegen versucht Schwarz, dem Springer das Feld d6 zu nehmen.

2...Kc5 3.Sf6! Kd4 4.Se8! Zurück aufs Schlüsselfeld für die oben skizzierte Springerreise. **4...Ke5**

Auch nach 4...b3 5.Sd6 Kc3 6.Se4+! Kc2 7.Sd6! c2 8.Sc4! kommt der Springer rechtzeitig.

5.Sc7! Kd6 6.Se8+!

Wiederum die einzige Rettung. Nach 6.Sb5? Kc5 7.Sc7 b3 8.Se6+ Kc4! verliert Weiß.

6...Kc5 7.Sf6! Kd4 8.Se8! b3 9.Sd6 Kc3 10.Se4+! Kc2 11.Sd6! b2 12.Sc4 b1D 13.Sa3+ Remis

Eine andere wichtige Fähigkeit des Springers besteht in der Errichtung von Barrieren auf dem Weg des gegnerischen Königs.

J. Awerbach (1956)
Weiß am Zug

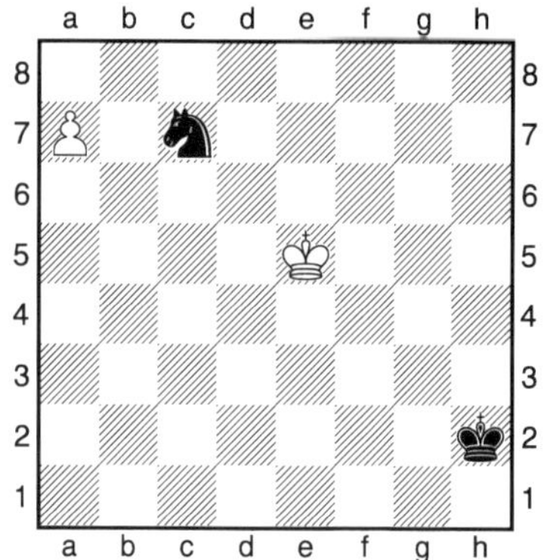

Der gut postierte Springer hat eine Barriere errichtet, die dem weißen König

den Zugang zu den Feldern d4, d5, d6 und e6 ‚versperrt'. Deshalb muss dieser einen weiten Umweg machen, wenn er sich dem Springer nähern will, und dies gibt dem schwarzen König Zeit, zu Hilfe zu kommen – z.B. **1.Kf6 Kg3 2.Ke7 Kf4 3.Kd7 Sa8 4.Kc6 Ke5 5.Kb7 Kd6 6.Kxa8 Kc7** Patt!

Eine ähnliche Situation zeigt auch das nächste Diagramm mit Weiß am Zug.

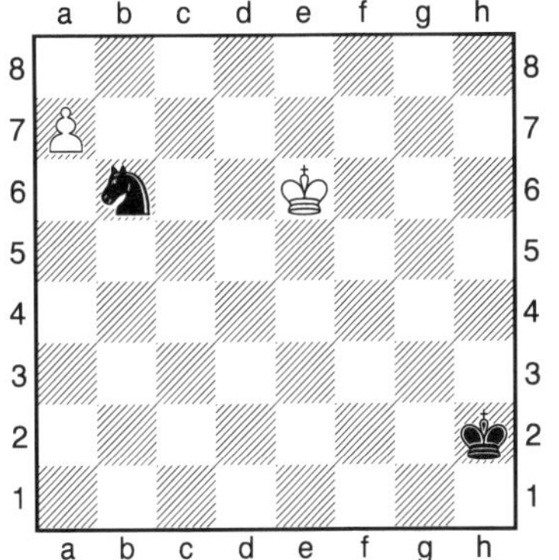

Hier ist dem König der Zugang zu den Feldern d5, d6, d7 und e7 versperrt. Er muss diese Barriere umgehen, und Ihre Überprüfung sollte ergeben, dass der schwarze König auch hier wieder rechtzeitig eingreifen kann.

Wenn König und Springer gegen mehrere Bauern zu kämpfen haben, muss eine präzise Aufgabenteilung stattfinden.

J. Awerbach (1954)

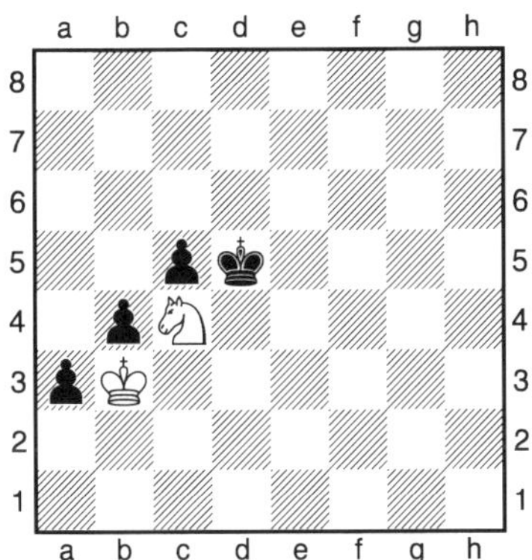

Hier hängt das Ergebnis vom Anzug ab.

So könnte Weiß am Zug die Wirkung seiner Figuren hervorragend organisieren.

1.Se3+ Kd4 2.Sc2+ Kd3 3.Sa1!

Die Besetzung dieses Feldes ist enorm wichtig, damit der König aktiviert werden kann.

3...Kd2 4.Kc4! Kc1 5.Sb3+ Kb2 6.Sxc5 a2 7.Sb3 Remis

Bei Schwarz am Zug kann er die weißen Pläne mit einer durchdachten Königsführung durchkreuzen: **1...Kc6! 2.Se3 Kb5 3.Sc4 a2**.

Besser ist **2.Kc2 Kb5 3.Sd6+ Ka4! 4.Sc4 b3+ 5.Kc3 a2 6.Kb2 Kb4 7.Se3 c4 8.Sd5+ Kc5 9.Sc3 Kd4.**

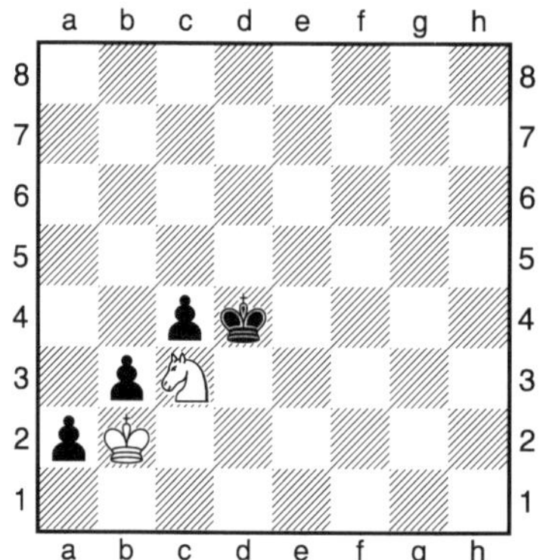

Diese Stellung wurde bereits 1880 von Horwitz analysiert. Nach **10.Sa4 c3+! 11.Sxc3 a1D+ 12.Kxa1 Kxc3** gewinnt Schwarz. Auch andere Antworten helfen nicht – z.B. **10.Se2+ Kd3 11.Sc1+ Kd2 12.Ka1 b2+! 13.Kxb2 a1D+ 14.Kxa1 Kxc1** usw.

Die folgende Stellung hat Seltenheitswert!

W. Tschechower (1938)

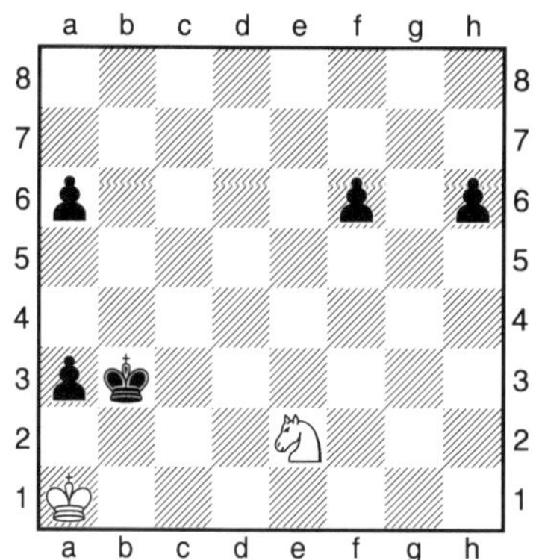

Weiß am Zug hält remis.

Die weißen Figuren können nicht kooperieren. Allerdings erfordert ein schwarzer Gewinn die Annäherung des Königs an den Königsflügel, und genau das gelingt bei korrekter Defensive nicht!

Nach **1.Sg3!** droht 2.Se4! f5 3.Sg3 f4 4.Se2 f3 5.Sd4+ mit rettendem Bauerngewinn. Auch wenn der schwarze König ein Feld auf der c-Linie betritt, geht es analog weiter – z.B. **1...Kc2 2.Se4 f5 3.Sg3 f4 4.Se2 f3 5.Sd4+**.

ÜBUNGEN

Nr. 146: Weiß am Zug.

Kann der Bauer umgewandelt werden?

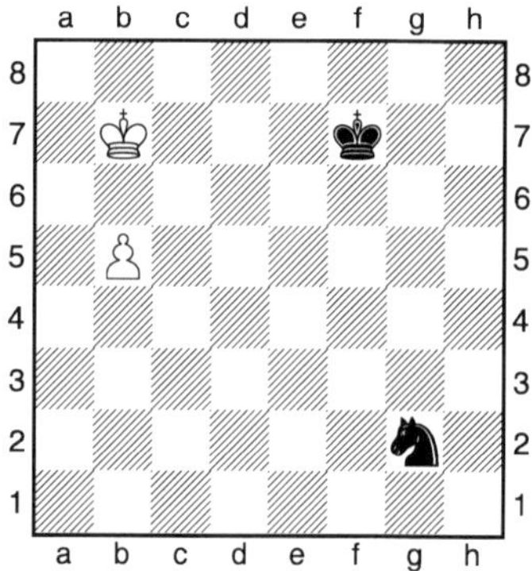

Nr. 147: Weiß am Zug.

Kann der Bauer umgewandelt werden?

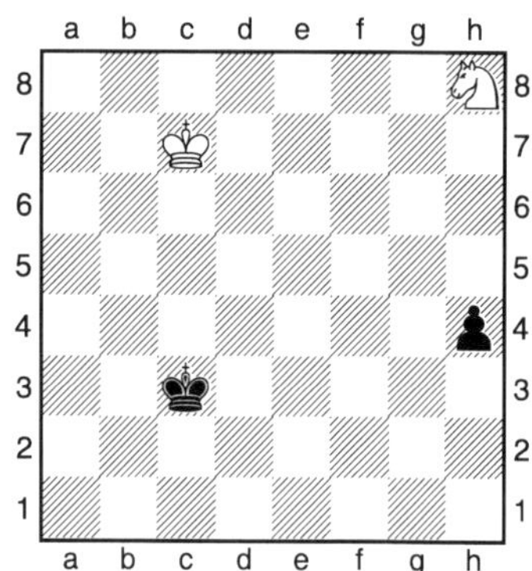

Nr. 148: Weiß am Zug.

Kann die aussichtslos scheinende Stellung noch gerettet werden?

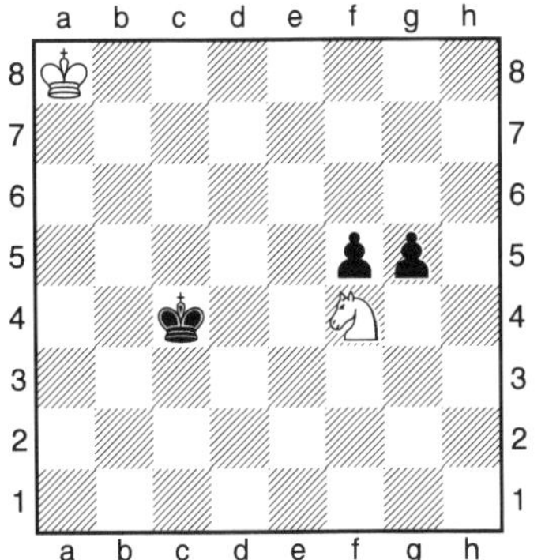

Nr. 149: Weiß am Zug.

Versuchen Sie, die rettende Barriere aufzubauen.

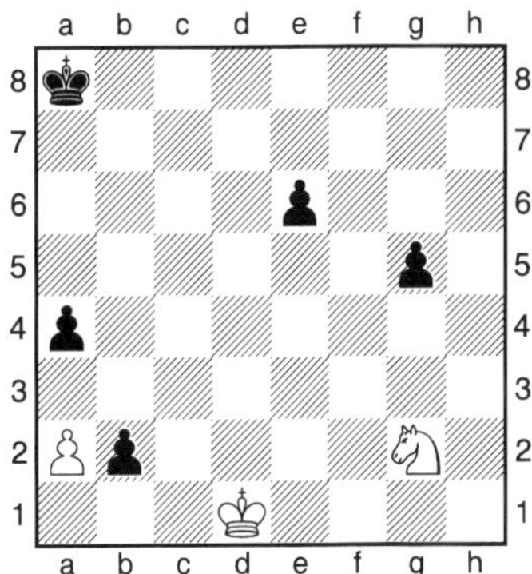

Springer mit Bauern gegen Springer mit oder ohne Bauern

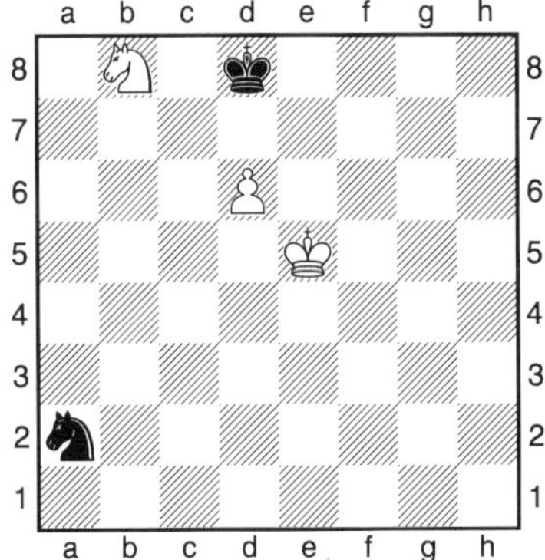

Weiß am Zug gewinnt.

Hier muss der schwarze König ohne ausreichende Hilfe seines Springers auskommen, was eine Rettung aussichtslos macht.

1.Ke6 Sb4 2.d7 Kc7 3.Sa6+!

Der Entscheidungszug! Sofort 3.Ke7? führt nach 3...Sd5+ zu Remis, so dass der Springer zunächst abgelenkt werden muss.

3...Sxa6 4.Ke7 mit Gewinn.

Gegen einen feindlichen Bauern, der nur einen Schritt vom Einzugsfeld entfernt ist, hilft meistens nur ein Dauerschach.

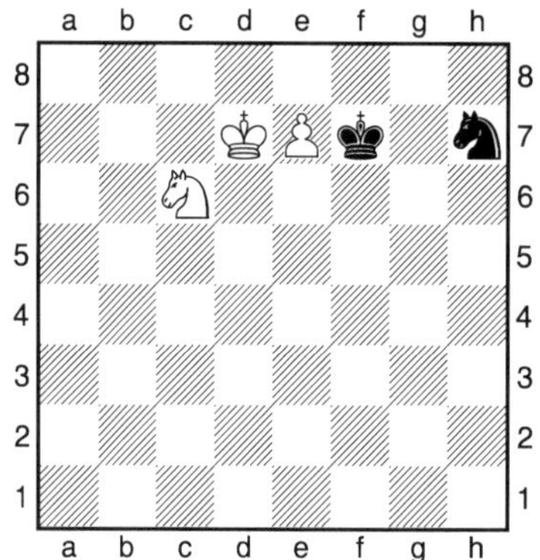

So vermeidet Schwarz am Zug 1.Sf6+? Kd8 2.Ke6 Sb8 nebst Sd7 mit Gewinn. Korrekt ist das trickreiche **1.Sf8+! 2.Kd8 Se6+** bzw. **2.Kd6 Sg6** mit Remis.

Könnte der weiße Springer allerdings bei der Bekämpfung eines Dauerschachs helfen, so wäre der Sieg sicher. In der nächsten Stellung kontrolliert der Springer das Feld e6.

M. Botwinnik (1952)

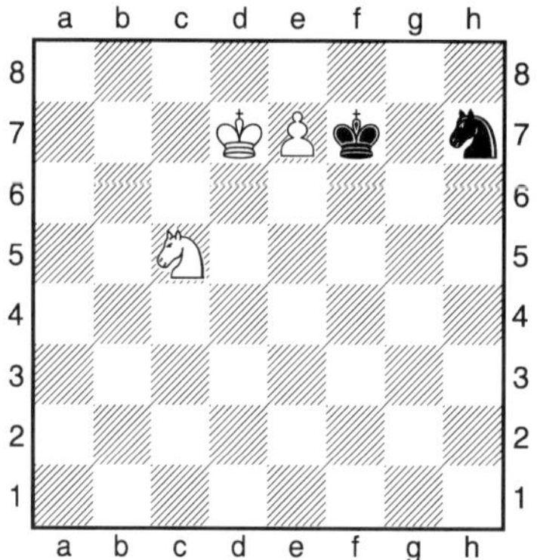

Schwarz am Zug, Weiß gewinnt.

1...Sf6+ 2.Kd8 Se8 3.Se6! und nun **3...Sd6 4.Kd7 Se8 5.Sg5+** mit Ablenkung des Königs – oder **3...Sf6 4.Sg5+** nebst **5.Se4!** mit Ablenkung des Springers. Häufig ist das Mittel zum Gewinn also ein Ablenkopfer des Springers.

Ist der Bauer noch etwas weiter von der Umwandlung entfernt, wachsen die Chancen des Verteidigers.

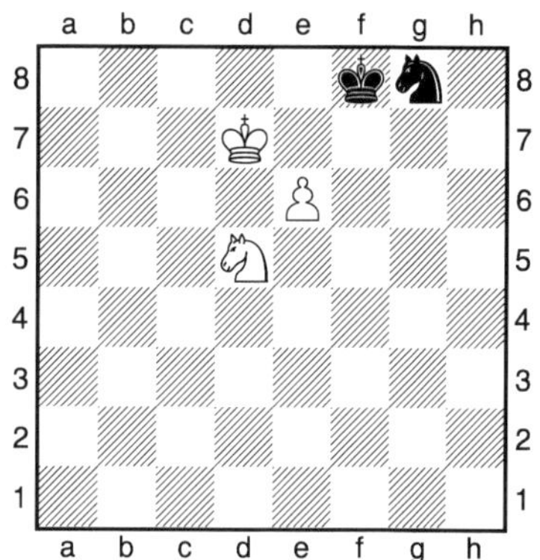

Schwarz am Zug hält auf typische Weise remis. Der Springer hält den Bauern blockiert, während der König unverbindlich manövriert und nur im Bedarfsfall konkret eingreift.

1...Kg7 2.Ke8 Sh6! 3.Se7 (3.e7 Sf5) **3...Kf6 4.Kd7 Kg7 5.Sd5 Sg8** und Weiß hat nichts erreicht.

Es wurde bereits erwähnt, dass ein Springer zum Brettrand hin schwächer wird. Hier noch ein Beispiel, bei dem er gegen einen Randbauern nichts ausrichten kann.

R. Réti (1929)

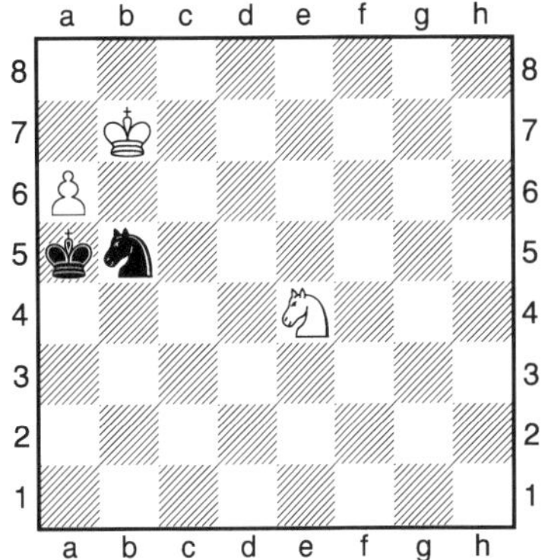

Mit Schwarz am Zug folgt **1...Kb4 2.Kb6 Kc4 3.Sc3! Sd6 4.Kc7 Kc5 5.a7** usw.

Und Weiß am Zug müsste durch ein feines Manöver die Zugpflicht an Schwarz abgeben: **1.Sc5! Kb4**

Nach 1...Sd6+ wird die weiße Aufgabe erleichtert: 2.Kc7! Sb5+ 3.Kc6 Sa7+ 4.Kb7 Sb5 5.Se4 usw.

2.Kb6 Sd6 3.Se4! Sc8+ 4.Kc7

Eine unumgängliche Maßnahme, denn nach 4.Kb7? Kb5 5.Sc3+ Ka5 wäre Schwarz gerettet.

4...Kb5 5.Kb7 Ka5 6.Sc5 Sd6+ 7.Kc7 Sb5+ 8.Kc6 Sa7+ 9.Kb7 Sb5 10.Se4 mit planmäßigem Gewinn.

Im Prinzip können Springerendspiele ähnlich wie Bauernendspiele beurteilt und behandelt werden. Ein Freibauer hat etwa denselben Wert und kann mit derselben Wahrscheinlichkeit verwandelt werden.

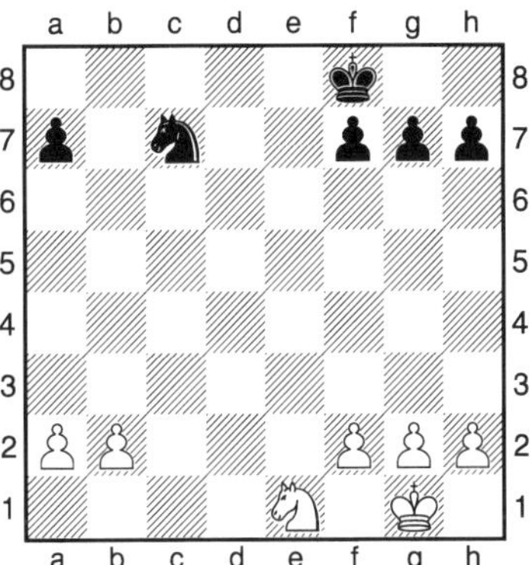

Weiß am Zug sorgt zunächst für eine bessere Königspostierung und entsendet diesen zum Damenflügel, wo ja seine Majorität die Bildung eines Freibauern in Aussicht stellt.

1.Kf1 Ke7 2.Ke2 Kd6 3.Kd3 Kc5

Schwarz versucht natürlich, die Bildung eines Freibauern nach Kräften zu behindern.

4.Sc2 Sd5 5.g3 a5 6.b3 f5 7.a3 g6 8.b4+!

Weiß opfert den Bauern, denn wie in einem Bauernendspiel bleibt er mit dem aktiveren König auf der richtigen Seite des Bretts, nämlich dort, wo noch etwas zu holen ist. Diese Weggabe eines Vorteils zum Erhalt eines anderen nennt man ‚Transformation'. Hier jedoch lehnt Schwarz das Opfer ab, was zum nächsten Spielabschnitt führt – dem Kampf um die Verwandlung des Freibauern.

8...axb4 9.axb4+ Kd6 10.Kd4 Sc7 11.f4 Sb5+ 12.Kc4 Sc7 13.Se3

Der einfachste Zug. Es gewinnt auch 13.b5, doch das erfordert lange und genaue Berechnungen, da Schwarz durch das Springeropfer 13...Sxb5 komplizierte Verwicklungen herbeiführen kann.

13...Kc6 14.Kd4 Kd6 15.Kc4+ Kc6

Nach 15...Ke6 wird der b-Bauer gefährlich: 16.Se5 Kd6 17.Sf7+ Ke7 18.Sg5 h6 19.Sf3 Kf6 (es drohte 20.Sh4) 20.Kc5 Se6+ 21.Kd6 g5 22.b5 Sd8 23.Sd4 Sb7+ 24.Kc7 Sc5 25.b6 Kg6 26.Kc6 Sa6 27.b7 usw.

16.Ke5 Kb5 17.Se3 Sa6 18.Sd5 Kc4 19.Sf6 h5 20.Sd5 Sb8 21.Se7 nebst Eroberung der schwarzen Bauern am Königsflügel.

Bei Materialgleichstand kann ein Freibauer bzw. die Bildung eines solchen ein wichtiger Vorteil sein. Der Springer als kurzschrittige Figur kann nicht an beiden Flügeln gleichzeitig tätig sein, und wenn er an die Bewachung eines Freibauern gebunden ist, fehlt er u.U. für andere Aufgaben.

Tschigorin – Marshall
Karlsbad 1907
Weiß am Zug

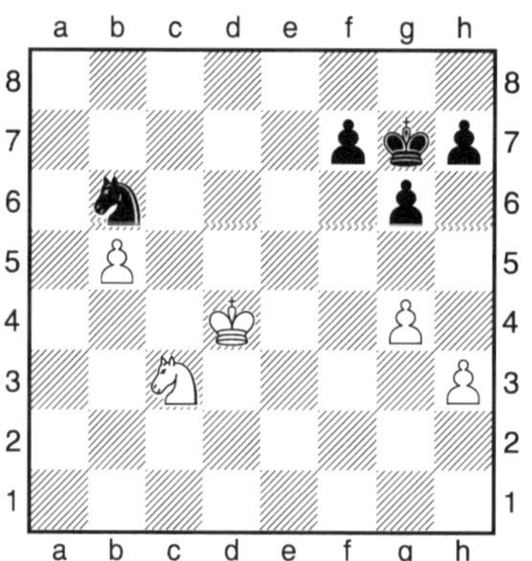

Weiß hat einen entfernten Freibauern und kann die Bildung eines gegnerischen Freibauern verhindern. Das genügt zum Sieg.

1.Sd5! Sd7 2.g5! h6 3.Sf6 Sb6 4.h4 hxg5 5.hxg5 Kf8 6.Kc5 Sa4+ 7.Kd6 Kg7 8.Kc6 Kf8 9.b6 Sxb6 10.Kxb6 Ke7 11.Kc7 Kf8

Auch der Gegenangriff 11...Ke6 12.Kd8 Kf5 13.Sh7 scheitert.

12.Kd7 Kg7 13.Ke7 Kh8 14.Se8 Kg8 15.Kf6 Schwarz gibt auf.

Barcza – Simagin
Moskau 1949
Schwarz am Zug

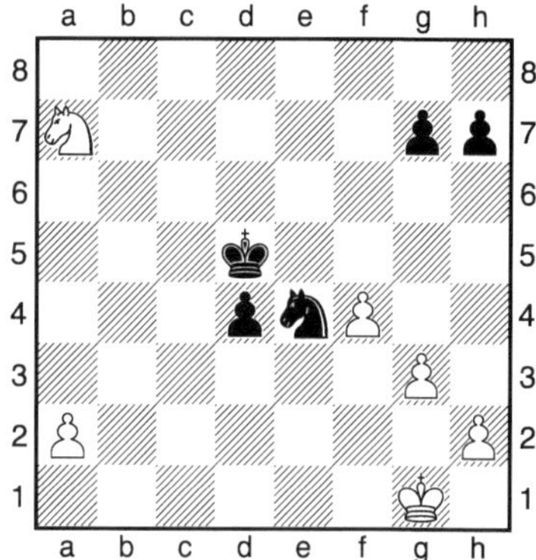

Der weiße Mehrbauer ist nicht sehr bedeutend, zumal die Kooperation der weißen Kräfte gegen den ideal unterstützten gegnerischen Zentrumsfreibauern nur schwer zu organisieren ist. Bei energischem Vorgehen sollte Schwarz sogar gewinnen.

1...d3 2.Kf1 Sc3 3.Ke1 Kd4 4.Kd2 Se4+ 5.Kc1 Sd6!!

Der einzige Weg zum Ziel! Weiß muss an der Koordination seiner Kräfte gehindert werden. Die Folge 5...Ke3 6.Sb5 d2+ 7.Kc2 Ke2 führt wegen 8.Sd4+ zum Remis.

6.Kd2

Oder 6.Sc6+ Kc3! 7.Se7 d2+ 8.Kd1 Se4 9.Sd5+ Kc4 mit Gewinn.

6...Sc4+ 7.Kc1 d2+ 8.Kc2 Ke3 9.Sb5 Sa3+!! Weiß gibt auf.

ÜBUNGEN

Nr. 150: Schwarz am Zug.

Die Position entspricht dem obigen Beispiel von Botwinnik um eine Reihe nach rechts verschoben. Ändert sich dadurch das obige Urteil: Remis?

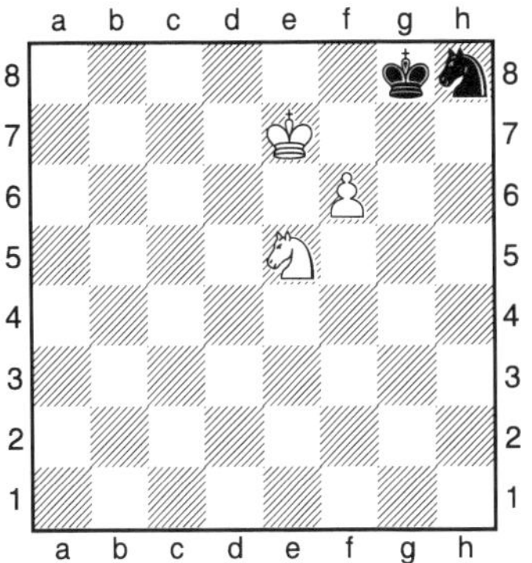

Nr. 152: Weiß am Zug gewinnt, weil die gegnerischen Figuren sehr beengt stehen.

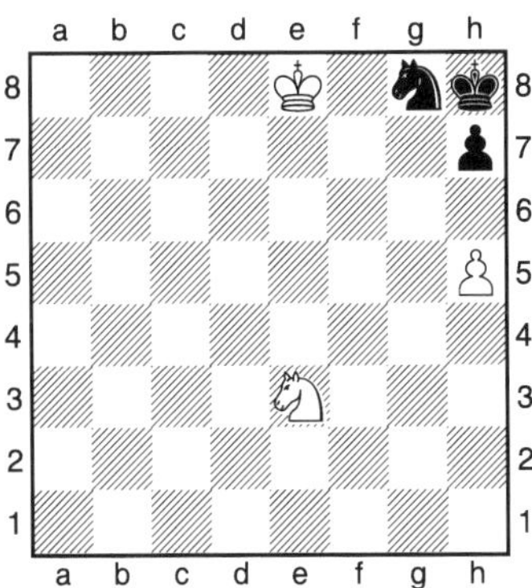

Nr. 151: Weiß am Zug.

Der schwarze König ist weit weg vom Bauern. Kann man das ausnützen?

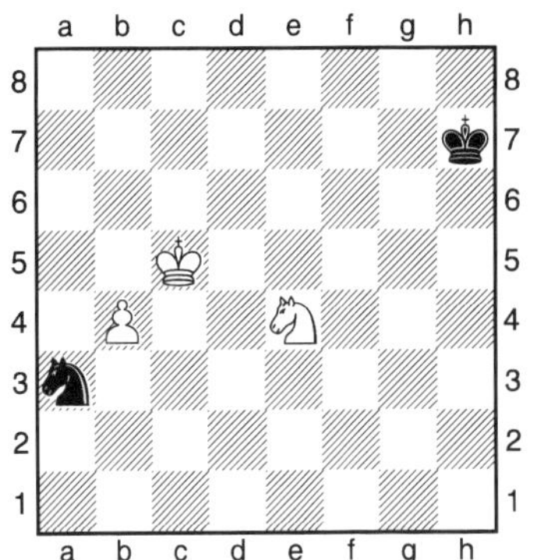

Nr. 153: Weiß am Zug gewinnt, weil die gegnerischen Figuren sehr ungünstig stehen.

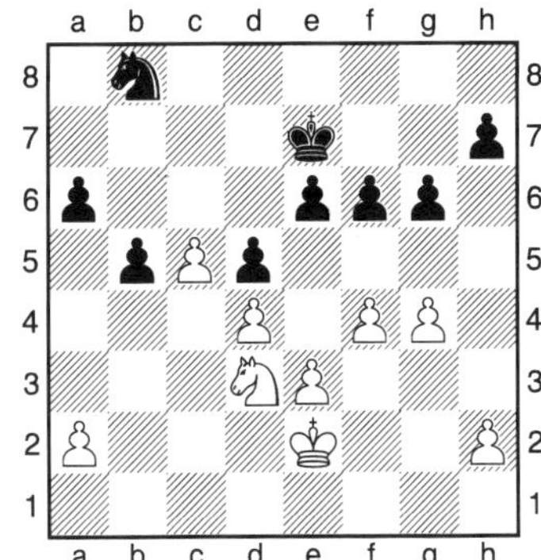

4. Läuferendspiele

Läufer gegen Bauer(n)

Im Unterschied zum Springer ist der Läufer eine weitreichende und schnelle Figur und kann entsprechend von einem Brettende aus das andere beherrschen. Deshalb hat er mit der Kontrolle eines einzigen Freibauern in der Regel keine Probleme.

Nur beim Vorhandensein mehrerer Freibauern muss er mit seinem König kooperieren. Schauen wir uns einige Beispiele für ein solches Zusammenwirken an.

M. Henneberger, 1916

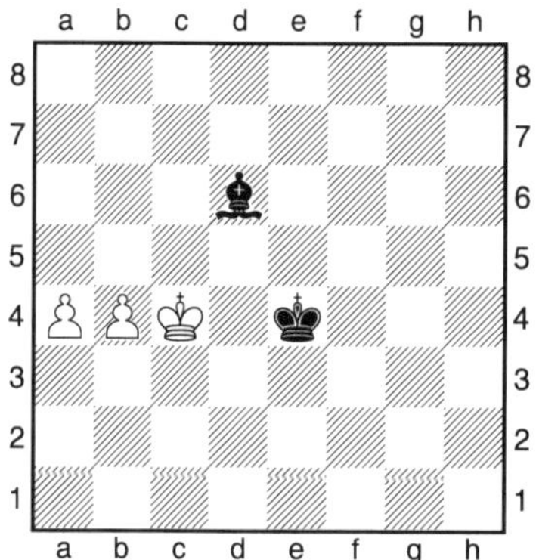

Schwarz am Zug hält remis.

Der schwarze König steht schlecht, so dass sich als erstes der Plan seiner besseren Postierung aufdrängt. Dieser Plan führt allerdings nicht zum Erfolg: **1...Ke5? 2.a5 Ke6 3.a6 Lb8 4.Kc5 Kd7 5.Kb6 Kc8 6.a7** mit Gewinn.

Der richtige Plan besteht darin, zunächst den Läufer so zu postieren, dass er sich den Bauern möglichst effektiv entgegenstellen kann. Dies erreicht man mittels seiner Verlegung auf die Diagonale g1-a7 nach **1...Lf4!**. (Natürlich geht auch 1...Lg3 oder 1...Lh2.)

Hier zwei Hauptfortsetzungen:

1) **2.Kc5 Le3+! 3.Kc6 Kd4! 4.b5 Kc4 5.a5** (5.b6 Kb4 6.b7 La7) **5...Kb4 6.a6 Ka5** mit hervorragender Zusammenarbeit.

2) **2.a5 Le3! 3.b5 Ke5!** Der König eilt auf die Seite, auf der er nicht vom gegnerischen König gestört werden kann. **4.b6 Ke6 5.Kb5 Kd7 6.Ka6** (6.a6 Kc8 7.Kc6 Lxb6) **6...Kc6 7.Ka7 Lf2** und Weiß hat nichts erreicht.

N. Grigorjew, 1927

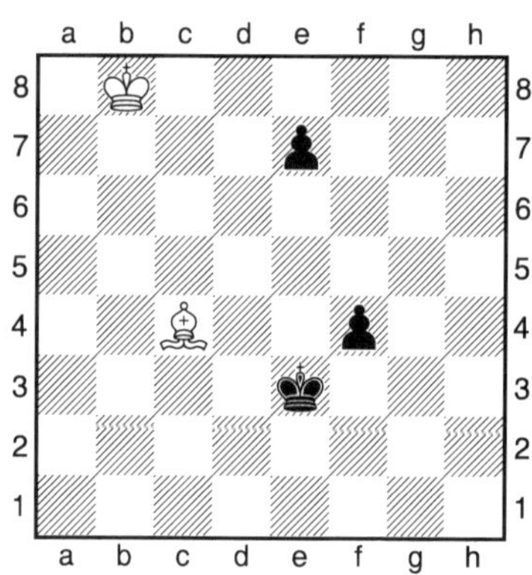

Weiß am Zug hält remis.

Die sofortige Königsannäherung führt zum Verlust: **1.Kc7? e5 2.Kd6 Kd4! 3.La6 e4 4.Ke6 f3 5.Lb7** (Es drohte 5...e3.) **5...f2 6.La6 Ke3 7.Ke5 Kf3 8.Kd4 e3 9.Lb7+ Ke2 10.La6+ Kd2** mit Gewinn. Zum Remis führt **1.Le6!**

Neben der besseren Läuferpostierung gewinnt Weiß auch ein Tempo zur Heranführung des Königs.

1...f3 2.Kc7 f2 3.Lh3 Kf3!

Der gefährlichste Zug für Weiß. Nach 3...e5 4.Kd6 Kd4 5.Ke6 e4 6.Kf5 e3 7.Lf1 Kc3 8.Kf4 Kd2 9.Kf3 wirken die Figuren harmonisch zusammen.

4.Kc6! Wieder die einzige Antwort. **4...e5 5.Kd5 e4 6.Kd4 e3 7.Kd3 e2**

Scheinbar kommt Weiß zu spät, aber ... **8.Lg4+!! Kxg4 9.Kxe2 Kg3 10.Kf1** und Remis.

A. Selesniew, 1917

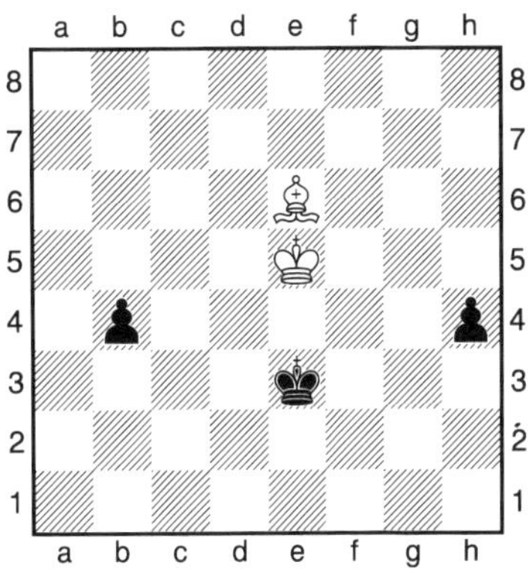

Weiß am Zug hält remis.

In dieser Studie steht Weiß vor einer schweren Aufgabe, denn zu welchem Bauern soll der König und zu welchem der Läufer?

Nach 1.Kf6? Kf4 2.Kg6 Kg3 3.Kf5 h3 4.Ke4 h2 wird ersichtlich, dass der König dem Läufer im Wege steht, so dass ein anderes Herangehen erforderlich ist.

Nämlich **1.Kd6! Kd4 2.Kc6 Kc3 3.Kd5 b3 4.Ke4 b2 5.La2!** mit Remis.

Im Kampf gegen zwei separate Freibauern ist – wie im Fußball – das Prinzip der ‚Manndeckung' besonders wichtig. Und wie dort, sind auch im Schach Positionswechsel möglich.

Analyse von Aljechin, 1934

Schwarz am Zug

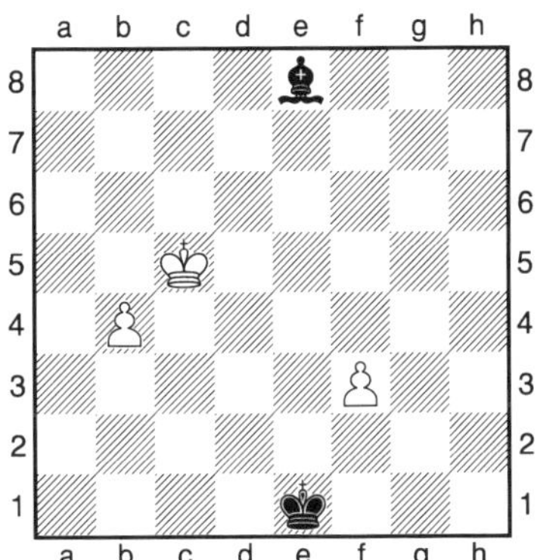

Aljechin war hier der Ansicht, der schwarze König könne dem Läufer nicht ausreichend helfen, da er zu weit vom Bauern entfernt sei. Das ist aber nicht ganz richtig. Denn seinerzeit wies Nogowizin nach, dass Schwarz nach **1...Ke2 2.f4 Ke3 3.f5 Ke4 4.f6 Ke5 5.b5** mittels Rollentausch Remis erreicht. Nach nämlich **5...Ke6!!** übernimmt nun der König den b-Bauern mit der Folge **6.b6 Kd7! 7.Kd5 Kc8 8.Ka6 Kb8** Remis.

Kann ein Zusammenwirken der Figuren nicht erreicht werden bzw. wird es gestört, so führt dies meistens zur Niederlage.

G. Otten, 1892

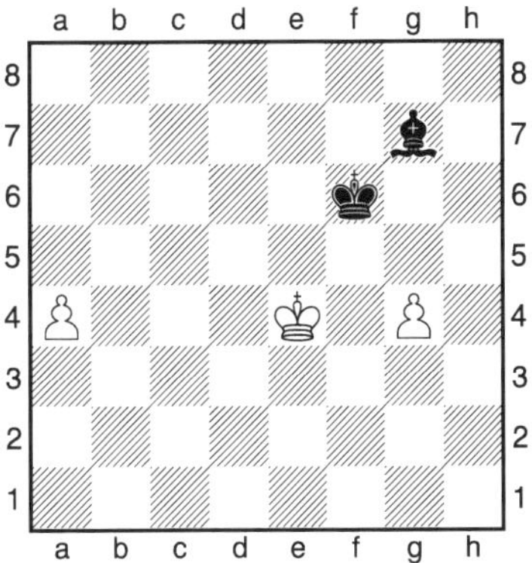

Schwarz am Zug könnte Remis erreichen – entweder mit **1...Ke6**, wobei der König den a-Bauern angreift und der Läufer sich um den g-Bauern kümmert – oder mit **1...Kg6 2.a5 Lf8 3.Kd5 Lh6 4.a5 Lf4**, wobei nun der Läufer den a-Bauern bewacht und der König den g-Bauern.

Weiß am Zug kann jedoch die ungünstige gegnerische Königsposition ausnutzen.

1.a5 Lf8 2.Kd5 Lh6 3.g5+!

Der Bauer wird geopfert, um das Zusammenspiel der gegnerischen Figuren zu verhindern. Auf **3...Lxg5** entscheidet **4. a6** und auf **3...Lxg5 4.Ke4 Lh4** folgt **5.Kf3**, wonach sich die schwarzen Figuren gegenseitig behindern.

Beim Kampf Läufer gegen drei verbundene Freibauern besteht nur dann Rettungshoffnung, wenn deren geordnetes Vorgehen verhindert werden kann.

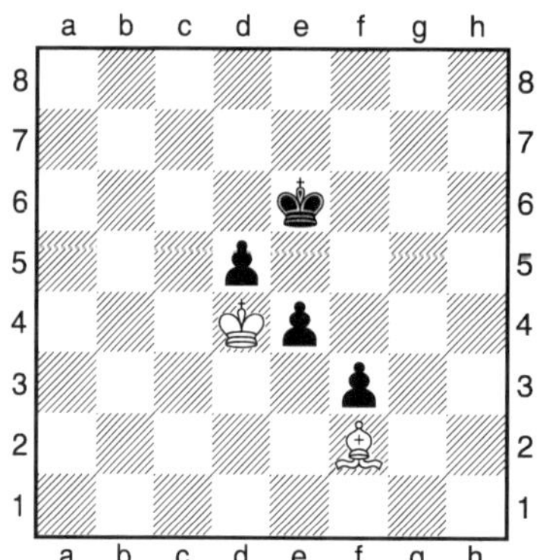

Ein typisches Beispiel dafür, denn die weißen Figuren stehen so ideal, dass ungeachtet des Anzugs Remis die Folge ist.

J. Awerbach, 1954

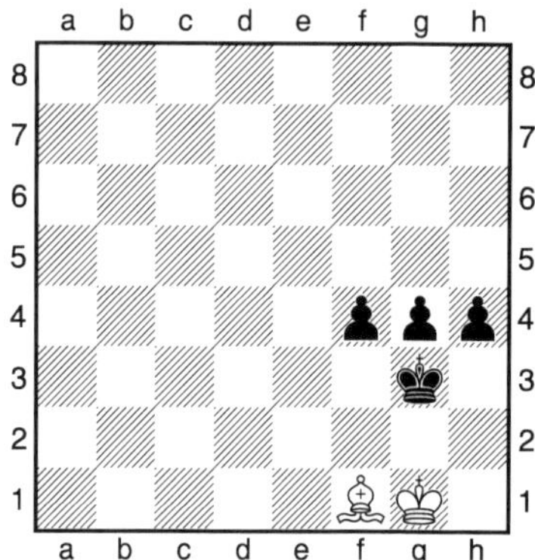

Weiß am Zug rettet sich auch hier, indem er den Läufer hinter die vorrückende Bauernfront bringt. **1.Lb5! f3 2.Ld7! Kf4 3.Le6 g3 4.Kf1 Ke3**

Droht 5...g2+ 6.Kg1 Ke2 mit Gewinn – z.B. 7.Lg4 h3! 8.Lh5 h2+ 9.Kxh2 Kf2.

5.Lh3!

Der Sinn dieser Aktion ist erneut eine Aufgabenverteilung: Der König lässt den Kontrahenten nicht heran, und der Läufer hält den gefährlichsten der Bauern auf.

Hätte Schwarz besser spielen können? Die Überprüfung zeigt, dass auch **1...h3 2.Ld7 f3 3.Le6! Kf4 4.Ld7 Ke3 5.Lxg4 f2+ 6.Kf1 h2 7.Lf3!** nur Remis ergibt.

Normalerweise schätzt man den Wert eines Läufers auf drei Bauern ein, jedoch kann er u. U. auch gegen mehr als drei Bauern remis halten. Hier zwei Beispiele.

J. Awerbach, 1954

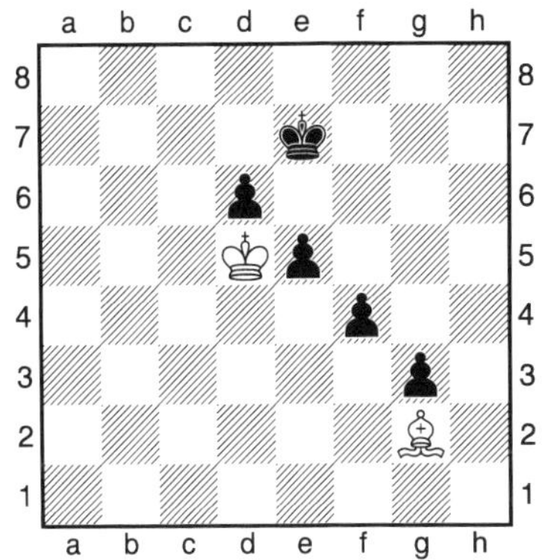

Schwarz am Zug – Remis

Die weißen Figuren stehen ideal, Schwarz kann nicht gewinnen – z.B. **1...Kf6 2.Kxd6 Kf5 3.Kd5 e4 4.Lh3+! Kg5 5.Kxe4** usw.

S. Loyd, 1868

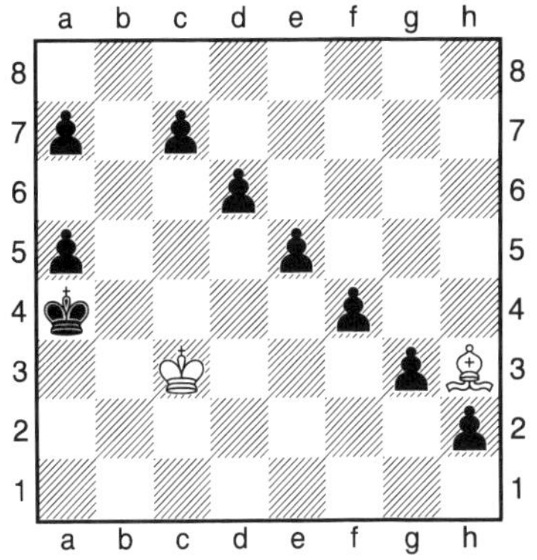

Weiß am Zug hält remis.

Schwarz besitzt acht Bauern für den Läufer, doch kommt es nach **1.Ld7+ Ka3 2.Lc6 Ka2 3.Kc2** zu der tragikomischen Situation, dass die Bauernkette unbeweglich wird und der König nicht helfen kann. Ein Triumph des Blockadespiels!

ÜBUNGEN

Nr. 154: Weiß am Zug.

Der Läufer ist mit der Bewachung beider Bauern überlastet. Kann man dies ausnützen?

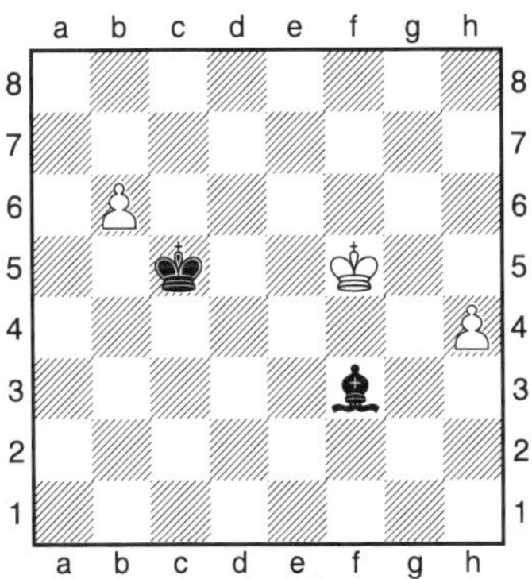

Nr. 155: Weiß am Zug.

Der weiße König steht zu weit von den Bauern entfernt. Trotzdem gelingt es, durch harmonisches Zusammenspiel mit dem Läufer remis zu halten.

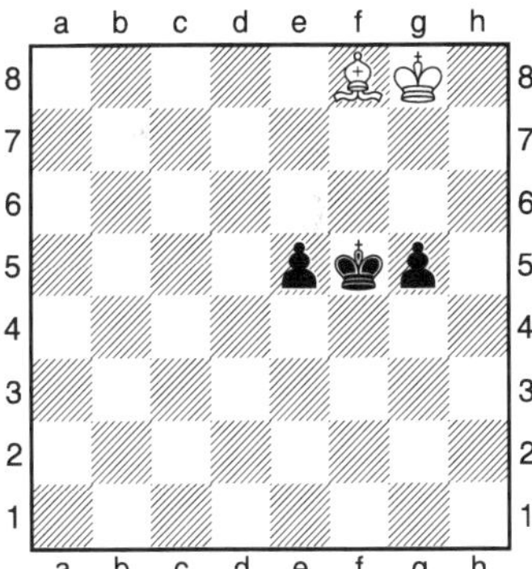

Nr. 156: Kann Schwarz am Zug gewinnen?

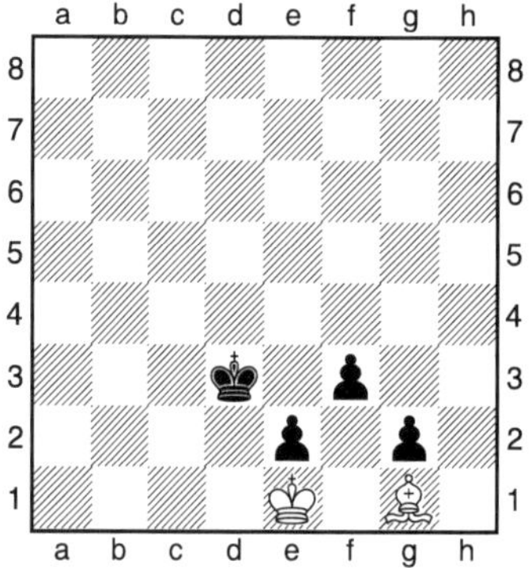

Nr. 157: Weiß am Zug.

Versuchen Sie zu beweisen, dass der Läufer überlastet ist.

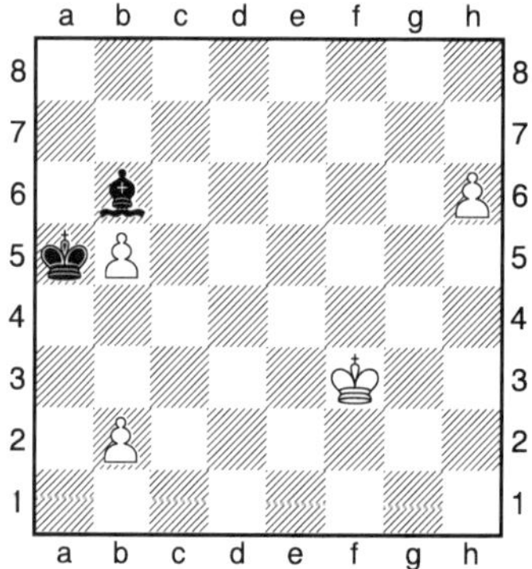

Gleichfarbige Läufer

Läufer und Bauer gegen Läufer

Falls es dem König der schwächeren Seite gelingt, ein Feld vor dem Bauern zu besetzen, dass *nicht* vom gegnerischen Läufer beherrscht wird, ist Remis offensichtlich. Andernfalls kann die Verteidigung problematisch werden.

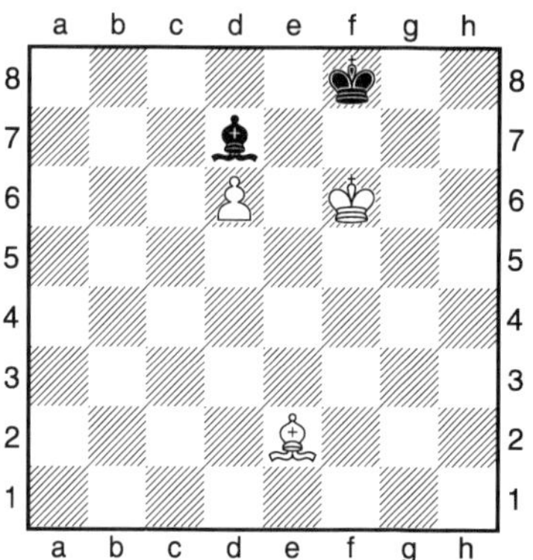

Weiß am Zug schneidet mit **1.Lh5** dem König den Zugang zu d8 ab.

1...Lh3 2.Ke5

Um den Läufer zu verdrängen, muss der König c7 erreichen. Schauen wir nun zuerst, was passiert, wenn Schwarz sich auf Abwartetaktik beschränkt.

2...Ld7 3.Kd5 La4 4.Kc5 Ld7 5.Kb6 La4 6.Kc7 Lb5

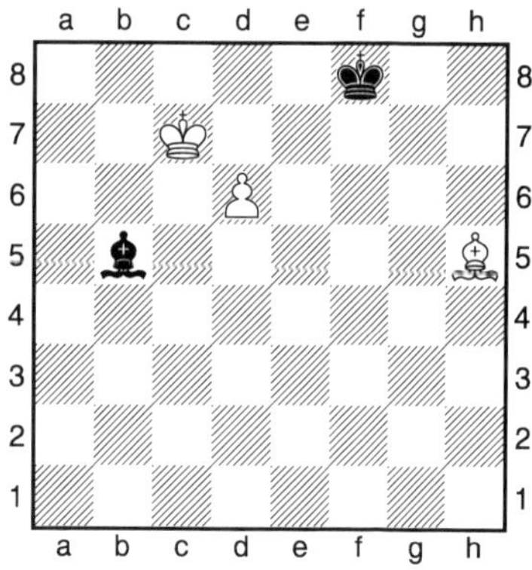

In der entstandenen Stellung gewinnt Weiß durch Verdrängung des Läufers von der Diagonale a4-e8 mittels Lf3 nebst Lc6. Befände sich der schwarze Läufer auf der Diagonale h3-c8, so würde das Gewinnmanöver Lf3-b7-c8 folgen.

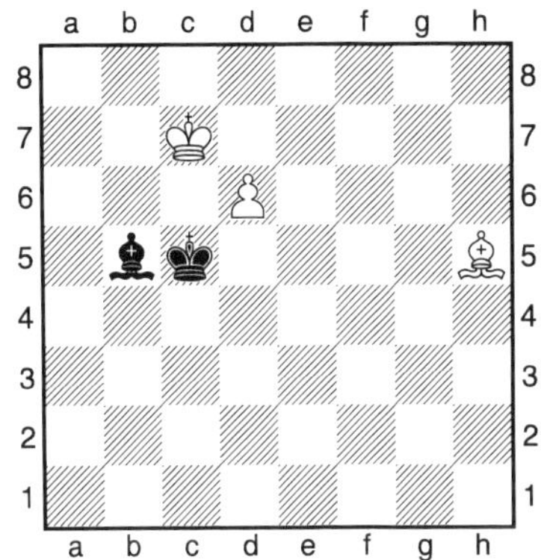

Mit dem schwarzen König auf c5 und Weiß am Zug endet die Partie remis, weil dem weißen Läufer das Schlüsselfeld c6 genommen ist – z.B. **1.Lg4 La4 2.Ld7 Ld1 3.Lc6 Lg4**.

Nun zurück zum ersten Diagramm dieses Kapitels und zu folgender Verbesserung der Defensive. Während der weiße König nach c7 strebt, muss der schwarze das Feld c5 erreichen. Nach **2.Ke5** muss also korrekt folgen **2...Kg7! 3.Kd5 Kf5 4.Kc6 Ke5 5.Kc7 Kd4 6.Ld1 Kc5** und Schwarz hat sein Ziel erreicht.

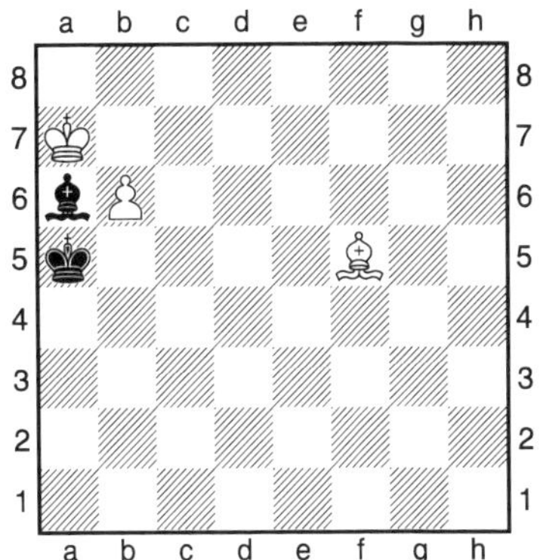

Dieses Diagramm mit Weiß am Zug zeigt, dass die Kontrolle über das Feld, auf dem der Bauer durch Läuferopfer eliminiert werden könnte, nicht immer zum Remis ausreicht. Wenn nämlich die Beweglichkeit des entsprechenden Läufers eingeschränkt ist, kann fataler Zugzwang entstehen – wie hier nach einem beliebigen Abwartezug des weißen Läufers auf der Diagonale h3-d7.

Für ähnliche Situationen lautet eine wichtige Regel: Rettung ist nur gegeben, wenn die entscheidende Diagonale, auf der der Läufer dem Bauern den Weg abschneidet, mindestens vier Felder lang ist. Im gegebenen Fall waren es nur drei.

Hier noch ein Beispiel zur Bestätigung dieser Regel.

L. Centurini, 1848

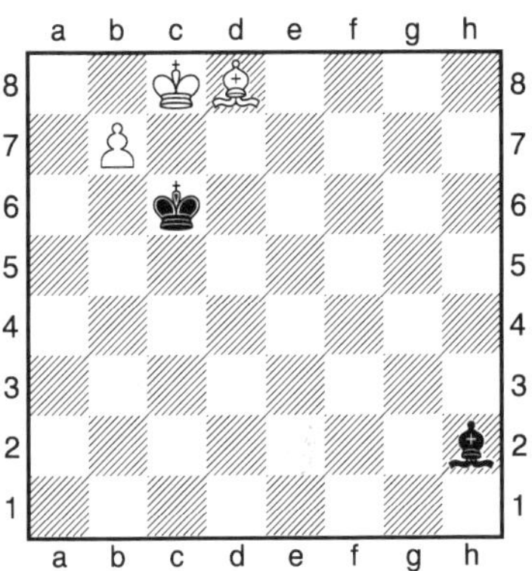

Weiß am Zug gewinnt.

Mit dem König auf a8 würde das Manöver Lh4-f2-a7-b8 problemlos gewinnen, aber bei der gegebenen Königsposition kann Schwarz den Läufer daran hindern, das Feld a7 zu erreichen.

So folgt auf **1.Lh4 Kb5 2.Lf2 Ka6** – und was nun? Auf den Abwartezug 3.Le3 folgt 3...Ld6! 4.Lg5 Kb5 5.Ld8 Kc6, und der König ist wieder rechtzeitig zur Stelle.

Und trotzdem gibt es einen Weg, der zum Gewinn führt. Der erste Zug lautet **3.Lc5**, womit dem Schwarzen das wichtige Feld d6 genommen wird. Nun folgt auf **3...Lf4 4.Le7 Kb5 5.Ld8 Kc6 6.Lg5** (Dieser Tempogewinn ist der wichtigste Baustein des Manövers.) **6...Lh2 7.Le3** und der Läufer erreicht das Feld a7.

Die Kenntnis solcher und ähnlicher Stellungen und Manöver ist sehr wichtig, denn sie am Brett zu finden kommt doch eher einem Glücksspiel gleich.

Hier noch ein Beispiel aus der Großmeister-Praxis.

Capablanca – Janowski
New York 1916

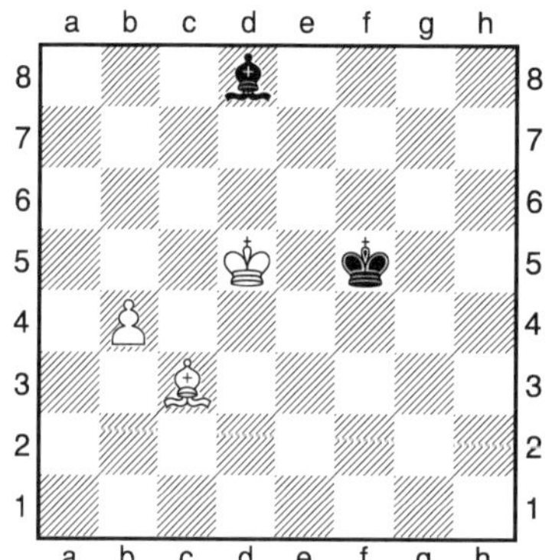

Schwarz am Zug hält remis.

Schwarz sah seine Sache verloren und gab auf. Bei richtiger Spielweise jedoch war die Partie zu retten, wenngleich größte Präzision erforderlich wäre. Der schwarze König muss einen gewissen Umweg machen.

1...Kf4! 2.Ld4

Auf 2.Le5+ folgt 2...Ke3 3.b5 Kd3 4.Kc6 Kc4 mit klarem Remis.

2...Kf3! 3.b5 Ke2! 4.Kc6 Kd3 5.Lb6 Lg5 6.Kb7 Kc4 7.Ka6 Kb3! 8.Lf2 Ld8 9.Le1 Ka4! und nun ist der König rechtzeitig zur Stelle.

Mit dem Läufer auf d2 statt auf c3 wäre der weiße Gewinn hingegen sicher.

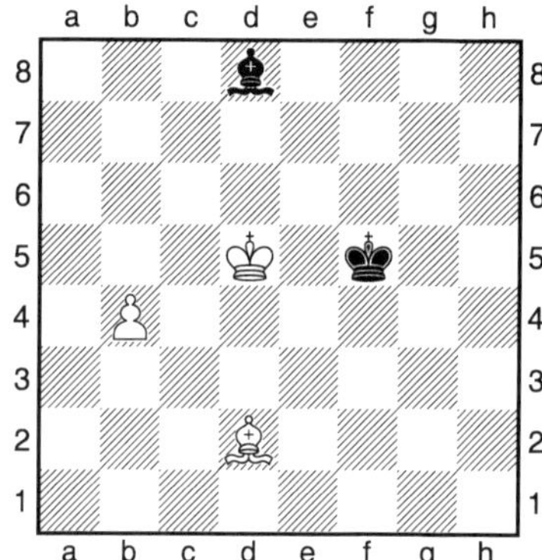

Schwarz am Zug, Weiß gewinnt.

1...Kg4 2.b5 Kf3 3.Kc6 Ke4

Das Unglück für Schwarz besteht darin, dass 3... Ke2 hier ohne Tempogewinn geschehen würde. Nach 4.Lf4 Kd3 5.Lc7 erreicht der Bauer sein Ziel. Deswegen muss der König f4 unter Kontrolle halten.

4.Kb7!! Der einzige Gewinnzug! **4...Kd3 5.Le1! Kc4 6.Ka6 Kb3 7.La5 Lg5 8.b6** mit Gewinn.

Falls die stärkere Seite sogar *zwei* Mehrbauern besitzt, stellt der Gewinn meistens kein Problem dar. Es gibt allerdings Ausnahmen.

R. Fine, 1941

Weiß am Zug – Remis

Ein klassisches Beispiel für funktionstüchtige Blockade. Weiße Gewinnversuche sind zum Scheitern verurteilt – z.B. **1.Kd1 Kd3 2.b5 Ld8** nebst **3...Kc4**.

Oder **1.Kb2 Lf4 2.Ka3 Lg5 3.Ka4 Ld8! 4.b5 Lb6** usw.

Zum Schluss noch diese Ausnahmestellung aus der Partie Benediktsson – Olafsson, Reykjavik 1956, mit Schwarz am Zug.

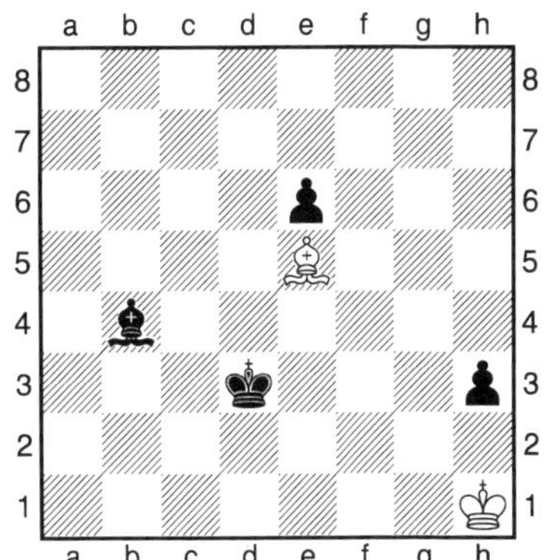

Wann immer der e-Bauer e5 betritt, opfert Weiß seinen Läufer, und es käme zum Remis, da Schwarz mit dem ‚falschen' Läufer den König nicht aus der Ecke verjagen könnte.

ÜBUNGEN

Nr. 158: Schwarz am Zug.

Es droht 1.d7+ Kf8 2.Lc5+ Kg7 3.Le7. Kann Schwarz dies abwenden und Remis sichern?

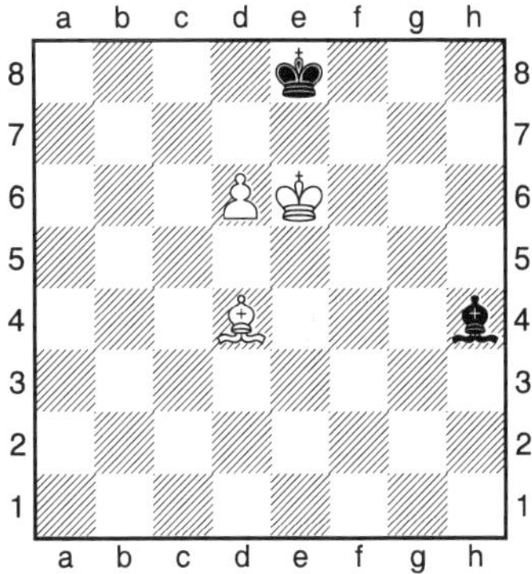

Nr. 159: Weiß am Zug.

Falls der König sofort das Feld e7 zu erreichen versucht, wird er wenig ausrichten, da Schwarz rechtzeitig e5 besetzen kann. Um zu gewinnen, müsste Weiß ein entscheidendes Tempo gewinnen. Wie ist das machbar?

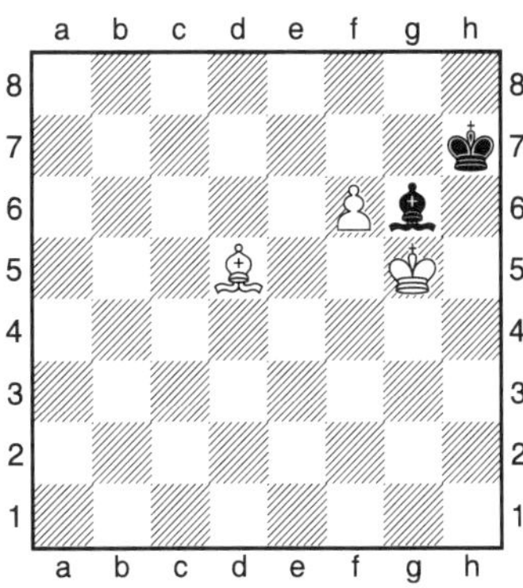

Nr. 160: Weiß am Zug kann einen Bauern gewinnen. Reicht das zum Sieg?

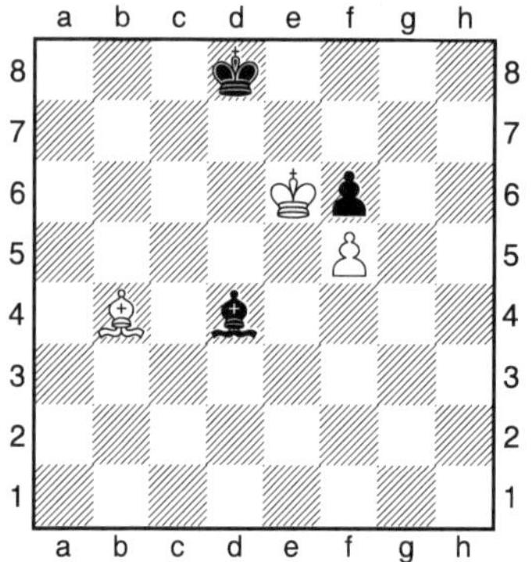

Nr. 161: Weiß am Zug gewinnt. Keine leichte Aufgabe!

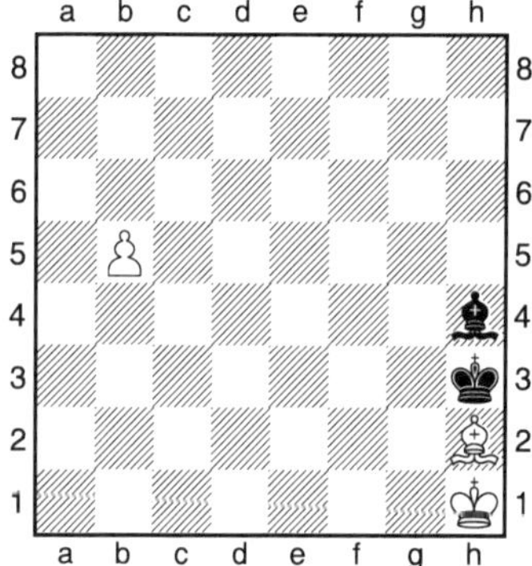

Realisierung des Materialvorteils

Bei gleichfarbigen Läufern bedeutet ein Mehrbauer meistens den Sieg. Der Gewinnplan kann in folgende Etappen unterteilt werden:

1) König und Läufer werden zweckmäßig postiert (Stärkung der Figurenstellung).

2) Die Bauern werden günstig postiert. Falls noch kein Freibauer gegeben ist, wird die Bildung eines solchen vorbereitet (Stärkung der Bauernstellung).

3) Schaffung eines Freibauern, der mit Hilfe des Königs vorwärts marschiert.

Nun hängt der weitere Verlauf von der Verteidigungsmethode ab.

4) Versucht der Gegner, den Freibauern mit dem Läufer zu blockieren, so machen sich König und Läufer des Angreifers daran, diese Blockade aufzubrechen.

5) Versucht der Gegner, den Freibauern mit dem König zu blockieren, so wird dies zum Raubzug am anderen bzw. entfernten Flügel genutzt.

Schauen wir uns diese Theorie nun in der Praxis an.

R. Fine, 1941

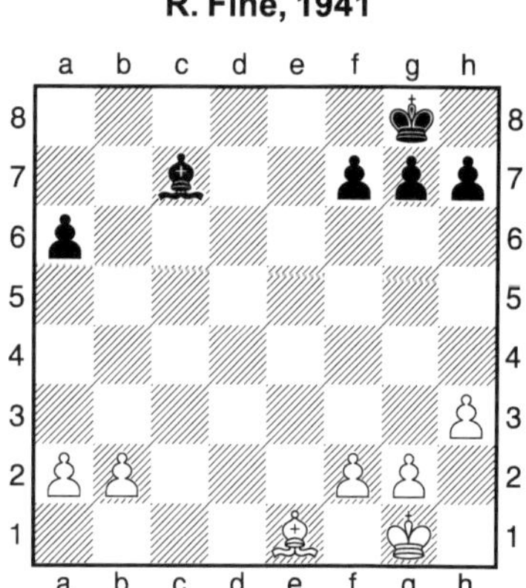

Weiß am Zug gewinnt.

1.Kf1 Kf8 2.Ke2 Ke8 3.Kd3!

Der König eilt nach c4, um von dort aus die Schaffung eines Freibauern zu unterstützen.

3...Kd7 4.Kc4 Kc6 5.Lc3 g6 6.b4 Lb6 7.f3 Lc7 8.a4 Lb6 9.Ld4

Von dieser dominierenden Zentralposition wird der Läufer später den Freibauern unterstützen.

9...Lc7 10.b5+ axb5 11.axb5+ Kb7

Der Versuch, den weißen König mit 11...Kd6 am Vordringen zu hindern, führt nach 12.Lc5+ Kd7 13.b6 Lg3 14.Kd5 Lf4 15.Ld4 nebst 16.Le5 zum sofortigen Verlust.

12.Kd5

Bisher lief alles plangemäß. Der schwarze König ist mit dem Freibauern beschäftigt, und Weiß schwenkt zum Angriff auf den Königsflügel. Dabei ist nur noch das Hindernis zu überwinden, dass der schwarze Läufer den Zugang zu den dortigen Bauern kontrolliert.

12...Lb8

Nach **12...Lf4** 13.Le5 Le3 14.Kd6 kann Weiß das gegnerische Lager stürmen. Aber nach dem Textzug nützt 13.Le5 La7 14.Kd6 nichts wegen 14...Lb8+. Auch nach 14.Ld6 Lf2! 15.Ke5 Lg3+ misslingt der Angriff. Wie kann man gegen diesen Läufer vorgehen? Man muss seine Bewegungsfreiheit einschränken!

13.Lf2 Lc7 14.g3 h5 15.h4 Lb8 16.b6!

Die Aufgabe ist gelöst! Schwarz ist im Zugzwang und kann das Manöver f4 nebst Ld4 und Le5 nicht abwehren. Auch 16...Kc8 hilft nicht wegen 17.Kc6 Le5 8.f4 Lb8 19.b7+ Kd8 20.Lb6+ Ke7 21.Lc7 mit Gewinn.

Vergleicht man Läuferendspiele mit Springerendspielen, stellt man fest, dass bei Läufern zusätzliche Komplikationen auftreten können, die den Gewinn erschweren. Selbst beim soeben gezeigten Idealbeispiel musste Weiß viel Mühe aufwenden, um seinen Vorteil zu verwirklichen, und konnte letztlich nur unter Einsatz von Zugzwang gewinnen.

Bei gleichem Material entscheidet vor allem das Vorhandensein von Freibauern.

Lissizyn – Löwenfisch
Leningrad 1932

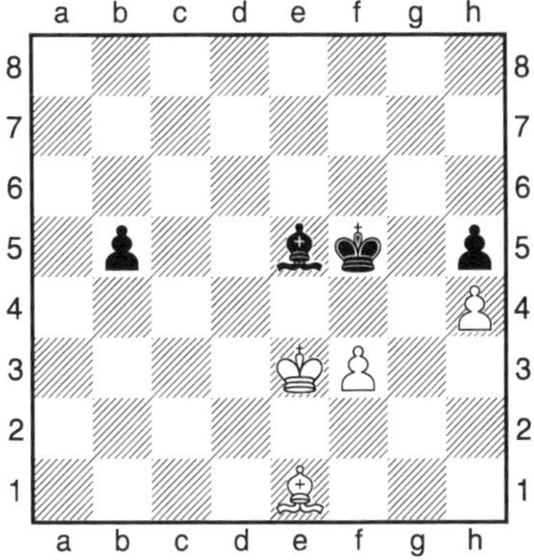

Schwarz zieht und gewinnt.

Der entfernte Freibauer sowie der auf einem schwarzen Feld festgelegte h-Bauer sprechen für einen Schwarzsieg. Allerdings muss auch der Verteidiger die Flinte noch nicht ins Korn werfen, denn das Material ist drastisch reduziert, und wenn der Läufer sich für den Freibauern opfern könnte, bleibt eine Remisstellung wegen des falschen Läufers für das Einzugsfeld h1.

1...Lf6!

Bringt Weiß in Zugzwang: Zieht der Läufer, geht der h-Bauer verloren bzw. der h-Bauer geht vor. Weicht der König nach e2 zurück, dringt der schwarze nach f4 vor.

2.f4 Lb2

Mit 2...Kg4 ist nur Remis zu erreichen wegen 3.Ke4 Le7 4.f5 b4 5.f6! Lf8 6.f7 b3 7.Kd3 – oder 4...Lf6 5.Kd5 Kxf5 6.Kc6 Kg4 7.Kxb5 Lxh4 8.La5 Lg3 9.Ld8 Lf4 10.Kc4 Lg5 11.Lxg5 nebst Kd3 usw.

3.Ld2 Lg7 4.Lb4 Lf6 5.Le1 Le7!

Erneuter Zugzwang macht einen Königszug erforderlich.

6.Kf3 Ld6 7.Ld2 Lc7!

Weiß muss seine Stellung weiter verschlechtern. Auf einen Läuferzug längs der Diagonale c1-e3 entscheidet 8...b4, und auf 8.Kg3 folgt 8...Ke4. Also gibt Weiß lieber den f-Bauern her.

8.Lc3 Lxf4 9.Lb4 Le5 10.La5 Lf6 11.Le1 Le7! 12.Kg3 Ke4

Nach diesem durch Zugzwang herbeigeführten Rückzug entscheidet die Annäherung des Königs an den Freibauern.

13.La5 Kd3 14.Le1 Kc4 15.Kf4 Lf6 16.Kf5 Lc3 17.Lg3 b4 18.Ld6 b3 19.La3 Kd3 20.Kg5 Kc2 21.Kxh5 Ld2 22.Kg4 Lc1 mit Gewinn.

Sind Bauern auf der Farbe des gegnerischen Läufers festgelegt (wie zuletzt der auf h4), so stellt das einen gehörigen Nachteil dar. Entsprechend wird man in der Praxis beobachten, dass sich möglichst viele Bauern auf die ‚richtige' Farbe orientieren, sobald sich ein Läuferendspiel abzeichnet bzw. eines, in dem noch Läufer vertreten sind.

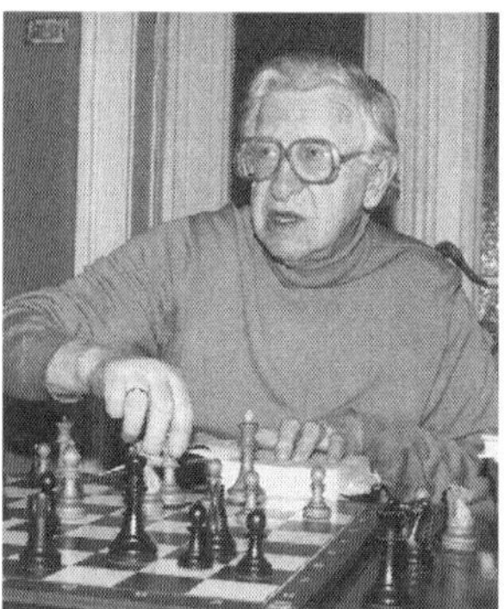

Wassili Smyslow

Hier ein Schulbeispiel, bei dem dies eben nicht gelungen ist.

Smyslow – Keres
Moskau 1951

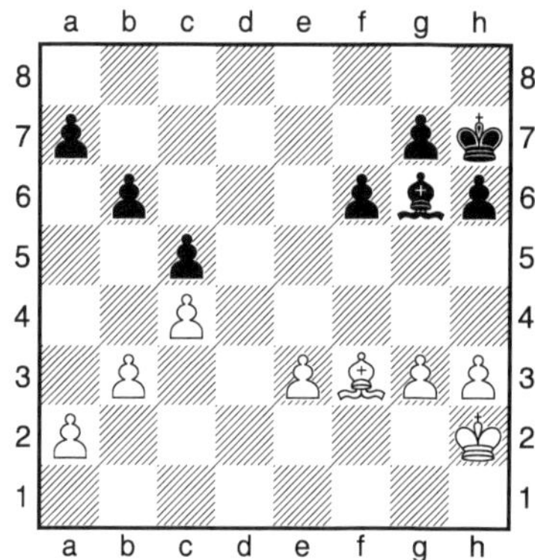

Schwarz am Zug gewinnt.

Der schwarze Vorteil ist nicht zu übersehen, denn sämtliche Bauern am Damenflügel stehen auf der falschen Farbe. Aber auch am Königsflügel stehen die schwarzen Bauern besser – nämlich nicht zerrissen, sondern in einer Kette.

1...Lb1 2.a3 a5!

Ein Bauer konnte entkommen, aber die beiden übrigen werden fixiert.

3.Ld1 Kg6 4.Kg2 Kf5 5.Kf3 Ke5

Zugzwang zeichnet sich ab.

6.a4 g5 7.Ke2 Lf5! 8.g4

Erzwungen, denn auf 8.h4 folgt 8...Lg4+ mit leichtem Sieg.

8...Lb1 9.Kf3 f5 10.gxf5

Auch 10.Ke2 Le4 11.Kf2 f4 12.exf4 Kxf4 ist nicht besser. Weiß muss den gegnerischen König in sein Lager lassen.

10...Kxf5 11.Kf2 Le4 12.Kg3 Kg6

Als letzte Reserve wird der h-Bauer mobilisiert.

13.Kf2 h5 14.g3 h4+ 15.Kf2 Lf5 16.Kg2 Kf6 17.Kh2 Ke6

Weiß gab auf, denn nach 18.Kg2 Ke5 19.Kh2 Lb1 20.Kg2 Ke4 dringt der schwarze König entscheidend vor – z.B. 21.Kf2 Kd3 23.Kf3 Kd2 23.Le2 Lf5 24.e4 Lxe4+ 25.Kxe4 Kxe2 26.Kf5 Kf3 27.Kxg5 Kg3 usw.

ÜBUNGEN

Nr. 162: Weiß am Zug gewinnt.

Der Materialvorteil ist gering – ein Doppelbauer am Brettrand. Allerdings steht Schwarz beengt und all seine Bauern befinden sich auf der Farbe des weißen Läufers. Insgesamt ein gewinnträchtiger Vorteil. Zeigen Sie den Gewinnweg!

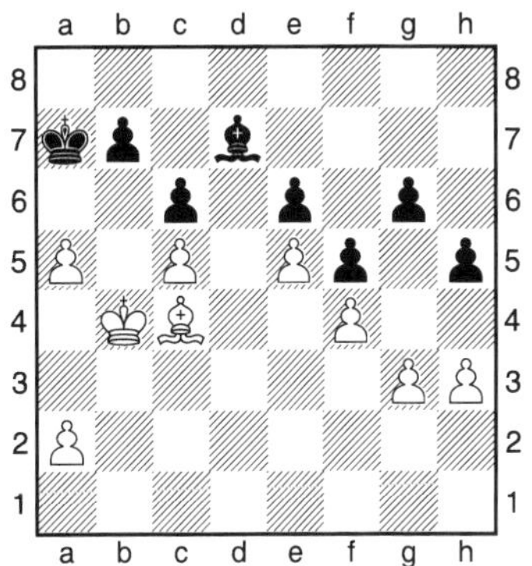

Nr. 163: Weiß am Zug gewinnt.

Zeigen Sie den äußerst präzisen Gewinnweg!

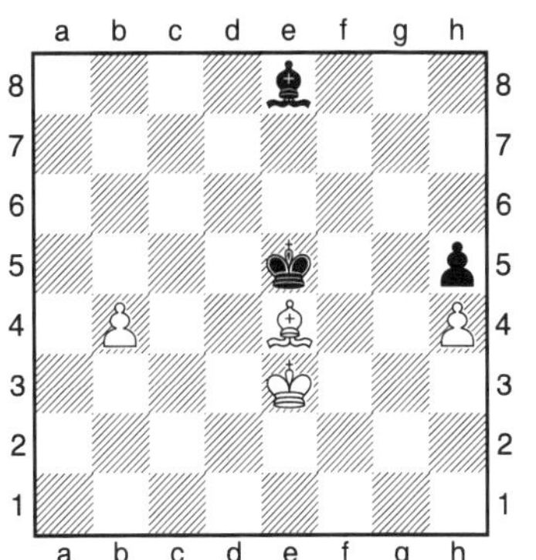

Nr. 164: Schwarz am Zug gewinnt.

Der Weg zu den gegnerischen Bauern ist für den König frei. Allerdings hat Weiß auf das sofortige 1...Kf4 die feine Antwort 2.Kd5! Also Vorsicht!

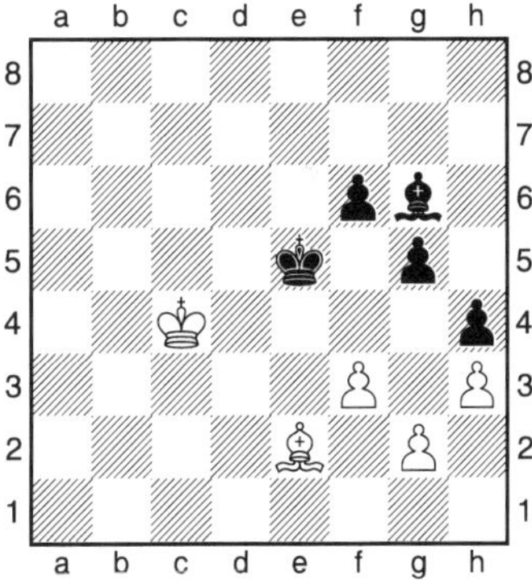

Nr. 165: Weiß am Zug gewinnt.

Die Aufgabe besteht darin, Schwarz in Zugzwang zu bringen. Wie kann man das erreichen?

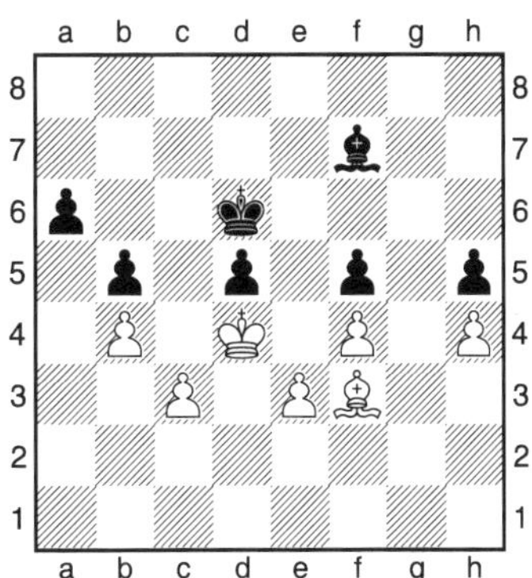

Verschiedenfarbige Läufer

Läufer mit Bauern gegen Läufer mit oder ohne Bauern

In Endspielen mit verschiedenfarbigen Läufern spielt ein Materialvorteil keine so entscheidende Rolle, weil sich der verteidigende König eben jeweils auf Feldern festsetzen kann, die nicht vom gegnerischen Läufer beherrscht werden. Selbst zwei Mehrbauern sind häufig kein Grund zur Sorge für den Verteidiger.

C. Salvioli, 1887

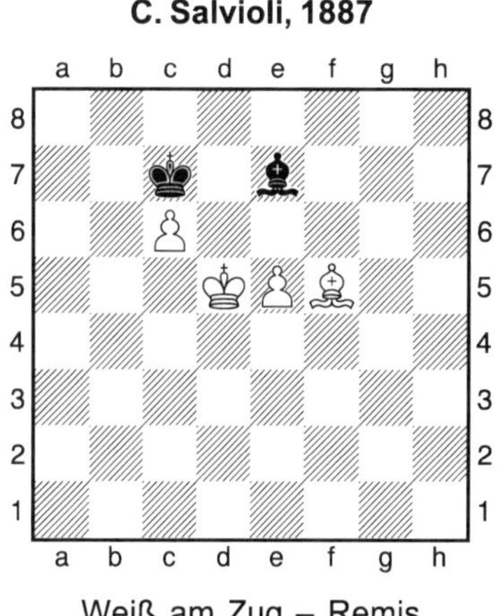

Weiß am Zug – Remis

Es ist leicht erkennbar, dass hier am Remis nach z.B. **1.Ke6 Lb4 2.Le4 Kd8 3.Kf7 La3 4.e6 Lb4** nicht zu rütteln ist.

Allerdings genügt eine geringfügige Änderung der Ausgangsstellung, um das Urteil drastisch zu verändern.

C. Salvioli, 1887

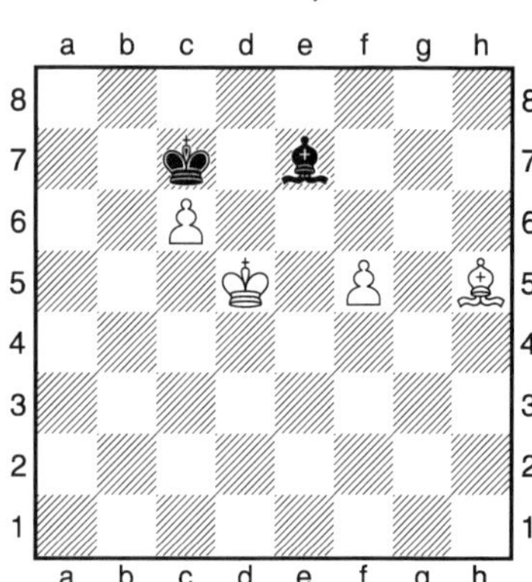

Weiß am Zug gewinnt.

Hier kann der schwarze König nicht mehr so erfolgreich gegen beide Bauern gleichzeitig operieren, da sie ein Feld weiter auseinander stehen. Nach **1.Lf3 Kd8 2.Ke6 Lb4 3.f6 La5 4.f7 Lb4 5.Kf6 Lc3+ 6.Kg6 Lb4 7.Kg7** kostet ein Bauer den Läufer und der zweite gewinnt.

Nicht immer ist dieser größere Abstand jedoch ausschlaggebend, wie beim folgenden Beispiel, das nicht zu gewinnen ist.

J. Awerbach, 1950

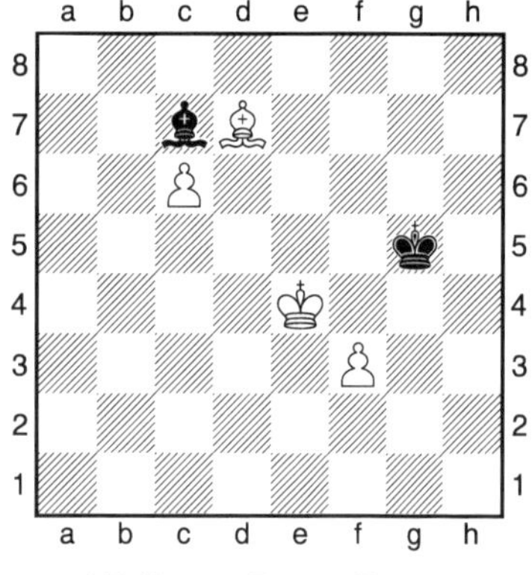

Weiß am Zug – Remis

Der weiße König kann seine Bauern nicht unterstützen, denn die gegnerischen Figuren können die Blockade von f4 bzw. c7 leicht aufrechterhalten.

Nun eine typische Remisstellung mit zwei verbundenen Freibauern.

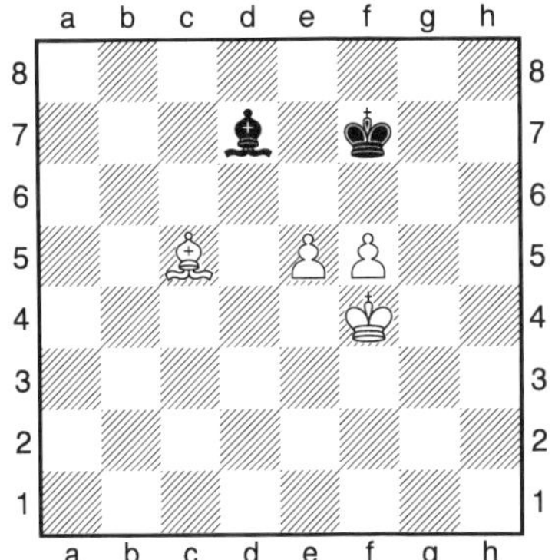

Ungeachtet des Anzugs kann Weiß nicht gewinnen, da Schwarz den Läufer ja immer für die letzten Bauern hergeben kann.

Selbst drei verbundene Bauern garantieren keinen Erfolg, wenn sie effektiv blockiert werden können.

A. Cheron, 1952

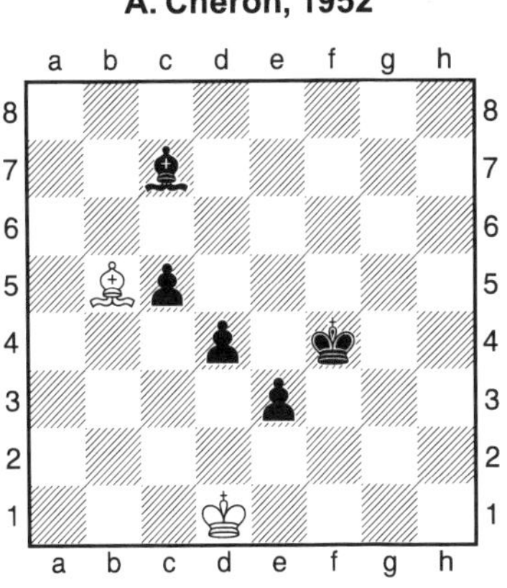

Weiß zieht und hält remis.

Zum Sieg müsste der König seine Bauern unterstützen, aber es gelingt ihm nicht, ins weiße Lager einzudringen.

1.Ke2! Ke4 2.Lc4 Lg3 3.Lb5 Kd5 4.Kd3 Le1 5.La6 Kc6 6.Kc2 Kb6 7.Lc4 Ka5 8.Kb3! Der Weg ist versperrt.

Auch wenn eine Seite bei Bauern auf beiden Seiten über ein oder zwei Mehrbauern verfügt, muss dies noch keinen Gewinn garantieren.

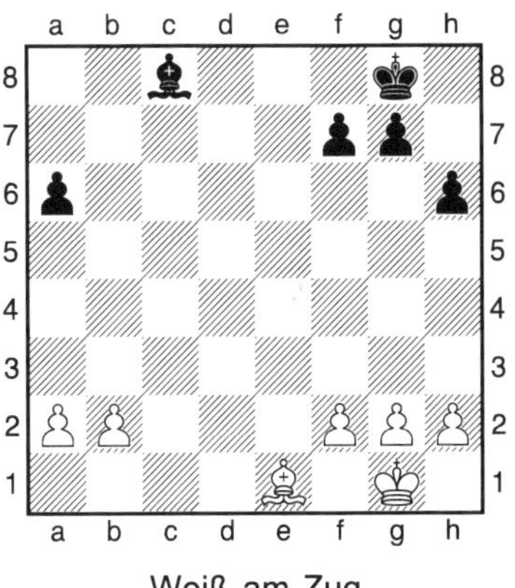

Weiß am Zug

Hier als Beispiel eine Stellung mit einem Mehrbauern, die (wie weiter oben von R. Fine demonstriert wurde) mit gleichfarbigen Läufern zu gewinnen ist, hier jedoch nur zum Remis reicht.

Überzeugen Sie sich: **1.Kf1 Kf8 2.Ke2 Ke7 3.Kd3 Le6 4.b3 Kd6 5.Lb4+ Kc6 6.Kc3 g6 7.a4 Kb6 8.Lf8 h5 9.b4 Ld5 10.g3 Le6**.

Offenbar gelingt Weiß keine Freibauernbildung, aber vielleicht kann er ja zu den Bauern am anderen Flügel vordringen.

11.Kd4 Lb3! 12.a5+ Kb5 13.Ke5 Le6 14.Kf6 Kc6

Selbst ohne seinen König kann der Läufer die Verteidigung der Bauern bewältigen.

15.Kg5 Kb5 16.h4 Kc6 17.f3 Ld5!

Vorsicht ist geboten, denn es drohte 18.g4! mit Schaffung eines gefährlichen Freibauern auf der h-Linie.

18.Kf4 Kb5 19.g4 Kc6 20.gxh5 gxh5 Weiß kann nichts Gewinnbringendes mehr unternehmen.

Dieses Beispiel verdeutlichte klar die Grundcharakteristika des Endspiels mit verschiedenfarbigen Läufern:

1) Ein Läufer kann den Vorwärtsdrang eines Freibauern nicht unterstützen, weil der gegnerische Läufer diesen auf einer anderen Farbe blockiert.

2) Auch können sich die gegnerischen Bauern vor einem Läufer in Sicherheit bringen, indem sie auf die andere Farbe flüchten.

Diese Grundsätze führen zu drei typischen Remisstellungen.

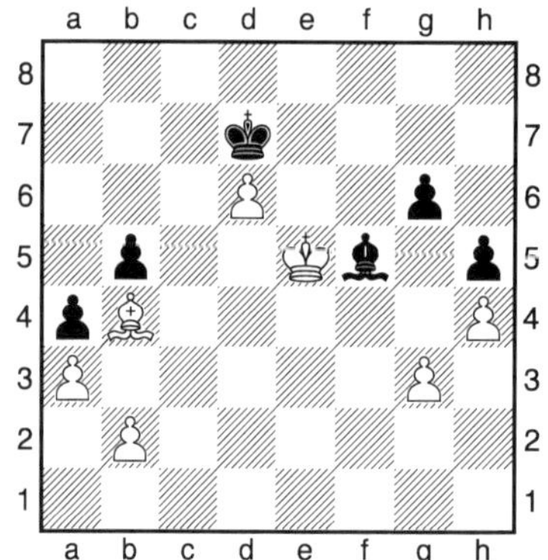

Zur Sicherstellung des Remis reichen Pendelzüge mit dem Läufer.

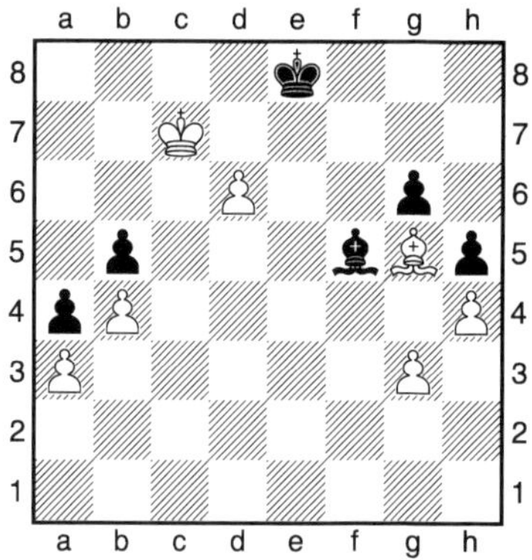

Trotz etwas ungünstigerer Figurenstellung hat Schwarz nach Pendelzügen des Läufers auf der Diagonale h3-c8 nichts zu fürchten. Grob fehlerhaft wäre nach 1.Kb6 höchstens ein Zug wie 1...Ld3? (statt 1...Ld7), weil Schwarz nach 2.Kc6 aufgeben könnte.

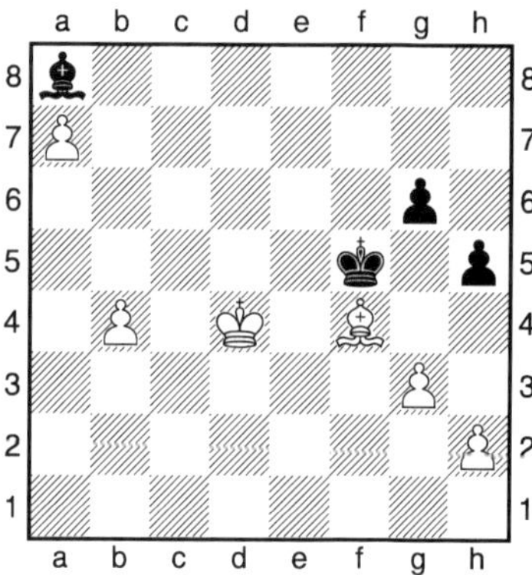

Hier kann Weiß seinen Materialvorteil nicht umsetzen, da der schwarze König seinen Kontrahenten nach **1.Kc5 Ke6! 2.Kb6 Kd7! 3.b5 Kc8!** am Vordringen hindert.

Stattdessen wäre ein Läuferzug ein grober Fehler wegen **4.a8D+! Lxa8 5.Ka7 Lf3 6.Kb8**

Weiß gibt Material zurück, um mit dem König den Bauern unterstützen zu können.

6...Lg2 7.b6 Kc6 8.Ka7 und Weiß gewinnt.

Während in den beiden ersten Beispielen passives Abwarten zum Remis reichte, musste man dies beim letzten aktiv erkämpfen.

Wie aber sehen Fälle aus, bei denen trotz ungleicher Läufer Siegchancen bestehen?

Kotow – Botwinnik

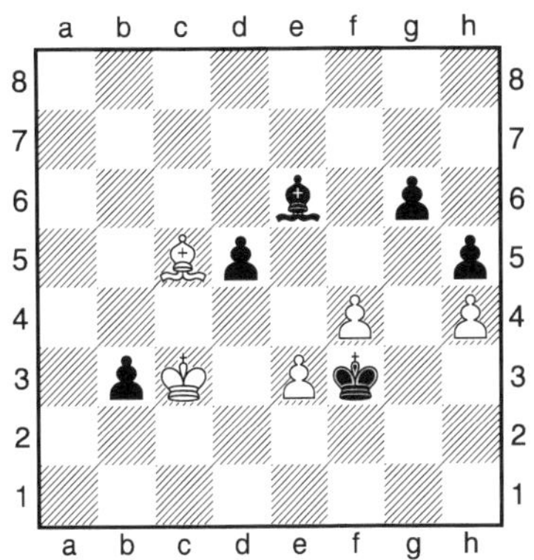

Schwarz am Zug gewinnt.

Man könnte meinen, ein typisches Remis: Der König hält den Freibauern auf, der Läufer deckt die Bauern an beiden Flügeln. Allerdings spielte Schwarz **1...g5!! 2.fxg5 d4+ 3.exd4 Kg3 4.La3 Kxh4 5.Kd3 Kxg5 6.Ke4 h4 7.Kf3 Ld5+** und Weiß gibt auf.

Es verliert übrigens auch 2.hxg5 h4 3.Ld6 Lf5 4.g6 Lxg6 5.f5 Lxf5 6.Kxb3 Kg2, denn der h-Bauer kostet den Läufer.

Awerbach – Ljubljinski
Moskau, 1950

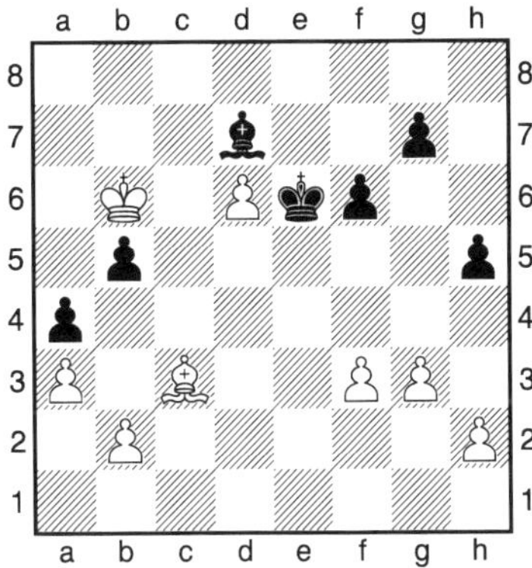

Weiß zieht und gewinnt.

Würde sich der schwarze König auf e8 befinden, könnte Weiß kaum etwas im Gewinnsinne unternehmen. Bei der gegebenen Aufstellung jedoch kann Weiß zu seinem Freibauern am Königsflügel gelangen.

1.Kc7 Le8 2.h4 Ld7 3.g4! hxg4 4.fxg4 Le8 5.h5 und Schwarz gab auf, da auf 5...Ld7 entscheidend 6.Lxf6! gxf6 7.h6 folgen würde.

Euwe – Yanofsky
Groningen 1946

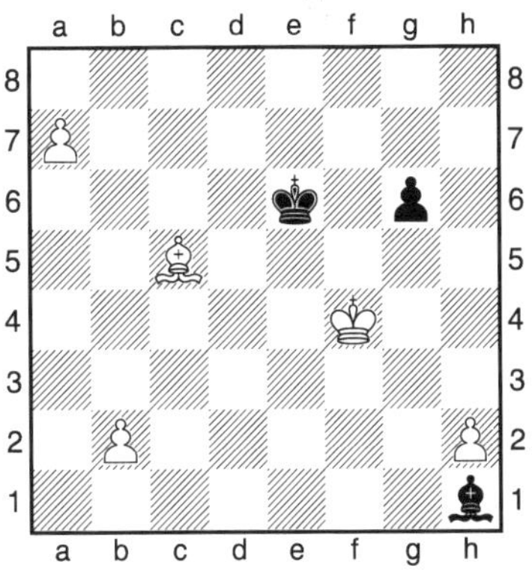

Weiß am Zug gewinnt.

Der erste Eindruck suggeriert, der weiße König könne nicht zu seinen Bauern am Damenflügel gelangen. Jedoch der Eindruck trügt!

1.Kg5 Kf7 2.Ld4 Lg2 3.h4 Lh1 4.b4 Lg2 5.b5 Lh1 6.Lf6!

Der Schlüsselzug des weißen Plans. Der Läufer hält den schwarzen König vom Damenflügel fern und kontrolliert den schwarzen Bauern.

6...Lg2 7.h5! gxh5 8.Kf5 Der Weg für den König ist frei und Schwarz gab auf.

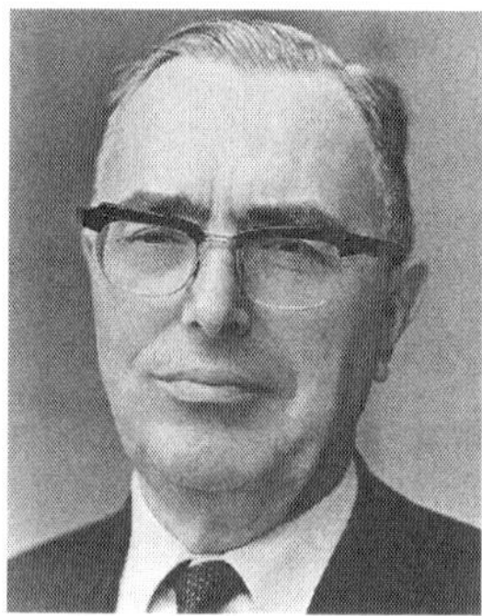

Max Euwe

ÜBUNGEN

Nr. 166: Weiß am Zug.

Nach 1.Lg5 kann der schwarze König nicht mehr auf das Feld c8. Wie geht es danach weiter?

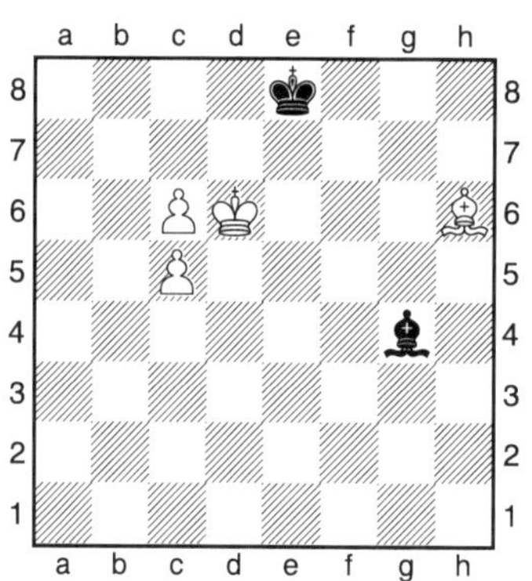

Nr. 167: Schwarz am Zug.

Kann der König seinen Bauern zu Hilfe kommen?

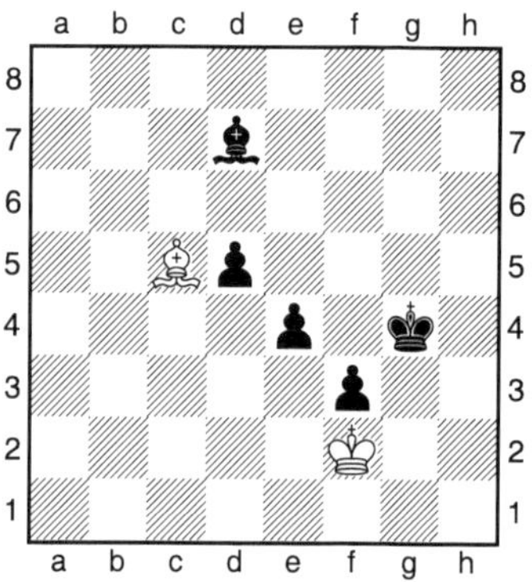

Nr. 168: Schwarz am Zug.

Schätzen Sie die Stellung ab und entwerfen Sie einen möglichen Plan.

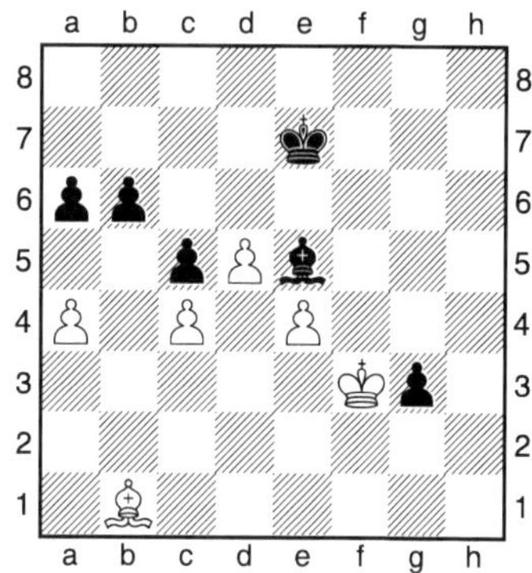

Nr. 169: Schwarz am Zug.

Kann der Mehrbauer gewinnbringend genutzt werden?

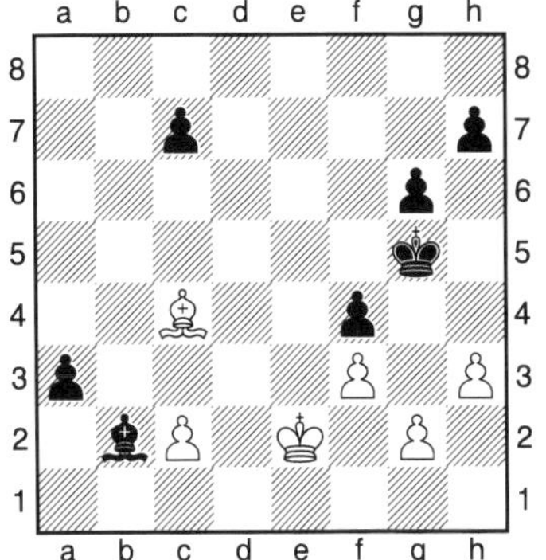

Läufer gegen Springer

Läufer und Bauer gegen Springer

bzw.

Springer und Bauer gegen Läufer

Beim Kampf Läufer und Bauer gegen Springer gewinnt die stärkere Seite nur, wenn es gelingt, den Aktionsradius des Springers einzuengen und mit Zugzwang zu arbeiten.

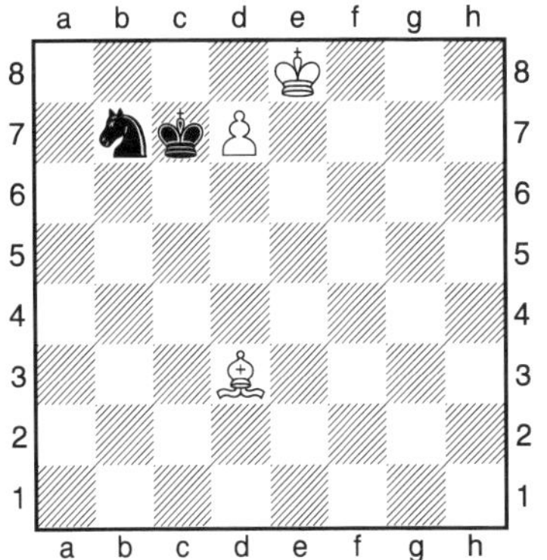

Weiß am Zug gewinnt durch ein einfaches und für derlei Situationen typisches Manöver: **1.Ke7! Sd8 2.Le4! Sf7 3.Lf3 Sd8 4.Ld5!**

Die folgende Stellung zeigt hingegen eine Ausnahme.

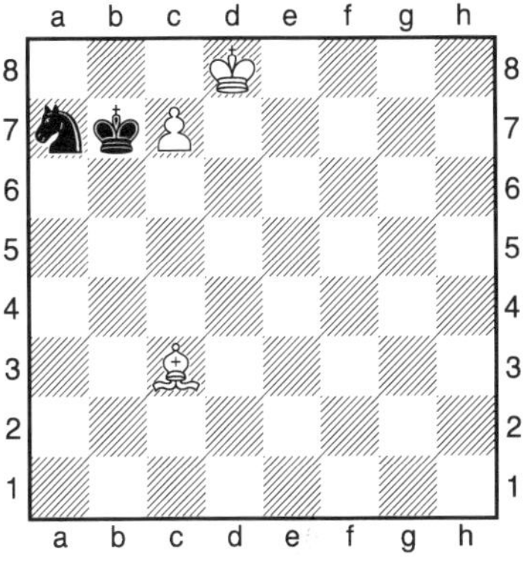

Weiß am Zug – Remis

1.Kd7 Sc8 2.Ld4 Se7 3.Le3 Sc8 4.Lc5. Bisher alles wie gehabt, doch nun führt **5...Ka8! 6.Kc6 Sb6!!** dem Weißen vor Augen, dass es mit den Läuferbauern zu einer Pattsituation führen kann.

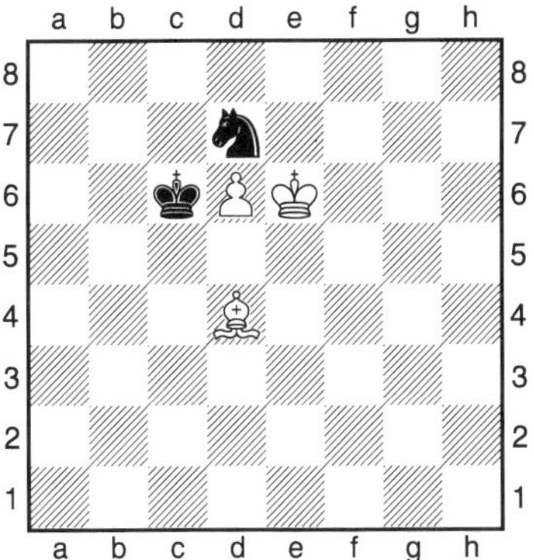

Schwarz zieht und hält remis.

Hier gelingt es nicht, den Springer ausreichend einzuengen. Nach **1...Sf8+** oder **1...Sb8** bleibt es bei Remis.

Wird diese Stellung jedoch zum Brettrand verlagert, tritt gleich wieder die eingeschränkte Beweglichkeit des Springers zu Tage.

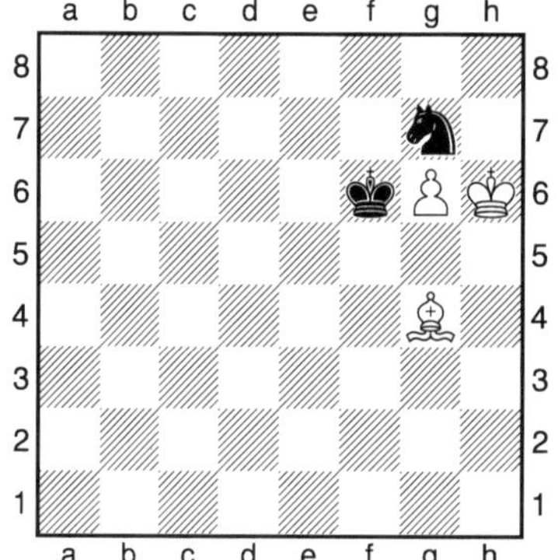

Weiß am Zug gewinnt, denn nach **1.Ld7** gerät Schwarz augenblicklich in Zugzwang.

Etwas komplizierter ist die Lage mit Schwarz am Zug. Um dann zu gewinnen, muss Weiß so manövrieren, dass er dieselbe Stellung *mit eigenem Anzug* erreicht – in der Schachsprache: Er muss dafür sorgen, dass er ein Tempo ‚verliert'!

Und das geht so: **1...Se8 2.Ld7 Sg7 3.Kh7 Sh5 4.Lg4 Sg7 5.Lh3 Sh5** (oder 5...Se8 6.Ld7 Sg7 7.Kh6) **6.Kh6 Sg7 7.Ld7** usw.

In den bisher gezeigten Stellungen war das Feld vor dem Bauern dem Läufer unzugänglich. Nun ein Blick auf andere Fälle.

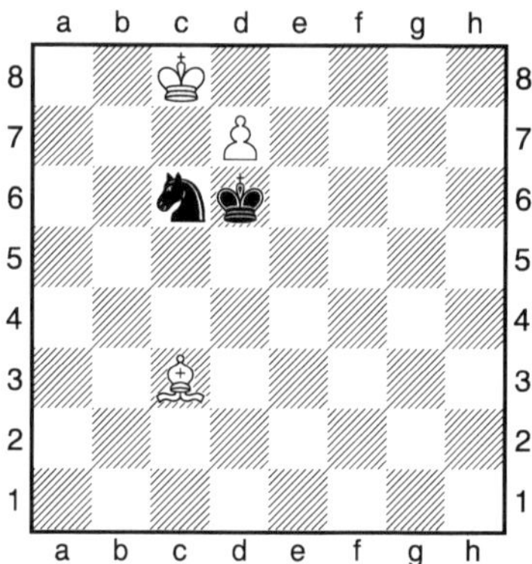

Weiß am Zug gewinnt.
Schwarz am Zug hält remis.

Der weiße Plan besteht in der Abdrängung des Springers, was mittels **1.Lb4+ Ke6 2.Kc7 Kd5 3.La3** nebst Zugzwang gelingt.

Schwarz am Zug rettet sich durch Optimierung der Figurenstellung: **1...Se7+** (oder 1...Sa7+) **2.Kd8 Sc6+ 3.Ke8 Ke6**. So hat Schwarz auch den gegnerischen König abgedrängt und Zugzwang vermieden – es bleibt bei Remis.

Chess Player's Chronicle, 1856

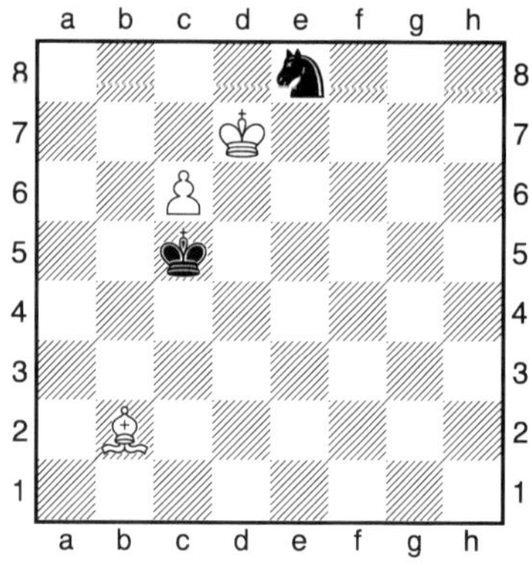

Schwarz am Zug – Weiß gewinnt.

In diesem uralten Beispiel erreicht Weiß Zugzwang durch ein interessantes Läufermanöver, wobei Schwarz immer nur einen Zwangszug ausführen kann. **1...Kb6** (Sofort verliert 1...Kd5 oder 1...Kb5 wegen 2.Ld4.) **2.Le5 Kc5!** (2...Kb5 3.Ld4) **3.Lc3 Kb6 4.La5+ Kb5 5.Ld8** (Es drohte 5...Sf6+.) **5...Kc5 6.Lh4 Kb5 7.Lg5!**

Nach diesem entscheidenden Abwartezug hat Schwarz keine befriedigende Antwort mehr – z.B. **7...Kc5 8.Le3+ Kd5 9.Ld4! Sd6 10.c7**.

Beim Kampf Läufer gegen Springer und Bauer hängt das Ergebnis davon ab, ob der Läufer zweckmäßig abgedrängt bzw. abgeschnitten werden kann.

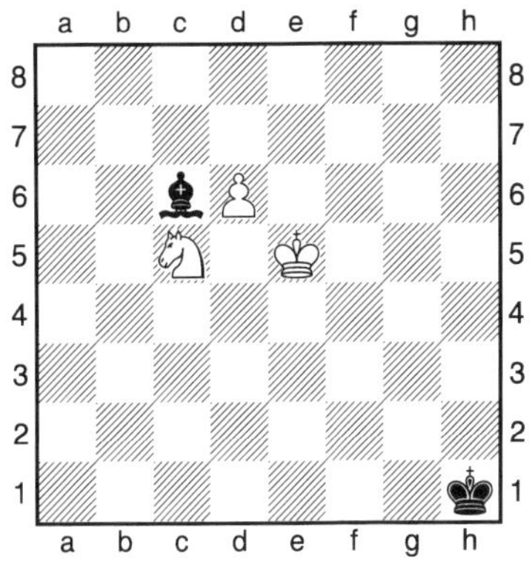

Weiß am Zug – Remis

Hier ist beides nicht möglich, denn der Läufer steht ideal – z.B. **1.Ke6 Lb5 2.Ke7 Lc6 3.Kd8 Lb5 4.Kc7 Kg1 5.Sd3 Kh1** Der König wird nicht benötigt! **6.Se5 Le8!** (es drohte 7.Sc6) **7.Sd7 Kg1 8.Kd8 Lg6 9.Ke7 Lf5 10.Sc5 Lc8! 11.Sd7 Kh1 12.Kd8 La6 13.Kc7 Lb5 14.Se5 Le8!** Weiß kommt nicht weiter.

Hinter dieser Rettung, bei der nicht einmal der König benötigt wurde, steckt wieder ein geometrisches Phänomen – dass nämlich der Läufer auf den benutzten Diagonalen a4-e8 bzw. c8-h3 mindestens fünf Felder zur Verfügung hatte, während König und Springer gemeinsam höchstens vier Felder längs einer Diagonale kontrollieren können.

J. Awerbach, 1958

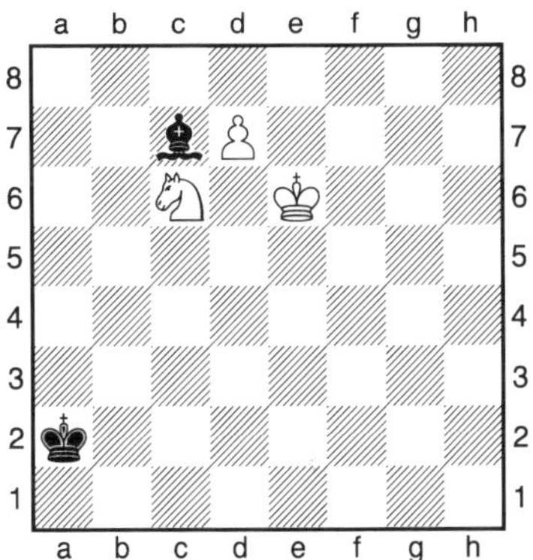

Weiß am Zug hält remis.
Schwarz am Zug gewinnt.

Zunächst sei festgestellt, dass Schwarz hier nicht ohne Hilfe des Königs auskommt. Sodann ergibt der Blick auf die beiden Diagonalen, die nach d8 führen, dass diejenige von a5 dem Läufer nur *vier* Felder bietet – und somit die Zahl, die Springer und König ihm nehmen können. Falls also der weiße König b7 erreicht, gerät Schwarz in Schwierigkeiten.

Weiß am Zug nimmt gleich Kurs auf dieses Schlüsselfeld.

1.Kd5 Ka3

Falls 1...Kb3, so schaltet das Manöver 2.Sd4+ nebst Se6, Kc6 und Sc7 den Läufer aus.

2.Kc4!

Eine wichtige Vorsichtsmaßnahme, denn nach dem natürlich erscheinenden 2.Kc5 bringt 2...Ka4 Weiß in Zugzwang: 3.Sd4 Ld8! 4.Se6 Lh4! und der Wechsel des Läufers auf die lange Diagonale sichert das Remis.

2...Ka4 3.Kc5!

Nun jedoch ist Schwarz im Zugzwang und muss den Rückzug antreten, so dass der Weg für Weiß frei wird. Nach **3...Ka3 4.Kb5 Kb2 5.Ka6** nebst Kb7 ist das Ziel erreicht.
Schwarz am Zug könnte die weiße Drohung entkräften: **1...Kb3! 2.Kd5** (2.Sd4+ Kc4) **2...Kc3! 3.Kc5 Kd3!** (strebt nach d6) **4.Kb5 Ke4 5.Ka6 Kd5 6.Kb7 Kd6**. Der König sichert den Verbleib des Läufers auf der Diagonale und somit das Remis.

Bei einem Randbauern (und ausreichend weit entferntem König des Verteidigers) scheint der Gewinn durch Verdrängung bzw. Abschneidung des Läufers ganz leicht. Jedoch gibt es einen Spezialfall, den man kennen sollte.

B. Horwitz, 1885

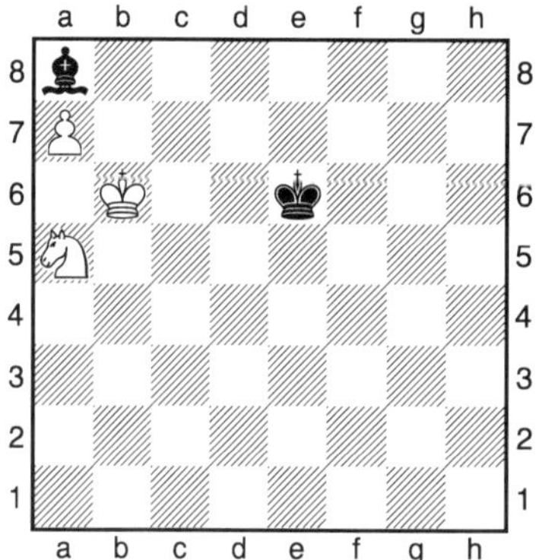

Weiß zieht und gewinnt.

Der weiße Plan sieht vor, den Läufer mit Kb8 zu verjagen und dann mittels Sb7 abzuschneiden. Wie kann Schwarz sich dem überhaupt noch widersetzen?

1.Kc7 Ke7 2.Kc8!

Die erste Finesse! In dem Abspiel 2.Kb8 Kd8! 3.Kxa8 (3.Sb7+ Kd7) 3...Kc7! lauert eine Art Patt, denn der eigene König kommt nicht aus der Ecke, und der Springer kann den gegnerischen König nicht zur Aufgabe dieser Einsperrung zwingen.

2...Ke8

Schwächer ist 2...Kd6 3.Kb8 Kd7 4.Sb7! mit Zugzwang, denn auf 4...Kc6 entscheidet 5.Kxa8 Kc7 6.Sd6!.

3.Sc4! Ke7

Läuferzüge verlieren wegen 4.Sd6+ nebst Sb7.

4.Kb8 Kd8 5.Sd6 Kd7 6.Sb7!

Die Zugzwangsituation ist erreicht. Schwarz kann aufgeben.

ÜBUNGEN

Nr. 170: Kann Weiß am Zug den Gegner in Zugzwang bringen? Analysieren Sie die Stellung zuerst mit Weiß – und dann auch mit Schwarz am Zug!

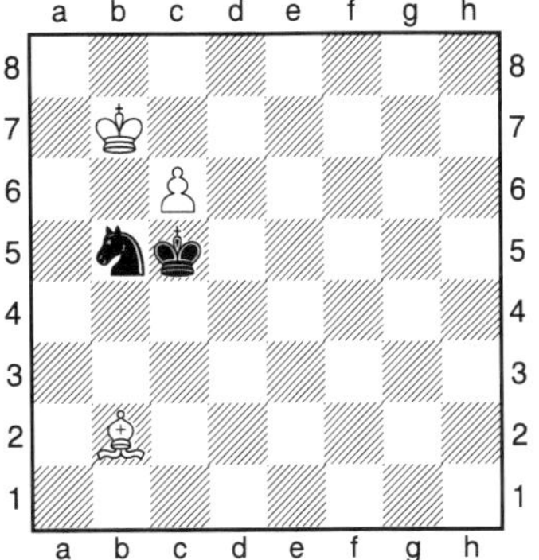

Nr. 171: Weiß am Zug.

Bei dieser Studie geht es darum, den Springer zu fangen. Schaffen Sie diese nicht einfache Aufgabe?

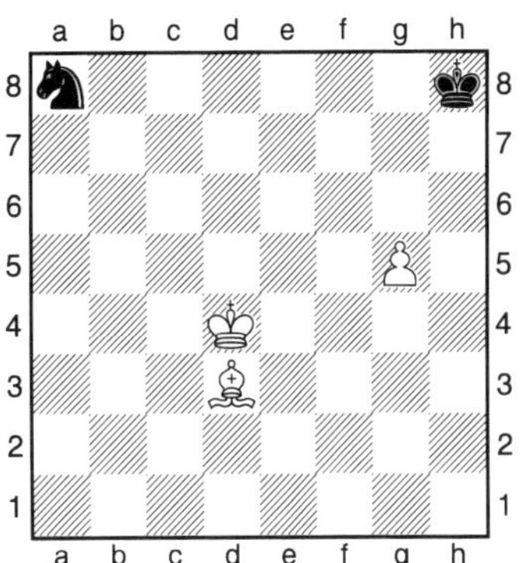

Nr. 172: Weiß am Zug.

Kann der Bauer umgewandelt werden?

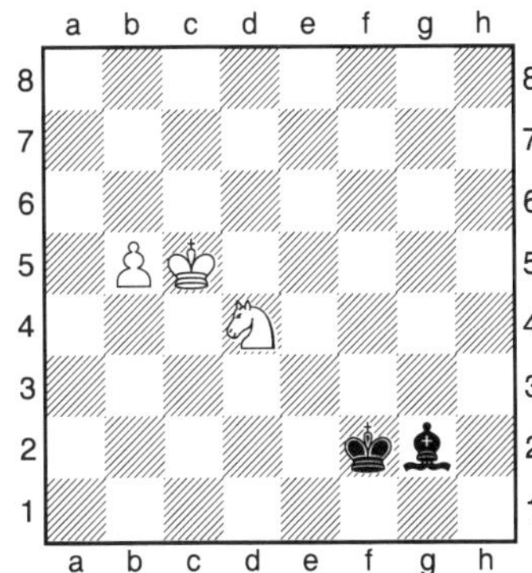

Nr. 173: Kann Weiß am Zug gewinnen?

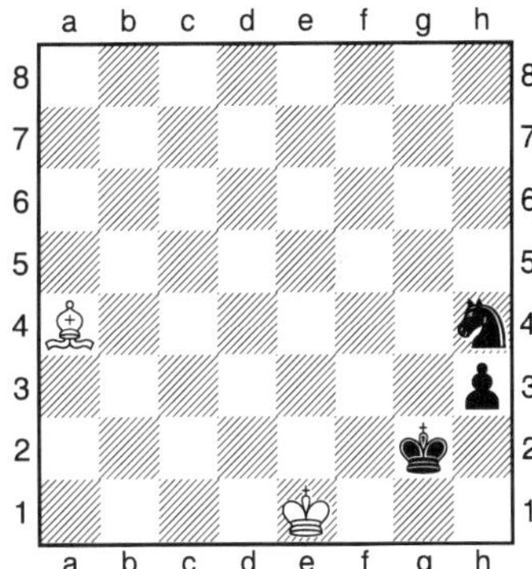

Realisierung des Vorteils

Gibt es – bei einer größeren Anzahl von Bauern auf dem Brett – einen Mehrbauern auf einer Seite, ganz gleich, ob auf der des Springers oder des Läufers, trifft man auf typische Phänomene, die wir in den folgenden Beispielen darstellen werden.

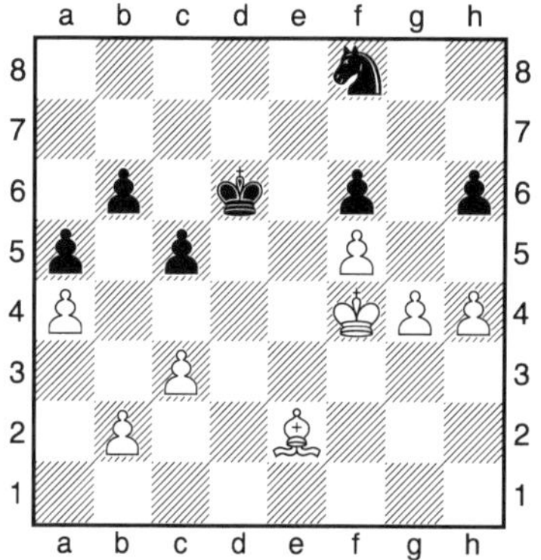

Weiß am Zug gewinnt.

Er hat alles zur Schaffung eines Freibauern vorbereitet, und es folgte:

1.g5 hxg5+ 2.hxg5 fxg5+ 3.Kxg5 Ke5 4.Ld3

Um den Bauern vorrücken zu können (4.f6? Sh7+).

4...Sd7 5.Kg6 Sf6

Zwar ist der Freibauer nun sicher blockiert, aber da die schwarzen Figuren (oder zumindest eine davon) mit dessen Bewachung beschäftigt sind, kann der weiße König zum Damenflügel streben.

6.Kf7! Sd5 7.Lc4 Se3 8.Le6 Sg4

Das Schlagen des Bauern hinterlässt ein hoffnungsloses Bauernendspiel.

9.Ke7 Sf6 10.Lc8 Se4 11.Kd7 Kxf5 12.Kc6+ Ke5 13.Kxb6 Sd6 14.La6 Kd5 15.Lb5 Bauer a5 läuft nicht davon!

15...Sc8+ 16.Kxa5 Kd6 17.La6 Se7 18.Kb6 Sd5+ 19.Kb7 Se3 20.Le2 c4 21.a5 Schwarz gibt auf.

Bei einem Mehrbauern auf Seiten des Springers muss man sich mit der Schaffung eines Freibauern nicht unbedingt beeilen, weil dies die Stellung für den Läufer weiter öffnen könnte. Stattdessen versucht man, dem Gegner so viele Bauernschwächen wie möglich zuzufügen, um durch spätere Angriffe auf diese vom Freibauern abzulenken.

Löwenfisch – Rauser
Tiflis 1937

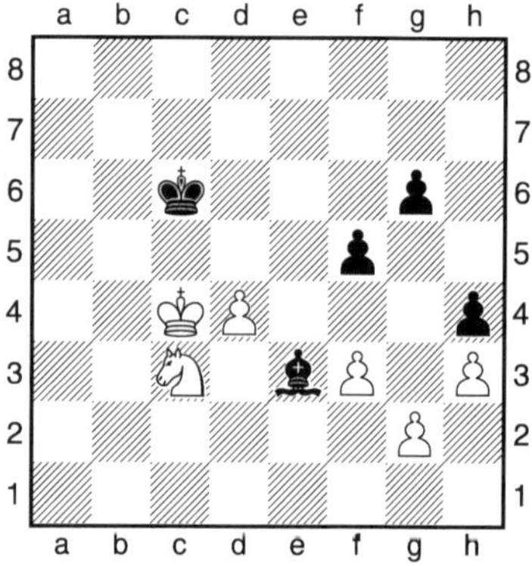

Weiß zieht und gewinnt.

Schlecht wäre 1.Sb5 Lf2 2.d5+ Kd7, da Weiß seine Position dadurch kaum stärken würde. Der richtige Plan besteht im Angriff auf die gegnerischen Bauern.

1.Sd5 Lg5 2.f4! Ld8 3.Sb4+ Kd6 4.Sd3 g5

Nach 4...Se6 5.Se5 Kf6 6.Kc5 kann der Freibauer vorrücken.

5.Se5 Ke6 6.d5+ Kf6 7.Kc5 gxf4 8.Sc6 Der Bauer kostet den Läufer – Schwarz gibt auf.

Bei Materialgleichheit werden Endspiele mit Leichtfiguren nach bereits bekannten Kriterien bewertet – entfernte Freibauern, Bauernschwächen usw. Selbstredend ist beim Kampf Läufer gegen Springer wichtig, ob die Stellung eher offen oder eher geschlossen ist. Wie überlegen ein Läufer an der Seite eines aktiven Königs in offener Stellung agieren kann, zeigt das folgende Beispiel.

Stoltz – Kashdan
Den Haag 1928

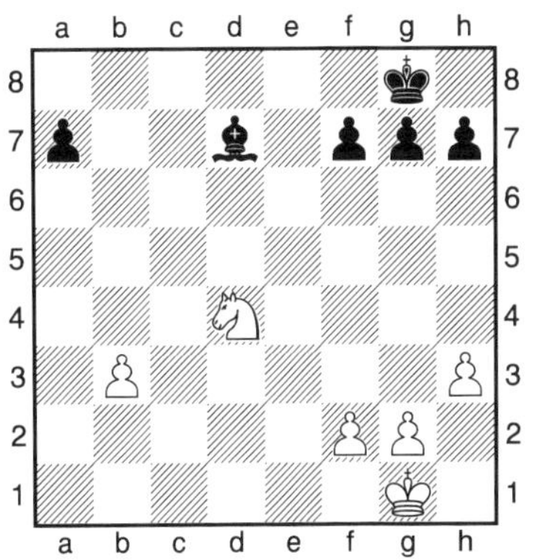

Schwarz am Zug gewinnt.

Weiß hat anscheinend keinerlei Schwächen und sein Springer ist gut postiert. Doch ist das nur ein oberflächlicher Eindruck. Tatsächlich besteht der schwarze Vorteil darin, dass er seine Stellung aktiv verbessern kann, während Weiß nur abzuwarten bleibt.

1...Kf8 2.Kf1 Ke7 3.Ke2 Kd6 4.Kd3 Kd5

Als erstes Ziel wurde der König aktiviert.

5.h4 Lc8!

Über a6 kann der Läufer die weißen Figuren einengen und später g2 bedrohen.

6.Sf3 La6+ 7.Kc3

Nach 7.Ke3 Kc5 8.Sg5 Kb4 9.Sxf7 Kxb3 erhält Schwarz einen entfernten Freibauern und somit entscheidenden Vorteil.

7...h6 8.Sd4 g6 9.Sc2 Ke4

Der König wird noch aktiver und steht zum Eindringen in die gegnerische Stellung bereit.

10.Se3 f5 11.Kd2 f4

So wird der Springer vertrieben. Auf 12.Sc2 folgt nämlich 12...Lf1 13.Se1 Kf5 14.f3 g5 15.hxg5 Kxg5 nebst Vordringen nach g3. Da weitere Verteidigung zwecklos wäre, versucht Weiß einen ebenso hoffnungslosen Gegenangriff.

12.Sg4 h5 13.Sf6+ Kf5 14.Sd7 Lc8! 15.Sf8 g5! 16.g3

Nach 16.hxg5 sitzt der Springer in der Falle.

16...gxh4 17.gxh4 Kg4 18.Sg6 Lf5 19.Se7 Le6 20.b4 Kxh4 21.Kd3 Kg4 22.Ke4 h4 23.Sc6 Lf5+ 24.Kd5 f3 25.b5 h3 26.Sxa7 h2 27.b6 h1D 28.Sc6 Db1 29.Kc5 Le4 Weiß gibt auf.

Und hier noch ein Beispiel mit überlegenem Springer.

Awerbach – Lilienthal
Moskau 1949

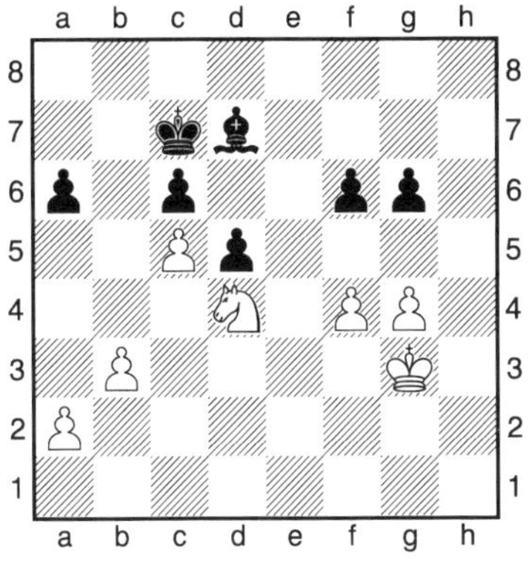

Weiß am Zug gewinnt.

Der gedeckte schwarze Freibauer ist sicher blockiert, und vom Blockadefeld aus wirkt der Springer höchst aktiv ins gegnerische Lager hinein, während die gegnerischen Figuren im eigenen Lager eingesperrt sind.

Mit **1.g5!** öffnet Weiß seinen Figuren den Zugang zum gegnerischen Lager.

Zwar könnte **1...f5** den König auf Distanz halten, aber über e5 wird der Springer zudringlich – z.B. 2.Sf3 Le8 3.Se5 Kd8 4.Kf3 Ke7 5.Ke3 Ke6 6.Kd4 Ke7 7.Sd3! Ke6 8.Sb4 a5 9.Sd3 Ld7 10.a4 Le8 11.b4 axb4 12.Sxb4 und der freie a-Bauer gewinnt.

In der Partie folgte **1...fxg5 2.fxg5 Lc8 3.Kf4** Hier gab Schwarz auf wegen der Folge **3...a5 4.Ke5 Lg4 5.Kf6 Lh5 6.Ke7 Lg4 7.a3! Ld1 8.Se6+ Kb7 9.Kd6 Lxb3 10.Sd8+ Kc8 11.Sxc6 a4 12.Se7+** usw.

ÜBUNGEN

Nr. 174: Weiß am Zug.

Versuchen Sie, den Vorteil des Mehrbauern zum Gewinn zu nutzen.

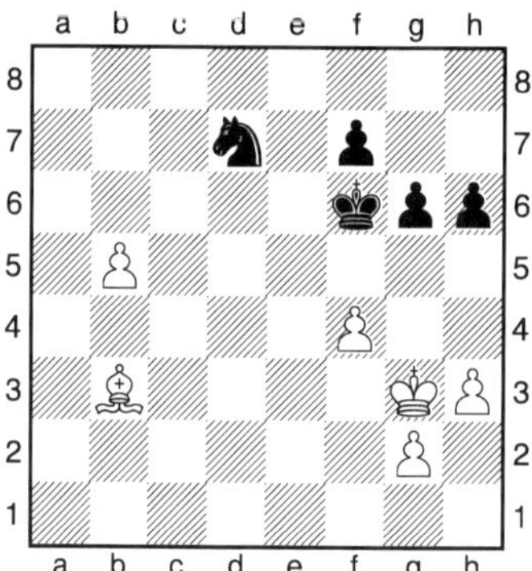

Nr. 175: Wie kann Weiß am Zug am einfachsten gewinnen?

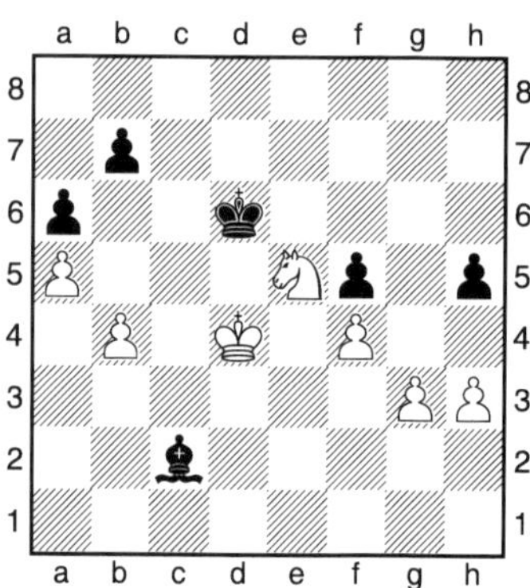

Nr. 176: Schwarz am Zug kann sich einen Freibauern verschaffen. Zeigen Sie den folgenden Gewinnweg.

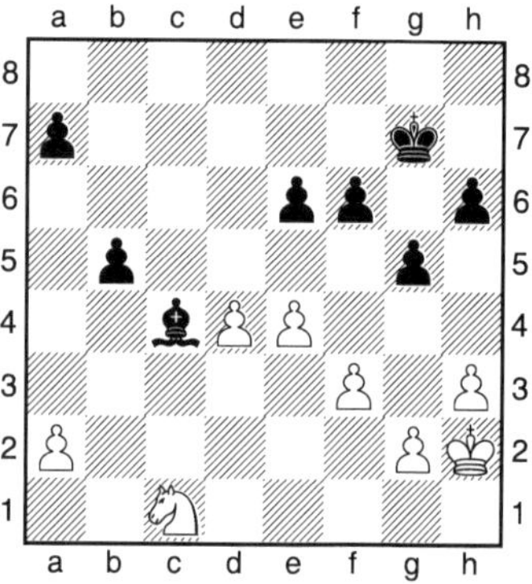

Nr. 177: Beweisen Sie, dass Weiß am Zug entscheidenden Vorteil besitzt.

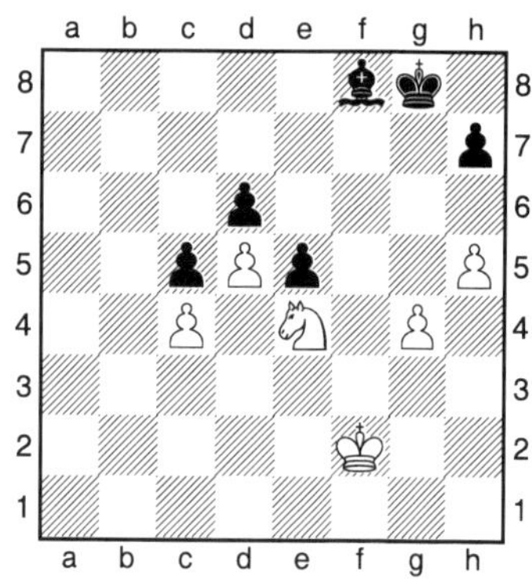

5. Turmendspiele

Turm gegen Bauer

Ein vom König unterstützter Turm kann im Gegensatz zu einer Leichtfigur mattsetzen, so dass Turmendspiele eine besondere Note haben. Gegen einen Freibauern gewinnt der Turm normalerweise selbst bei weit entferntem eigenem König wie z.B. in der folgenden Stellung.

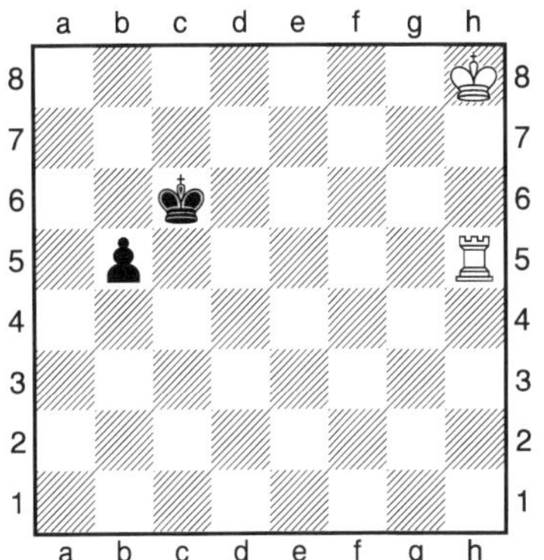

Schwarz zieht, Weiß gewinnt.

Ohne den König kann der Bauer zwar vorlaufen, nur darf er es nicht, da er nach **1....b4 2.Kg7 b3 3.Th3 b2 4.Tb3** verloren geht.

Die Heranführung des Königs müsste über die a-Linie erfolgen, nur dass in der erforderlichen Zeit auch der weiße König ausreichend nahe herankommt.

1...Kb6 2.Kg7 Ka5 3.Kf6 Ka4 4.Ke5 b4 5.kd4 b3 6.Kc3 mit Gewinn.

Die dazugehörige Regel lautet: Benötigt der Freibauer noch mindestens vier Schritte bis zur Umwandlung und steht sein König noch weiter hinten, so reicht wie demonstriert die Abschneidung mit dem Turm nebst Annäherung des eigenen Königs.

Nicht immer jedoch kann der König seinem Turm so problemlos helfen – wie z.B. in der nächsten Stellung.

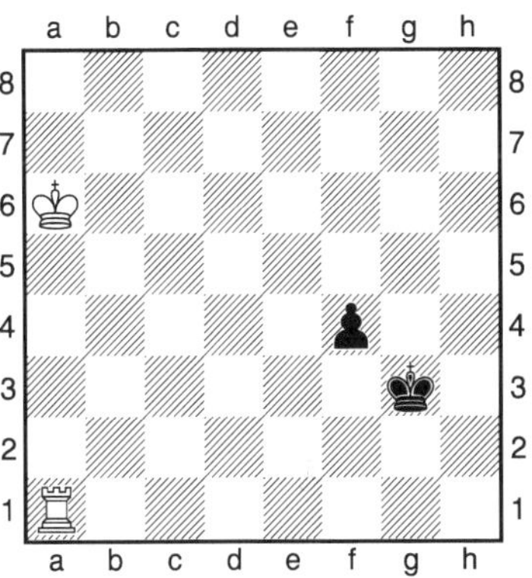

Weiß zieht und gewinnt.

Nach **1.Kb5** käme der König bei schlechtem Spiel mit 1...f3? 2.Kc4 Kg2 3.Kd3 f2 4.Ke2 gerade rechtzeitig zum Gewinn.

Jedoch kann Schwarz sich besser wehren, indem er mit **1...Kf2! 2.Kc4 Ke3!** die Methode des Abdrängens einsetzt. Weiß müsste entsprechend dieselbe Methode wählen, was nach **3.Kc3** folgendermaßen aussehen könnte: **3...f3 4.Te1+ Kf2 5.Kd2 Kg2 6.Ke3 f2 7.Te2** bzw. **6.Te8 f2 7.Tg8+ Kf1 8.Tf8 Kg2 9.Ke2** usw.

Versucht Weiß **3...Ke2**, so gewinnt am einfachsten **4.Kd4! f3 5.Ta2+ Kf1 6.Ke3**, obwohl auch **4.Ta2+ Ke3 5.Ta8! f3 6.Te8+ Kf2 7.Kd2** geht.

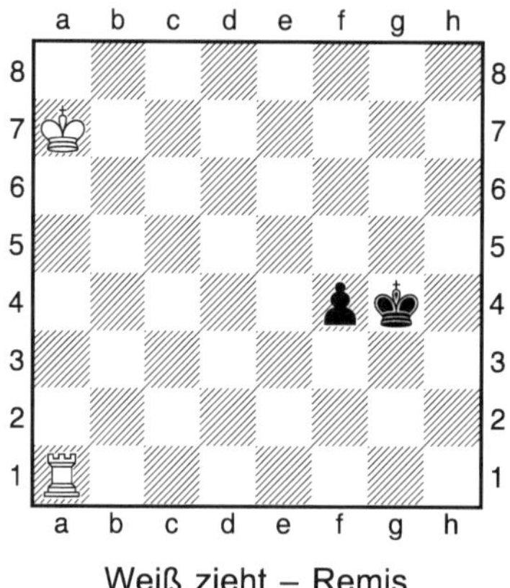

Weiß zieht – Remis

Nach **1.Kb6** führt der direkte Vormarsch 1...f3? 2.Kc5 f2 3.Kd4 Kf3 4.Kd3 Kg2 5.Ke2 zum Verlust.

Zunächst muss wieder mittels Abdrängung die Annäherung des weißen Königs verhindert werden – also **1...Kf3! 2.Kc5 Ke3! 3.Ta3+**.

Scheinbar steht Schwarz chancenlos. Auf 3...Ke2 folgt 4.Kd4! f3 5.Te3+ Kf2 6.Ke4 usw. Aber es gibt die bessere Antwort **3...Ke4!**. Der König kann dem Turm nicht helfen – es wird remis.

In Turmendspielen wird der Kampf also auch zum Großteil unter den Königen ausgetragen. Das folgende Beispiel ist hierfür charakteristisch.

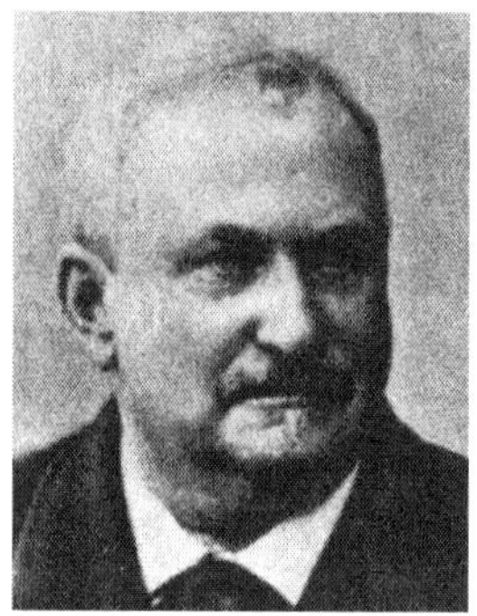

Friedrich Amelung

F. Amelung

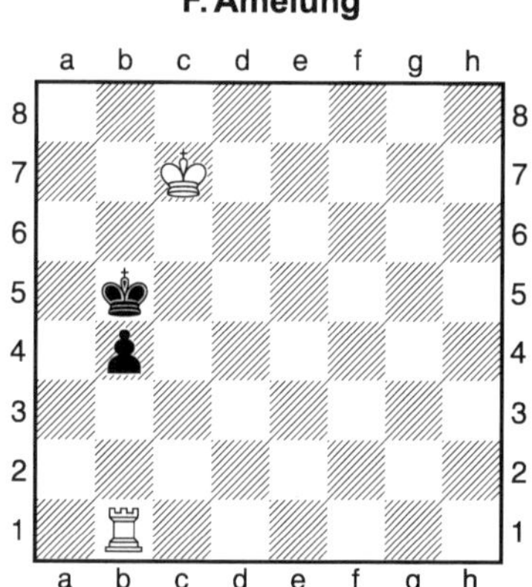

Weiß zieht und gewinnt.
Schwarz zieht und hält remis.

Versucht der weiße König, den Bauern mit 1.Kd6 zu erreichen, so schafft er dies nach 1...Kc4! 2.Ke5 b3 3.Ke4 Kc3 4.Ke3 b2 nicht.

Der einzig richtige Zug ist **1.Kb7**, denn Schwarz ist plötzlich im Zugzwang. Egal wie er spielt, schafft der gegnerische König es immer, den eigenen zu umgehen – z.B. **1...Kc4 2.Kb6! b3 3.Ka5! Kc3 4.Ka4 b2 5.Ka3** – oder **1...Ka4 2.Kb6! b3 3.Kc5**, jeweils mit Gewinn.

Schwarz am Zug bringt jedoch mit **1...Kc5!** seinerseits den Weißen in Zugzwang. Egal wohin der König zieht, wird ihm der Weg abgeschnitten – z.B. **2.Kb7 Kb5! 3.Ka7 Ka5!**.

Auch ein Abwartezug wie **2.Tb2** hilft nicht, denn nach **2...Kc4 3.Kb6 Kc3** gewinnt Schwarz das entscheidende Tempo.

R. Réti

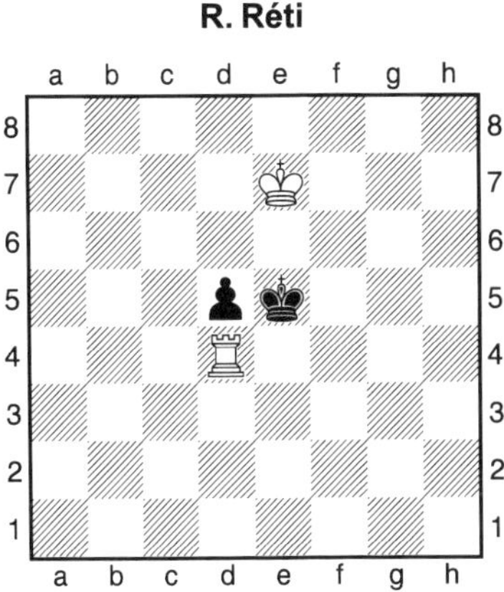

Weiß zieht und gewinnt.

Diese Studie war seinerzeit eine Sensation. Großmeister R. Spielmann behauptete sogar, kein Schachspieler der Welt könne sie am Brett lösen. Wer aber die obige Stellung von Amelung kennt und verstanden hat, wird auch diese harte Nuss knacken.

Nach dem ‚natürlichen' Zug **1.Td1?** und der Folge **1...d4 2.Kd7 Kd5!** gerät Weiß in Zugzwang und es wird remis.

Nach der paradox erscheinenden Alternative **1.Td3!!** (oder auch 3...Td2) und der Folge **1...d4 2.Kd7 Kd5** bringt jedoch **3.Td1!** diesmal den Schwarzen in Zugzwang.

Häufig hängt also der Ausgang in solchen Stellungen von einem einzigen Tempo ab. Und wie man ein solches Tempo gewinnen kann, zeigt das nächste Beispiel.

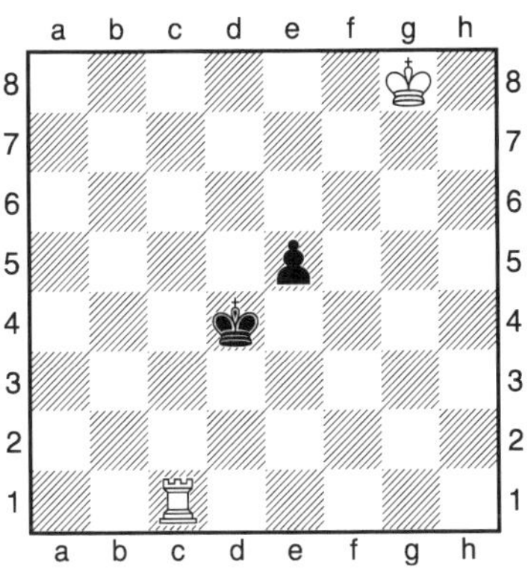

Weiß am Zug gewinnt.

Wieder führt die logische bzw. natürliche Fortsetzung **1.Kf7** nicht zum Ziel, denn nach **1...e4 2.Ke6 e3 3.Kf5 e2 4.Kf4 Kd3 5.Kf3 Kd2** gewinnt der Angriff auf den Turm das entscheidende Tempo.

Spielt Weiß jedoch **1.Td1+!**, so kann er in der Folge seinerseits ein Tempo gewinnen, um den Turm besser zu postieren: **1...Kc3 2.Te1 Kd4 3.Kf7 e4 4.Ke6 e3 5.Kf5 Kd3 6.Kf4 e2 7.Kf3** mit Gewinn.

Zum gleichen Ergebnis führt auch **1...Ke3 2.Te1+ Kf4 3.Kf7 e4 4.Ke6 e3 5.Kd5! Kf3 6.Kd4** usw.

Mit einem Bauern kurz vor dem Einzugsfeld kann ein Turm so ungünstig stehen, dass die Umwandlung nicht zu verhindern ist. Das nächste und wirklich geniale Beispiel wird Ihnen diesbezüglich bestimmt gefallen.

F. Saavedra, 1895

Weiß zieht und gewinnt.

Die einleitenden Züge sind allesamt klar und erzwungen: **1.c7 Td6+ 2.Kb5!** (2.Kc5? Td1 nebst Tc1+ Remis) **2...Td5+ 3.Kb4 Td4+ 4.Kb3 Td3+ 5.Kc2**

Jetzt scheint das Spiel entschieden, aber Schwarz hat noch einen letzten Giftpfeil im Köcher, der auf der Bewegungsarmut seines Königs beruht.

5...Td4!

Um auf 6.c8D? mit 6...Tc4+! 7.Dxc4 Patt herbeizuführen. Allerdings hat Weiß ein Gegengift im Angebot, welches von eben diesem eingeengten König profitiert.

6.c8T!! Ironie des Schicksals – auf **6...Ta4** (die einzige Verteidigung gegen Ta8#) entscheidet **7.Kb3!** mit der Doppeldrohung 8.Kxa4 und 8.Tc1#.

Im Kampf gegen zwei verbundene Freibauern kann der Turm sogar in die Defensive geraten.

N. Kopajew, 1956

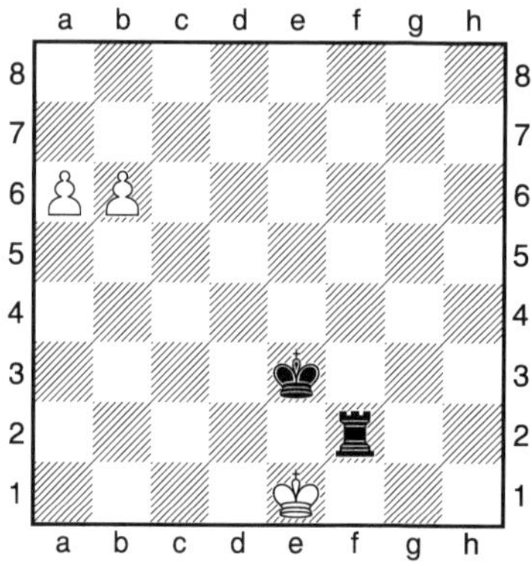

Weiß am Zug – Remis

Nach **1.b7 Tb2? 2.Kd1! Kd3 3.Kc1 Kc3 4.a7 Th2 5.Kd1 Kd3 6.Ke1 Ke3 7.Kf1 Kf3 8.Kg1** gewinnt Weiß. Schwarz muss die Mattdrohungen auf der Grundlinie also anders ausnutzen, um die Bauern zu bändigen.

1...Th2! 2.Kf1 Kf3 3.Kg1 Tg2+ 4.Kh1 Tg8! 5.a7 Th8+ 6.Kg1 Tg8+ 7.Kf1 Th8 8.Ke1 Ke3 9.Kd1 Kd3 10.Kc1 Kc3 11.Kb1 Th1+! 12.Ka2 Th2+ 13.Ka3 Th1 14.Ka4 Kc4 15.Ka5 Kc5

Beide Bauern stehen vor der Verwandlung, doch kann der König den Mattdrohungen nicht entkommen.

Wurde am Beginn etwa der falsche Bauer vorgezogen?

1.a7 Ta2! 2.Kd1 Kd3 3.Kc1 Kc3 4.Kb1 Ta6! 7.b7 Tb6+ 6.Kc1 Th6! 7.Kd1 Kd3 8.Ke1 Ke3 9.Kf1 Kf3 10.Kg1 Tg6+! 11.Kf1 Th6

Und auch hier kommen die Bauern nicht über die 7. Reihe hinaus!

ÜBUNGEN

Nr. 178: Kann Weiß am Zug gewinnen?

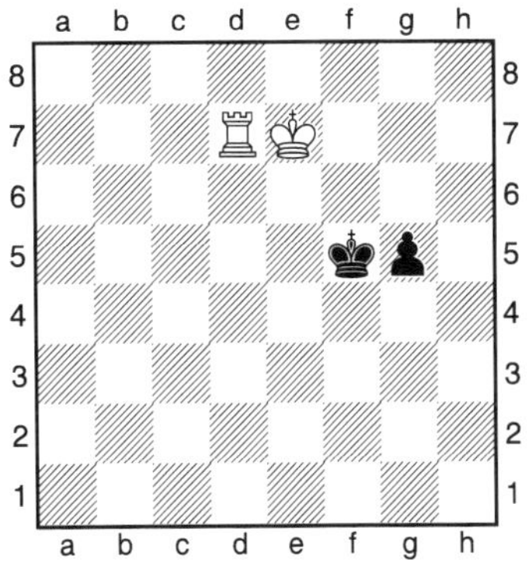

Nr. 179: Weiß am Zug gewinnt. Die Aufgabe ist nicht leicht!

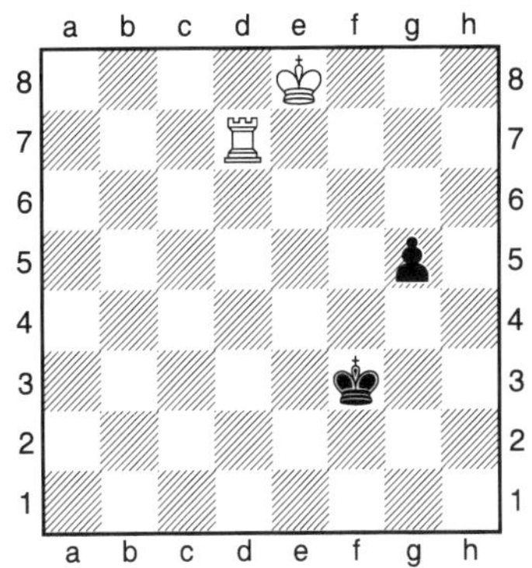

Nr. 180: Weiß am Zug.

Die schwarzen Bauern wirken sehr gefährlich, aber dennoch soll Remis erreicht werden.

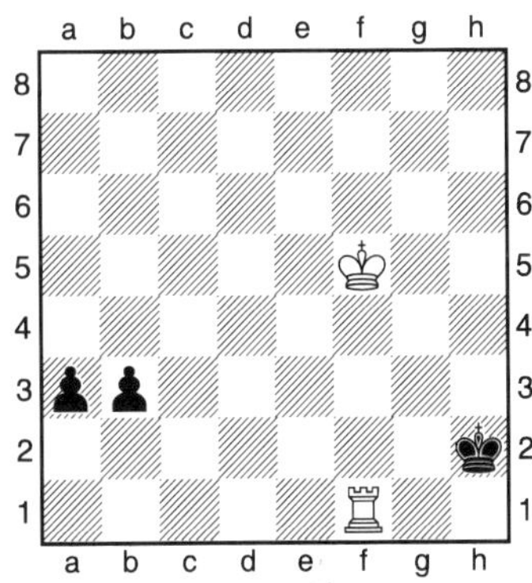

Nr. 181: Weiß am Zug.

Der weiße König steht abseits vom Geschehen, so dass Remis für Schwarz möglich scheint. Doch Weiß soll gewinnen!

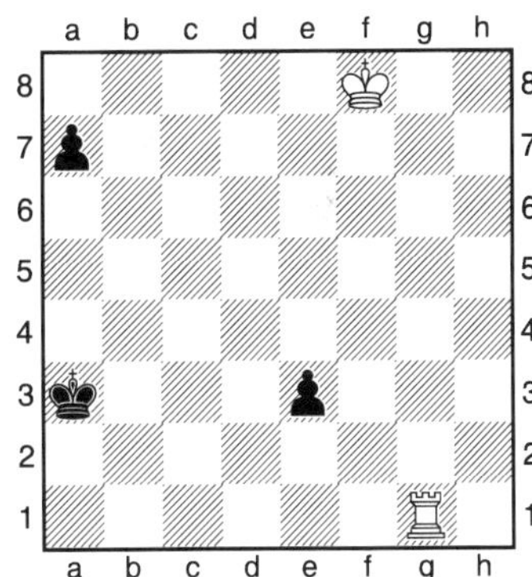

Turm und Bauer gegen Turm

Hier hängt alles von der Position der beiden Könige ab.

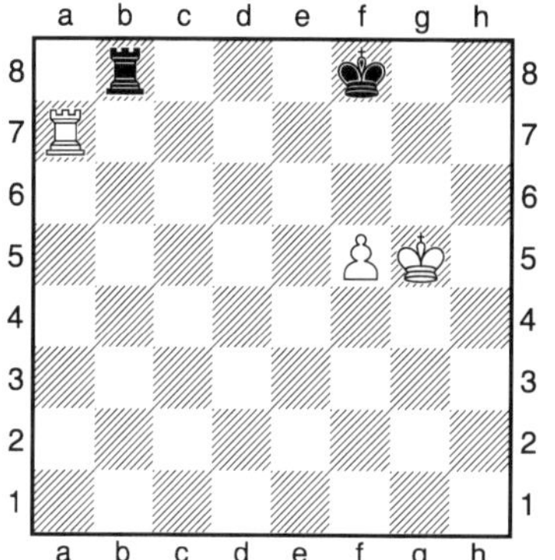

Weiß zieht und gewinnt.
Schwarz zieht und hält remis.

Nach **1.Kg6 Tb6+ 2.f6 Tb8 3.Th7 Kg8 4.f7+** gewinnt Weiß unter Nutzung der bestehenden Mattgefahr.

Auch der Angriff von hinten, im Turmendspiel ansonsten so eine Art Allheilmittel, rettet hier nicht: **1...Tb1 2.Ta8+ Ke7 3.f6+ Ke6 4.Te8+ Kd7 5.f7** usw.

Schwarz am Zug kann jedoch mit **1...Tb6!** das Vordringen des Königs verhindern. Und folgt dann **2.f6** mit der Absicht Kg6, so rettet der besagte Angriff von hinten **2...Tb1!** das Remis, denn im Gegensatz zur ersten Variante kann der König sich nicht mehr vor dem Bauern verstecken.

Diese grundlegende Verteidigungsmethode wurde bereits im 18. Jahrhundert von dem großen Philidor entdeckt. Er war sogar der Ansicht, alle anderen Pläne würden zum Verlust führen, doch ist das nicht richtig. Schwarz kann auch gleich den Angriff mit Störschachs von hinten anstreben, nur muss er dabei mit größter Präzision vorgehen.

Nach **1...Tb1 2.Kg6** ist die beste Antwort **2...Tf1!**.

Nun bringt 3.Ta8+ Ke7 nichts, da f6+ nicht geht.

3.Kf6! Nun muss der König weichen – nur zu welcher Seite?

1) Schauen wir uns zuerst die Folgen von **3...Ke8 4.Ta8+ Kd7** an.

Zieht Weiß nun 5.Kg6, so kann der Bauer nach 5...Ke7! immer noch nicht weiter vorwärts.

Nach dem besseren **5.Tf8!** muss Schwarz abwarten. **5...Tf2 6.Kg7 Ke7 7.f6+ Kd7 8.Ta8**

Falsch wäre 8.f7? Tg2+ 9.Kf6 Tf2+ 10.Kg6 Tg2+ 11.Kh5 Ke7 Remis!

8...Tg2+ 9.Kf8 Tf2 10.f7 Tg2

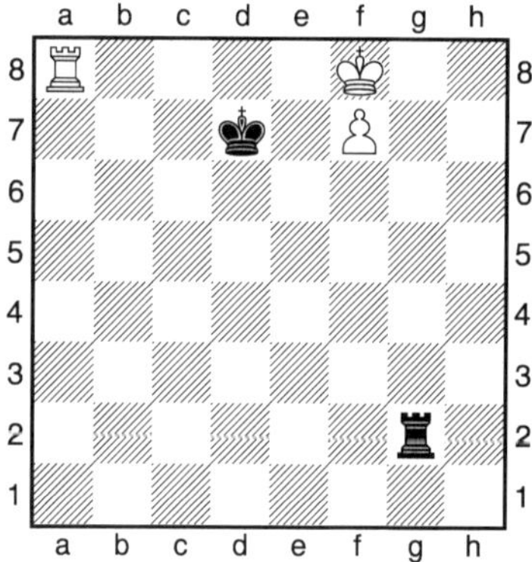

Die letzte Verteidigungslinie wurde erreicht. Weiß muss nur noch dafür sorgen, dass sein König das Feld vor dem Bauern räumen kann, ohne anschließend wieder mit Störschachs gejagt zu werden.

11.Ta4! Warum gerade auf die 4. Reihe und nicht weiter nach unten? Das hat bereits mit der späteren Rückendeckung für den König zu tun und wird bald ersichtlich.

11...Tg1 12.Td4+ Kc6 13.Ke7 Te1+ 14.Kf6 Tf1+ 15.Ke6 Te1+ 16.Kf5 Tf1+ 17.Tf4

Diese Methode wird ‚Brückenbau' genannt und gehört zum fundamentalen Rüstzeug im Turmendspiel.

Es ist uns also nicht gelungen, Philidors Ansicht zu widerlegen, allerdings bleibt ja noch eine Alternative zu untersuchen – nämlich:

2) 3...Kg8! 4.Ta8+ Kh7 5.Tf8!

Weiß plant, nach Ke7 den Bauern vorzuziehen, jedoch ist sein König nun gegen Angriffe von der langen Seite ungeschützt, was Schwarz sofort mit **5...Ta1!** ausnutzt.

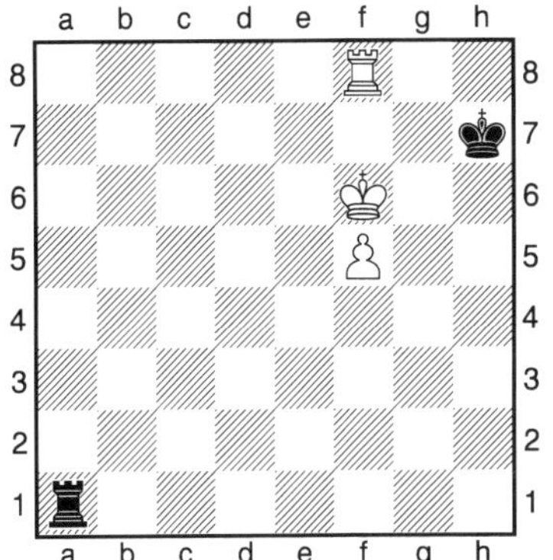

Nun führt 6.Ke7 eben wegen der Störschachs nicht zum Ziel. Nach 6.Te8 kann der Turm nach f1 zurückkehren, und Weiß hat nichts erreicht. Entscheidend war also der schwarze Königszug zur kurzen Seite, damit dem gegnerischen nur die lange Seite bleibt.

Hat der Freibauer die Mittellinie noch nicht überschritten, funktioniert auch die Defensivmethode des frontalen Turmangriffs.

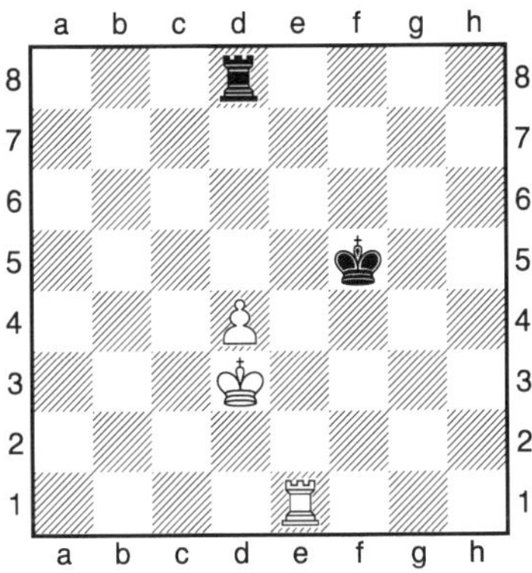

Weiß am Zug – Remis

Zwar ist der schwarze König abgeschnitten, doch gewährleistet die gute Turmposition die Rettung, denn der Bauer kommt nicht vorwärts.

Wir prüfen: **1.Kc4 Tc8+ 2.Kb5 Tb8+ 3.Kc5 Tc8+ 4.Kb6 Td8**, und weder nach **5.Kc5 Tc8+** noch nach **5.Td1 Ke6** kommt Weiß weiter.

Mit geringfügig veränderter schwarzer Königsposition hätte diese Methode allerdings nur noch mit Schwarz am Zug funktioniert.

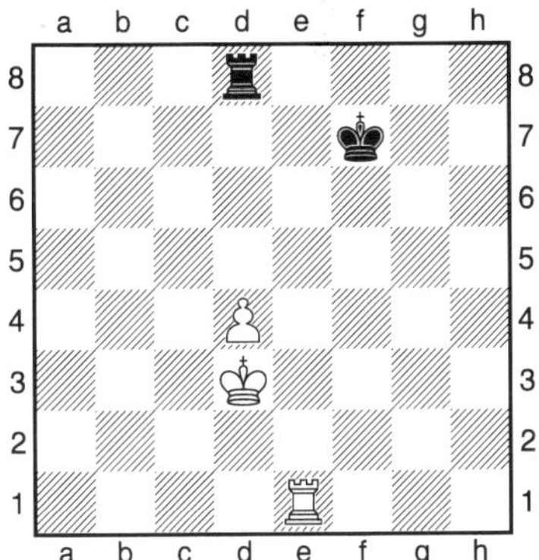

Weiß am Zug gewinnt.
Schwarz am Zug hält remis.

1.Kc4 Tc8+ 2.Kb5 Td8 3.Kc5 Tc8+ 4.Kb6 Td8 5.Te4!

Mit dem schwarzen König auf f5 war dieses Manöver nicht möglich.

5...Kf6 6.Kc7 Td5 7.Kc6 Td8 8.d5 mit Gewinn.

Schwarz am Zug könnte sich jedoch mit einer anderen Form von Brückenbau retten – nämlich **1...Te8!**. Nun folgt auf **2.Txe8 Kxe8 3.Kc4 Kd8!** – und weicht der weiße Turm seitlich aus, so folgt 2...Ke7 mit Remis.

Schauen wir nun, wie ein Randbauer zur Umwandlung gebracht werden kann. Prinzipiell sind die Gewinnchancen allerdings deutlich geringer, weil der angreifende König dem Bauern ja nur von *einer* Seite aus helfen kann.

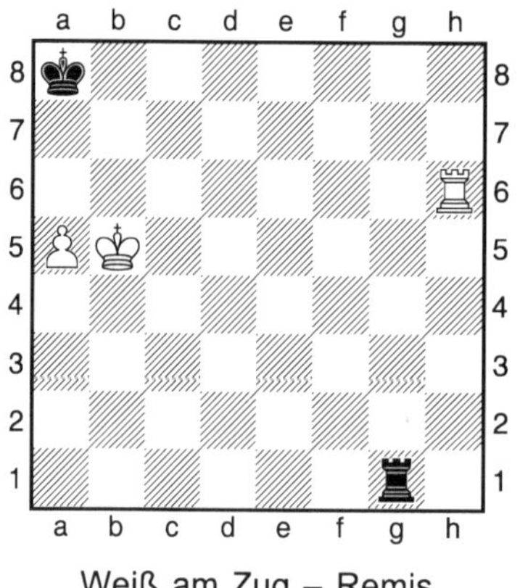

Weiß am Zug – Remis

Nach **1.Kb6 Tg8** kann Weiß seine Stellung nicht verbessern.

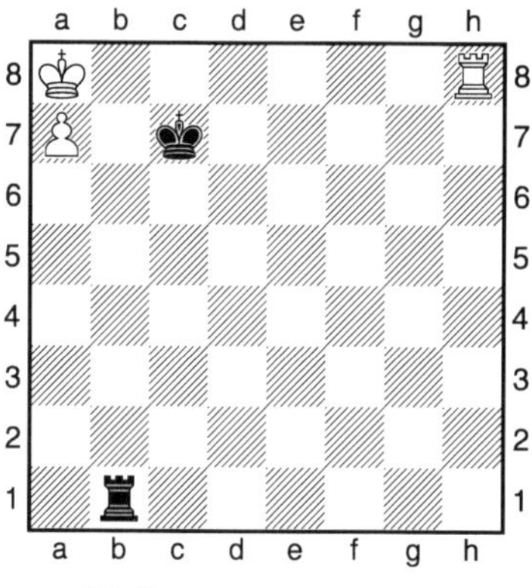

Weiß am Zug – Remis

Hier kann der weiße König die Ecke nicht mehr verlassen, und zwar selbst dann, wenn der schwarze König noch eine Linie weiter entfernt wäre. Probieren Sie es aus. Erst wenn der König vier Linien vom Bauern entfernt ist, führt dies zum Verlust.

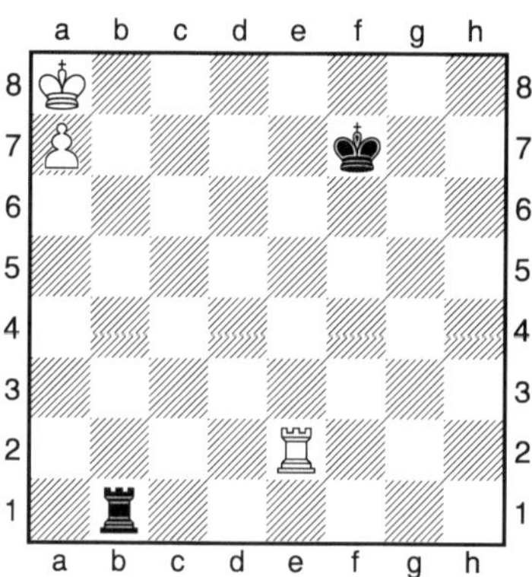

Weiß am Zug gewinnt.

1.Tc2 Ke7 2.Tc8 Kd7 3.Tb8 Ta1 4.Kb7 Tb1+ 5.Ka6 Ta1+ 6.Kb6 Tb1+ 7.Kc5 und Weiß gewinnt.

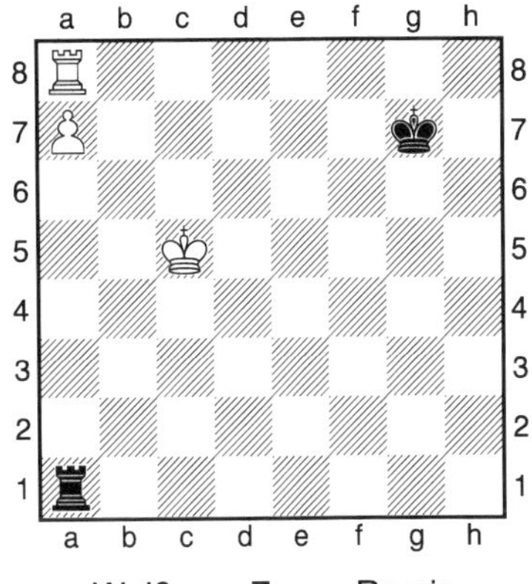

Weiß am Zug – Remis

Weiß kann den Turm nicht befreien. Nach **1.Kb6** folgen Störschachs von hinten. Das würde auch mit Schwarz am Zug folgen, nur sei eine taktische Besonderheit aus dem Turmendspiel erwähnt – dass nämlich 1...Kf7? nach 2.Th8! doch noch verlieren würde.

Steht der Bauer erst auf der 6. Reihe, sind folgende Szenarien denkbar.

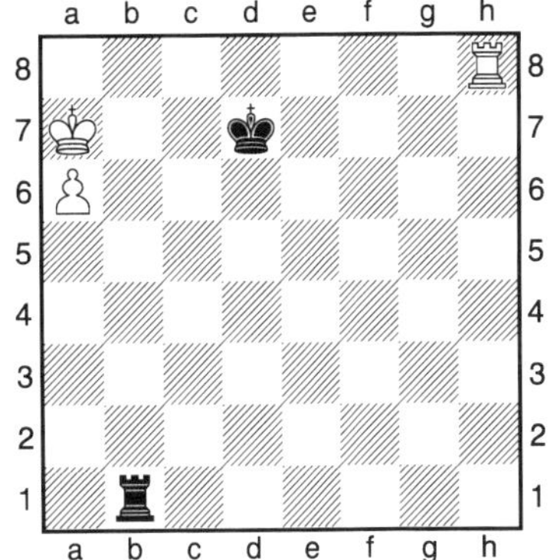

Der weiße König kann sich nicht befreien – z.B. **1.Tb8 Ta1 2.Kb7 Tb1+ 3.Ka8 Ta1 4.a7 Kc7** Remis.

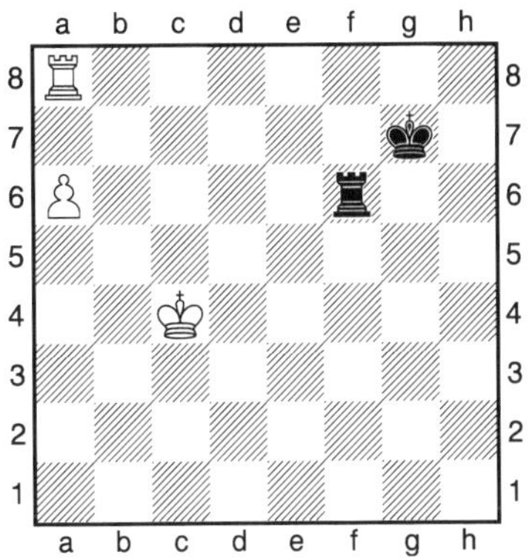

Der aktiv postierte Turm kann leicht alle Drohungen parieren – z.B. **1.Kb5 Tf5+ 2.Kc4 Tf6! 3.Kd5 Tb6 4.Ke5 Tc6 5.a7 Ta6!** usw.

ÜBUNGEN

Nr. 182: Untersuchen Sie diese Stellung einmal mit Weiß und einmal mit Schwarz am Zug.

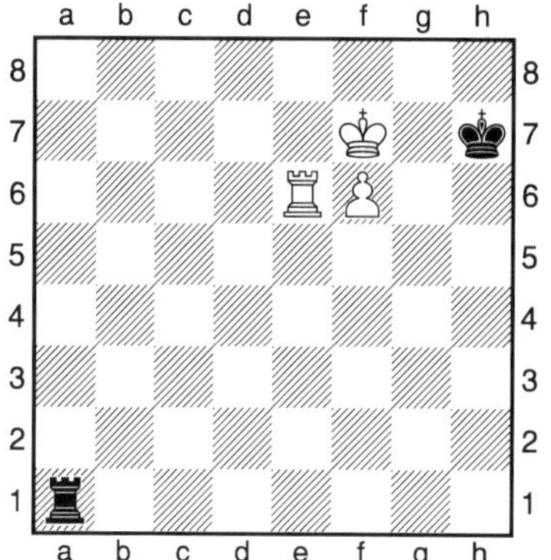

Nr. 183: Kann Schwarz am Zug die Partie noch retten?

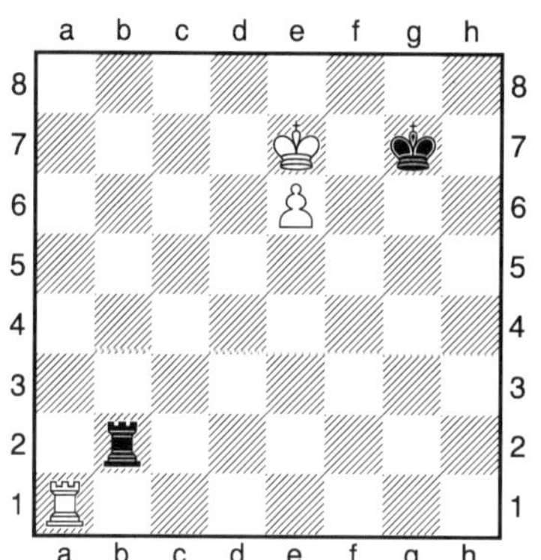

Nr. 184: Schwarz am Zug.

Sein Turm befindet sich auf der kurzen Seite – sein König auf der langen. Beweisen Sie, dass das ungünstig ist.

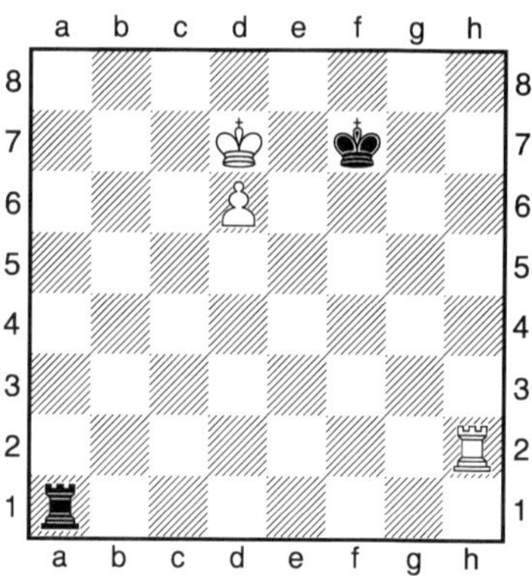

Nr. 185: Weiß am Zug.

Wie Sie wissen, ist diese Stellung mit dem König auf d7 remis. Auf d6 steht der König ungünstiger, aber reicht das für einen weißen Gewinn?

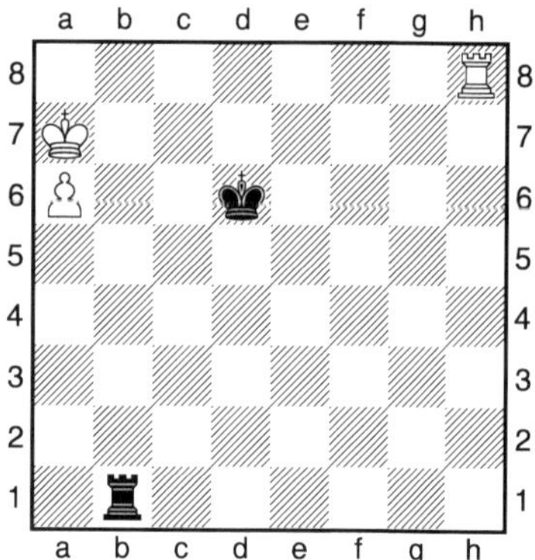

Realisierung des Materialvorteils

In Turmendspielen bedeutet ein Mehrbauer deutlich weniger als beim Kampf unter Leichtfiguren, ist doch der Turm eine starke und dynamische Figur, die eine enorme Störwirkung entfalten kann. Auch lässt häufig ein passiver Turm auf Seiten des Mehrbauern den Mehrbesitz überhaupt nicht ins Gewicht fallen.

Auf Tarrasch geht die goldene Regel zurück, dass ein Turm immer *hinter den Bauern* gehört, und zwar sowohl hinter den eigenen als auch hinter den gegnerischen. Den eigenen versorgt er gewissermaßen mit Rückenschub – den feindlichen bremst er und behält sich die Möglichkeit des Schwenks zum seitlichen Angriff vor. Diese Regel ist allerdings keine universelle, sondern gilt speziell, wenn nur die Türme um die Zukunft des Freibauern kämpfen. Blockiert jedoch ein König den Bauern, so ist zumeist der seitliche Angriff vorzuziehen, weil das nicht nur die Deckung des Bauern ermöglicht, sondern auch Einsätze an anderer Stelle.

Aljechin – Capablanca
Buenos Aires, 1927

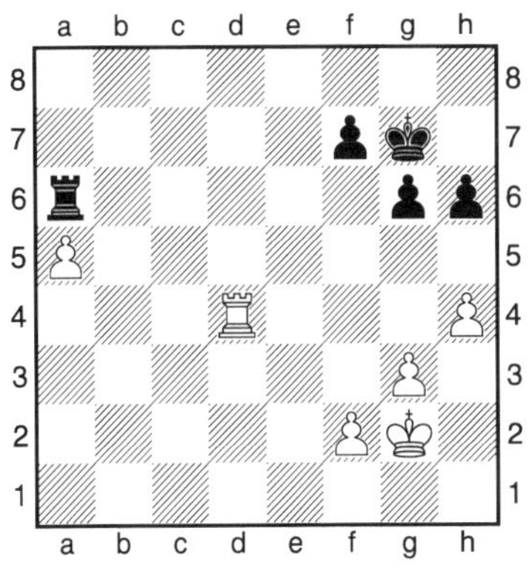

Weiß am Zug gewinnt.

Weiß entschied sich für **1.Ta4!** und somit für die Methode Tarraschs. Nun darf sich der schwarze Turm nicht bewegen, und beide Könige streben zum Freibauern.

1...Kf6 2.Kf3 Ke5 3.Ke3 h5 4.Kd3 Kd5 5.Kc3 Kc5

Schwarz hält den Kontrahenten mittels Opposition auf Distanz.

6.Ta2!

Weiß nutzt den Vorteil des entfernten Freibauern: Er darf nicht geschlagen werden, da das Bauernendspiel für Weiß gewonnen wäre. Gegen die Gefahr, in Zugzwang zu geraten, setzt Schwarz sich klug zur Wehr. Der König übernimmt die Blockade des Bauern, damit der Turm endlich aktives Gegenspiel suchen kann.

6...Kb5 7.Kd4!

Die bereits bekannte Methode: Der Freibauer beschäftigt die gegnerischen Figuren, so dass der andere Flügel lockt.

7...Td6+ 8.Ke5 Te6+ 9.Kf4 Ka6 10.Kg5! Te5+ 11.Kh6 Tf5 12.f4

Noch stärker war 12.Kg7 Tf3 13.Td2! mit der Drohung Td6+ und Tf6. Auf 13...Kxa5 folgt dann 14.Td5+ Kb4 15.Td4+ und Tf4 usw.

12...Tc5! 13.Ta3 Tc7 14.Kg7 Td7 15.f5

Auch hier gibt es eine Alternative – 15.Kf6 Tc7 16.Tf3 Kxa5 17.f5 usw.

15...gxf5 16.Kh6 f4 17.gxf4 Td5 18.Kg7 Tf5 19.Ta4 Kb5 20.Te4! Ke6 21.Kh6 Txa5

Auch nach 21...Kb7 22.Te5 Txf4 23.Kxh5 f6 24.Te1 Ka6 25.Th1 gewinnt Weiß ganz einfach.

22.Te5 Ta1 23.Kxh5 Tg1 24.Tg5 Th1 25.Tf5 Kb6 26.Txf7 Kc6 27.Te7 Schwarz gibt auf.

Hier zum Vergleich dieselbe Bauernposition, jedoch mit dem verteidigenden Turm gemäß Tarrasch korrekt *hinter* dem Bauern.

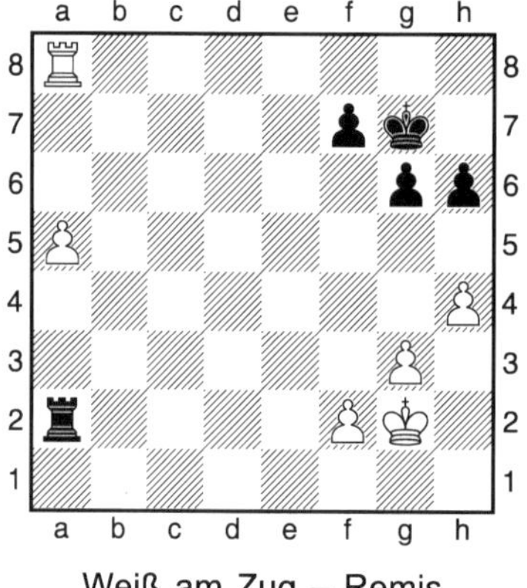

Weiß am Zug – Remis

Der Vorteil der veränderten Turmposition liegt auf der Hand: Der verteidigende Turm steht in der gegnerischen Hälfte und hält somit auch ein Auge auf die gegnerischen Bauern am anderen Flügel.

Wie könnte hier ein weißer Gewinnplan aussehen? Der Freibauer darf zunächst nur bis a6 vorlaufen, damit dem später zu ihm eilenden König ein Versteck auf a7 bleibt, ohne welches er ja den Störschachs nicht entkommen könnte.

Andrerseits wäre ein Bauer auf a6 noch *zwei* Züge von der Umwandlung entfernt, so dass Schwarz bei Gelegenheit noch einen Bauern am Königsflügel erobern dürfte. Das gäbe Schwarz dort eine Bauernmehrheit, wonach es häufig dazu kommt, dass auch Schwarz einen Freibauern bildet. Dann dürfte er als letzte Verteidigungsmaßnahme den Turm gegen den weißen Freibauern geben, denn mit dem weißen König maximal weit entfernt wäre der unterstützte eigene Freibauer ja schwer zu bremsen. Hier die ganze schöne Theorie in der Praxis.

1.a6 Kf6 2.Kf3 h5 3.Ke3 Kf5 4.f3 Ta3+ 5.Kd4 Txf3 6.Tf8 Ta3

Gefährlich verfrüht wäre 6...Kg4? 7.a7 Ta3 8.a8D Txa8 9.Txa8 Kxg3 wegen 10.Ke3, denn der weiße König kommt wieder schnell genug zurück in den kritischen Bereich.

7.Txf7+ Kg4 8.Tf6 Kxg3 9.Txg6+ Kxh4 10.Kc5 Kh3 11.Kb6 h4 12.Tg5 Txa6+ 13.Kxa6 Kh2 14.Kb5 h3 15.Kc4 Kh1 16.Kd3 h2 17.Ke2 Patt

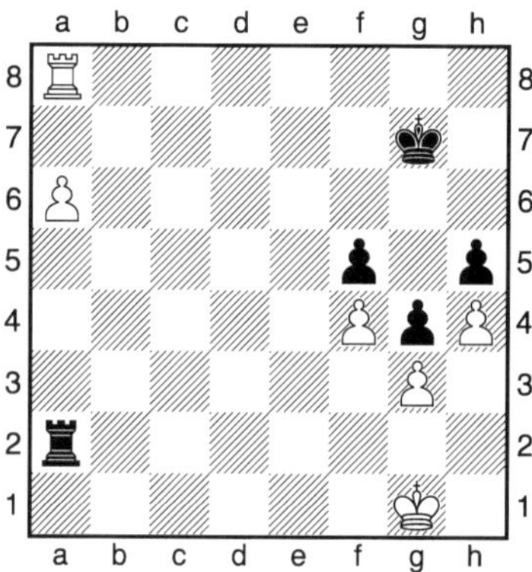

Weiß am Zug gewinnt.

Hier kann Schwarz sich trotz des aktiven Turms nebst der damit einhergehenden Königseinsperrung nicht retten, weil seine Bauern zu schwach postiert sind. Dies gibt Weiß einen einfachen Gewinnplan an die Hand. Er stellt den Bauern nach a7, so dass der schwarze König nur noch zwischen g7 und h7 pendeln darf, denn Kf7 scheitert an Th8 usw. Dann läuft der König nach b1, der schwarze Turm muss die a-Linie halten, der weiße König kann vorrücken und Kurs auf den Bauern f5 nehmen, wonach Zugzwang den Rest erledigt.

1...Kh7 2.Kf1 Kg7 3.Ke1 Kh7 4.Kd1 Kg7 5.Kc1 Kh7 6.Kb1 Ta5 7.Kb2 Kg7 8.Kb3 Kh7 9.Kb4 Ta1 10.Kc5 Kg7 11.Kd5 Ta2 12.Ke5 Ta5+ 13.Ke6 Ta6+ 14.Kxf5 Ta5+ 15.Ke6 Ta6+ 16.Ke7 Ta1 17.f5 Te1+ 18.Kd6 Ta1 19.f6+ Kf7 20.Th8! Txa7 21.Th7+

Und hier ein Beispiel mit seitlicher Deckung des Freibauern.

Awerbach – Euwe
Zürich 1953

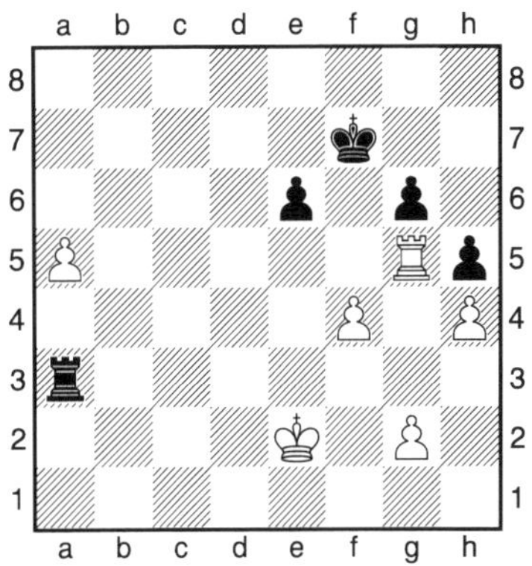

Weiß am Zug gewinnt.

Schwarz steht hoffnungslos, da er den gegnerischen König nicht daran hindern kann, aktiv vorzudringen. Grund dafür ist der ideal postierte weiße Turm, der die eigenen Bauern am Königsflügel schützt und die gegnerischen unter Druck hält.

1.Kd2 Ke7 2.Kc2 Kd6 3.Kb2 Ta4 4.g3 Kc6 5.Kb3 Ta1 6.Kb4 Tb1+ 7.Kc4 Ta1 8.Kb3 Schwarz gibt auf.

Nun ein Fall, bei dem sich alle Bauern am gleichen Flügel befinden.

Lilienthal – Benkö, 1949

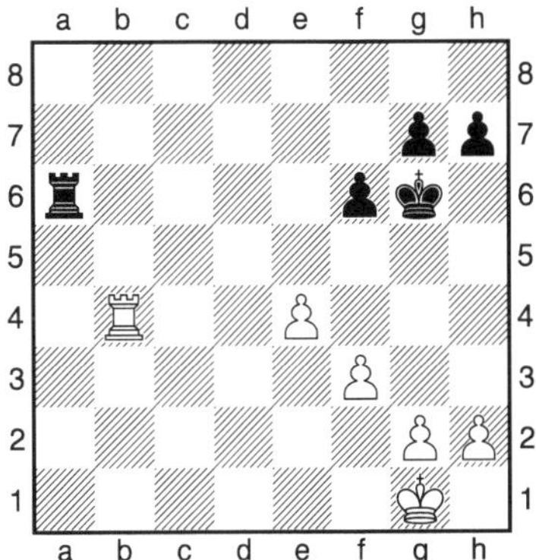

Schwarz am Zug sollte hier bei aufmerksamer Verteidigung leicht Remis halten können. Dazu muss er vor allem den gegnerischen König an der Aktivierung hindern und dann Schritt für Schritt auf Bauerntausch abzielen.

1...Ta2 2.Tb7 h5! 3.h4 Te2 4.Kh2 Kh6 5.Kg3 Kg6 6.Tb1 Kf7 7.Tf1 Kg6 8.Tf2

Mit dem gegnerischen Turm auf der zweiten Reihe ist ja nicht an Bauernvormarsch zu denken.

8...Te1 9.Ta2 Kh6 10.Kf4 Th1 11.Kg3 Te1 12.Td2 Kg6 13.Kf2 Th1 14.g3 Ta1 15.f4 Ta3! 16.Te2 Kf7 17.Te3 Ta4 18.Kf3 Ta5 19.Tb3 Kg6 20.g4 hxg4+ 21.Kxg4 Ta1 22.h5+ Kh7 23.e5 fxe5 24.fxe5 g6 25.Tb7+ Kh6 26.e6 Ta4+ 27.Kf3 gxh5 28.e7 Ta8 29.Td7 Te8 30.Kf4 Kg6 Remis

ÜBUNGEN

Nr. 186: Weiß am Zug gewinnt. Wie sieht sein Plan aus? Geben Sie die Varianten an.

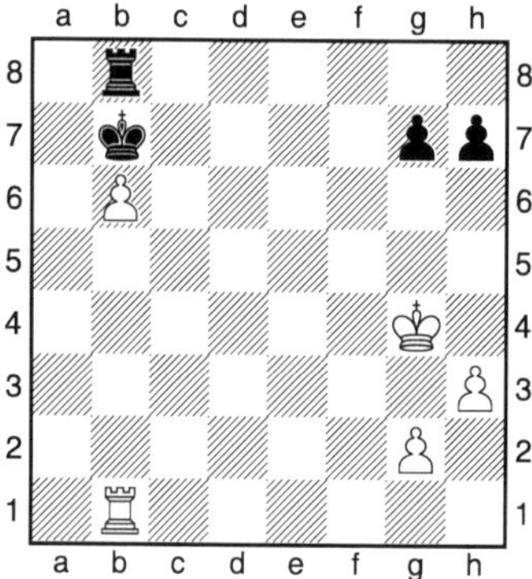

Nr. 187: Weiß am Zug.

Nach 1.Kb5 Txa7 2.Kxa7 Kxf2 endete die Partie remis. Hätte man besser spielen können?

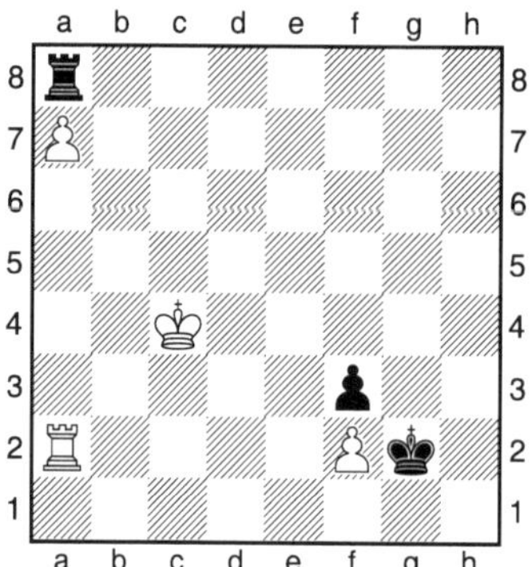

Nr. 188: Weiß am Zug.

Schwarz droht 1...Kb5 nebst weiterem Vordringen des a-Bauern. Der weiße König ist in die gegnerische Bauernstellung eingedrungen. Kann man das zum Sieg nutzen?

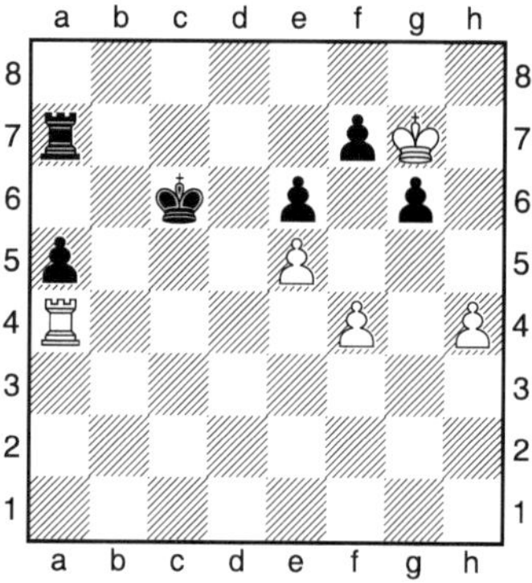

Nr. 189: Schwarz am Zug.

Mit dem weißen Bauern auf f4 (statt f2) wäre an seinem Gewinn nicht zu rütteln. In dieser Stellung hingegen hat Schwarz Aussichten auf Remis. Wie muss er spielen?

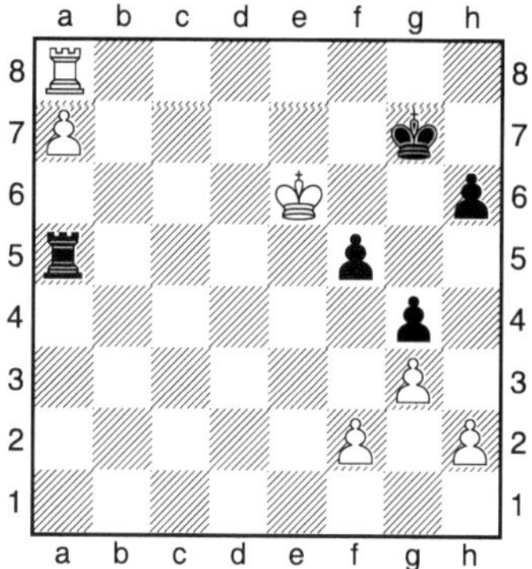

Realisierung von positionellen Vorteilen

In Turmendspielen gibt es drei Arten von Positionsvorteil – nämlich die bessere Bauernstellung sowie die aktivere Position von König oder Turm. Natürlich sind diese Elemente miteinander verbunden bzw. sie ergänzen einander, was bei der Stellungsbeurteilung berücksichtigt werden muss.

Lasker – Rubinstein
Petersburg 1914

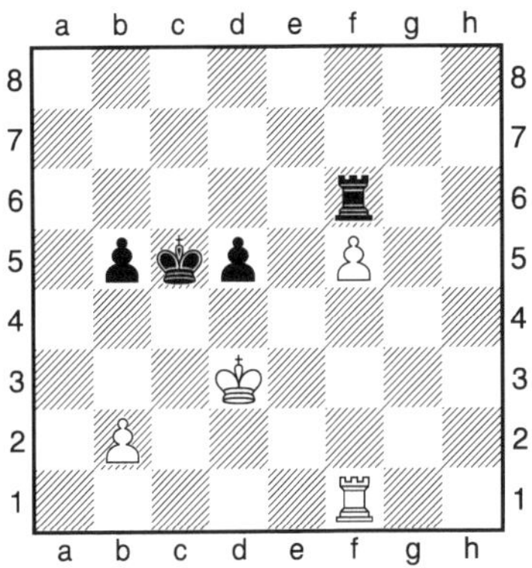

Weiß am Zug gewinnt.

Hier z.B. beruht der weiße Vorteil auf zwei der genannten Komponenten: dem entfernten Freibauern sowie der aktiveren Turmposition. Diese beiden Faktoren reichen zum Gewinn.

1.Tf4

Bringt Schwarz in Zugzwang. Weicht der Turm zurück, rückt der Bauer weiter vor – z.B. **1...Tf7 2.f6 Kd6 3.Kd4 Ke6 4.b4**, und der Tausch auf f6 führt zu einem verlorenen Bauernendspiel.

1...b4 2.b3 Tf7 3.f6 Kd6 4.Kd4 Ke6 5.Tf2 Kd6 6.Ta2! Tc7 7.Ta6+ Kd7 8.Tb6 Schwarz gibt auf.

Darüber, wie verhängnisvoll Bauernschwächen sein können, gibt auch das folgende Beispiel Auskunft.

Marshall – Tschigorin, 1905

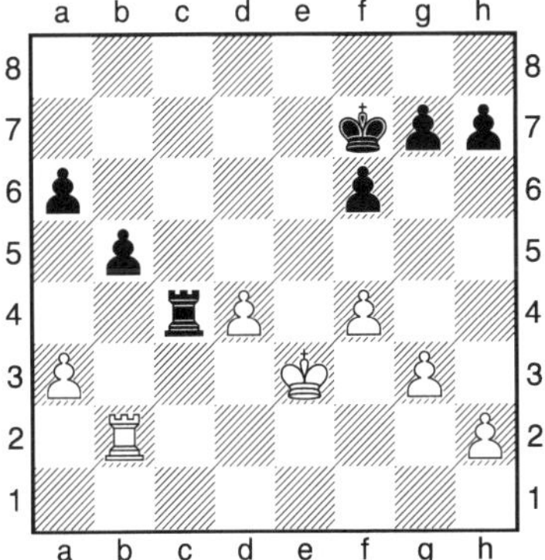

Schwarz am Zug gewinnt.

Gegen die beiden Bauernschwächen d4 und a3 darf Schwarz nicht voreilig vorgehen, denn nach 1...Tc3+? 2.Ke4 Txa3 3.Kd5 wird der Schwächling zum gefährlichen Freibauern, der voraussichtlich das Remis sichern wird.

Stattdessen folgte korrekt die Aktivierung **1...Ke6** und dann **2.Tb3 Kd5 3.Td3 f5 4.h3 h5 5.Ke2**.

Zugzwang – auch nach 5.h4 g6 geht der Bauer verloren.

5...Txd4 6.Tc3 Te4+ 7.Kd2 h4 8.Tc7!

Letzte Chance – ein Gegenangriff.

8...hxg3 9.Txg7 Txf4 10.Txg3 Ke5 11.Ke2 Tc4 12.Tg6 Ta4 13.Tg3 f4 14.Tb3 Tc4

Ein grober Fehler wäre 14...Ke4? 15.Tb4+ mit gleichem Bauernendspiel.

15.Kd1 Ke4 16.h4 f3 17.Ke1 Kf4 18.h5 Tc1+ 19.Kf2 Tc2+ 20.Ke1 Kg3 Schwarz gewinnt.

Und hier ein Beispiel mit einem eklatant überlegenen Turm.

Bernstein – Forgacs
Coburg 1904

Weiß am Zug gewinnt.

Schwarz ist fast schon in Zugzwang und kann nur mit dem Turm zwischen d8 und d7 pendeln. Der erste Gedanke, dies mittels Königswanderung zum Damenflügel zu nutzen, scheitert nach 1.Ke4? an 1...Te8! mit ausgeglichenem Bauernendspiel.

Der zweite Gedanke sähe vor, den Turm noch effektiver zu verlagern. Stellt man ihn sich z.B. auf a6 vor, so wäre der Zugzwang perfekt, da ja nun auch noch die 7. Reihe zu bewachen wäre.

1) Also folgte **1.Te1? Tf8!** Nur so, nämlich *aktiv* ist an Rettung zu denken. Nach **2.g5 Kg8+ 3.Kg4 hxg5 4.Kxg5 Tf2 5.Te6 Tc2 6.Txd6 Txc4** endete die Partie mit einem schnellen Remis.

Von Interesse war eher die konsequente Alternative 2.Ta1 Ke7+ 3.Kg6 Tf4! mit der denkbaren Folge 4.Ta7+ Kf8 5.Ta8+ Ke7 6.Kxg7 Txg4+ 7.Kxh6 Kf6, wonach die aktivere Figurenstellung Schwarz den Ausgleich garantiert.

2) Das gegebene Gewinnmanöver könnte man mit ‚Vergrößerung des Schlachtfeldes' bezeichnen. Zwar wirkt dies nach **1.g5! hxg5 2.Kxg5 Td7 3.h6! gxh6+ 4.Txh6** unlogisch, weil es ja nun am Königsflügel nichts mehr zu erobern gibt, aber dafür erhält der Turm mehr Spielraum auf der 6. Reihe.

4...Kg7 5.Tg6+ Kf7 6.Kf5 Ta7!

Wieder einmal besteht die letzte Chance im Gegenangriff.

7.Th6 Kg7

Auch nach dem etwas besseren 7...Ta4 8.Th7+ Kg8 9.Tc7 Txc4 10.Ke6 Te4+ 11.Kxd6 c4 12.Kc6 c3 13.d6! c2 14.Kd7 Te2 15.Kd8 gewinnt Weiß.

8.Txd6 Ta4 9.Td7+ Kf8 10.Ke6 Txc4 11.Td8+ Kg7 12.d6, wonach der Freibauer den Sieg garantiert.

Capablanca – Tartakower
New York 1924

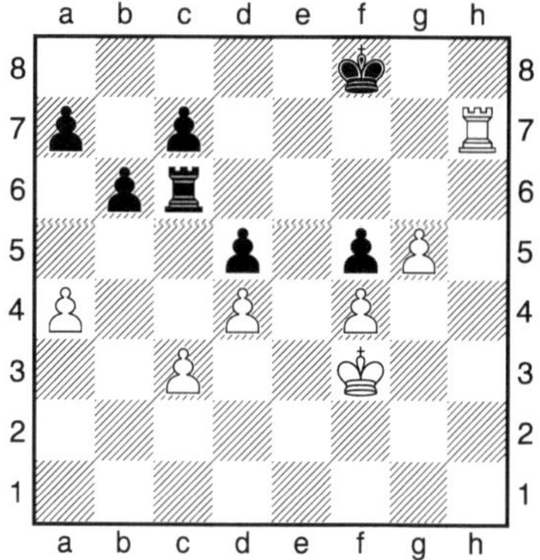

Weiß am Zug gewinnt.

Hier geht es um den deutlich aktiveren König, obwohl das noch nicht wirklich erkennbar ist. Ganz im Gegenteil scheint doch Schwarz im Vorteil, der am Damenflügel reiche Beute machen wird.

1.Kg3!! Txc3+ 2.Kh4 Tf3 3.g6! Txf4+ 4.Kg5 Te4 5.Kf6!

Das Bild hat sich mächtig gewandelt! Weiß kann sogar zunächst den Bauern f5 am Leben lassen, weil die Bedrohung des eingesperrten Königs wichtiger ist.

5...Kg8 6.Tg7+ Kh8 7.Txc7 Te8 8.Kxf5 Te4 9.Kf6 Tf4+ 10.Ke5 Tg4 11.g7+ Kg8 12.Txa7 Tg1 13.Kxd5 Tc1 14.Kd6 Tc2 15.d5 Tc1 16.Tc7 Ta1 17.Kc6 Txa4 18.d6 Schwarz gibt auf.

Zum Schluss noch ein letztes Beispiel zum Thema Figurenaktivität.

Tarrasch – Rubinstein
San Sebastian 1911

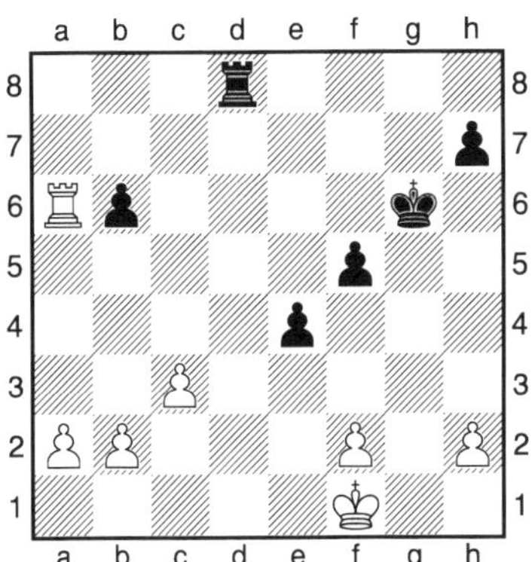

Schwarz am Zug hält remis.

Die passive Verteidigung 1...Td6? verliert nach 2.Ke2 mit der Drohung a4-a5 usw. Rettung ist einzig bei aktivem Spiel gegeben.

1...Td2! 2.Txb6+ Kg5

Weiß hat zwei Mehrbauern, doch droht Schwarz f4-f3 mit Mattangriff – z.B. 3.a4 f4 4.a5 f3 5.Ke1 Te2+. Dies erzwingt Zugwiederholung, denn 6.Kd1? Txf2 7.a6 e3 8.a7 Td2+ 9.Kc1 f2 geht sogar an Schwarz.

3.Ke1 Tc2 4.Tb5 Kg4 5.h3+

Auch nach 5.a4 f4 6.a5 Kf3 verliert eher Weiß.

5...Kxh3 6.Txf5 Txb2 7.Tf4 Txa2 8.Txe4 h5

Zwar konnte Weiß die gegnerische Hauptdrohung entkräften, doch bleibt noch ein letzter Trumpf – der h-Bauer!

9.c4 Kg2 10.Tf4 Tc2 11.Th4 Kf3 12.Kd1 Txf2 13.c5 Ke3 14.Txh5 Kd4 Remis

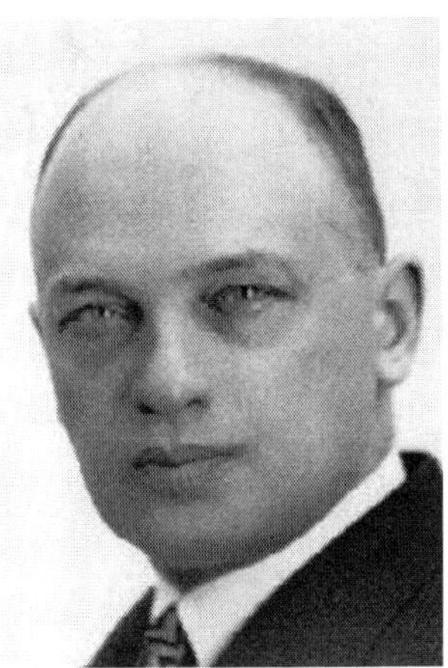

Savielly Tartakover

ÜBUNGEN

Nr. 190: Weiß am Zug gewinnt. Wie?

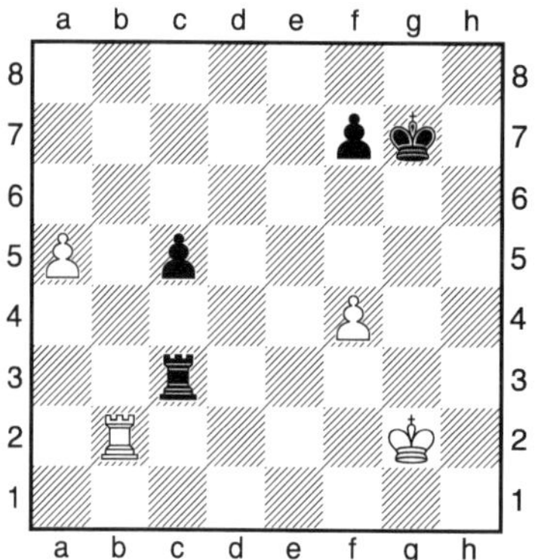

Nr. 191: Weiß am Zug.

Ohne die h-Bauern wäre die Stellung mit einer bereits analysierten fast identisch. Wie ist diese Version zu beurteilen?

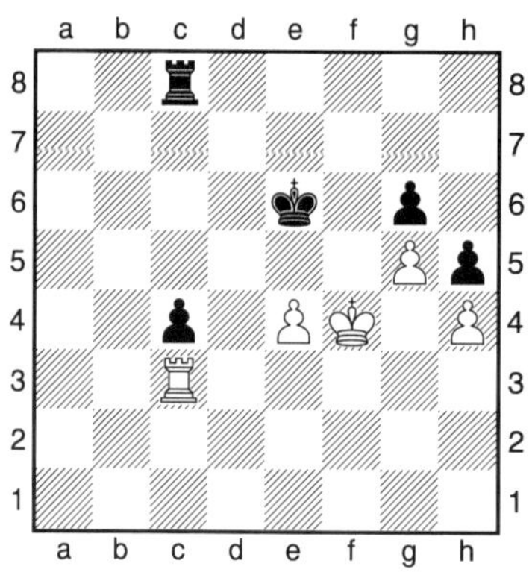

Nr. 192: Weiß am Zug gewinnt.

Aljechin konnte beweisen, dass zwei verbundene Freibauern stärker sind als zwei isolierte. Versuchen auch Sie diesen Beweis.

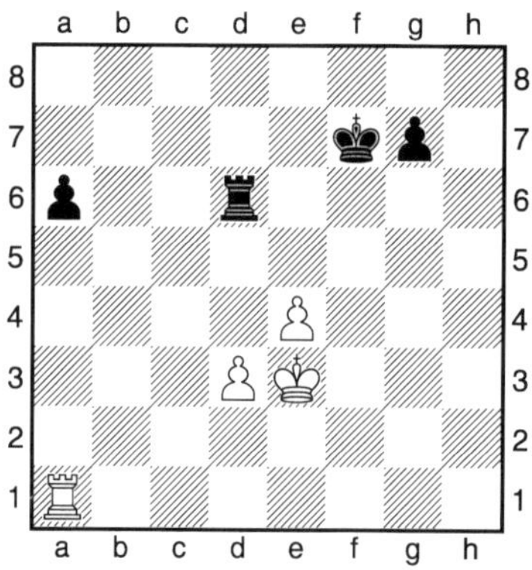

Nr. 193: Diese Studie, in der Weiß am Zug gewinnt, stammt von Emanuel Lasker. Der weiße König kann seinen Bauern unterstützen, sein schwarzer Kollege kann dies nicht. Weisen Sie nach,. dass dieser Unterschied von entscheidender Bedeutung ist.

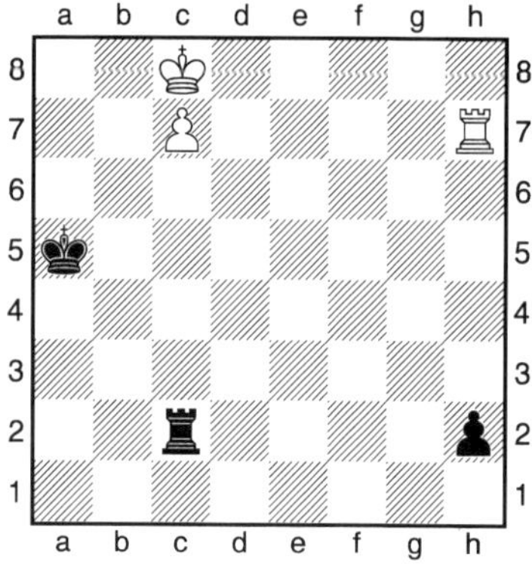

6. Damenendspiele

Dame gegen Bauer

Die Dame setzt sich normalerweise leicht durch, es sei denn, der Freibauer steht direkt vor der Verwandlung und wird vom König unterstützt, während der eigene König weit entfernt ist. Entscheidend ist dann, auf welcher *Linie* der Bauer steht. So gewinnt bei dem Bauern auf den Linien b-, d-, e- und g- die Damenpartei – bei allen anderen wird es wegen drohender Pattgefahr remis.

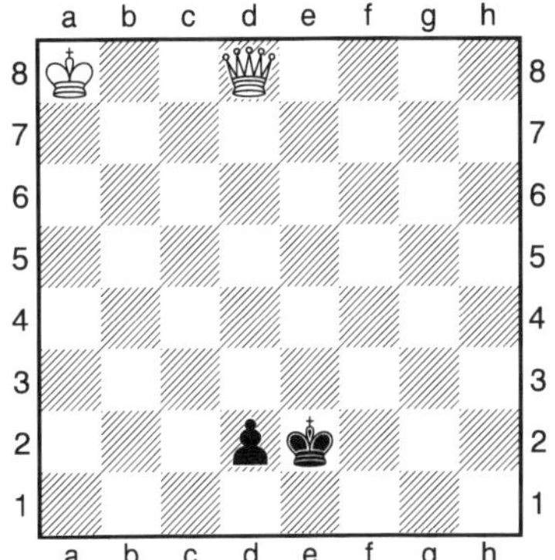

Weiß am Zug gewinnt, indem der gegnerische König durch gezielte Damenführung vor seinen Bauern getrieben wird, so dass der eigene König ein Feld angenähert werden kann – und so immer weiter, bis er nahe genug für die Mattsetzung ist.

1.De8+

Man beachte, dass diese Gewinnführung mit dem weißen König auf e7, e6 oder e5 nicht gegeben wäre!

1...Kf2 2.Da4 Ke2 3.De4+ Kf2 4.Dd3! Ke1 5.De3+ Kd1 6.Kb7 Kc2 7.De2 Kc1 8.Dc4+ Kb2 9.Dd3 Kc1 10.Dc3+ Kd1 11.Kc6 usw.

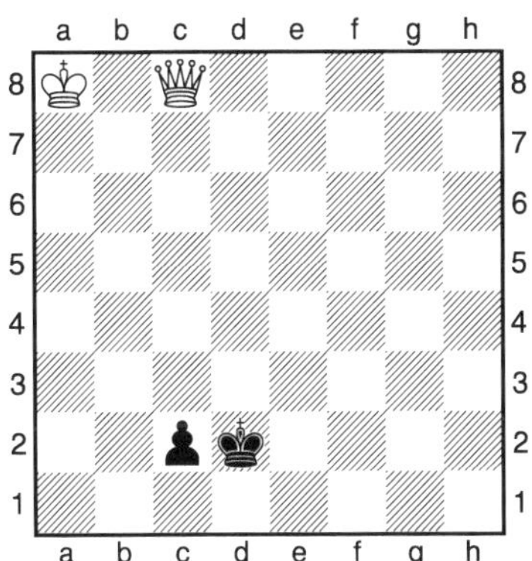

Weiß am Zug kann nicht gewinnen, denn das obige Gewinnverfahren versagt nach **1.Dd8+ Kc1 2.Kb7 Kb1 3.Dd3 Ka1!**.

Zu gewinnen wäre eine solche Stellung nur, wenn sich der weiße König deutlich näher am Bauern befindet – z.B. auf a5.

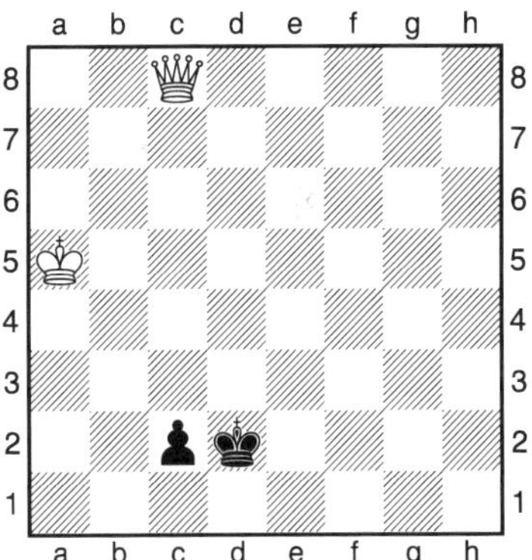

Hier gewinnt Weiß mit **1.Dd8+ Kc1 2.Kb4 Kb2 3.Dd4+ Kb1 4.Kb3!**, denn nach **4...c1D** folgt **5.Dd3+ Ka1 6.Da6+ Kb1 7.Da2#**.

Hier ein Fall von Remis bei einem Randbauern.

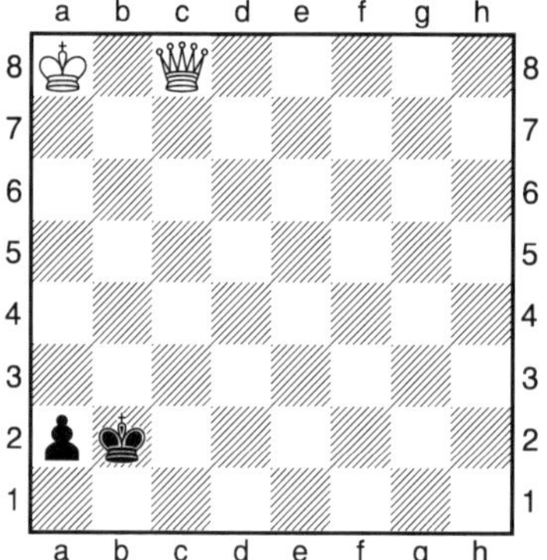

1.Db8+ Kc2

Nach sogleich 1...Ka1 könnte Weiß seinen König mit 2.Kb7! Kb1 3.Kc6+ zwei Felder annähern, obwohl er nach nunmehr 3...Kc2 immer noch zu weit entfernt wäre.

Deshalb hier ein Blick auf ein Beispiel mit ausreichend nahem König.

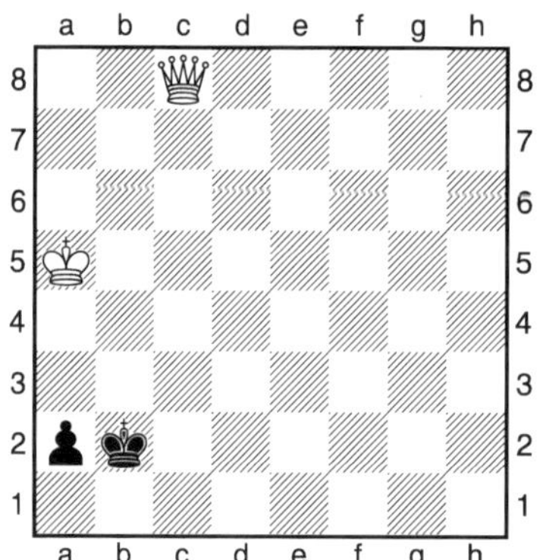

Weiß am Zug gewinnt mit **1.Db8+ Kc2** (Noch schneller verliert 1...Ka1? 2.Kb4! usw.)

2.De5 Kb1 3.De1+ Kb2 4.Dd2+ Kb1 5.Kb4! a1D 6.Kb3. Das Matt ist nicht zu decken, und die Pattfalle **6...Dc3+** wird mit **7.Kxc3** umgangen.

Ist der Bauer noch zwei Felder vom Einzug entfernt, gewinnt die Damenpartei fast immer. Allerdings sind in der Theorie einige wenige Ausnahmen erfasst.

Chess World, 1865

Weiß am Zug – Remis

Hier ist der weiße König ungünstig postiert, so dass weiteres Vorrücken des Bauern unvermeidlich ist – z.B. **1.Dh1+ Kb2 2.Db7+ Kc1** mit Remis.

Bei nur geringfügig veränderter Königsposition – nämlich Kf7 statt g7 – gewinnt Weiß hingegen nach **1.Dh1+ Kb2** mit dem Manöver **2.Dh8! Kb3 3.Ke6 c2 4.Da1** usw.

Beim Kampf der Dame gegen zwei verbundene Freibauern kann nur eine ideale Königsposition den Gewinn gewährleisten.

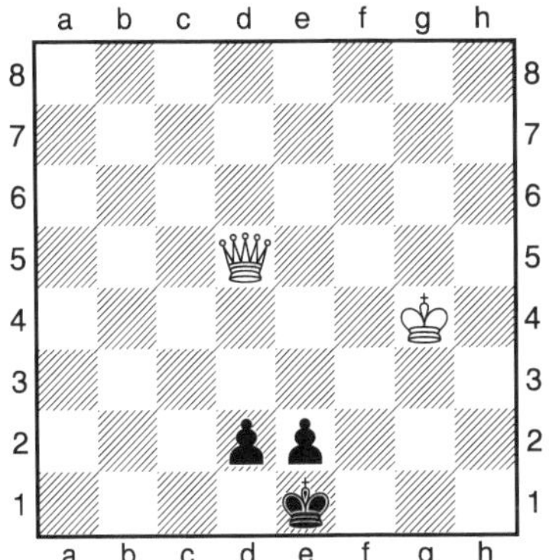

Weiß am Zug kann nur durch Matt oder Eroberung beider Bauern gewinnen.

1.Dh1+ Kf2 2.Dh2+ Ke3 (2...Kf1 3.Kf3 d1D 4.Df2#) **3.Df4+ Kd3 4.Df3+ Kc2 5.Dxe2** usw.

Auch hier hätte eine veränderte Königsposition – nämlich Kg1 statt g4 – ein anderes Resultat zur Folge.

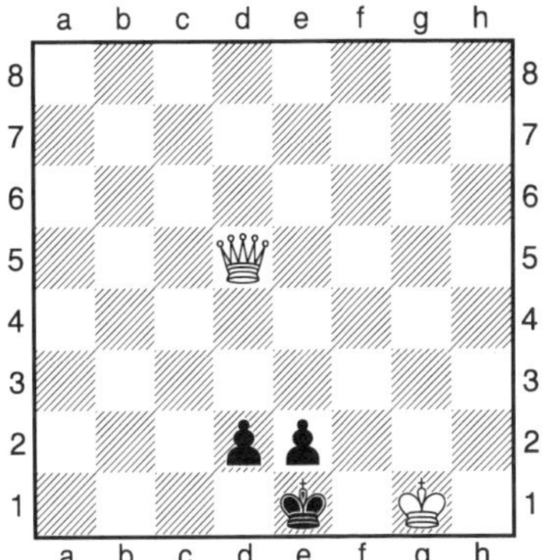

Weiß am Zug kann nicht gewinnen, da der eigene König das entscheidende Damenmanöver verhindert. **1.Da5 Kd1 2.Da1+ Kc2 3.Da2+ Kc1! 4.Dc4+ Kd1 5.Db3+ Kc1** usw. Remis.

Spielt Schwarz jedoch unvorsichtig 3...Kd3? (statt 3...Kc1), so ist Verlust die Folge, wie das nächste Beispiel beweist.

J. Kling und B. Horwitz, 1851

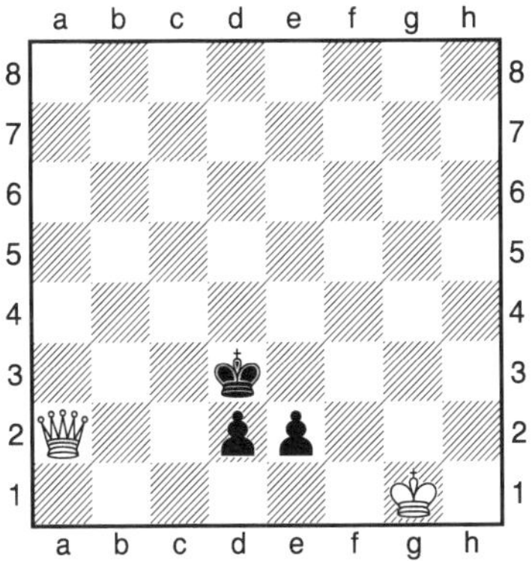

Weiß am Zug gewinnt.

Der Gewinn wird durch das typische Damenmanöver sichergestellt: **1.Da6+ Ke3 2.De6+ Kf3** (2...Kd3 3.Df5+ Kd4 4.Df4+ Kd3 5.Df3+ läuft analog.) **3.Df5+ Ke3 4.Df2 Kd3 5.Df3+** nebst **6.Dxe2**.

Bei zwei isolierten Freibauern ist der Gewinn in der Regel einfach: Die Dame muss das Feld vor einem der Bauern einnehmen, damit der König herangeführt werden kann.

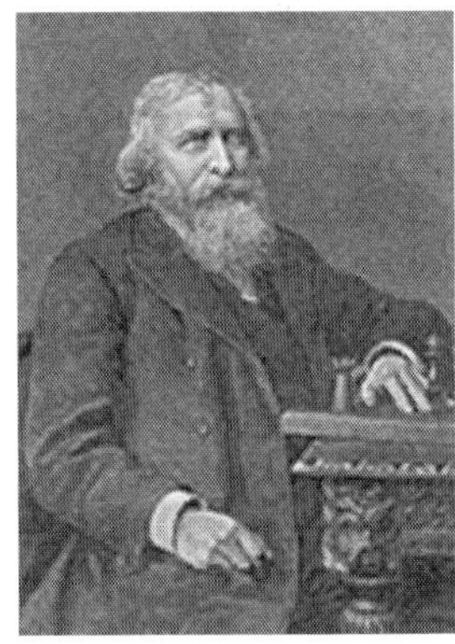

Bernhard Horwitz

A. Chéron, 1945

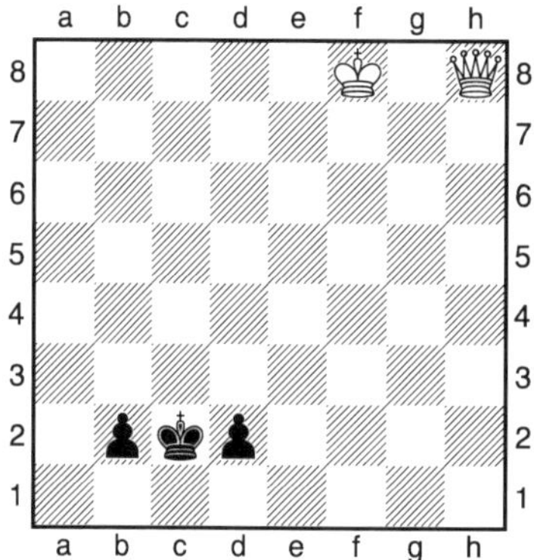

Weiß am Zug gewinnt mit der typischen Methode **1.Dh7+ Kc1 2.Dc7+ Kd1** (2...Kb1 3.Dd7 läuft analog.) **3.Db7 Kc1** (3...Ke1 4.De4+ läuft analog.) **4.Dc6+ Kd1 5.Da4+ Kc1 6.Dc4+ Kd1 7.Dd3 Ke1 8.De4+ Kf2 9.Db1!**

Wegen der Drohung Dxb2 muss der König die zweite Reihe verlassen, so dass der gegnerische angenähert werden kann.

Ist jedoch einer der Bauern ein Läufer- oder Randbauer, so kann dieser Plan (bei weit entferntem eigenem König) nicht gelingen, denn der andere Bauer wird geopfert, so dass ein von oben bekanntes Remisendspiel verbleibt.

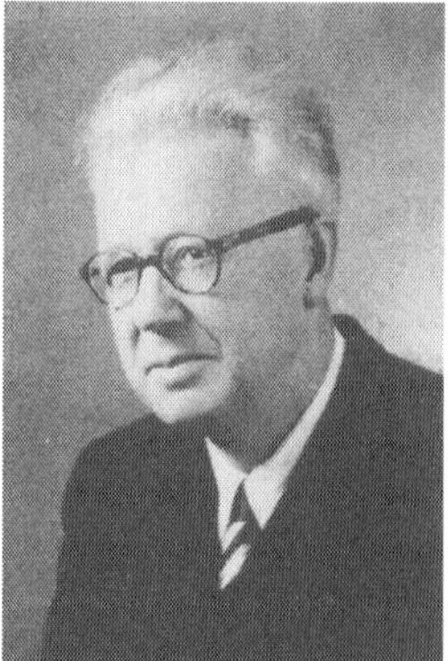

André Chéron

A. Chéron, 1950

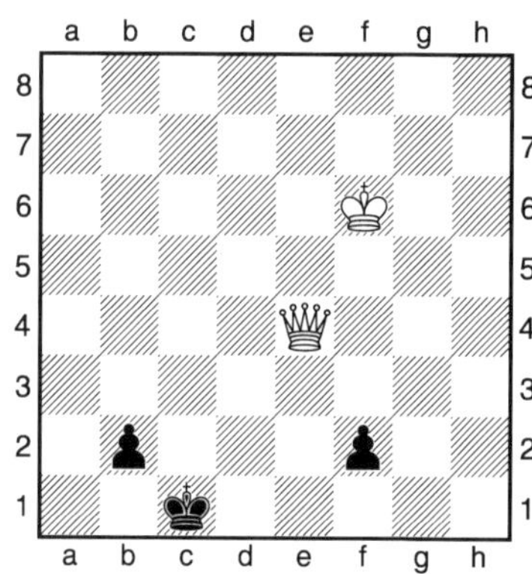

Weiß am Zug kämpft mit **1.Dc4+ Kd2! 2.Df1 b1D! 3.Dxb1 Ke2** vergeblich gegen das Remis an.

Auch der alternative Versuch **1.De3+ Kd1 2.Dd3+ Ke1! 3.Db1+ Ke2 4.Dxb2 Kf1 5.Kg5 Kg1** führt zum Remis.

Selbst wenn einer der beiden Bauern noch weit vom Einzug entfernt ist, so gibt es (bei weit entferntem gegnerischem König) mit einem Rand- und/oder einem Läuferbauern immer noch Remischancen.

R. Fine, 1941

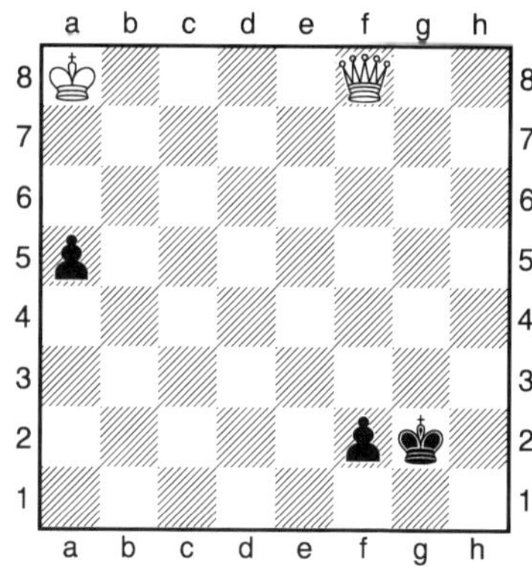

Weiß am Zug kann nicht gewinnen: **1.Dg8+ Kh2 2.Dc4 Kg2 3.Dg4+ Kh2**

4.Df3 Kg1 5.Dg3+ Kf1 6.Kb7 a4 7.Kc6 a3 8.Kd5 a2 9.Dg7 a1D 10.Dxa1+ Kg2 Remis.

ÜBUNGEN

Nr. 194: Weiß am Zug.

Wie Sie sehen, fehlt hier noch der weiße König! Bestimmen sie die Zone, in der er sich befinden müsste, damit das Endspiel zu gewinnen wäre.

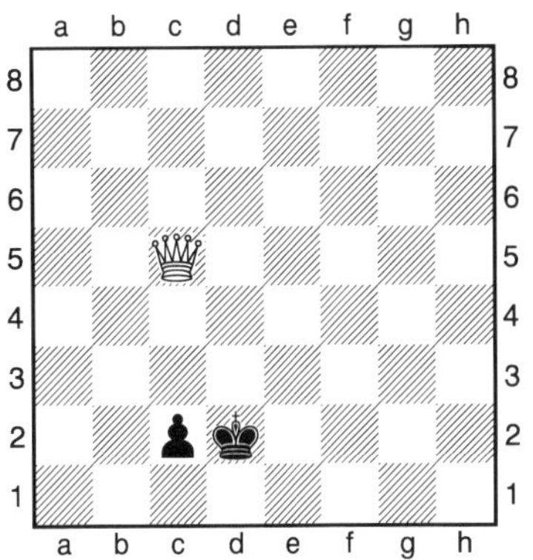

Nr. 195: Weiß am Zug.

Lösen Sie die gleiche Aufgabe – allerdings mit dem Bauern auf a2, dem König auf b2 und der weißen Dame auf a5!

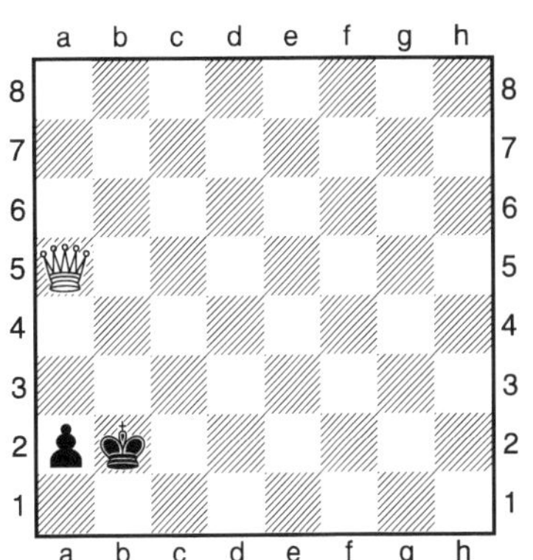

Nr. 196: Weiß am Zug.

Beurteilen Sie diese Stellung und zeigen Sie, welcher Plan zum Ziel führt!

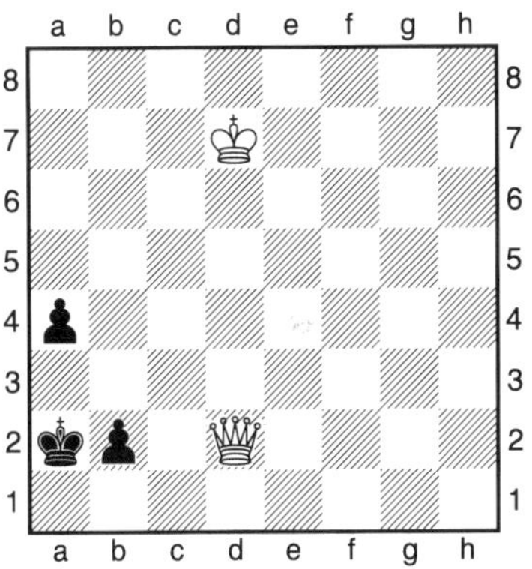

Nr. 197: Weiß am Zug.

Beurteilen Sie diese Stellung und zeigen Sie, welcher Plan zum Ziel führt!

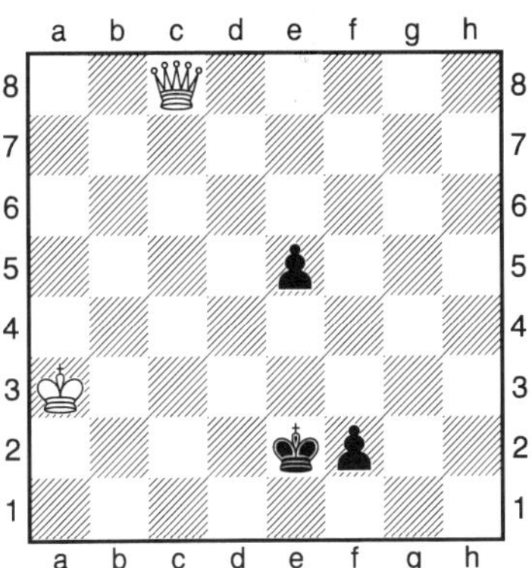

Dame gegen Dame

Zunächst betrachten wir Fälle, in denen eine Dame gegen Dame mit Bauer zu kämpfen hat. Mit dem verteidigenden König vor dem Bauern wird es in aller Regel remis. Interessanter wird es also nur, wenn der König weiter weg steht und die Dame allein die Verteidigungsarbeit zu leisten hat.

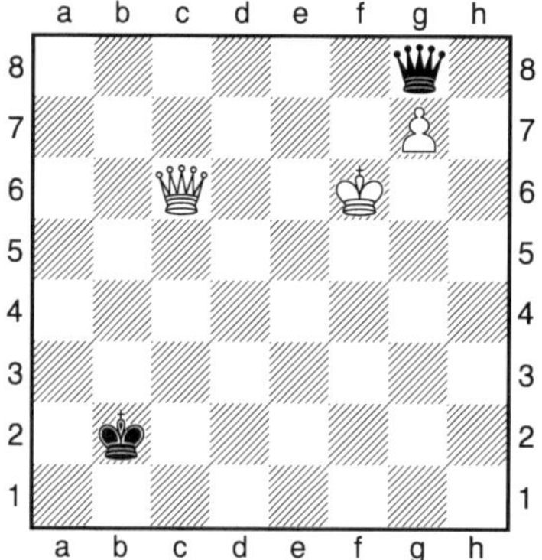

Weiß am Zug gewinnt.

Gegen solch eine passive Dame besteht das Problem nicht etwa in der Verwandlung des Bauern, sondern – wie in fast allen Damenendspielen – in der Vermeidung von Dauerschach. Dabei gibt es sogar zwei Gewinnwege:

1) **1.Db5+ Ka2 2.Da4+ Kb2 3.Db4+ Ka1 4.Df8 Db3 5.g8D Df3+ 6.Kg7 Dg4+ 7.Kh8 Dh5+ 8.Dh7** So wurde das häufig einzige Mittel gegen einen solchen Dauerschachangriff demonstriert: Irgendwann muss ein weiteres Schach mit einem Gegenschach zu beantworten sein – oder wie hier zum Damentausch führen, weil sich König und Dame auf derselben Diagonale (Linie) befinden.

2) **1.De6 Dd8+ 2.Kg6! Dd3+ 3.Kf7! Kc1 4.g8D Df3+ 5.Kg7 Dg2+ 6.Kh7 Db7+ 7.Dg7 Db1+ 8.Deg6** usw.

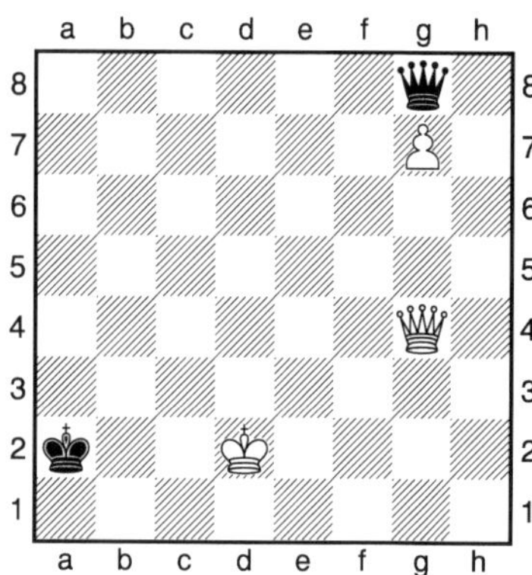

Schwarz am Zug, Weiß gewinnt.

Hier bedient sich Weiß derselben Methode, nur in etwas komplizierterer Situation. Wo soll sich der König in Sicherheit bringen?

1...Dd5+

Hält Schwarz die Dame auf g8, versteckt Weiß seinen König auf g1 und bringt dann die Dame nach f8.

2.Ke1!

Vorsicht! Nach 2.Ke2? Db5+ 3.Kf2 Db6+ 4.Kg2 Dc6+ 5.Kh2 Dh6+ ist dem Dauerschach nicht zu entkommen.

2...Dh1+ (2...Da5+ 3.Kf1!) **3.Kf2 Dh2+ 4.Dg2** Das ist der Trick: Auf jedes Schach folgt ein Abzugsschach!

Nun ein Beispiel für die Verhinderung der Verwandlung durch eine Fesselung auf der vorletzten Reihe.

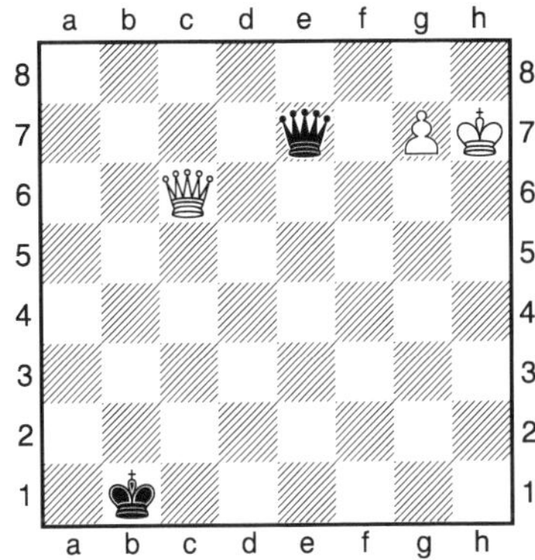

Schwarz am Zug, Weiß gewinnt.

Weiß droht Kg6!, um nach Dd8 mit Kf7 die Umwandlung durchzusetzen. Schwarz darf nicht zögern, denn auf z.B. 1...Da7 folgt 2.De4+ Kc1 3.Kh8 Da1 4.Db6+ usw.

Also **1...Dh4+ 2.Dh6 De7 3.Db6+**

Im Moment der Umwandlung muss die Dame sich auf einem der Felder c6, d5, d4 oder f4 befinden. Und genau das strebt Weiß jetzt an.

3...Ka2

Sofort verliert 3...Ka1 4.Dd4+ nebst 5.Kh8 oder auch 3...Kc2 4.Dc6+ Kb1 5.Kg6 usw.

4.Da5+ Kb1 5.Db5+ Ka1 6.Da4+ Kb1 7.Dd1+ Ka2 (7...Kb2 8.Dd4+) **8.Dd5+** nebst **9.Kg6**.

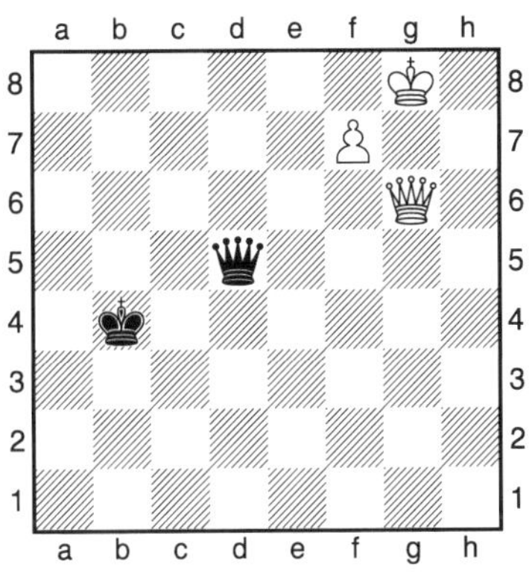

Weiß am Zug gewinnt.

Hier wird die Verwandlung durch Fesselung in der Diagonale verhindert. **1.Kh7 Dh1+**

Die Fesselung auf der Horizontalen hilft nicht – 1...Dd7 2.De4+! Ka3 3.Kg8 usw.

2.Kg7! Da1+ 3.Kg8 Da2 4.Dc6!

In dieser interessanten Stellung ist Schwarz in Zugzwang und hat keinen befriedigenden Zug mehr.

Im Gegensatz zu anderen Figuren kann eine Dame einen Freibauern ohne weitere Hilfe durchbringen. Das hat eine große Bedeutung bei Bauern auf beiden Seiten.

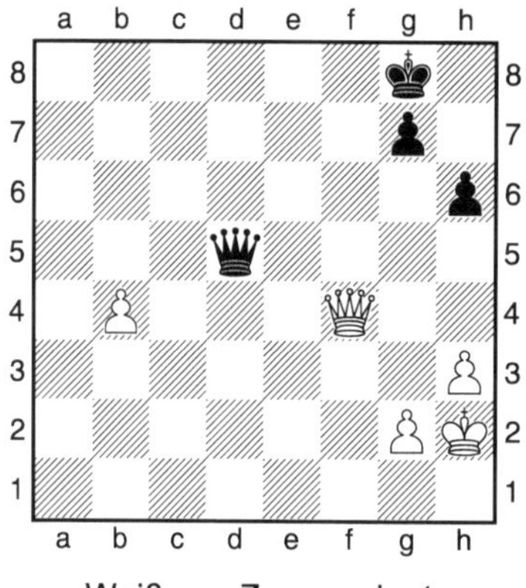

Weiß am Zug gewinnt.

Bei perfekt geschütztem König kann Weiß sich in Ruhe um den Freibauern kümmern.

1.Db8+ Kf7 2.b5 Ke7 3.Dc7+ Ke6 4.b6 Dd6+ 5.Dxd6 Kxd6 6.Kg3 Kc6 7.Kf4 Kxb6 8.Kf5 Kc5 9.Kg6 mit Gewinn.

Nun ein äußerst lehrreiches Beispiel. Normalerweise ist die Realisierung eines Mehrbauern im Damenendspiel keine leichte Sache. Die geringste Schwäche in der Bauernformation erhöht die Dauerschachgefahr.

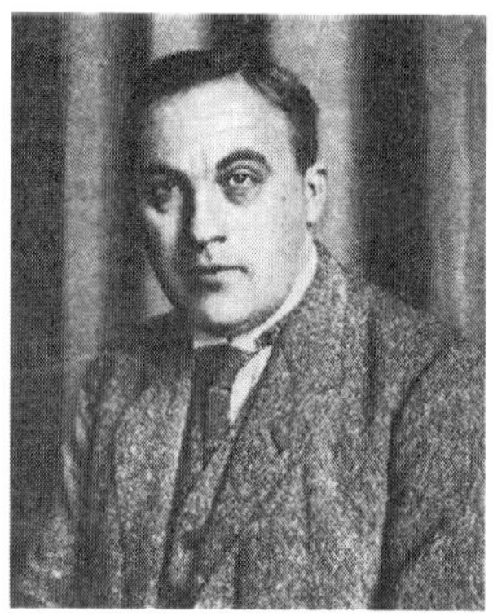

Efim D. Bogoljubow

Maróczy – Bogoljubow
Dresden 1936

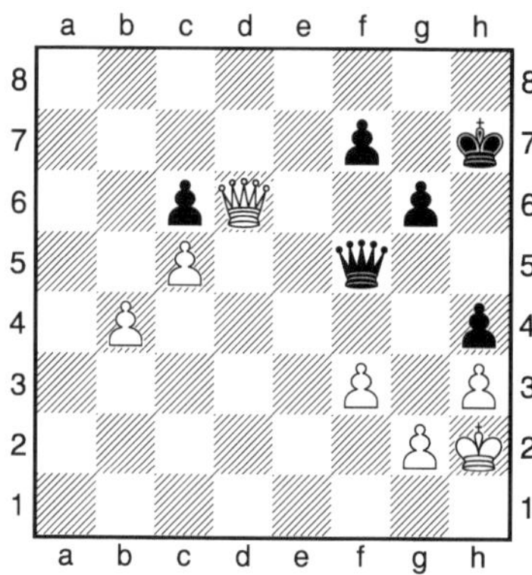

Weiß am Zug gewinnt.

Statt mit dem Bauernraub 1.Dxc6? das Dauerschach 1...Df4+ 2.Kg1 Dc1+ usw. zuzulassen, opferte Weiß lieber einen Bauern, um sich einen gefährlichen Freibauern zu verschaffen.

1.b5! cxb5 2.c6 Dc2 3.Dd5 (einfacher 3.c7) **3...Kh6 4.Dd6 Dc4 5.c7 Kh7 6.Dd7!**

Der richtige Weg. Bei vielen Bauern auf dem Brett ist kaum Dauerschach möglich, so dass der weiße König ins gegnerische Lager aufbrechen wird – mit dem Fernziel b7.

6...Df4+ 7.Kg1 Dc1+ 8.Kf2 Dc5+ 9.Ke2 Dc2+ 10.Ke3 Dc5+ 11.Ke4 Dc4+ 12.Ke5 Dc3+ 13.Kd5 Dc4+ 14.Kd6 Db4+ 15.Kc6 Dc4+ 16.Kb7! Denn der b-Bauer schützt ja vor Schachgeboten. Schwarz gibt auf.

Hier noch eine nicht minder wichtige Methode der Königsabschirmung.

Maróczy – Betbeder
Hamburg 1930

Schwarz am Zug, Weiß gewinnt.

Sich vor oder hinter einem Randbauern zu verstecken ist äußerst schwierig. Jedoch kann Weiß hier die gegnerische Königsposition ausnutzen.

1...Db1+ 2.Ka4 g6 3.a6 Da1+ 4.Kb5 Db2+ 5.Kc6 Df6+ 6.Kc7! Dc3+

Auf 6...Dxa6 käme 7.Dd7+ nebst Dd6+ mit gewonnenem Bauernendspiel.

7.Dc6 De3 8.Kc8!

Schwarz gibt auf, denn nach 8...Kf7 entscheidet diesmal 9.a7! Dxa7 10.Dd7+ usw.

Als letztes noch ein Beispiel mit Freibauern auf beiden Seiten.

Awerbach – Krogius
Tiflis 1959

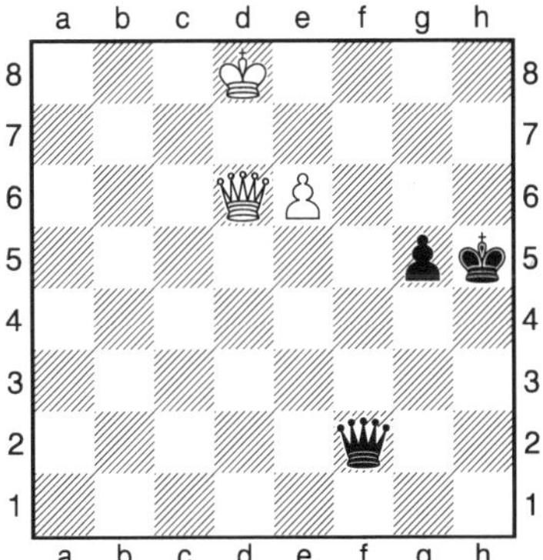

Schwarz am Zug, Weiß gewinnt.

Mit dem Bauern zwei Schritte näher am Zielfeld ist der Gewinn nicht schwer.

1...Df6+ 2.Kc7! (nicht 2.Kd7 Df5) **2...Da1 3.e7 Da7+ 4.Kc8 Da8+ 5.Kd7 Db7+ 6.Ke8 Df3 7.De6! Kh4**

Zu spät kommt 7...g4 8.Df7+ Kh4 9.Kf8 Da3 10.Kg8 usw.

8.Df7 Da8+ 9.Kd7 Schwarz gibt auf.

Über e6-f6-g6-g7 wird sich der König auf g8 in Sicherheit bringen, wobei ihm wieder einmal ein gegnerischer Bauer hilfreich ist.

Mitunter kann der König der stärkeren Partei auf der Flucht vor dem Dauerschach in ein Mattnetz stolpern. Dazu das tragikomische Ende einer Meisterpartie.

Borisenko – Simagin
Moskau 1955

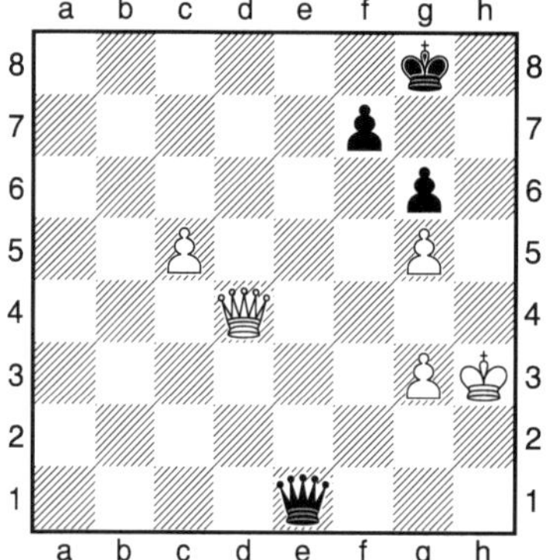

Schwarz am Zug spielte **1...Df1+** und nach **2.Kg4?** folgte **2...f5+! 3.gxf6 Df5+ 4.Kh4 Dh5#**.

ÜBUNGEN

Nr. 198: Weiß am Zug.

Der weiße König muss sich vor Schachgeboten schützen. Wie kann er zu diesem Zweck die Position des gegnerischen Königs nutzen?

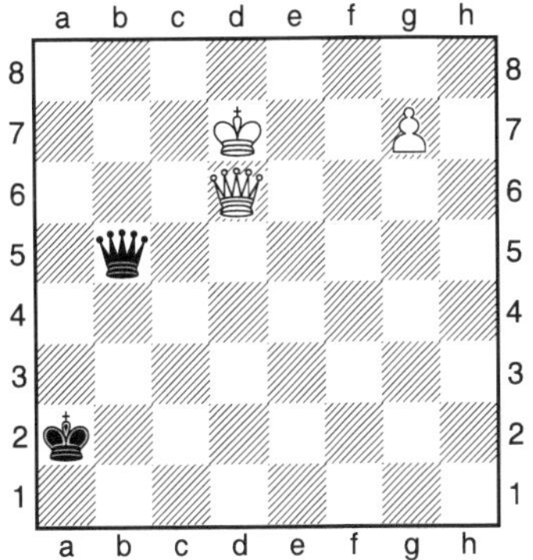

Nr. 199: Weiß am Zug.

Der weiße König muss sich vor Schachgeboten schützen. Wie kann er dies tun?

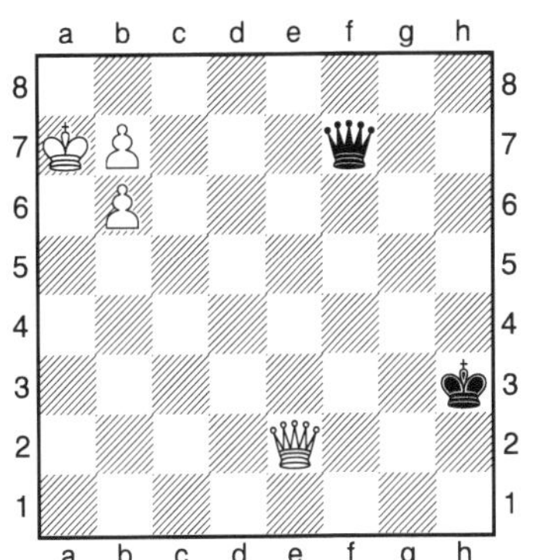

Nr. 200: Weiß am Zug gewinnt.

in Anbetracht von vier Mehrbauern erscheint die Aufgabenstellung sehr verwunderlich. Jedoch ist die Lage des Königs äußerst vertrackt und unpraktisch.

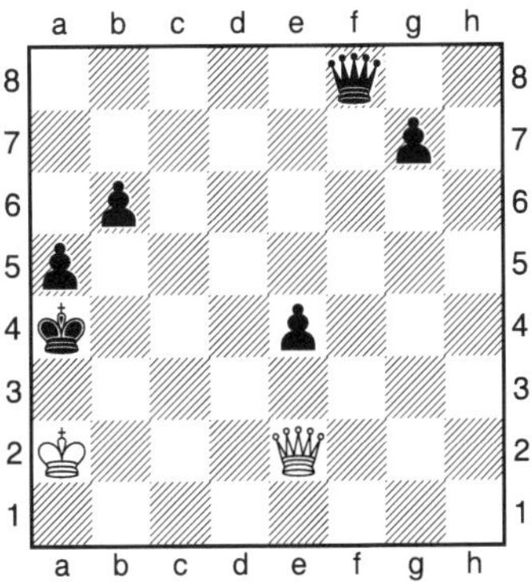

Nr. 201: Weiß am Zug soll unter Nutzung seines starken Freibauern gewinnen!

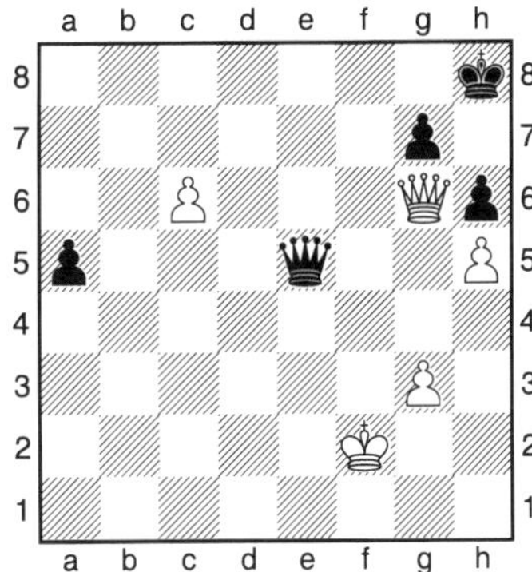

Lösungsteil

Nr. 1: Matt in drei Zügen: 1.Sh5+ Txh5 2.Txg6+ Kxg6 3.Te6#.

Nr. 2: Im Anfangsstadium einer Partie sind die Punkte f2 und f7 die verletzlichsten, da sie nur vom König gedeckt werden.

Nr. 3: Statt schwach 5...Sxd5? – besser 5...Sa5.
Statt 6.Sxf7 ist 6.d4 noch stärker.
Größere Verteidigungschancen bietet 13...Lg5+ (statt 13...Txf2) 14.Kb1 Tf4 15.Dxe5+ Kf7.
Das frühe Schlagen auf e5 ist auch nicht nötig (14.dxe), denn stark wäre 14.Thf1.
In der Diagrammstellung gewann Weiß wie folgt: 16.h4! Txd1+ 17.Txd1 Lxh4 18.Sxd5 cxd 19.Txd5 Dg5 20.Td6+ Ke7 21.Tg6.

Nr. 4: Weiß hat unwiderstehlichen Angriff mit der Hauptvariante 11.Lxf7+ Kf8 12.Lg5 Se7 13.Se5 Lxd4 14.Lg6! d5 15.Df3+ Lf5 16.Lxf5 Lxe5 17.Le6+ Lf6 18.Lxf6 usw.

Nr. 5: Statt 5.Te1 besser 5.d3 oder 5.Sc3.
Das einfache 8.cxd (statt 8.e5) ergibt gutes Spiel für Weiß, da die Schwäche von 6...De7 dadurch noch klarer wird!
Statt 9.cxd? besser 9.h3.

Nr. 6: Ein Gambit ist ein mutiges, weil nicht unriskantes Bauernopfer am Spielbeginn. Der Name spielt auf die italienische Redewendung für ‚ein Bein stellen' an.

Nr. 7: Zwei ungünstig postierte Springer, keine Rochade, der Aufzug der Bauern a3, b4 schwächt den Damenflügel und die Diagonale a1-d4. In Anbetracht der schwarzen Rochade sowie der Vorposten c5 und d4 ist Weiß bereits jetzt klar im Nachteil

Nr. 8: Nach 11.Sa4 gewinnt 11...dxe!, denn falls 12.Dxd8, so folgt 12...exf+ 13.Ke2 Lg4+ usw.
In der Partie folgte 11...dxc 12.Dc2 Da5 13.Tb1 Ld7! 14.Tb3 La4! 15.Dxc3 Dd8! mit weißem Qualitätsverlust.

Nr. 9: Ein grober Fehler ist 3...g6?; richtig wäre 3...e5 gewesen.

Nr. 10: Falsch war 5...Sxf2? – statt 5...d5 6.exd Sxd6 mit gleichen Chancen.
Sofort verliert 6...Sxd1 – mehr Widerstand leistet 6...Lc5.

Nr. 11: Nach nur vier Zügen wurden fast ebenso viele Fehler gemacht.
1.e3 ist zu passiv.
Statt 2.Df3? wäre beser 2.d4 oder 2.c4, obwohl auch andere Züge infrage kommen.
Das Schlagen 3...Sxe5? führt forciert zum Verlust.

Nr. 12: Schlecht ist 2...f6?.
Nach 3.Sxe5 (gut auch 3.Lc4) ist 3...De7 besser, denn 3...fxe? führt forciert zum Verlust.

Nr. 13: Ein typisches Beispiel fürs ‚Bauern fressen' in der Eröffnung.
Schlecht ist 2...Df6?, da sich die Dame sofortigen Angriffen aussetzt.
Ganz schlecht ist 3...Dg6?.

Nr. 14: Zu passiv ist 4...d6.
Statt 6...Lb4+ ist 6...Lb6 besser.

Nach 7.Kf1 ist die Lage für Schwarz gefährlich, denn es droht 8.d5.
Statt 7...Ld7 ist 7...La5 besser.

Nr. 15: Schlecht ist 9...Le7? – besser 9...Lxc3 10.Db3 d5 11.Lxd5 0-0.
Nach 11.d6! hat Weiß starken Angriff.
Nach 11...Sxc4 12.dxe Kxe7 entscheidet 13.De2+.
Auf 11...cxd folgt 12.Lxf7+ Kxf7 13.Dd5+ mit unwiderstehlichem Angriff.

Nr. 16: Besser 6.Le3, denn 6.Lg5? ist verfrüht. Solcherlei Fesselung fehlt vor der gegnerischen Rochade die Nachhaltigkeit, denn die Bauern am Königsflügel sind ja noch keine *Rochade*bauern und dürfen u. U. vorrücken.
Statt 7.Lh4? wäre 7.Lxf6 besser.
Beachtenswert ist 7...g5! – denn 8.Sxg5 (was nach bereits erfolgter schwarzer Rochade gut wäre) wäre schlecht wegen 8...hxg 9.Lxg5 Tg8 usw.
Statt 9.Sxg5 ist 9.h4 sicherer.
Nach 12...Sd4! droht 13...Sf3+ 14.gxf Lxf3 mit unparierbarem Matt.
Schlecht ist auch 13.h3 Se2+ 14.Kh1 Txh3+ 15.gxh Lf3#.

Nr. 17: Fehlerhaft ist 6...Le7? statt korrekt 6.exd.
Es verliert 7...Sxe5? statt korrekt 7...Lxg5 8.Dh5+ g6 9.Dxg5 Dxg5 10.Lxg5 Sxe5 11.0-0 usw.

Nr. 18: Schlecht ist 5...f5? statt korrekt 5...Sd6 6.Sxe5 Sxe5 7.Txe5+ Le7 mit fester Stellung.
Nach 8...Le7 entscheidet 9.Lg5 usw.

Nr. 19: Nach 7.Te1 entsteht eine charakteristische Variante aus der Steinitz-Verteidigung.
Statt fehlerhaft 7...0-0? wäre 7...exd korrekt.

Nach 10...Taxd8 kann Schwarz Materialverlust nicht vermeiden: 11.Sxe5 Lxe4 12.Sxe4 Sxe4 13.Sd3 f5 14.f3 Lc5+ 15.Sxc5 Sxc5 16.Lg5.
Diese Variante ist nach der Partie Tarrasch – Marco (1892) in die Eröffnungstheorie eingegangen.

Nr. 20: Neben 9...Ld6 ist auch 9...Le6 möglich.
Schwächer wäre 9...b6 wegen 10.Lf4 Ta7 11.Sc3.
Nach 10...Lg4! gerät Schwarz in Schwierigkeiten. Besser wäre 10...Sh6 und nun z.B. 11.Lxh6 gxh 12.Sc4 Le7 13.Sc3 Kf7 14.Sd5 Le6 usw.
Nach 11.f3 hätte der Läufer nach c8 umkehren sollen, denn 11...0-0-0? verliert sofort.

Nr. 21: Ein grober Fehler ist 8...Lg4? Nach dem besseren 8...Sxb3 9.axb Sd7 10.Td1 verliert Schwarz nicht den Halt im Zentrum.
Außer 9...Sxb3 ist auch 9...dxe schlecht – und zwar wegen 10.Lxf7+ usw.

Nr. 22: Statt verfrüht 6...0-0? wäre 6...b5 nötig gewesen und erst nach 7.Lb3 die Rochade.
Falls Schwarz nicht 8...Dd4 spielt, behält Weiß den Mehrbauern – z.B. 8...Te8 9.d3 oder 8...Ld6 9.d4 usw.

Nr. 23: Statt 4...bxc geschieht besser 4...dxc.
Auch nach 5.Sxe5 kommt Weiß in Vorteil – z.B. 5...Dg5 6.Sf3 (nicht 6.Sg4 wegen 6...d5!) 6...Dxg2 7.Tg1 Dh3 8.d4 Sf6 (Beachtung verdient auch 8...d6.) 9.Tg3 Dh5 10.Sc3 Lb4 11.De2 Lxc3+ 12.bxc Da5 13.Se5 usw.
Falls Schwarz statt 6...Df6 – 6...d6 spielt, folgt 7.0-0 Se7 8.b4! Sg6 9.Lg5 f6 10.Le3

Le7 11.Sbd2 mit weißem Vorteil in Grigorjew – Panow (Moskau 1930).
Der impulsive Zug 9.e6? zeigt, dass Weiß die Bedrohung von g2 nicht erkannt hat. Richtig war 9.Sbd2 und erst auf 9...0-0-0 10.Sb3 usw.
Statt 10.Se5? wäre 10.Td1 besser gewesen, obwohl Schwarz auch dann nach 10...Ld6 11.Lf4 c5 gewissen Vorteil erlangt.

Nr. 24: Hätte Schwarz statt 6...Sxd4 den schlechten Zug 6...Lg4? gewählt, so wäre 7.dxe! mit offensichtlichem Vorteil gefolgt. Auf 7...dxe folgt stark 8.Dd5! – auf 7...Lxf3 8.Lxf7+! Kxf7 9.Dd5+ – und auf 7...Sxe5 8.Sxe5 nebst z.B. 8...Lxd1 9.Lxf7+ Ke7 10.Sc6+ usw.
8.Dxd4 verliert eine Figur.
Nach 8.Ld5 steht Weiß zufriedenstellend. Es könnte folgen 8...Tb8 9.Lc6+ Ld7 10.Lxd7+ Dxd7 11.Dxd4 Sf6 12.Sc3 Le7 13.0-0 0-0 usw.

Nr. 25: Der entscheidende Fehler ist 11...Dd7?.
Nach 11...Sxe5! 12.f3 Ld6! 13.fxe Lg4 erhält Schwarz gefährlichen Angriff: 14.Dd2 (14.Sf3? Sxf3+ 15.gxf Dh4) 14...Dh4 15.h3 c5 16.Df2 Dxf2+ 17.Kxf2 Ld7 usw.

Nr. 26: Mit 9...Txb2 ist Schwarz in die Falle getappt. Richtig war 9...Lg4 oder 9...exd.
Statt 11...dxe? leistet 11...Tb8 mehr Widerstand.

Nr. 27: Verfrüht ist 5...b5 – statt besser 5...Le7.
Schlecht ist 6...Lc5? statt besser 6...Le7.
Falsch ist auch 8...Ld6? statt besser 8...Lb7.
Der Doppelangriff 13.Dd5 entscheidet auch nach 12...Sg8.

Nr. 28: Mit 7...g2+? bringt Schwarz sich in Schwierigkeiten. Besser wäre 7...Dxg4 8.Sxg4 d6 usw.
Statt 9...Le7 wäre 9...Sh6 10.d4 d6 nötig gewesen.

Nr. 29: Der Zug 6.De2 stellt eine listige Falle. Statt des Verlustzuges 6...Lxf3? war 6...De7 besser.

Nr. 30: Schlecht ist 6...h6? statt der richtigen Fortsetzung 6...Lg7.
Nach 7...Kxf7 würde 8.Se5+ mit Damenfang folgen.

Nr. 31: Der leichtsinnige Zug 7.Sxf7? (statt korrekt 7.Sxe4!) kam Weiß teuer zu stehen. Er rechnete wohl nur mit 7...Kxf7? 8.Dc4+, hatte jedoch 7...De7! übersehen.
Nach 10.De2 (statt 10.gxf) gewinnt Schwarz mit 10...Lg4.

Nr. 32: Ein Eröffnungsfehler war 9...Dxf6? statt 9...Dd5 mit scharfem Kampf. In diesem so genannten Max-Lange-Angriff ist folgende Variante möglich: 10.Sc3 Df5 11.Sce4 0-0-0 bzw. 12.fxg Tg8 13.Sce4 Le7 usw.

Nr. 33: Statt 5...Sxd5 muss 5...Sa5 folgen, obwohl auch 5...Sd4 oder 5...b5 interessant verläuft.
Für Weiß ist bekanntlich auch 6.Sxf7 gut.
Schlecht ist 6...exd statt besser z.B. 6...Lb4+ 7.c3 Le7.
Auf 7...Le7? folgt 8.Sxf7 Kxf7 8.Dh5+ bzw. Df3+ usw.

Nr. 34: Statt 9...Sxe4? ist 9...d6 besser.
Zu Materialverlust führt 10...Lxf2+ 11.Kf1.
Statt 11...Sd4? ist 11...Se7 besser.

Nr. 35: Es verliert 5...Sd7? statt besser 5...Sf6, wonach der Kampf erst beginnt. Zum Matt führt 7...Kxe6 8.Dd5+ Kf6 9.Df5#.

Nr. 36: Statt 7.Sf3? spielt man besser 7.Sd3.
Weiß hat Entwicklungsrückstand, und der König befindet sich noch im Zentrum, so dass die freiwillige Linienöffnung 9.exd (statt besser 9.0-0) grob fehlerhaft ist.
Auch nach 10.Se2 und nun z.B. 10...Dxd5 11.0-0 Dh5 usw. ist Schwarz im Vorteil.
11.fxg führt forciert zum Verlust, aber auch nach 11.g3 Df6 kann Weiß sich nur mühsam verteidigen.
Auch nach 12.g3 (statt 12.Ke2) und nun etwa 12...Tfe8+ 13.Lxe8 Txe8+ 14.Se2 Sxg3 usw. verliert Weiß.

Nr. 37: Nach 4...Lxf2+ 5.Kxf2 Sxe5 6.d4 Df6+ 7.Kg1 Sg4 8.Dd2 Se7 9.h3 beherrscht Weiß das Zentrum und drängt die schwarzen Figuren zurück.
Falsch ist 5...De7 statt korrekt 5...Ld6.

Nr. 38: Statt 6...Sg6 wäre 6...d6 schlecht wegen 7.Lb5+ c6 8.dxc!.
Zur Niederlage führt 7...Sxf2? statt korrekt 7...Sxe5.
Schlecht ist auch 8...Df6 wegen z.B. 9.De2 Sxh1 10.Lxf7+ Kd8 11.Sc6+ usw.

Nr. 39: Schlecht ist 5.Dd3? statt besser 5.Sc3 oder auch interessant 5.Sb5.
Schlecht ist 6.Sd2 statt zielstrebig 6.Sc3.
Auf 8.S2f3 entscheidet 8...Sxd4.
Auf 9.De2 folgt 9...Lc5.

Nr. 40: Mit 6.Sxf7 Sxf7 7.Lxf7+ Kxf7 8.Dh5+ g6 9.Dxc5 Te8 erreicht Weiß nichts.
Sehr schlecht ist 6...Se5? statt korrekt 6...De7.

Nr. 41: Durch sein Bauernopfer erhält Schwarz eine aktive Stellung. Der Fehlzug 10.Te1? (statt besser 10.Sc3) führt zur Niederlage.

Nr. 42: Statt 6...0-0 ist 6...Sc6 besser, um auf 7.Sf3 g6 folgen zu lassen.
Nach 8...Lxg5 9.Lxg5 De8 10.Sd5 hat Weiß Vorteil.
9.h4? droht zwar 10.Dg6! – aber dennoch ist 9.Sf3 besser.
Statt 9...Se8? bringt 9...Sd4 Schwarz in Vorteil.
Nach 10.Sxf7 statt 10.Sd5? ist es sofort aus.
Statt 10...Sf6? ist viel besser 10...Sd4.
Statt 11.Dg6 ist 11.Lxf7 noch stärker.

Nr. 43: Mehr im Sinne der Eröffnung ist 5.Sc3 nebst Ld2 und 0-0-0.
Statt 7.c3 sollte man besser mit 7.Ld2 die Entwicklung vorantreiben.
8.Dg3? verliert – statt korrekt 8.De2.

Nr. 44: Schlecht ist 8...Lc5 statt besser 8...Sd7.
Statt des Fehlers 10...Sc6 musste 10...f5 geschehen.

Nr. 45: Statt 5...Se4 ist 5...Sd7 korrekt.
Nach 6.Sxe4 Lxg5 7.Sxg5 Dxg5 8.g3 erhält Weiß eine gute Stellung.
10...c4? (statt korrekt 10...f5) ist schlecht wegen des typischen Einschlags auf h7.

Nr. 46: Sehr langsam ist das Manöver 4...Ld7 nebst Lc6.
Besser ist 4...Sf6 oder 4...Sbd7 nebst 5...Sgf6.
Statt 6...Sf6 ist 6...Le7 besser.
Nach 7.Sxf6+ musste 7...gxf geschehen.

Nr. 47: Nach 5...cxd kommt Weiß laut einer Analyse von Rauser mit 6.axb dxc 7.Sf3 zu gefährlicher Initiative.
Schlecht ist 8...Sxe5 statt besser 8...Dc7 mit guter Stellung.

Nr. 48: Statt 6.Dxg7 hätte 6.a3 oder 6.dxc folgen müssen.

Nr. 49: Schlecht ist 6...Da5 statt besser 6...Sd5.
Auf 11...Txg7 folgt 12.Sb3 Db1 13.Ld3 mit Damengewinn.

Nr. 50: Falsch ist 6.Lg5? – statt das Vorrücken des schwarzen h-Bauern mit 6.h4 zu bekämpfen.
Es verliert 7.Lxf6 statt besser 7.S3e2.

Nr. 51: Falsch ist 6.Ld3? statt 6.Sc3.
Auch nach 9.Sf3 (statt 9.d5) 9...cxd 10.Sxd4 Sc6 verliert Weiß einen Bauern.

Nr. 52: Statt des schweren Fehlers 6...e6? war 6...c6 erforderlich.

Nr. 53: Statt 4...Sc6 war 4...Sf6 korrekt.
Statt des Verlustzugs 6...Se5? ist der Rückzug 6...Sb8 besser.

Nr. 54: Statt 4...Sd7 wäre 4...c6 besser.
Schlecht ist 5...Sf6, während nach 5...e5 die Chancen gleich verteilt wären.

Nr. 55: Statt 4...b5 ist 4...e6 5.Lxc4 c5 korrekt.

Nr. 56: Statt 11...h6 ist 11...Sf8 besser.
Statt des groben Fehlers 12...Sh5? ist 12...Sf8 besser.

Nr. 57: Gut wäre 7.Le2 oder auch 7.cxd.
Statt 8.Db3? wäre 8.0-0 bedeutend stärker.

Nr. 58: 6...b6 ist zweifelhaft – 10...Tb8 wäre besser.

Nr. 59: 8.Sxd5? verliert – besser 8.Da4, was in Fine – Judowitsch (Moskau 1937) gespielt wurde.

Nr. 60: Statt 6...Lxb1?! ist 6...cxd besser.
Schwarz verteidigt sich gegen den Angriff auf a7.
Statt 7...Le4 ist 7...Sc6 besser, was in Schlechter – Perlis (Karlsbad 1911) gespielt wurde.

Nr. 61: Statt 6...c5? ist 6...Sbd7 besser nebst 7.Sxc4 Dc7 mit Ausgleich.

Nr. 62: Statt 9.Sg5? ist 9.Dxc3 korrekt.

Nr. 63: Statt 7...d5 folgt gewöhnlich 7...Se4 8.Dc2 Sxc3 9.Dxc3 f5.
Nach 7...c5 kann es zur Fesselung in der langen weißen Diagonale kommen. In ähnlicher Konstellation muss man bedenken, dass Lg2 im Unterschied zu Lb7 gedeckt ist.

Nr. 64: 6.Sxd5 verliert – besser war 6.cxd Sxg5 7.Sxg5 e6 8.Sf3 exd.

Nr. 65: Statt 13.d5? wäre 13.Le3 nötig gewesen.
15.gxf führt zum Matt – längerer Widerstand war mit 15.0-0 möglich.

Nr. 66: Der schwarze König ist entblößt und wird ungenügend geschützt. Zum Sieg führt die Kombination 1.Sxe5! Dxe2 (oder 1...dxe 2.Dxe5+ mit schnellem Matt) 2.Tf7+ Kh6 3.Th8+ Kg5 4.Tg8+ Kh4 (4...Kh6 5.Tg6#) 5.Sg6+ Kg5 6.Sxe7+ Kh4 7.Sf5# (Karpow – Zoldos, Ungarn 1975).

Nr. 67: Der schwarze König kann nicht entkommen. Die 8. Reihe ist schlecht geschützt. Es gewinnt 1.Dxa7! Txa7 2.Txd8+ Lf8 3.Lxc5 h6 4.Txf8+ Kh7 5.T1d8 Db1+ 6.Kh2 Tb7 7.Sh4! (Aljechin – Molina, Buenos Aires 1926).

Nr. 68: Die Felder am weißen Königsflügel sind geschwächt. Dies nutzt Schwarz mittels 1...Sh4+ 2.gxh Dg4+ 3.Kf1 Dh3+ 4.Dg2+ Dd3+ nebst 5...Te1+ und Matt im nächsten Zug (Ivkov – Garcia, 1964).

Nr. 69: Der schwarze König zappelt im Mattnetz. Zum Gewinn führt 1.g4+! fxg (oder 1...Kh4 2.Kh2 h5 3.Th6 usw.) 2.Th4+ gxh 3.Tb5+, und Bauer a4 geht zur Dame (Mieses – NN).

Nr. 70: Der schwarze Springer hat sich verlaufen und wird mit 1.e4! Df6 2.Dd3 Taa8 3.f4! nebst 4.e5! gefangen (Bellon – Ljubojevic, Palma de Mallorca, 1972).

Nr. 71: Weiß nutzt die ungeschützte 8. Reihe zu dem Schlag 1.Dxd7! Txd7 2.Te8+ Kh7 3.T1c8 mit unparierbarem Matt (Aljechin – Colle, Paris 1925).

Nr. 72: Weiß nutzt die ungeschützte 8. Reihe mittels 1.Se7+! T8xe7 2.Td8+ Te8 3.Df8+! Txf8 4.Txf8# (Tschigorin – Snosko-Borowski, Kiew 1903).

Nr. 73: Weiß nutzt die ungeschützte 8. Reihe mittels 1.Lxb7 Txb7 2.Lxf6 Dxf6 3.Te8+ Sf8 4.Sh6+! Dxh6 5.Txf8+ Kxf8 6.Dd8# (Aljechin – Freeman, New York 1923).

Nr. 74: Weiß nutzt die ungeschützte 8. Reihe mittels 1.Te8+ Lf8 (1...Kh7 2.Dd3+) 2.Txf8+! Kxf8 3.Sf5+ Kg8 4.Df8+! Kxf8 5.Td8# (Vidmar – Euwe, Karlsbad 1923).

Nr. 75: Weiß nutzt die ungeschützte 8.Reihe mittels 1.Ta8+! Lxa8 2.Dxa8+ Df8 3.Lh7+! Kxh7 4.Dxf8 (Almus – Hermann, DDR 1957).

Nr. 76: 1.Tc8! Txc8 2.De7!! und Weiß gewinnt (Aljechin – Nestor, Trinidad 1939).

Nr. 77: Nach einer einfachen Kombination wird der weiße König matt auf der 7. Reihe: 1...Txf2 2.Kxf2 Tc2+ 3.Kg3 Dxg2+ 4.Kh4 g5+ 5.Kh5 Dxh3+ 6.Kxg5 Tg2+ 7.Kf6 Dh4+ – es sei denn 3.Ke1 Dxg2 4.Db8+ Kg7 5.De5+ f6 mit schwarzem Gewinn (Alatorzew – Capablanca, Moskau 1935).

Nr. 78: Weiß spielte 1.Kg2?, hätte aber mit einem Angriff auf der 7. Reihe gewinnen können. Nämlich 1.Te7! f6 (1...Dc1+ 2.Kg2 Lb2 3.Te8+ Txe8 4.Dxe8+ Kg7 5.Lf8+ Kf6 6.De7+ Kf5 7.g4+ Kf4 8.Lh6+ g5 9.Lxg5#) 2.Dg4! De1+ 3.Kg2 f5 4.Dh4 h5 5.Dg5 De4+ 6.Kh2 (Kotow – Stahlberg, Stockholm 1948).

Nr. 79: Es gewinnt 1.Txg7+ Sxg7 2.Df7+ Kh8 3.Df8+ Txf8 4.Txf8# (Aljechin – Bernstein, Vilnius 1912).

Nr. 80: Zum eleganten Gewinn führt 1.Dg4! g6 2.Sg5+ Ke8 3.Txe7+ Kf8 4.Tf7+! Kg8 5.Tg7+! Kh8 6.Txh7+ Kg8 7.Tg7+ Kh8 8.Dh4+ Kxg7 9.Dh7+ Kf8 10.Dh8+ Ke7 11.Dg7+ Ke8 12.Dg8+ Ke7 13.Df7+ Kd8 14.Df8+ De8 15.Sf7+ Kd7 16.Dd6# (Steinitz – Bardeleben, Hastings 1895).

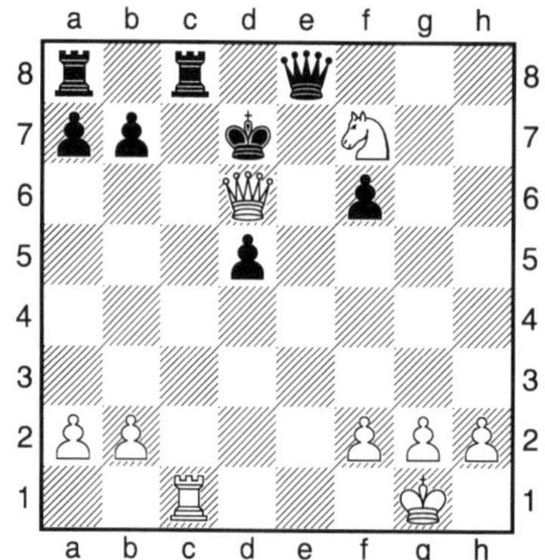

Nr. 81: Weiß gewinnt durch Ausnutzung schwacher Punkte auf der 7. Reihe mittels 1.Td7! Lxd7 2.Lh6! gxh 3.Dxf6+ Kg8 4.Df7+ Kh8 5.Df8# (Katalimow – Mnazakanjan, UdSSR 1959).

Nr. 82: Schwarz nutzt effektiv die Mattmöglichkeiten in den Linien g- und h- mittels 1...Kf7 2.Sxd6+ Ke7 3.Sxb5 Sf4+ 4.gxf Th8# (Westin – Karlsson, 1873).

Nr. 83: Schwarz setzt seine Figuren kraftvoll in den wichtigen Linien und Diagonalen ein: 1...Txf3 2.Txf3 Txf3 3.Kxf3 Df6+ 4.Kg2 Df2+ 5.Kh1 Df3+ 6.Kg1 Lf2+ 7.Kh2 Dg3+ 8.Kh1 Dxh3# (Gunsberg – Tschigorin, Havanna 1890).

Nr. 84: Weiß setzt seine Figuren kraftvoll in den wichtigen Linien und Diagonalen ein: 1.Th8+! Lxh8 2.Txh8+ Kxh8 3.Dh1+ Sh7 4.Sf6 Dxf6 5.gxf Kg8 6.Lxf5 gxf 7.Dh6 Sxf6 8.Dxf6 d3 9.Sxe5 Txc2+ 10.Kd1 Tc7 11.Dxf5 usw. (Richter – Abramavicius, Amsterdam 1954).

Nr. 85: Schwarz setzt seine Figuren kraftvoll in den wichtigen Linien und Diagonalen ein: 1...Dh4! 2.g3 Txc3 3.gxh Td2!! 4.Dxd2 Lxe4+ 5.Dg2 Th3 mit unparierbarem Matt (Rotlevi – Rubinstein, Lodz 1907).

Nr. 86: 1.Txd4! Sxg3 2.Sxg3 Txg3+ 3.hxg Txg3+ 4.Kf1 Txd3 5.Tg4!! mit Gewinn (Tarrasch – Walbrodt, Hastings 1895).

Nr. 87: Weiß setzt seine Figuren kraftvoll in den wichtigen Linien und Diagonalen ein: 1.Db4! T8c5 2.Tf8+ Kxh7 3.Dxe4+ Kg7 4.Lxe5+ Kxf8 5.Lg7+ nebst Gewinn (Zuckertort – Blackburne, London 1883).

Nr. 88: Weiß setzt seine Figuren kraftvoll in den wichtigen Linien und Diagonalen ein: 1.g6! Sxg6 2.Dxh7+ Kf8 3.Tf5! Dxb3+ 4.axb exf 5.Sf4 Td8 6.Dh6+ Ke8 7.Sxg6 fxg 8.Dxg6+ (Karpow – Gik, Moskau 1969).

Nr. 89: Weiß greift mit aller Macht den Schwachpunkt g7 an: 1.Lc1 Db8 2.Tg5 Sbd7 3.Txg7+ Kxg7 4.Sh5+ Kg6 5.De3! (Botwinnik – Keres, Den Haag 1948).

Nr. 90: Weiß greift mit aller Macht die Schwachpunkte f7 und g7 an: 1.Txe4! Txe4 2.Dg5 g6 3.Df6 gxf 4.Dxf7+ Kh8 5.Df6# (Kotow – Lissizyn, 1939)

Nr. 91: Weiß nützt die Felderschwächen am Königsflügel mittels 1.Sf5! Dc5 2.Te5! Ld5 3.Se7+ Dxe7 4.Dxh7+! Kxh7 5.Th5+ Kg8 6.Th8# (Spielmann – Hönlinger, Wien 1929).

Nr. 92: Weiß nützt die Felderschwächen am Königsflügel mittels 1.Txe6! fxe 2.Df7+ Kh8 3.Df6+ Kg8 4.Lc4 Df8 5.Lxe6+ Txe6 6.Dxe6+ Kh8 7.De5+ Kg8 8.Dc7 mit Gewinn
(Reshevsky – Taylor, 1936).

Nr. 93: Durch Figurenopfer zerstört Schwarz die gegnerische Königsstellung: 1...Txf3! 2.gxf Dg3+ 3.Dg2 De1+

4.Df1 Lh2+ 5.Kg2 Dg3+ 6.Kh1 Sf2+ mit Gewinn (Smetana – Dolezal, Prag 1949).

Nr. 94: Durch Figurenopfer zerstört Weiß die gegnerische Königsstellung: 1.Lxh7+! Kxh7 2.Sg5+ Kg6 3.Dg4 f5 4.Dg3 Kh6 5.Dh4+ Kg6 6.Dh7+ Kf6 7.e4 Sg6 8.exf exf 9.Tad1 Sd3 10.Dh3 Sdf4 11.Dg3 Dc7 12.Tfe1 Le6 13.Txe6+! Sxe6 14.Sd5#
oder 12...Ld7 13.Sd5+! Sxd5 14.Dxc7 Sxc7 15.Sh7+ Kf7 16.Txd7+ Kg8 17.Sxf8 mit Gewinn
oder 12...Th8 13.Td6+ Dxd6 14.Sce4+ fxe 15.Sxe4+ Ke7 16.Sxd6 Kxd6 17.Da3+ mit Gewinn.

Nr. 95: Durch Figurenopfer zerstört Weiß die gegnerische Königsstellung: 1.Txg6+! fxg 2.Tf7+ Kxf7 3.Dxh7+ Ke6 4.Dxg6+ Ke5 5.Dg7+ Kxe4 6.Sf6+ exf 7.Dxd7 (Ragosin – Weressow, Moskau 1945).

Nr. 96: Durch Figurenopfer zerstört Weiß die gegnerische Königsstellung: 1.Dh5 h6 2.Txe6! fxe 3.Dg6 Tf6 4.Dh7+ Kf8 5.Dh8+ Ke7 6.Dxg7+ (Ciocaltea – Sador, Varna 1965).

Nr. 97: Durch ein Damenopfer lockt Schwarz den gegnerischen König aus seiner Stellung: 1...Dxf2+! 2.Kxf2 (2.Kh3 Dxh2+ usw.) 2...T8e2+ 3.Kf3 Se5+ 4.Kf4 Tf1+ 5.Kg5 h6+! 6.Kxh6 Txh2+ 7.Kg5 Th5# (Kugenek – Romanowski, Petersburg 1911).

Nr. 98: Durch eine Opferserie lockt Weiß den gegnerischen König aus seiner Stellung: 1.Sxg6! Kxg6 2.Sxf5! Txf5 3.Dxf5+!! Kxf5 4.Le4+ Kg4 5.h3+ Kxg3 6.Te3+ Kh4 7.Lg6! Dg5+ 8.fxg Lxe5 9.Te4+ Kxh3 10.Lf5+ Kg3 11.Le1# (Selinski – Skotarenko, Fernpartie 1974).

Nr. 99: Durch eine Opferserie lockt Weiß den gegnerischen König aus seiner Stellung: 1.Dxg8+!! Kxg8 2.Sf6+ Lxf6 3.Lxe6+ Kh7 4.g8D+ Kxh6 5.Lf5! Lg7 6.Dh7+ Kg5 7.Dg6+ Kf4 8.Dg4+ Ke3 9.De2+ Kd4 10.Sb5+!! axb 11.Dd2+ Kxc4 12.Le6# (Melikow – Schachnasarow, UdSSR 1974).

Nr. 100: 1...Sh5+! 2.Kxh4 h6 3.f4 hxg+ 4.fxg Dxg5+ 5.Kxg5 f6+ 6.Kg6 Th6# (Wladimirow – Worotnikow, UdSSR 1974).

Nr. 101: Der weiße Freibauer rutscht förmlich durch: 1.Sc6 Lxc6 2.dxc fxe 3.c7! De7 (3...Dxc7? 4.Lxf7+) 4.Txf7! Txf7 5.Dxd7 Dxd7 6.cxbD+ Lf8 7.Tf1 (Selinski – Shurawljow, Fernpartie 1974)

Nr. 102: Weiß gewinnt sehr schön mit 1.gxf Sxg6 2.hxg+ Kg8 3.Th8+!! Kxh8 4.f7! mit unparierbarem Matt.

Nr. 103: Der Bauer wird originell verwandelt nach 1.Txe7+! Txe7 2.Lh4! Kf7 3.Lxe7 Kxe7 4.Tc7+ Td7 5.f6+ Ke8 6.Lg6+ Kd8 7.f7 Kxc7 8.f8D f3 9.Dxb4 Td6 10.Ld3 (Aljechin – Bogoljubow, 1934).

Nr. 104: 1.d7 Dxf1+ 2.Kxf1 d2 3.Dxf3 Tc1+ 4.Dd1! Txd1+ 5.Ke2 Tb1 6.d8D d1D+ 7.Dxd1 Txd1 8.Kxd1 mit Gewinn (Ermenkow – Sax, Warschau 1970).

Nr. 105: Vorsicht Falle! 1...Dxb1! 2.Sxb1 La6!! Weiß gibt auf (Johannson – Metzing, Berlin 1973).

Nr. 106: 1.Txh7+ Txh7 2.Txh7+ Kxh7 3.Dh1+ Kg7 4.f6+! Kxf6 5.Sxd7+ nebst Sxb6 (Ebralidze – Lubenski, Tiflis 1949).

Nr. 107: 1.Lc7!! Txc7 2.Db7+ Txb7 3.Txc5# (Tarrasch – NN.)

Nr. 108: Weiß lenkt die schwarze Dame von h6 ab: 1.Txg4! Dxg4 2.De8+ Tf8 3.Th8+ Kxh8 4.Dxf8+ Tg8 5.Dh6#.

Nr. 109: Nach Ausnutzung der Fesselung mit 1.gxf+ Lxf5 2.Txf5! Txf5 3.Tf1 T7f6 4.Tf3 wird der König über g2 nach g4 gebracht.

Nr. 110: 1...Thg8! 2.Td3 Tab8! 3.Dc3 Txg3+! 4.Txg3 Tg8! mit Gewinn.

Nr. 111: Es folgt ein systematischer Angriff auf die Schwachpunkte b6 und d6: 1.Sa5 Tc7 2.Td1 h5 3.Tfd2 Tcd7 4.Sa4 Ke8 5.Sb6! Tc7 6.Sac4 Ld7 7.Sd6+ Ke7 8.Sb5! Tc8 9.Sxc8 Txc8 10.Sd6 Tb8 11.Sc4 g5 12.Sb6 Le8 13.d6+ Kd8 14.d7 Lf7 15.Td6 Lb3 18.T1d2 Sh7 17.Sc8 h4 18.Sa7 Schwarz gibt auf.

Nr. 112: Es folgt ein systematischer Angriff auf die gegnerischen Schwachpunkte: 1.axb Dxb5 2.Dd2! g5 3.De3 Dd7 4.Lg4! Dxg4 5.Dxe7+ Tf7 6.Th7+ Kxh7 7.Dxf7+ nebst Th1+ usw.

Nr. 113: Mit Assistenz der Figuren in der c-Linie wird der Springer zudringlich: 1.Sc6 Db7 2.Sa7 Te8 3.Sd1 Txc2 4.Txc2 Le7 5.Sc6 Lf6 6.Sa5 Db8 7.La7! Dd8 8.Sc6! Lxc6 9.dxc f4 10.Sc3 nebst 11.Sd5.

Nr. 114: 1.Dd4! Dxd4 2.exd g5 3.Tc7 Lb5 4.Txb7 gxf 5.Txe7 Tc8 6.Lxb5 axb 7.h4! (Kotow – Löwenfisch, UdSSR 1948)

Nr. 115: Die Öffnung der Diagonale a2-f7 bringt siegreichen Angriff: 1.f4 Tac8 2.f5 exf 3.Txf5 Dd6 4.Sxf7! Txf7 5.Lxf6 Lxf6 6.Txd5 Dc6 7.Td6 De8 8.Td7 (Botwinnik – Vidmar, Nottingham 1936).

Nr. 116: 1.Te6! g4 2.Tee7 Tc8 3.Tg7+ Kh8 4.Txg4 Td8 5.Tg5! (Kotow – Lissizyn, UdSSR 1944)

Nr. 117: Über das offene Zentrum folgt ein energischer Angriff: 1.Dd6! Sed7 2.Tfd1 Tad8 3.Dg3 g6 4.Dg5! Kh8 5.Sd6 Kg7 6.e4! Sg8 7.Td3 f6 8.Sf5+ Kh8 9.Dxg6! 1-0 wegen 9...hxg 10.Th3# (Aljechin – Lasker, Zürich 1934).

Nr. 118: Der richtige weiße Spielplan besteht in der Schaffung eines Bauernzentrums mittels 1.Sh4 nebst f3 und e4. Schwarz setzt sich mit Se8 und f5 zur Wehr.

Nr. 119: Schwarz nutzt die schlechten Figurenpositionen e3 und c3 mittels 1...e5! 2.exd exd 3.dxc Sxc6! mit Gewinn (Horberg – Kotow, Stockholm 1959).

Nr. 120: Weiß nutzt die schlechten gegnerischen Figurenpositionen mittels 1.Le2 Dd6 2.Sa2 e6 3.0-0 h6 4.Tc1 f5 5.Sc3 Kh7 6.Tfd1 fxe 7.Sxe4 Db4 8.Dc2 Dxa4 9.b3 Da3 10.Sh4! De7 11.Sxg6!! Kxg6 12.Lh5+!! Schwarz gibt auf (Botwinnik – Judowitsch, UdSSR 1933).

Nr. 121: Nach 1.Thg1 gewinnt Weiß in folgenden Varianten:
A) 1...e2 2.Tf6 Tg8 (2...e1D+ 3.Txe1 Dg7 4.Dxg7+ Kxg7 5.h6+ Kh8 6.Txe5) 3.Txf7 Txg1+ 4.Kc2 Lf5+ 5.Txf5 e1D 6.Tf8+ Txf8 7.Dxf8+ Tg8 8.Df6+ Tg7 9.Sc3
B) 1...Lf5 2.Tg7 Tg8 3.d7!
C) 1...Tg8 2.Sf6 e2 3.Kd2 c3+ 4.bxc Da2+ 5.Ke3.

Nr. 122: Nach 1.e8D rettet Schwarz sich mit 1...Td2+! (keinesfalls 1...Txe8?

2.Dxg7+! Lxg7 3.Txe8+ Df8 4.Txf8#) 2.Kg1 Td1+ mit Remis.
Schlecht wäre übrigens 2.Kf3 Df5# oder 2.Dxd2 Txe8 3.Txe8 Dc6+ oder auch 2.Kh3 Df5+ 3.g4 Df1+ 4.Kh4 Txh2+ 5.Kg5 Tc5+ 6.De5 Df6#.

Nr. 123: Schwarz gewinnt wie folgt: 1...Da5! 2.Kxc2 Dc3+ 3.Kb1 Lxd3+ 4.exd Dxd3+ 5.Kb2 Dc3+ 6.Ka3 (6.Kb1 d3!) 6...Dc5+ 7.b4 (oder 7.Ka4 b5+ 8.Ka5 Db6+ 9.Kb4 a5+ 10.Ka3 Dc5+) 7...Dc3+ 8.Ka4 b5+ 9.Kxb5 (9.Ka5 Dc6 nebst #) 9...e5!! 10.Dc1 Tb8+ 11.Ka6 Dxb4 12.Dc7 Tb6+ nebst # (Rudakow – Kotow, Tula 1930).

Nr. 124: Nach 1...Df3 hat Weiß fünf Kandidaten zur Auswahl: Sa5 – Sc5 – Sc1 – Db1 – h4.
Auf die Springerzüge sowie auch nach 2.Db1 entscheidet 2...Se3! 3.fxe Lxe3+ 4.Kh2 Lf2.
Auch 2.h4 rettet nicht wegen 2....Le3! 3.Dg2 Lxf2+ 4.Dxf2 Dxb3 (Kortschnoi – Karpow, UdSSR 1974).

Nr. 125: Nach den einleitenden Zügen 1.Lf6! Tfc8 2.De5 gewinnt Weiß in folgenden Varianten:
A) 2...Dxc4 3.Dg5 Kf8 4.Dxg7+ Ke8 5.Dg8+ Kd7 6.Se5+ Kc7 7.Dxf7+ nebst 8.Sxc4
B) 2...Txc4 3.Dg5 Tg4 4.Dxg4 g6 5.Dxa4
C) 2...gxf 3.Tg4+ nebst # in zwei Zügen
D) 2...Tc5 3.Dg3! g6 4.Txa4
(Aljechin – Sterk, Budapest 1921)

Nr. 126: 1.Kd5 Ke7 2.Dg7+ Kd8 3.Kd6 oder 1...Kc7 2.Da7+ Kd8 3.Kd6

Nr. 127: 1.Dg2! Kh7 2.Kh5 Kh8 3.Kg6 Kg8 4.Da8# (Speckmann, 1964)

Nr. 128: 1.Kf7 Kh6 2.Ta5 oder 1...Kh8 2.Kg6

Nr. 129: 1.Kf6 Kh6 2.Kf7 oder 1...Kg8 2.Th5

Nr. 130: 1.Kf4 Kg6 2.Kg4 Kh6 3.Kf5 Kg7 4.Kg5 Kh7 5.Kf6 Kg8 6.Th2

Nr. 131: 1.Kc6+ Kb8 2.La6 Ka8 3.Kb6 Kb8 4.Le5+ Ka8 5.Lb7#

Nr. 132: 1.Sc3 Ka8 2.Kc7 Ka7 3.Lc8 Ka8 4.Lb7+ Ka7 5.Sb5# (J. Berger, 1904)

Nr. 133: 1.Lf3 Kh3 2.Kf2 Kh4 3.Le2 Kh3 4.Lg5 Kh2 5.Lf1 Kh1 6.Lg2+ Kh2 7.Lf4# (W. Pauli, 1919)

Nr. 134: Falsch ist 1.b6+? wegen 1...Ka8. Richtig ist 1.Kc7 Ka8 2.Kb6 Kb8 3.Ka6 Ka8 4.b6 Kb8 5.b7.

Nr. 135: 1.Kb1! a3 2.b3!

Nr. 136: 1.Kf2 h4 2.Kg1!

Nr. 137: 1.d6 cxd 2.Kb3 Remis

Nr. 138: Die Gegenfelder sind c3-e3, c2-f4, b2-f3 und b3-f3. Deswegen lautet die Lösung 1.Kc2! Kf4 2.Kb2! Kf3 3.Kb3! Kf4 4.Kc2 Ke5 (4...Kf3 5.Kd2 Kf4 6.Ke2 usw.) 5.Kd1 Kd5 6.Ke2 Kd4 7.Kd2 Ke5 8.Ke3 mit Gewinn (N. Grigorjew, 1920)

Nr. 139: Die zweite Linie von Gegenfeldern lautet: e6-a6, e7-a7, e8-a8.
Die dritte Linie lautet: f6-b6, f7-b7, f8-b8.
Die Felder e5 und f5 entsprechen dem Feld a5.
Die Lösung ist klar: 1.Kf5! Kb6 (1...Ka6 2.Ke6) 2.Kf6! Kb7 3.Kf7! Kb8 (3...Kb6 4.Ke8) 4.Ke6! Kb7 5.Kd7 Kb6 6.Kc8! (F. Sackmann, 1913)

Nr. 140: 1.Kd4! Kc6 2.Ke5 Kc5 3.f4! oder 1...Kb4 2.f4!

Nr. 141: 1.Kc8! Kc6 2.Kb8! Kb5 3.Kb7! Kxa5 4.Kc6 und der Bauer wird aufgehalten (L. Prokes, 1947).

Nr. 142: Weiß realisiert seinen Vorteil in einer typischen Variante wie 1.Ke4 Kg4 2.h4 Kh5 3.Kf4 Kh6 4.g4 Kg6 5.h5+ Kh6 6.Ke4 Kg5 7.Kf3 Kh6 8.Kf4 Kh7 9.g5 Kg7. Welcher Bauer soll nun vorgehen?
10.g6! (Nach 10.h6+? Kh7 11.Kg4 Kg6 erreicht Schwarz Remis.) 10...Kh6 11.Kg4 Kg7 12.Kg5! d3 13.h6+ Kg8 14.Kf6 d2 15.h7+ Kh8 16.Kf7 d1D 17.g7+ nebst # in zwei Zügen (B. Horwitz und J. Kling, 1851)

Nr. 143: Mit dem natürlichen 1.Ke4 c5 2.Kd3 Ke8 3.Kc4 Kd7 erreicht Weiß nichts.
Zum Gewinn führt 1.Kf3! c6 2.Kf4! c5 3.Ke4 Ke8 4.Kd5 Kd7 5.Kc4 Ke8 6.Kxc5! d3 7.Kd6 Kf7 8.Kd7.

Nr. 144: Es reicht zum Sieg nach z.B. 2...Kg8 3.Kd2 Kh7 4.Ke3 f6 (erzwungen) 5.gxf Kxh6 6.Kf4! Kh7 (oder 6...g5+ 7.Kf5 g4 8.Ke6 g3 9.f7) 7.Kg5 Kh8! 8.Kh6! Kg8 9.Kxg5 Kf8 10.f6 (L. Prokes, 1946)

Nr. 145: Die Idee ist nicht gut. Nach 1...hxg 2.fxg g4! 3.h4 c5 4.Ke2 Kh7 5.Kd3 Kh6 kann Weiß seine Stellung nicht verstärken, denn 6.Kc4? verliert wegen 6...f5! 7.exf e4! 8.c3 a5 9.Kxc5 e3 usw. (Aronin – Smyslow, Moskau 1951).

Nr. 146: Der Bauer kann verwandelt werden. Nach 1.b6 hängt die Fortsetzung davon ab, wohin der Springer geht. 1...Se3 2.Ka6! Sd5 3.b7 Sc7+ 4.Ka5 oder 1...Sf4 2.Kc8! Sd5 3.b7 Sb6+ 4.Kd8 (F. Prokop, 1925).

Nr. 147: Weiß kann den Bauern aufhalten: 1.Sf7! h3 2.Sg5 h2 3.Se4+ Kd3 4.Sg3! oder 3...Kd4 4.Sf2! und Remis (N. Grigorjew, 1932)

Nr. 148: Weiß erobert forciert einen Bauern und erreicht Remis: 1.Se6! g4 2.Sg7! f4 (2,...g3 3.Sxf5 g2 4.Se3+) 3.Sh5! f3 4.Sf6! g3 5.Se4 g2 6.Sd2+ nebst 7.Sxf3 (N. Tschechower. 1955).

Nr. 149: Nach 1.Kc2 a3 2.Se3! Kb7 3.Sg4 Kc6 4.Se5+ wird klar, dass der schwarze König die d-Linie nicht betreten darf – z.B. 4...Kd5 5.Sf3 g4 6.Sh2 g3 7.Sf1 g2 8.Se3+ nebst 8...Sxg2. Das gleiche passiert nach 4...Kc5 5.Kb1 Kb5 6.Kc2 Kb4 7.Sg4 Kc4 8.Se5+ usw.

Nr. 150: Nun gewinnt Weiß! Mit Schwarz am Zug folgt 1...Kh7 2.Kf8 Kh6 3.Kg8 Kg5 4.Kg7 Kf5 5.Sd7 Sg6 6.f7 Kg5 7.Se5 Sf4 8.Kg8 Se6 9.Sf3+ nebst 10.Sd4.
Mit Weiß am Zug folgt 1.Ke8 und weiter wie oben.

Nr. 151: Weiß kann die Entfernung zum Gewinn nutzen: 1.Sd2 Kg7 2.Sc4 Sb1 3.Kd4! Kf7 4.b5 Ke7 5.b6 Kd7 6.Kc5 Sc3 7.Se5+ Kc8 8.Kc6 usw.

Nr. 152: Weiß gewinnt nach 1.Kf7 Sh6+ 2.Kf8 Sg8 3.Sg4 h6 (3...Sh6 4.Se5) 4.Kf7 Kh7 5.Se5 Kh8
Weiß muss diese Stellung mit Schwarz am Zug erreichen. Dazu dient ein origineller Plan: Der Springer geht nach e8, um die schwarzen Figuren an die Kette zu legen – und der König läuft um e7 herum ein Dreieck zwecks Tempoverlust!
In der Praxis sieht das so aus: 6.Sc4! Kh7 7.Sd6 Kh8 8.Se8! Kh7 9.Ke6! Kh8 10.Kd6! Kh7 11.Kd7! Kh8 12.Ke6 Nun

kann der König unter veränderten Vorzeichen zurückkehren! 12...Kh7 13.Kf7 Kh8 14.Sc7 Kh7 15.Se6 Kh8 16.Sf8 usw.

Nr. 153: Hier gelingt der entscheidende Durchbruch mittels 1.f5! g5 (1...gxf 2.gxf exf 3.Sf4) 2.Sb4 a5 3.c6! Kd6 4.fxe! Sxc6 (4...axb 5.e7 Kxe7 6.c7) 5.Sxc6 Kxc6 6.e4! dxe 7.d5+ Kd6 8.Ke3 (Pillsbury – Gunsberg, Hastings 1895).

Nr. 154: Das kann ausgenutzt werden mit 1.Kf4 Ld5 2.Ke5 Lf3 3.h5, und einer der Bauern ist nicht aufzuhalten (Réti, 1922).

Nr. 155: Das Zusammenwirken von König und Läufer wird erreicht durch 1.Kg7 g4 2.Kh6! g3 3.Kh5! g2 4.Lc5 Kf4 5.Kh4 Kf3 6.Kh3 e4 7.Kh2 Remis.

Nr. 156: Schwarz kann gewinnen, indem sein König nach h1 läuft: 1...Ke4 2.Lh2 Kf5 2.Kf2 Kg4 4.Lg1 Kh3 5.Ke1 Kg3 6.Lf2+ Kh2 mit Gewinn (A. Chéron, 1926).

Nr. 157: Weiß gewinnt mit 1.Ke4 Ld8 2.b6! Ka6 (2...Lxb6 3.h7 oder 2...Kxb6 3.Kf5! nebst Bauernumwandlung) 3.Ke5! Lg5 4.h7 Lc1 5.Kd6 Lxb2 6.Kc7 Le5+ 7.Kc6 Ld4 8.b7 Ka7 9.Kc7 usw.

Nr. 158: Es muss folgen 1...Kf8!, damit der König die gefährliche Zone verlassen kann – z.B. 2.d7 Ld8 3.Lf6 La5 4.Lh4 Lb6 5.Kd6 Kf7 6.Kc6 La5 7.Kb7 Ke6 8.Kc8 Kd5 Remis.

Nr. 159: Weiß gewinnt nach 1.Lg8+ Kh8 2.Le6! Le8 3.Kf5 Kh7 4.Ld5 Kh6 (Auf 4...Ld7+ 5.Ke5 Kg6 folgt 6.f7 Kg7 7.Kd6 nebst Ke7.) 5.Ke6 Kg5 6.Ke7 Lh5 7.Lf7 Ld1 8.Le8 Lb3 9.Ld7 Kf4 10.Le6 usw. (B. Horwitz, 1880).

Nr. 160: Der eroberte Bauer reicht zum Sieg, allerdings nicht nach 1.Le7+? Ke8 2.Lxf6 Le3 3.Lh4 Ld4 mit Remis. Korrekt ist zuerst 1.Kf7!, denn nach 1...Kd7 2.Le7 Lc3 3.Lxf6 Le1 4.Lg5 Lc3 5.Kg6! kann Schwarz das Manöver Lh6-g7 nebst späterem f5-f6-f7 nicht verhindern. Wenn der weiße König g8 erreicht und der schwarze g6, wird die Diagonale f8-h6 zu kurz sein, um den Bauern aufzuhalten.

Nr. 161: In dieser Studie gewinnt Weiß, indem er den gegnerischen König nicht zum Bauern vorstoßen lässt: 1.b6 Lf2 2.b7 La7 3.Lg1 Lb8 4.Lf2! Lh2 5.Le1! Lb8 6.Kg1 Kg4 7.Kg2 Kf5 8.Lg3 La7 9.Kf3 Ke610.Ke4 Kd7 11.Kd5 Kd8 12.Kc6 usw. (N. Grigorjew, 1931).

Nr. 162: Eine Stellung aus der Partie Petrosjan – Sejnali (Leningrad 1946). Weiß gewinnt nach 1.a6! bxa (1...b6 2.a4 nebst 3.cxb und 4.a5) 2.Ka5 Kb7 (Schlechter ist 2...Lc8 3.h4 Ld7 4.Lxa6 Le8 5.Lc8 Lf7 6.Ld7 Kb7 7.a4 Kc7 8.Ka6! Kxd7 9.Kb7, und der Bauer kann nicht aufgehalten werden wie in der Partie.) 3.Lxa6+ Kc7! 4.Lc4 Kb7! 5.h4 Kc7 6.Ka6 Lc8+ 7.Ka7 Ld7 8.a4 Lc8 9.a5 Ld7 10.La6 Le8 11.Lc8!! Kxc8 12.Kb6 Kb8 13.a6 Ka8 14.Kc7 Ka7 15.Kd8 Lf7 16.Ke7 Lg8 18.Kd7 Das ist einfacher, als dem Läufer nachzujagen. 17...Lf7 18.Kxc6 Le8+ 19.Kd6 Kxa6 20.c6 Kb6 21.c7 Kb7 22.Ke7 usw.

Nr. 163: In dieser Stellung aus der Partie Awerbach – Weressow (Moskau 1947) gewinnt Weiß wie folgt: 1.Lf3 Kf5 2.Le2! Ke5 3.Ld3! Kd5 (3...Ld7 4.Lg6 Kd5 5.Lxh5 Kc4 6.Le2+ Kxb4 7.h5 Lf5 8.Ld3 Le6 9.h6 Lg8 10.Kd4 usw.) 4.Kf4 Kd4 5.Le2 Kc3 6.Lxh5! Lxh5 7.b5 usw.

Nr. 164: In dieser Stellung aus der Partie Teichmann – Marshall (San Sebastian, 1911) spielte Schwarz 1...Lf7+, und nach 2.Kd3 Kf4 3.Lf1! Kg3 4.Ke3 sollte ein Remis herauskommen.
Richtig wäre 1...Lb1! gewesen mit Verwandlung des h-Bauern nach 2.Lf1 Kf4 3.Kd4 f5 4.Kd5 Ke3 5.Ke6 Kf2 6.Lc4 Kxg2 7.Kf6 Kxh3 8.Kxg5 Kg3 usw.

Nr. 165: Weiß gewinnt mit 1.Le2 Lg6 (1...Le8 2.Ld3 Lg6 3.Lc2 Lh7 4..Lb3 Lg8 5.Ld1! Lf7 6.Lf3) 2.Ld3 Lh7 3.Lc2 Lg6 4.Lb1!!.
Auf dieser Diagonale hat Weiß drei Felder zur Verfügung – Schwarz jedoch nur zwei. Deshalb kann Weiß den Kampf um die Gegenfelder gewinnen – und zwar 4...Lh7 5.Ld3! Lg6 6.Lc2 Lh7 7.Lb3! Lg8 8.Ld1 Lf7 9.Lf3 mit Schwarz am Zug.

Nr. 166: J. Berger vertrat 1899 die Ansicht, diese Position sei gewonnen, wenn Weiß am Zug ist. Aber 1937 bewies I. Rabinowitsch, dass Schwarz bei aktivem Spiel remis halten kann: 1.Lg5 Lf5 2.c7 Lh3 3.c6 (3.Kc6 Lg2+ 4.Kb6 Kd7) 3...Lc8 4.Kc5 Kf7! 5.Kb6 Ke6! 6.Ka7 Kd5! 7.Kb8 La6 usw.

Nr. 167: Schwarz gewinnt durch Vordringen seines Königs zum Damenflügel: 1...Kf4 2.Ld4 Lh3 3.Lc5 Ke5 4.Ke3 Lf1 (4...f2? 5.Ld4+) 5.La7 Kd6 6.Kd2 Kc6 7.Kc3 Kb5 8.Kb3 Lc4+ 9.Kc3 Ka4 10.Lc5 La6 11.Lg1 Ka3 12.Kd4 Lc4 13.Kc3 Ka2 14.Ld4 Kb1 15.Kd2 Lb5 16.Kd1 Lc6 17.Kd2 La4 18.Kc3 Kc1 19.Lg1 Kd1 20.Kd4 Ke2 21.Kxd5 e3 22.Kd4 f2 usw.

Nr. 168: Diese Stellung aus der Partie Polner – Tschigorin (Petersburg, 1881) gewinnt Schwarz durch Schaffung eines Freibauern: 1...b5! 2.axb axb 3.cxb c4! 4.La2 c3 5.Lb1 Kd7, und der König eilt dem c-Bauern zu Hilfe.

Nr. 169: Der Mehrbauer kann verwandelt werden. In der Partie Euwe – Yanofsky folgte: 1...Kh4 2.Kf2 Ld4+ 3.Kf1 Kg3 4.Lg8 h5 5.Lf7 g5 6.Le6 c6 7.Lc4 g4 8.hxg hxg 9.fxg Kxg4 10.Le6+ Kg3 11.Lc4 Lf2! 12.Le6 f3 13.gxf Kxf3 14.Lb3 Ke3, und nach 15...Lh4 gelangt der schwarze König nach b2.

Nr. 170: Weiß am Zug kann den Gegner in Zugzwang bringen: 1.Le5! Kd5 2.Kb6 Kc4 (2...Sa7 3.c7 Sc8+ 4.Kb7 Se7 5.Lf6 Sf5 6.Kb8 Sd6 7.Le7) 3.Lf6 Kb4 7.Lh4 Kc4 (4...Sc3 5.Le1) 5.Le1! Sd6 6.c7 mit Gewinn.
Schwarz am Zug könnte seine Kräfte hingegen umgruppieren und remis halten: 1...Sd6+ 2.Kc7 Sb5+ 3.Kd7 Kd5 4.Lc1 Kc5 5.Le3+ Kd5 6.Lf2 Ke5 7.Kc8 Kd5 8.Kb7 Sd6+ 9.Kc7 Sc4! usw.

Nr. 171: Weiß gewinnt: 1.Kc5 Sc7 2.Kd6 Se8+ 3.Ke7! (Auf 3.Kd7? folgt 3...Sg7 4.Lg6 Kg8 5.Ke7 Kh8 6.Kf7 Sf5! mit Remis.) 3...Sg7 4.Lg6 Kg8 5.Lf7+ Kh7 6.Kh6 Kh8 7.Ke5 (7.Kg6 Se6!) 7...Kh7 8.Ke4! Kh8 9.Kf4 Kh7 10.Kg4 Kh8 11.g6, und der Springer ist verloren.

Nr. 172: Ja! – 1.Sc6 Lf1 2.b6 La6 3.Kd6 Lb7 4.Kc7 La8 5.Sa5 Ke3 6.Sb7 Kd4 7.Kb8 (W. Koschek, 1910)

Nr. 173: Weiß kann sich retten: 1.Ld7! h2 2.Lc6+ Kg1 3.Lh1! Sg2+ 4.Ke2 Kxh1 5.Kf1 (S. Loyd, 1860).

Nr. 174: In dieser Stellung aus der Partie Nimzowitsch – Janowski (Karlsbad 1907) gewann Weiß wie folgt: 1.Kf3 Ke7 2.Ke3 f6 3.Kd4 Kd6 4.Ld1 Sb6 5.Lf3 Sc8 6.h4 Se7 7.Le4 g5 (7...f5 8.Lf3 Sc8 9.Ld5

Se7 10.Lf7 usw.) 8.fxg fxg 9.hxg hxg 10.b6 g4 11.b7 Kc7 12.Ke5 g3 13.Kf4 Sg8 14.Kxg3 usw.

Nr. 175: Folgendes Springermanöver entscheidet: 1.Sc4+ Kc6 2.Ke5! Kb5 (2...Ld3 3.Sd6 Lb1 4.Sxf5 Kb5 5.Sd6+ Kxb4 6.Sxb7 Ld3 7.f5) 3.Sa3+ Kxb4 4.Sxc2+ Kxa5 5.Kxf5 Ka4 6.Ke4 Kb3 7.Kd3 b5 9.f5 a5 9.f6, und Weiß ist schneller.

Nr. 176: Zum Gewinn führt 1...a5 2.Kg3 b4 3.Kf2 a4 4.Ke3 Lxa2! 5.Kd3 (5.Sxa2 b3 6.Sc3 a3) 5...Lb1+ 6.Kc4 b3 7.Kc3 f5 8.Kb2 Lc2 9.exf exf 10.f4 Le4 11.g3 gxf 12.gxf Lg2 13.h4 Lf1 (Judowitsch – Awerbach, Moskau 1949).

Nr. 177: Weiß gewinnt: 1.g5 (Öffnet dem König den Weg.) 1...Kg7 2.Kf3 Kf7 3.Kg4 Le7 4.Kf5 Lf8 5.Sf6 h6 6.gxh Lxh6 7.Se4 Lf8 8.h6 Lxh6 (8...Le7 9.h7 Kg7 10.Ke6 Lf8 11.h8D+ Kxh8 12.Kf7) 9.Sxd6+ Ke7 10.Se4 Le3 11.d6+ Kd7 12.Kxe5 (Awerbach – Panow, Moskau 1950).

Nr. 178: Weiß gewinnt: 1.Kd6! g4 (Ebenso verliert 1...Ke4 2.Tg7 Kf4 3.Kd5 g4 4.Kd4 Kf3 5.Kd3 g3 6.Tf7+ Kg2 7.Ke2 usw.) 2.Kd5 Kf4 3.Kd4 Kf3 4.Kd3 g3 5.Tf7+ Kg2 (Euwe, 1934).

Nr. 179: Weiß gewinnt mit 1.Tf7+ Kg3 (1...Ke4 2.Tg7 Kf5 3.Kf7 g4 4.Tg8 Kf4 5.Kg6! g3 6.Kh5 usw.) 2.Ke7 g4 3.Ke6! Kh2 4.Kf5 g3 5.Kg4 g2 6.Th7+ Kg1 7.Kg3 Kf1 8.Tf7+ Kg1 9.Tf8 Kh1 10.Th8+ Kg1 11.Th2 (I. Kopajew, 1954).

Nr. 180: Zum Remis führt 1.Kf4 Kg2 (1...b2 2.Tb1 oder 1...a2 2.Ta1) 2.Tb1! (Nach 2.Ta1? b2 3.Tb1 Kf2 4.Ke4 Ke2 5.Kd4 Kd2 6.Kc4 Kc2 gewinnt Schwarz.) 2...a2 (2...b2 3.Ke3! Kg3 4.Tg1+ Kh3 5.Kf3 oder 4...Kh2 5.Tb1!) 3.Ta1 Kf2 4.Ke4 Ke2 5.Kd4 Kd2 6.Kc4 Kc2 7.Kb4 Kb2 8.Th1 a1D (S. Salvioli, 1887).

Nr. 181: Zum Gewinn führt 1.Tb1! Ka2 2.Te1 a5 3.Ke7 Kb3 4.Kd6! (4.Txe3+? Kb4! 5.Kd6 a4 6.Te4+ Kb5! Remis) 4...a4 5.Kc5 a3 6.Txe3 Ka4 7.Kc4 a2 8.Te1 Ka3 9.Kc3 (W. Sokow, 1840)

Nr. 182: Weiß am Zug gewinnt: 1.Kf8! Ta8+ 2.Te8 Ta6 3.f7 Ta7 4.Td8 Tb7 5.Ke8.
Schwarz am Zug kann sich retten: 1...Ta8! 2.Te8 Ta7+ 3.Ke6 Ta6+ 4.Kf5 Ta5+ 5.Te5 Ta1 6.Ke6 Kg8.

Nr. 183: Schwarz kann die Partie retten: 1...Tb7+ 2.Kd6 Tb6+ 3.Kd7 Tb7+ 4.Kd8 (Auf 4.Kc6 folgt 4...Tb2! 5.Tf1 Ta2.) 4...Tb8+ 5.Kc7 Tb2 6.Tf1 Ta2!
Es ist sehr wichtig, dass bei dem seitlichen Angriff der Abstand zwischen Turm und König mindestens drei Linien beträgt!
7.e7 Ta7+ 8.Kd6 Ta6+ 9.Kd5 Ta5+ 10.Kc6 Ta6+ Remis

Nr. 184: Hier ist der seitliche Angriff weniger effektiv, so dass Weiß gewinnt – z.B. 1...Ta7+ 2.Kc8 Ta8+ 3.Kb7 Ta1 4.Te2! Tb1+ 5.Kc7 Tc1+ 6.Kd8 Tc3 7.d7 nebst Bauernumwandlung.

Nr. 185: Es reicht nicht zum Sieg. Nach 1.Tb8 Ta1 2.Kb7 Tb1+ 3.Kc8 Tc1+ (3...Ta1? 4.Tb6+ Kc5 5.Kb7 Th1 6.Tc6+ Kb5 7.a7) 4.Kd8 Th1! 5.Tb6+ Kc5 6.Te6 Th8+ 7.Kd7 Th7+ hält Schwarz remis.

Nr. 186: Es entscheidet ein Turmmanöver gefolgt vom Vorrücken des Bauern: 1.Te1 Tg8 2.Te6 Ka6 3.Kg5 Kb7 4.h4 Ka6 5.h5 Kb7 6.g4 Ka6 7.Kh4 Kb7 8.h6 gxh 9.Txh6 Tg7 10.Kh5 Ka6 11.Tc6 Te7 12.Tc7 Te5+ 13.g5 Kxb6 14.Txh7 usw. (Botwinnik – Boleslawsky, 1941).

Nr. 187: Ja! 1.Kc5! Tc8+ 2.Kb6 Te8 3.Kc6! (3.Kb7? Te7+ 4.Kc6 Txa7 Remis) 3...Kf1 4.Kb7 Te7+ 5.Kb6 Te8 6.Tc2! Kg2 7.Kb7 Te7+ 8.Kb8! Te8+ 9.Tc8 (Alatorzew – Tschechower, Tiflis 1932).

Nr. 188: Weiß kann es ausnutzen und Remis erreichen nach 1.f5! exf 2.e6! fxe 3.Kxg6 Kb5 4.Ta1 f4 5.h5 e5 6.Te1! Kc4 (6...a4 7.Txe5+ Kc6 8.Te4 a3 9.Txf4 a2 10.Tf1) 7.Txe5 Kd3 8.h6 f3 9.h7 Txh7 10.Kxh7 f2 11.Tf5 Ke3 12.Tf8 a4 13.Te8+ Kf3 14.Tf8+ Kg2 15.Tg8+ Kh3 16.Tf8 (Lasker – Löwenfisch, 1925).

Nr. 189: Zum Remis führt 1...Ta2! 2.Kxf5 Txf2+ 3.Kxg4 Ta2.

Nr. 190: Weiß gewinnt nach 1.Ta2! Tb3 2.a6 Tb8 3.a7 Ta8 4.Ta6! f6 5.Kf3 Kg6 6.Ke4 c4 7.Kd4 Kf5 8.Kxc4 Kg4 (8...Kxf4 9.Txf6+ Ke5 10.Ta6 usw.) 9.Kb5 f5 10.Ta4 Txa7 11.Txa7 Kxf4 12.Kc4 usw.

Nr. 191: Remis! Z.B. 1.Ke3 Ke5 2.Tc2! c3 3.Kd3! Td8+ 4.Ke3 Td4 5.Txc3 Txe4+ 6.Kf3 Txh4 7.Tc6 Tf4+ 8.Ke3 Te4+ 9.Kf3 Kf5 10.Tf6+ Kxg5 11.Txg6+ (Botwinnik – Euwe, Groningen 1946).

Nr. 192: Weiß gewinnt nach 1.Ta5 Tb6 2.d4 Tb3+ 3.Kf4 Tb4 4.d5 Tb6 5.Tc5! Tb4 6.Tc7+ Kf8 7.Ta7 (Aljechin – Alexander, 1937).

Nr. 193: Weiß gewinnt nach 1.Kb7 Tb2+ 2.Ka7 Tc2 3.Th5+ Ka4 4.Kb7 Tb2+ 5.Ka6 Tc2 6.Th4+ Ka3 7.Kb6 Tb2+ 8.Ka5 Tc2 9.Th3+ Ka2 10.Txh2! Txh2 11.c8D (Lasker, 1890).

Nr. 194: Weiß ist am Zug. Die Linie zeigt die Zone an, in der sich der weiße König befinden muss, um die Partie zu gewinnen.

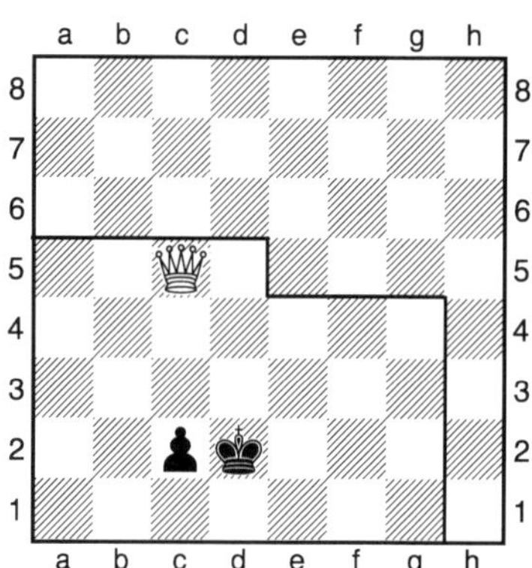

Nr. 195: Weiß ist am Zug. Die Linie zeigt die Zone an, in der sich der weiße König befinden muss, um die Partie zu gewinnen.

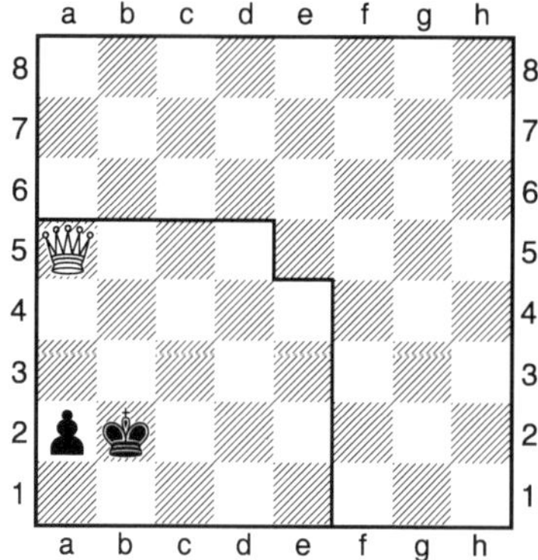

Nr. 196: Weiß gewinnt nach 1.Kc6! Ka3! 2.Dc3+ (2.Dd1 b1D! 3.Dxb1 Patt) 2...Ka2 3.Dc2 a3 4.Kb5 Ka1 5.Dc3 Ka2 6.Ka4! b1D 7.Da3#.
Oder 1...Ka1 2.Dd4 a3 3.Kb5 Ka2 4.Dd2 Ka1 5.Dc3 Ka2 6.Ka4 usw.

Nr. 197: Weiß gewinnt mit feinen Manövern: 1.Dc4+ Ke1 2.De4+ Kd2 3.Df3 Ke1 4.De3+ Kf1 5.De4! Kg1 6.Dg4+ Kh2

7.Df3! Kg1 8.Dg3+ Kf1 9.Kb3 Ke2 10.Dg2 Ke1 11.De4+ Kd2 12.Df3 Ke1 13.De3+ Kf1 14.De4! Kg1 15.Dg4+ Kh2 16.Df3 Kg1 17.Dg3+ Kf1 18.Kc3 (Tschechower, 1936).

Nr. 198: Weiß gewinnt, indem er die ungünstige Position des gegnerischen Königs nutzt: 1.Dc6 Dd3+ 2.Ke7! Da3+ 3.Kf6! Db2+ 4.Kg6 Db1+ 5.Kh6 Nun sind keine Schachgebote mehr möglich.

Nr. 199: Nach 1.Ka6 Df8 bereitet Weiß unter Einsatz eines bestimmten Damenmanövers die Flucht des Königs vor: 2.Dh5+ Kg2 3.De5! Da3+ 4.Kb5 Db3+ 5.Kc6 Dc2+ 6.Kd6 Dg6+ 7.Ke7 Dh7+ 8.Kf8! Dxb7 9.Dg7+ usw.
Etwas mehr Widerstand leistet 5...Dc4+ 6.Kd6 Db4+ 7.Kd7 Dg4+ 8.Ke7 Dh4+ 9.Kf7 Dc4+ 10.Kg7 Dg4+ 11.Kh6! Dh4+ 12.Kg6 bzw. 11...Dh3+ 12.Kg5 usw.

Nr. 200: Weiß gewinnt nach 1.Dc4+ Db4 2.Dc6+ Db5 3.Dxe4+ Db4 4.Dd3! g6 5.Dd7+ Db5 6.Dd4+ Db4 7.Dd3! g5 8.Dd7+ Db5 9.Dd4+ Db4 10.Dd3 g4 11.Dd7+ Db5 12.Dxg4+ Db4 12.Dd7+ Db5 14.Dd4+ Db4 15.Dd3! (L. Prokes, 1948).

Nr. 201: Weiß gewinnt mittels Bauernopfer: 1.Dc2! Dxh5 (Auf 1...Dc7 folgt 2.Dc4 nebst 3.Kg2, und dann dringt die Dame auf d7 ein.) 2.Dc4! Df5+ (2...Dh2+ 3.Kf3 Dh1+ 4.Kf4) 3.Kg2 Dc8 4.c7 a4 5.Dc6 a3 6.Dd6! Db7+ 7.Kh2 a2 8.Df8+ Kh7 9.Df5+ (Bogoljubow – Stahlberg, 1933).

Weitere Bücher aus unserem Verlag

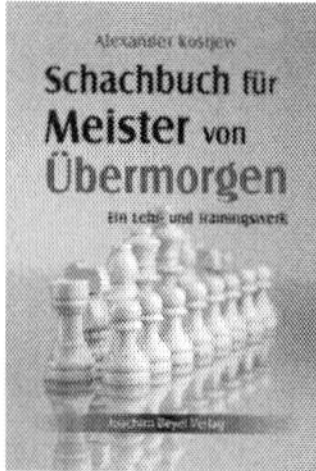

Alexander Kostjew

Schachbuch für Meister von Übermorgen

172 Seiten, gebunden, Leseband

Das Buch ist ein Lehr- und Trainingswerk und beinhaltet 35 Lektionen zu Themen wie beispielsweise Königsangriff, Zentrumsbehandlung, Stellungsbewertung und zielorientierte Planfassung, sowie zu den Grundprinzipien des Endspiels. Darüber hinaus bietet es einen Einblick in die Schachgeschichte vom Anbeginn bis in die Achtzigerjahre des 20. Jahrhunderts. Das Werk ist ideal für das Selbststudium von Spielern mittleren Niveaus, aber durchaus auch als Lehrbuch für den fortgeschrittenen Schachunterricht geeignet.

Alexander Kostjew war lange Zeit Leiter der Schachschule am Moskauer Pionierspalast und darf somit als berufener Experte angesehen werden, wenn es darum geht, Einblicke in die Funktionsweise der legendären sowjetischen Schachschule zu vermitteln. Dabei werden nicht etwa irgendwelche geheimen Erfolgsrezepte verraten, denn solche gab es nicht. Wohl jedoch eine effektive und zielgerichtete Systematik und eine konsequente und flächendeckende Suche nach Talenten. Denn allein so war es möglich, eine derartige Vormachtstellung im Schach zu erreichen, dass man den Rest der Welt zum Wettkampf herausfordern – und nahezu mühelos besiegen konnte.

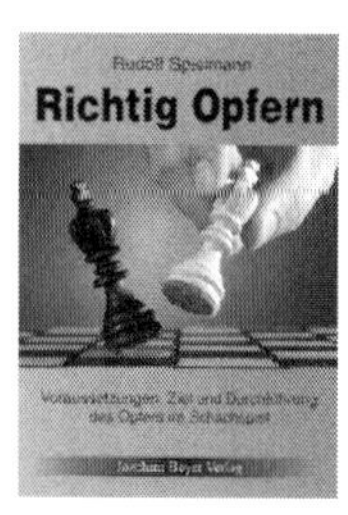

Rudolf Spielmann

Richtig Opfern

Voraussetzungen, Ziel und Durchführung des Opfers im Schachspiel

128 Seiten, gebunden

Aus gutem Grund wird die Schönheit einer Schachpartie in der Regel nach dem darin befindlichen Opferspiel bewertet. Die Opfer, die für eine Idee gebracht werden, nötigen uns Ehrfurcht und Bewunderung ab, selbst dann, wenn wir mit der betreffenden Idee vielleicht nicht konform gehen. Im Schachspiel, das wir gern als ein Abbild des Lebens betrachten, verbinden wir mit dem Opfer ähnliche Emotionen. Wir sind geneigt, eine Partie mit einfallsreichen und tiefgründigen Opfern grundsätzlich höher einzustufen als jede noch so tiefe Positionspartie. Wir verehren Capablanca, aber unser Herz schlägt höher bei dem Namen Morphy.

Weitere Bücher aus unserem Verlag

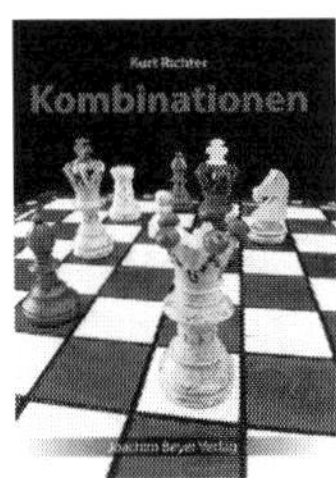

Kurt Richter

Kombinationen

248 Seiten, kartoniert

Kurt Richter, der zeitlebens einen verwegenen Angriffsstil spielte, hat dieses Buch über Kombinationen verfasst. Das hier vorliegende Werk versammelt unzählige taktische Motive und kombinatorische Abwicklungen aus der Praxis des Turnierspiels, die in ihrer Vielfalt und Originalität Schachfreunde nahezu unabhängig von Alter und schachlicher Vorbildung ansprechen und begeistern. Die von Richters Witz und Humor geprägten Kommentare sind wesentlich dafür verantwortlich, dass dieser Schach-Klassiker bis heute nichts von seiner Popularität eingebüßt hat.

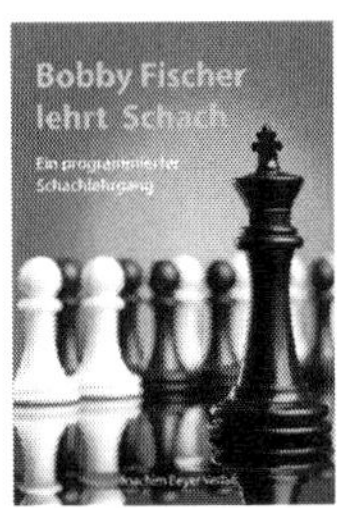

Bobby Fischer

Bobby Fischer lehrt Schach

384 Seiten, gebunden

Fischers Kurs schult die entscheidende Fähigkeit für erfolgreiches Spiel: rasch das Wesentliche einer Stellung und den angemessenen Zug zu erfassen. Gleichzeitig bekommt der Leser etwas von der vitalen, zielstrebigen Schachkunst mit, die Bobby Fischer zum jüngsten Schachweltmeister der Geschichte machten. Die WM-Partien Reykjavik 1972 Fischer gegen Spasski sind enthalten und kommentiert von GM W. Unzicker.

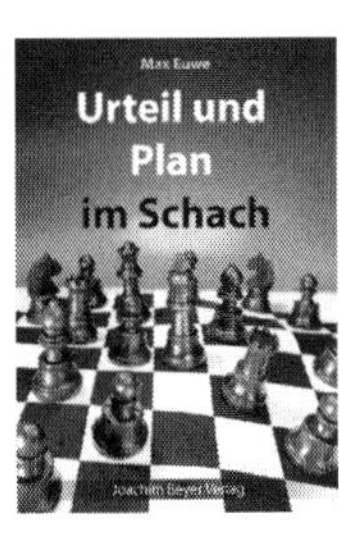

Max Euwe

Urteil und Plan im Schach

184 Seiten, kartoniert

Urteil und Plan im Schach richtet sein Augenmerk auf einen besonders wichtigen Moment im Verlauf der Partie: wenn nach vollendeter Entwicklung der Übergang von der Eröffnung ins Mittelspiel ansteht und der Spieler einen stellungsgemäßen Plan für das weitere Vorgehen entwickeln muss. Eine solche Planung ist gekoppelt an eine genaue Stellungsbeurteilung: Erst wenn der Spieler die charakteristischen Merkmale seiner Position erfasst hat, kann er einen korrekten strategischen Plan entwerfen, der im Einklang mit der Stellung die Partie folgerichtig fortsetzt. Natürlich ist diese Erkenntnis nicht neu, sie basiert auf der Positionslehre des ersten Weltmeisters, Wilhelm Steinitz. Max Euwe hat die Thematik für zeitgenössische Leser ausführlich aufbereitet und zahllosen aufstrebenden Spielern erstmals gezeigt, wie sich die wesentlichen Denkprozesse der Meister inhaltlich darstellen. Urteil und Plan im Schach zählt zu Euwes besten Werken und gilt als zeitloser Klassiker von unverminderter Gültigkeit.